JN411565

연구보고서 2017-37

공공서비스 이용의 최적화를 위한 복지전달체계 연구(Ⅰ)

- 구조와 기능을 중심으로

강혜규·함영진·김동진·안수란·김보영·김효진·길현종
유애정·최복천·권영빈·이정은·하태정·이주민

【책임연구자】
강혜규 한국보건사회연구원 선임연구위원

【주요 저서】
사회보장부문의 서비스 전달체계 연구: 맞춤형 서비스를 위한 통합성 분석을 중심으로
한국보건사회연구원, 2016(공저)

지방자치단체 복지정책 평가센터 운영
한국보건사회연구원, 2015(공저)

【공동연구진】
함영진 한국보건사회연구원 연구위원
김동진 한국보건사회연구원 부연구위원
안수란 한국보건사회연구원 부연구위원
김보영 영남대학교 새마을국제개발학과 교수
김효진 대구가톨릭대학교 사회통합연구소 학술연구교수
길현종 한국노동연구원 연구위원
유애정 건강보험정책연구원 부연구위원
최복천 전주대학교 재활학과 교수
권영빈 요크대학교 사회정책 박사과정
이정은 한국보건사회연구원 전문연구원
하태정 한국보건사회연구원 전문연구원
이주민 한국보건사회연구원 연구원

연구보고서 2017-37

공공서비스 이용의 최적화를 위한 복지전달체계 연구(Ⅰ)
- 구조와 기능을 중심으로

발 행 일 2017년 12월
저 자 강 혜 규
발 행 인 김 상 호
발 행 처 한국보건사회연구원
주 소 [30147]세종특별자치시 시청대로 370
세종국책연구단지 사회정책동(1~5층)
전 화 대표전화: 044)287-8000
홈페이지 http://www.kihasa.re.kr
등 록 1994년 7월 1일(제8-142호)
인 쇄 처 ㈜한디자인코퍼레이션
가 격 12,000원

ISBN 978-89-6827-457-2 93330

발간사

지방자치단체를 주축으로 하는 복지전달체계의 개선 추진이 사회보장제도의 변화 폭과 속도에 비해 상당히 더디 진행되었기에, 그간의 정책적 관심은 공공정책 집행을 위한 전달체계의 일차적인 정비에 우선순위를 두었다. 사회복지담당 인력의 최소 수준을 확보하고, 최일선 창구(읍면동 주민센터)에서 복지중심의 업무가 가능하도록 분담체계를 구성하는 등 지극히 기초적인 여건 마련에 상당한 노력이 투입되었다.

정부의 공공복지전달체계 개편이 본격화된 2006년 이후의 10년간은 복지전달체계의 기본 구성 요소로서, 조직(구조 및 업무분담체계), 인력(적정규모 및 배치), 업무지원체계(정보시스템 등)의 정비에 집중해 왔지만, 변화하는 환경은 복지제도, 사업추진 여건에 영향을 미치며, 이에 적합한 전달체계, 즉 제도 집행, 사업 운영, 서비스 이용에 적합한 최선의 시스템 구축이 지속적으로 요구되고 있다. 즉, 여전히 공공 복지전달체계, 민간 부문을 아우르는 전달체계 영역에는 정책적, 실천적 과제들이 산적해 있다.

본 연구는 복지 전달체계에 대한 분석과 대안 마련을 이전과는 다소 다른 접근으로 시도하였다. 그간의 전달체계 개선이 '수혜'로서의 복지서비스 제공 '대상'을 찾는 과정을 중심으로 적합성, 효율성을 높이는 데 주력했다면, 본 연구에서는 다종다양한 공공과 민간 부문의 복지사업(서비스 및 프로그램)이 '공공성을 지닌 서비스'로서 '선택, 이용'될 수 있는 운영체계에 중점을 둔 접근이 요청된다는 점에 주목한 것이다.

이에 공공 영역을 넘어 민간 영역을 아우르고, 중앙정부 중심의 전국단위 종합 분석의 한계를 넘어 지자체별 편차의 확인을 위한 지역 단위

연구가 가능하도록 연구를 설계하였다. 복지서비스의 핵심 욕구 영역을 중심으로 이용자가 체감하는 서비스 전달체계의 상황을 심층적으로 파악하였으며, 사회복지 부문의 공공, 민간 핵심 사업기관들이 담당하고 있는 기능, 역할을 포괄적으로 검토하고 서비스·사업의 특성을 고려한 기관간 분담 구조를 지역 단위로 진단하여, 통합적 조정의 필요성과 그 과제를 파악하는 데 목적을 두고 진행하였다.

본 보고서는 강혜규 연구위원의 책임 하에 함영진 연구위원, 김동진 부연구위원, 안수란 부연구위원, 이정은 전문연구원, 하태정 전문연구원, 이주민 연구원과 김보영 교수(영남대학교), 길현종 연구위원(한국노동연구원), 김효진 교수(대구가톨릭대학교 사회통합연구소), 유애정 부연구위원(건강보험정책연구원), 최복천 교수(전주대학교 재활학과), 권영빈 박사(요크대학교 사회정책 전공)가 작성하였다.

연구 과정에서 지역사례 조사에 참여하여 인터뷰, 서면조사에 흔쾌히 응해 고견을 주신 지방자치단체 복지담당 공무원, 다수의 민간 복지기관, 보건소, 고용센터 담당자들 덕분에 보다 실증적인 의미 있는 연구결과의 도출이 가능했기에 깊은 감사를 드린다. 또한 연구 착수과정에서부터 마무리 단계까지 보고서의 검독을 담당하여 세심하게 읽고 조언해주신 공주대학교 이재완 교수, 본원의 최현수 연구위원에게 감사의 뜻을 전한다.

2017년 12월

한국보건사회연구원 원장

김 상 호

목 차

표 목차

그림 목차

Abstract

Social Welfare Delivery System for Optimizing Public Service Use(I)

: A Focus on the Structure and Function of Public and Private Welfare Agencies

Project Head · Kang, Hye Kyu

This study aims to examine the functions and roles of major welfare service agencies in public and private sectors in a comprehensive manner. The study also diagnoses how the functions and roles are shared and divided among those agencies considering the characteristics of welfare services and programs they provide. By doing so, we suggest the need for integrated coordination across various agencies and identify policy tasks to achieve it.

Social welfare delivery system has been improved in the process of finding appropriate 'target group' who are regarded as 'beneficiaries' of welfare services and enhancing efficiency. However, we pay attention to a new approach for the improvement of the delivery system. It becomes more important to develop a system in a way that a wide array of welfare services and programs provided by public and private sectors are 'selected and used' as 'services with publicness'.

Co-Researchers: Ham, Young Jin · Kim, Dong Jin · Ahn, Su Ran · Kim, Bo Yung · Kim, Hyo Jin · Kil, Hyeon Jong · Yoo, Ae Jung · Choi, Bog Cheon · Kwon, Young Bin · Lee, Jung Eun · Ha, Tae Jeong · Lee, Joo Min

The study employs a mixed research method. We conduct in-depth case studies by doing interviews with service users with special welfare needs and focus group interviews with employees working at public and private social welfare agencies in selected Si, Gun, Gu areas. We also use a spatial structure analysis to observe the distribution of welfare demand and supply at the local level and identify welfare discrepancies across the regions.

The study specifically addresses the following research questions. First, how are the public and private welfare delivery system composed in response to the main welfare needs? Second, is there a difference in welfare delivery system at the local level? Third, are public and private welfare agencies properly performing the public function that is given to them? Fourth, how are integrated services provided in a fragmented delivery system, and what are the efforts of welfare agencies to provide integrated services? Fifth, what needs to be considered to better serve the user in the process of welfare delivery?

요 약

1. 연구의 배경 및 목적

본 연구는 사회복지 부문의 공공, 민간 핵심 사업기관들이 담당하고 있는 기능, 역할을 포괄적으로 검토하고 서비스·사업의 특성을 고려한 기관 간 분담 구조를 진단하여, 통합적 조정의 필요성과 그 과제를 파악하는 데 그 목적이 있음.

그간의 전달체계 개선이 '수혜'로서의 복지서비스 제공 '대상'을 찾는 과정의 적합성, 효율성을 높이는 과정이었다면, 다종다양한 공공과 민간 부문의 복지사업(서비스 및 프로그램)이 '공공성을 지닌 서비스'로서 '선택, 이용'될 수 있는 운영체계를 마련하는 데 중점을 둔 접근이 요청된다는 점에 주목함.

연구는 질적 조사 방법으로서, 이용자 사례조사(인터뷰), 지역 사례조사(시군구 단위 공공기관, 민간기관의 담당자 인터뷰, FGI), 사회복지 공공-민간기관의 공간 구조 분석을 실시하였으며, 주요 연구내용은 다음과 같음: 첫째, 주요 복지 욕구에 대응하는, 공공과 민간을 아우르는 복지전달체계는 어떻게 구성되어 있는가. 둘째, 복지 부문의 지역 단위 전달체계는 지역별로 어떤 차이가 존재하는가. 셋째, 공공과 민간의 복지기관들은 부여된 공적 기능들을 충분히 수행하고 있는가. 넷째, 분절적인 전달체계에서 통합적 서비스 제공 실태는 어떠하며, 이를 위한 기관별 노력은 어떤 양상으로 이루어지고 있는가. 다섯째, 복지 서비스 과정에서 최적의 여건을 조성하기 위해서는 어떤 고려가 필요한가를 파악함.

2. 주요 연구결과

첫째, 중앙정부의 복지 전달체계 정책 방향과 병행하여 자체적으로 복지 전달체계 개선을 시도한 선도 사례를 분석함. 이들 지자체는 자체적인 실태 진단, 인력과 예산 배분이라는 별도의 준비와 투입을 시도했다는 점, 기존 지자체 행정체계와 상충될 수 있는 '복지 권역'을 설정, 운영하여 규모의 경제, 효율적 운영이 가능한 체계를 마련했다는 점, 사례관리의 전문화, 민간 부문을 보다 적극적으로 활용하고 있다는 점을 확인하였으며, 이에 따라 그 변화와 성과를 지속적으로 주목해볼 필요가 있음.

둘째, 미국 사례에서는 복지국가 황금기 이후에 나타난 연방 재정의 악화, 공공서비스 이양과 탈시설화 등으로 인한 지역복지 수요의 급증으로, 공공서비스 전달체계 자체 내에서 관련 기관과의 연계와 협조를 강조하고 있었음. 특히 파편적으로 발달해온 공공서비스를 통합함으로써 운영과 관리 측면에서는 행정절차의 간소화와 유사·중복 프로그램의 조정을 통한 효율성 제고를 도모하고, 공공서비스를 이용하는 대상자가 가진 복합적인 욕구와 문제를 일원화된 시스템 속에서 해결할 수 있게 하는 노력이 확산되고 있어, 우리와 유사한 맥락의 고민이 진행되고 있었음. 영국 사례에서도 복지 효율성의 증대와 효과적인 서비스 제공 보장을 위해 복지서비스의 지방화(localization)가 강조되고, 민간자원을 적극적으로 활용하여 공공의 비용 부담을 줄이고 복지사각지대 및 중복영역을 해소하기 위해, 서비스 제공기관 간 파트너십, 공동계획, 공동투자, 의뢰 등의 방식을 도입한 협력조정 체계를 마련하는 등 우리 보다 앞서 진행된 서비스 제도 발전과 행정 여건, 경제 상황 변화에 따른 다양한 해결 시도의 시사점을 얻을 수 있었음.

셋째, 지역단위 복지 수요와 공급의 공간 구조 분석을 실시함. 분석 결과 공공기관은 기초자치단체 행정단위를 기준으로 분석한 기존의 연구결과들과 달리 임야지역과 농지를 제외하면 전국에 고르게 분포되어 있었고 특히 공중보건을 담당하는 보건(지)소는 전국에 고르게 분포되어 있는 것으로 확인됨. 그러나 민간 보건업·사회복지서비스 사업체 및 종사자 수를 통해 민간부문 기관의 분포는 대도시 지역에 밀집되어 있어, 복지 수요를 고려한 공급이 어려운 실정인 것으로 나타남. 예컨대 노인인구는 농산어촌 지역의 밀도가 높았으나 노인 대상 복지 제공기관은 오히려 대도시에 밀집되어있는 것으로 확인됨.

넷째, 복합적인 복지욕구·문제를 가진 통합사례관리 이용자의 공공서비스 이용 경험에 대한 인터뷰를 통해 질적 연구를 진행한 결과, 이용자의 기초적인 생계유지와 직결되는 기초생활보장 생계급여의 제도상 문제(부양의무자 기준, 자산기준, 낮은 급여수준 등)의 해결과 노인돌봄, 장애인활동지원, 정신보건서비스 등 제도적 서비스에 대한 보완이 필요한 것으로 확인됨. 이용자에게 제공되는 지원 수준 자체가 적절하지 못하고 제도 자체의 한계 때문에 처음부터 대상자의 욕구에 대응하기 어렵다면, 아무리 공공서비스를 통해 이용자에게 통합적이고 맞춤형인 지원을 시도한다고 하더라도 이용자가 경험하는 위기의 근본적인 원인을 해결하기는 역부족이기 때문임. 또한 통합사례관리가 단순한 서비스 연계를 넘어 서비스를 이용하는 대상자 각각에 맞는 급여와 서비스를 설계할 수 있도록 하는 방안이 모색되어야 함. 인터뷰 결과 통합사례관리는 공공서비스 이용의 체감적인 접근성을 향상시키는 데에는 상당한 기여를 하고 있었지만, 맞춤형 서비스의 제공과 안정적인 지원, 통합사례관리의 주요 목표인 탈빈곤과 빈곤 예방에는 한계를 갖고 있었음. 따라서 통합사례관리사에게 급여·서비스의 설계, 점검, 조정 등을 할 수 있는 권한이 부여되어야 맞춤형 서비스가 가능하므로, 급여·서비스를 융합하고 재설계할 수 있는 권한 부여와 예산 공유, 거버넌스 체계 마련, 사례관리사 양성을 위한 교육 훈련 체계도 개발이 요청됨.

다섯째, 본 연구에서는 다섯 개의 주요 복지 영역: ①아동·청소년복지 영역, ②노인복지 영역, ③장애인복지 영역, ④고용-복지 연계 영역, ⑤보건-복지 연계 영역을 대상으로 지역단위 복지전달체계의 구조와 기능을 분석하는 사례조사를 실시함. 영역별 지자체 복지행정부서를 비롯한 공공기관과 민간복지사업기관을 바탕으로 기관별 수행 기능, 기관간의 연계-협력의 상황, 서비스의 통합적 제공 노력 등을 파악함.

5개 영역에서 공히 발견되는 점은 서비스 기관간의 연계-협력이 필요성에 대한 인식 대비 현저히 미흡하다는 점임. 이는 근본적인 원인으로서 전담인력 부족과 그로 인한 업무 부담 과다, 손쉽게 접근할 정보 공유 시스템의 부재, 공식적 의뢰체계 및 의뢰에 따른 보상체계의 부재 등으로 파악됨. 둘째, 지역단위에서 서비스 제공기관의 부족 현상이 여전히 지속되고 있음. 시군구당 1개소가 설치되었거나, 아예 미설치된 시설들, 복지 수요의 규모와는 무관한 시설 배치 등이 아동, 노인, 장애인 모든 영역에서 확인되었고, 특히, 최중증 장애인, 중·장년기 발달장애인, 도전적 행동을 보이는 발달장애인에 대한 전문서비스 제공기관은 일부 지역을 제외하고는 거의 부재한 상황이었음. 셋째, 이는 곧 서비스 제공기관의 지역적 편차 문제로 이어지며, 이용자의 쏠림 현상이 발생함. 넷째, 신규 서비스 제공이나 사례관리가 시도되는 지역, 기관이 확인되었는데, 이 경우 기존 인력의 업무과중으로 이어지는 문제점이 노출되고 있어 이에 대한 지원방안에 대한 고려가 필요함.

3. 결론 및 시사점

분절화된 전달체계의 문제는 다양한 복지 욕구의 출현과 전문화가 요구되는 서비스의 발전 상황과 결부됨. 이는 한가지의 대안만으로 해결하기 어려움. 즉 전문화의 전략과 통합성 향상의 전략이 병행되어야 함. 효율성과 전문성을 제고하기 위하여 사례의 위기도 및 특수문제에 특화된 전문서비스가 충분히 확보되고, 관련 서비스간의 연계체계가 병행되어야 할 것임. 보다 구체적로는 현행 일선 복지창구에서는 대상자 발굴, 욕구진단 과정에서 욕구 범위를 보다 포괄적으로 설정하는 데에서부터 출발할 수 있음.

서비스의 연속성(문제가 해결될 때까지의 지속성)을 확보하기 위한 제도간의 점검이 필요함. 예컨대 분절적으로 운영되는 아동·청소년 통합사례관리 수행의 지속성을 확보하여 12세 이후 청소년에게도 적절한 통합사례관리체계를 구축해야 함. 이는 기관(제도)의 통합 방안과 현 제도에 기반한 명확한 의뢰체계 확립의 대안이 가능할 것임.

의뢰체계 확립과 함께, 유관기관 간 개별 사례회의체에 교차 참석의 의무화, 정기적 교류를 지원하는 방안, 협업이나 서비스연계와 관련된 규정 개선의 경우, 유관 정부부처 간 공동 작업을 통해 지역 현장을 지원할 수 있는 방안이 모색되어야 함. 또한 지역 단위의 서비스 통합성, 전달체계의 연계 및 통합을 높이기 위해서는 우선 중앙정부 단위에서 정책조정기구의 운영을 강화되어야 함.

제 1 장 서 론

1 서론

제1절 연구의 배경 및 목적

본 연구는 복지 부문(사회보장 부문의 핵심 영역을 포함)의 공공, 민간 핵심 사업기관들이 담당하고 있는 기능, 역할을 포괄적으로 검토하고 서비스·사업의 특성을 고려한 현행 분담 구조를 진단하여, 통합적 조정의 필요성과 그 과제를 파악하는 데 주안점을 두어 출발하였다.

그간 정부는 복지 전달체계 개편을 위해 공공영역에 집중하였고, 그 개편의 핵심 과제는 맞춤형 복지팀 운영을 중심으로 새로운 기반을 구축한 '읍면동 복지허브화'이다. 이 방안의 내실화는 지속될 정책 방향이자 당면 과제라 할 수 있다. 그러나 이는 전달체계의 문제를 개선할 핵심 과제이지만 수많은 과제 중 하나에 불과하다. 그간 진행된 복지 부문의 확대·보편화 경향, 공적 책임성의 확대, 공공-민간의 활력 제고, 효율적 사업 운영을 담보하는 복지 부문 전달체계 전반의 점검과 대안 모색이 필요하다. 또한 '이용자의 편의'를 높일 요소를 고려하되 이용자의 주도성과 권리의식 신장에 기반한 이용자 중심 관점을 통한 연구, 정책 설계의 변화가 필요한 시점이다.

특히 그간의 전달체계 개선이 '수혜'로서의 복지서비스 제공 '대상'을 찾는 과정의 적합성, 효율성을 높이는 과정이었다면 다종다양한 공공과 민간 부문의 복지사업(서비스 및 프로그램)이 '공공성을 지닌 서비스'로서 '선택, 이용'될 수 있는 운영체계를 마련하는 데 중점을 둔 접근이 요청된다.

본 연구에서는 '공공서비스'를 정부 예산으로 운영되는 사업을 범위로 하고, 중앙정부-지자체를 통해 집행되는 복지사업과 함께 국고 및 지방비로 위탁 운영되는 주요 민간복지기관의 복지 서비스·프로그램을 검토 범위로 삼고자 한다.

전달체계의 개선은 복지 욕구와 수요의 규모 및 특성, 지역별 자원의 양과 분포에 따라 달리 모색될 필요가 있다는 점도 이 연구에서 주목하고자 하는 지점이다. 이를 위해서는 "지역별" 차이를 확인하는 접근이 필요하다. 궁극적 목표인 생애주기별 주민(복지수요자)의 욕구 충족과 문제해결은 서비스의 충분성이 확보될 때 가능하다는 점도 고려되어야 한다.

즉, 전달체계 연구에서는 관련 욕구의 충족과 문제 해결 수준(전문성), 수요자 중심 접근, 접근성, 통합성, 공공성에 대한 진단이 병행되어야 한다. 지역적 여건, 대상 영역의 욕구와 특성 등에 따라 그 우선순위가 달라질 수 있지만 이들 가치와 원칙은 함께 고려되어야 한다. 좀 더 구체적으로 보면 첫째, 부처별, 정책대상별, 기능별 다종다양한 전달체계(서비스기관)가 산발적, 분절적으로 운영되고 있어(그러한 인식이 있어), 그 서비스의 통합성을 높일 수 있는 방안에 대한 고민이 필요하다. 전달체계의 물리적 통합(재구조화)의 대안에서부터 업무상의 연계성을 높일 방안까지 다양한 대안이 병행 검토되어야 하고, 이를 위해서는 현행 복지 전달체계의 전반적인 구도가 상세하게 파악될 뿐만 아니라, 사회보장 범위(고용, 보건, 주거 등)가 고려될 필요가 있다.

둘째, 현금급여제도의 집행·관리를 주축으로 하던 공공 복지전달체계(지자체 복지행정)는 수요자의 다양한 욕구에서 출발하는 '맞춤형 서비스' 제공, 지자체 통합사례관리를 통해 대응하게 되었다. 이는 공공의 역할, 공공서비스의 한계선에 대한 의문과 함께 전문적 서비스(인력 및 기관) 확충에 대한 공감대를 넓히고 있다. 예컨대 2016년 본원 연구(강혜규 등: 4)에서는 "법정 급여만으로 대응하기 어려운, 다른 서비스를 연계하지 않거나 복지급여 자체의 포괄성이나 충분성 수준이 제고되지 않는 경우 복지 욕구 충족이 미약한 상황으로서, 고용, 학대·폭력·응급상황 대응, 가족 관계 영역에 대한 보다 긴급한 대응 필요성이 부각되었다. 고용 욕구는 근로 능력에 따라 다차원의 맞춤형 서비스가 필요한 영역임에도 불구하고 복지와 고용의 통합적 접근에 대한 현장의 인식은 매우 낮은 수준으로 확인되었으며 현행 고용센터와의 막연한 연계를 넘어서는 대책이 요구되는 상황으로 판단된다. 또한 학대·폭력·응급상황 대응, 정신적 건강 유지, 가족관계 영역은 현행 지자체의 대응 역량(전문적 서비스 및 자원 연계·동원)을 넘어서는, 다차원적 상황에 대한 공적 대응책이 필요하며 보건의료, 주거, 고용의 영역을 아울러 보다 전문적인 서비스 지원을 위한 통합적 접근이 필요불가결"한 상황으로 확인되었다(강혜규 등, 2016: 4)

셋째, 맞춤형 서비스에 대한 적극적 정책은 공공성을 지닌 '서비스'에 대한 인지, 민간의 역할, 그리고 공공과 민간의 역할 분담의 중요성과 대안을 고민하게 하였다. 2000년대 중반 이후 사회서비스 제도화가 진전되었으며 전통 복지서비스기관의 하이브리드형 사업 운영(기존 기관 무와 새로운 사회서비스 실시), 지방 이양된 복지서비스 기관에 대한 정부의 운영정책 부재 상황 등은 통합사례관리를 비롯한 다양한 서비스 역할의 재구조화와 적정 분담의 논의에 장애로 작용하기도 하였다.

넷째, '수요자 중심'의 접근은 오래전부터 정책 방향으로 제시되고 있으나 실효성 있는 전달체계상의 변화를 위한 모색이 요청되고 있다. 보편적 서비스 이용을 위한 이용자의 서비스 이용 능력, 기회를 확대하며 이용자의 권리, 제공자의 재량권을 존중한 탄력적 제도 운영을 가능하게 하는, 이용자의 자기 주도적 서비스 이용체계를 위한 전달체계상의 정책을 고려할 필요가 있다.

이에 본 연구의 목적을 다음과 같이 설정하였다.

첫째, 복지 욕구의 범주와 서비스 유형을 고려한 전달체계 현황 분석

둘째, 공공-민간을 포괄하는 복지전달체계의 구조와 작동 사례를 지역 단위로 실증 분석

셋째, 사회보장 부문의 핵심 유관 영역으로 고용, 보건 부문과의 연계, 협력, 통합적 서비스 향상을 위한 전달체계 개편의 과제 제시

넷째, 아동-청소년-가족, 노인-장애인 등 주요 복지 이용자의 공공서비스 이용 편의를 높일 전달체계상의 기능 조정안, 개선 과제 제시

선행 연구와 비교할 때 본 연구가 갖는 차별성을 다음과 같이 제시할 수 있다.

첫째, 연구범위와 관련하여, 공공 부문과 민간 부문을 포괄한다는 점이다. 그간의 연구는 공공전달체계(지자체 복지행정부서 및 공공서비스기관) 혹은 주요 복지 대상 영역별 전달체계를 분절적으로 연구해 왔다면, 본 연구는 공공전달체계와 민간전달체계를 아울러 이를 구성하는 전달주체(기관)들의 조직 특성, 기능을 분석하고자 한다. 따라서 그간의 공공전달체계 중심 개편의 제한성을 극복하고 공공-민간의 역동, 협력을 제고할 보다 종합적인 제언을 제시하고자 한다. 공공 영역은 지자체 복지행정부서를 중심으로 고용서비스기관(고용센터), 보건서비스기관(보건소)을, 민간 영역은 종합사회복지관, 노인종합복지관, 장애인종합복지관을 주축으로 하여 부문 간 연계, 협력, 통합적 서비스 향상을 위한 전달체계 개편의 과제와 그 근거를 파악하고자 한다.

둘째, 연구 방법과 관련하여, 보다 심층적인 지역 단위 사례연구를 활용한다는 점이다. 사례연구는 3가지 차원에서 시도되었다. 첫 번째는 이용자 인터뷰를 통한 질적 연구이다. 근거이론 패러다임에 근거하여 작성한 지침으로, 복지 전달체계에서 주요 서비스 대상이 되는 복합적 욕구를

가진 6개 유형의 이용자 심층 인터뷰를 통하여, 이용자 위기의 원인과 욕구·문제, 개인적 노력, 복지 지원의 과정-내용-결과에 이르는 수급 실태를 포괄적으로 파악하였다. 이를 통해 주로 서비스 제공자의 공급측면에 제한되었던 그간의 복지전달체계 연구의 한계를 넘어서고자 하였다. 두 번째는 시·군·구를 범위로 한 지역단위 사례연구이다. 대도시, 일반도시, 군 지역 등 5유형의 지자체를 사례연구 지역으로 선정하고, 5개 주요 복지영역(아동, 노인, 장애인, 고용연계, 보건연계)의 공공 및 민간기관 담당자를 대상으로 방문인터뷰, FGI, 서면조사 등을 실시하여, 각 기관의 기능과 운영 특성, 통합적 서비스를 위한 노력, 기관 간 연계·협력 상황과 관련 쟁점을 확인하였다. 이처럼 공공과 민간을 아우른 몇 개의 주요 영역을 대상으로 지역 단위의 전달체계 이슈를 심층적으로 분석한 연구는 쉽게 찾아보기 어렵다. 세 번째는 "공간구조 분석"을 실시한 것이다. 시군구 단위가 아닌, 인구집단 거주지를 중심으로 복지대상자의 집중도와 복지공급 기관의 분포를 분석하는 새로운 시도로써, 그간의 지자체 행정구역 단위 밀도 분석의 한계를 극복하고자 했다는 점에서 의의가 있다.

제2절 연구의 내용 및 방법

1. 주요 연구 내용

가. 국내외 복지 전달체계의 현황 및 운영 사례 분석

1) 국내 지자체의 독자적 전달체계 운영 사례 분석

지자체가 자체적으로 구축·운영하고 있는 개별 전달체계의 사례를 검토하여, 중앙정부의 정책에 조응하거나 이를 발전시켜 지역 현장에서 진행되고 있는 전달체계의 변화를 분석하고자 한다. 분석 사례는 서울특별시의 찾아가는 동주민센터, 부산광역시의 다복동 사업, 경기도 무한돌봄센터, 남양주시 희망케어센터, 대전 희망티움센터 등으로서, 최근 충원된 인력을 바탕으로 지자체 조직을 활용한 사례, 지자체에서 독립된 기관을 설치하여 기관 중심의 전달체계 재구조화를 시도한 사례로 구분하여 검토한다.

2) 국외 복지전달체계 현황 및 운영 사례 분석

미국과 영국의 지역 사례를 파악하였다. 국외의 사례도 중앙정부 중심의 국가전반의 정책 보다는 지역 단위의 구체적인 실태와 복지 현장의 작동을 파악하고자 한 바, 복지 정책과 전달체계에 대한 정보 접근이 수월한 영미권의 국가를 선택하였다.

미국의 경우, 뉴욕주의 올버니 카운티를 중심으로 분야별 주요 공공서비스 제공 현황과 수요자에게 최적화된 통합적 공공서비스 제공을 위해 어떤 정책적 노력이 진행되었는지 검토하였다.

영국의 경우, 지역복지의 성공 사례 지역으로 지목되는 곳으로서, 북동 잉글랜드 지역의 더럼(Durham) 주, 달링턴(Darlington)시를 대상으로 지역 내 복지서비스 전달기관 간 구체적인 연계 구조를 집중적으로 분석하였다.

나. 지역 단위 복지 수요·공급 공간 구조 분석

복지전달체계의 지역 단위 편차를 파악하기 위한 방법으로서, 복지 대상자와 복지공급기관의 분포를 살펴보고 이들 간의 다차원적 공간 구조 분석을 시도하였다. 이를 위해 통계청 집계구 인구데이터와 읍면동 주민센터, 보건소, 통계청의 집계구별 통계자료의 보건업 및 사회복지 서비스 업체 수와 종사자 수, 사회서비스 제공기관 등 다양한 복지기관 데이터를 집계구 단위로 연계하여, 집계구별 복지수요와 복지공급의 지리적 분포를 분석하였다. 복지수요와 복지공급 간의 일치 현황을 살펴보고, 복지수요와 공급 간 공간 구조적 측면에서 시사점을 도출하였다.

다. 복지 욕구의 특성과 공공서비스 이용 경험 분석

그동안의 전달체계 연구가 복지직 공무원, 사회복지사, 복지기관 등 공급자 중심으로 이루어진 한계가 있어 이용자의 욕구 및 경험에 근거한 분석을 별도로 추진하였다. 전달체계 연구의 궁극적인 목적은 이용자의 욕구에 효과적으로 대응하기 위한 것으로, 공급자의 시각이 아닌 이용자의 시각에서 현재 전달체계 문제를 살펴보는 것이 필요하다고 판단하였다.

특히 통합사례관리가 전면적으로 도입된 지 5년째 되는 시기로 ‘동주민센터 복지허브화'나 '찾아가는 동주민센터' 등으로 읍면동 단위까지 확산되고 있는 시점에서 그 대상이 되고 있는 복합적 욕구를 가진 이용자의 경험을 보다 심층적으로 살펴볼 필요가 있다.

복지서비스 이용자들을 대상으로 어떤 어려움을 겪고, 도움을 받았는지 상세하게 파악하여 어려움을 겪게 된 원인과 복지 서비스 이용 경험, 개선 필요점에 대해 의견을 청취하고자 하였다. 이를 위하여 ① 발달장애인 가구, ② 노인 단독가구, ③ 청년 중증장애인, ④ 중장년 1인 가구, ⑤ 한부모가구, ⑥ 학교 밖 청소년과 같이 여섯 가지 유형에 대하여 사례조사를 실시하였다.

라. 지역 단위 복지전달체계의 구조와 기능 분석

전국 단위로 복지전달체계의 구조, 국가 복지사업을 담당하는 전달체계, 사업기관의 기능을 파악하는 것도 간단치 않지만, 가능하다고 해도 실제 작동되는 전달체계의 실태와는 편차가 클 가능성이 높다. 기본적으로 복지기관의 설치 규모, 분포, 접근성, 기관별 종사인력의 규모, 사업(프로그램 및 서비스)의 내용 및 제공량 등이 획일적이지 않기 때문이다.

지자체(시군구 및 읍면동)의 경우도, 해당 지역의 인구 규모 및 면적의 편차가 매우 심할뿐더러, 대표적인 지역복지기관인 종합사회복지관의 경우, 시군구별 설치 수가 크게 다르다.

본 연구에서는 시군구 단위의 지역 사례조사를 통해 보다 구체적인 전달체계의 작동, 사업 운영의 현실을 파악하고자 하였다.

사례지역의 전달체계로서, 5개 시군구의 공공, 민간 서비스기관 분포를 파악하고 지역 간 차별성과 동질성을 확인하며, 서비스 영역별 공급기관의 충족도를 확인하고자 하였다. 또한 전달체계를 구성하는 주요 기관

간의 연계, 협력의 상황을 분석하고자 하였다. 이를 위하여 기관별 서비스사업의 운영, 서비스의 통합성 제고를 위한 노력(사례관리 등), 이용자 서비스 향상을 위한 노력, 연계 및 협력 필요 기능, 연계 및 협력을 위한 노력을 파악하고자 하였다.

마. 공공-민간 전달체계의 쟁점과 개선 과제 도출

앞서 제시한 다차원적인 연구 과정을 통해 다음의 사항을 점검하고 이를 해결하기 위한 대안과 과제를 제언하고자 하였다.

첫째, 이용자 중심 접근의 수준과 필요사항을 파악하고자 하였다. 부문별, 지자체-공공기관-민간기관 간 통합적 서비스 제공의 필요 영역과 서비스 이용 최적화를 위한 이용 절차 및 서비스 구성 요소의 개선 사항이 해당될 것이다.

둘째, 복지전달체계의 분절-사각-불충분성을 진단하여 통합성을 검토하고자 하였다. 지역 사례연구의 구조 분석을 통해 서비스의 접근성, 충분성을 파악하고 지역별 구조의 완결성 수준을 가늠하여 지역단위 필수 설치-운영 기관에 대해 제언하고자 하였다. 또한 핵심기능 및 대상별 공공-민간 (서비스) 사업기관 분포를 파악하여, 지역 편차 및 형평성을 진단하는 것이다. 이와 관련하여 기관 간-부문 간의 편중, 누락, 중복성도 함께 파악하고자 하였다.

셋째, 사업기관 간 연계성에 주목하여, 사업부서 간-기관 간 의뢰 체계, 자원 공유 및 교류 활동, 대상-이용자의 중복 가능성과 민간 활성화, 민-관 협력 향상을 통한 복지서비스 개선을 저해하는 문제 구조를 진단하고자 하였다.

2. 주요 연구 방법

가. 지역단위 공공-민간 복지기관 격차 분석

공간 구조 분석(Spatial structure analysis)을 통하여 인구 등 지역 여건과 복지기관의 유형 등을 고려한 시군구별 복지 자원의 지역 간 편차를 분석하였다. 특히 기초자치단체를 분석 단위로 비율을 분석하는 그간의 분석 방법을 탈피하여 복지 수요와 복지 공급 간 다차원적 공간 구조를 분석하였다. 분석에 활용한 자료는 통계청 통계지리정보시스템(SGIS)에 적재된 집계구별 경계자료와 통계자료(2015), 통계청의 집계구별 통계자료의 보건업 및 사회복지 서비스업체 수와 종사자 수, 사회보장정보시스템의 사회서비스 제공기관 정보 등이다.

나. 사례 조사

본 연구에서는 그간 본원에서 수행한 복지전달체계 관련 양적 조사 결과를 참고하고, 양적 조사를 통해 파악하기 어려운 지역별 상이한 자원 분포, 사업 양태 등을 심도 있게 파악하기 위한 질적 조사를 핵심 연구 방법으로 활용하였다.

지역 사례 조사는 전국을 아우르지만 평균적이고 보편적인 상황 파악에 유리한 양적 조사와는 달리, 지역 간의 편차와 상이성 파악이 가능한 방법으로서, 복지 자원의 분포와 전달체계 개선 추진 상황의 지역 간 격차가 점차 확대되고 있는 최근의 한국적 상황을 고려할 때, 보다 의미 있는 접근이 될 것이라고 판단하였다. 특히 사례 지역은 인구, 복지자원, 복지사업 수행 성과 등이 평균적인 지역보다는 상대적으로 자원이 풍부하고, 복지전달체계 개선 등을 선도적으로 추진하고 있는 지자체를 선정하였다.

사례 조사의 목적이 공공과 민간의 복지자원과 복지기관들의 서비스 양태·인식의 실태를 보다 상세하게 파악하는 1차적 목적과 함께, 전달체계 개선 대안 모색을 위해서는 선도 지자체 담당자들의 고민과 해결 방식의 사례를 검토하는 것이 매우 유익할 것이라 판단하였기 때문이다.

사례 조사는 첫째, 이용자 조사, 둘째, 공급기관 조사 등 두 가지 방법으로 진행하였다. 이는 복지전달체계 개선을 위한 실태 진단 및 대안 마련의 과정에서, 주요 복지 부문 공공기관 및 민간기관들이 주민 욕구에 적절하게 대응하고 있는지를 파악하고, 공공서비스 이용 경험이 있는 주민 사례를 통하여 서비스 이용체계 개선을 위한 필요사항을 점검하기 위한 목적으로 추진하였다. 그 대상 지역은 5개 시군구로 설정하였다.

〈표 1-2-1〉 사례 연구 대상 지역

구분	대상 지역	비고
특별광역시	서울 마포구	'찾아가는동주민센터' 자체사업 운영
	부산 사하구	'다복동' 자체사업 운영
	대전 서구	'희망티움센터' 자체사업 운영
도의 시군	경기 남양주시	'무한돌봄센터' 자체사업 운영
	전북 완주군	복지전달체계 개선 우수지역

〈표 1-2-2〉 사례 연구 대상 지역의 인구 특성

(단위: 명, %)

구분		서울 마포구	부산 사하구	대전 서구	경기 남양주	전북 완주군
전체 인구		379,968	337,501	490,415	640,488	92,258
출생인구 (0세)	수	3,370	2,579	4,253	5,592	856
	비율	0.89	0.76	0.87	0.87	0.93
미취학-유아인구 (1~5세)	수	15,748	13,931	22,659	36,000	4,915
	비율	4.1	4.1	4.6	5.6	5.3
유소년 인구 (6~14세이하)	수	47,553	41,773	73,883	108,932	13,737
	비율	12.5	12.4	15.1	17.0	14.9
생산가능인구 (15~64세)	수	286,434	253,088	370,936	462,098	60,753
	비율	75.4	75.0	75.6	72.2	66.0
노인인구 (65세 이상)	수	45,981	42,641	45,597	69,458	17,769
	비율	12.1	12.6	9.3	10.8	19.3
장기요양 급여 이용자	수	2,576	1,914	3,885	4,560	1,035
	비율	0.68	0.57	0.79	0.71	1.12
등록장애인	수	13,872	16,588	20,457	28,429	7,739
	비율	3.65	4.91	4.17	4.44	8.39
기초보장 수급자(일반)	수	7,343	14,621	12,860	11,872	4,283
	비율	1.93	4.33	2.62	1.85	4.64
사회복지예산	총예산대비 비율(%)	41.51	59.70	54.53	35.21	18.84
	주민1인당 예산액	1,326.7	1,232.8	1,073.8	1,739.3	6,613.2

1) 사례 조사 1: 이용자 조사

○ (목적) 공적복지급여·서비스 및 민간복지서비스의 이용 경험과 그 과정에서 체감한 공공서비스 이용 절차, 내용, 대응성 등에 대한 의견 수렴

○ (대상 사례) 지자체 통합사례관리 경험이 있는 주민으로서, 다음 1)~6)의 대상자 유형에 해당하는 경우 지역별 각 1사례 (모든 사

례에 대하여 가급적 빈곤, 주거, 건강, 일상생활지원 등 복합적인 욕구가 있는 경우)

- 첫째, 모자 가구로서 어머니의 취업, 아동 양육(돌봄)에 어려움이 있었던 사례
- 둘째, 학교밖 청소년으로서 가족 관계, 사회적관계망 등에 어려움이 있었던 사례
- 셋째, 중장년 1인 가구로서 실업, 알코올 중독 등의 어려움이 있었던 사례
- 넷째, 노인단독(독거 혹은 부부) 가구로서 노인장기요양 등급외자로서, 일상생활 지원의 필요가 있었던 사례
- 다섯째, 발달장애인(아동 혹은 성인) 가구로서 장애가 있는 다른 가족원이 있는 등 돌봄 관련 어려움이 있었던 사례(보호자 응답 가능)
- 여섯째, 중증장애인(신체장애가 있거나 발달장애가 있는) 청년(20~30대)으로서 취업, 직업훈련의 욕구가 있었던 사례(보호자 응답 가능)

〈표 1-2-3〉 이용자 사례조사의 대상 유형

대상자 유형	주요 욕구 유형	
	해당 욕구	공통 욕구
한부모가구(모자가구)	여성 취업, 아동 양육	빈곤, 주거, 건강, 일상생활지원 문제
학교밖 청소년	사회관계, 가족관계	
중장년1인가구	취업, 건강(알코올릭)	
노인단독가구	요양(등급외자), 일상생활지원	
발달장애인가구	돌봄(다장애 가족원) 등	
청년 중증장애인(신체장애 & 발달장애)	취업, 직업훈련	

○ (조사 규모)

- 6가지 욕구유형에 부합하는 사례 × 5개 지역 = 30case

○ (조사 방법) 조사원이 직접 해당 주민과 인터뷰 가능 장소, 시간 등을 협의하여 개별 진행(1:1 면접조사 방식)

2) 사례조사 2: 지역 공급기반 조사

○ (목적) 주요 복지기관의 서비스 제공 내용 및 실태, 공공 및 민간 기관과의 협력 여부 및 내용, 공공서비스 제공 주체로서의 역할에 대한 인식 등에 대한 의견 수렴

○ (조사방법)

- (1단계) 지자체별 희망복지지원단 관계자(통합사례관리사 등) 면담 진행
  - 지자체별 공급 현황 확인 및 자원지도 등 정보 수집
  - 지역 내 서비스 공공-민간 서비스 연계 실태 등 확인
- (2단계) 분야별 조사 대상 기관 선정 및 섭외 진행
  - 5개 지역의 대상 기관 중 면접 인터뷰 혹은 서면조사를 협의하여 진행

○ (대상기관) 다음의 기관 유형을 대상으로 하였으며, 그 소재 여부 및 규모는 지역별로 상이

- 종합사회복지관
- 아동·청소년기관: 드림스타트, 지역아동센터, 청소년상담센터, 청소년 쉼터 등
- 장애인복지기관: 장애인종합복지관, 발달장애인센터, 장애인

자립생활센터, 직업재활시설, 장애인부모회 등

- 노인복지기관: 노인복지관, 지역노인보호전문기관, 노인장기요양보험운영센터 등
- 자활지원센터, 고용센터, 보건소 등

○ (조사대상) 해당 기관의 중간관리자

○ (조사방법) 면접 인터뷰 또는 심층서면조사

다. 해외 사례 조사

앞서 제시한 바와 같이 해외의 선진 지역 사례를 통해 복지 정책과 전달체계의 구조를 보다 상세하게 파악하였다.

미국의 경우, 뉴욕주의 올버니 카운티를 중심으로 분야별 주요 공공서비스 제공 현황과 수요자에게 최적화된 통합적 공공서비스 제공을 위해 어떤 정책적 노력이 진행되었는지 검토하였다.

영국의 경우, 지역 복지의 성공 사례 지역으로 지목되는 곳으로서 북동잉글랜드 지역의 더럼(Durham) 주, 달링턴(Darlington) 시를 대상으로 지역 내 복지서비스 전달기관 간 구체적인 연계 구조를 집중적으로 분석하였다.

제3절 주요 연구 문제 및 분석틀

1. 연구 문제

첫째, 주요 복지 욕구에 대응하는, 공공과 민간을 아우르는 복지전달체계는 어떻게 구성되어 있는가: 생애주기별 복지 수요자의 욕구 충족과 문제 해결은 서비스의 충분성이 확보될 때 가능하다. 따라서 전달체계의 개선은 복지 욕구-수요의 규모 및 특성, 지역별 자원의 양과 분포에 따라 달리 모색되어야 함을 이 연구에서 주목하고자 한다. 즉, 전달체계 연구에서는 관련 욕구의 충족과 문제 해결 수준(전문성), 수요자 중심 접근, 접근성, 통합성, 공공성에 대한 진단이 병행되어야 하는데, 본 연구에서는 지역 단위로 공공-민간 복지기관이 존재하는 양태를 통해 먼저 지역 전달체계의 '구조'[2]로 파악하고, 그 구조를 통해서 나타나는 전달체계의 기능을 진단하고자 한다.

둘째, 복지 부문의 지역 단위 전달체계는 지역별로 어떤 차이가 존재하는가: 이를 위해서는 "지역별" 차이를 확인하는 접근도 요청된다. 즉 어떤 여건의 지역에서 어떤 전달체계의 기반이 마련되어 있는가가 파악될 필요가 있다. 기본적인 지역 여건으로서 복지 수요(인구 특성-규모, 밀집도 등)가 고려될 필요가 있다.

셋째, 공공과 민간의 복지기관들은 부여된 공적 기능들을 충분히 수행하고 있는가: 대상별-기능별-부처별로 분절적으로 형성된(그렇게 평가되고 있는) 전달체계, 다종다양한 서비스사업기관들은 각각 부여된 기능을 수행하고 있으며 기관 간의 중복성, 편중과 누락이 존재하지 않는가가 운

2) 구조의 개념은 사전적으로 '부분, 요소가 어떤 전체를 짜 이룸, 그렇게 이루어진 얼개'를 의미함.

영의 효율성, 이용의 편의성 차원에서 검토될 필요가 있다.

넷째, 분절적인 전달체계에서 통합적 서비스 제공 실태는 어떠하며, 이를 위한 기관별 노력은 어떤 양상으로 이루어지고 있는가: 서비스의 통합성을 높이기 위한 기관 간의 연계 및 협력이 필요한 주요 기능은 무엇이며 연계 및 협력을 위한 노력(네트워킹 등)은 어떻게 이루어지고 있는지의 파악이 필요하다. 특히 통합적 서비스를 위하여 운영되는 사례관리사업의 기관별 운영 현황은 어떠하며 기관 간 중복성을 줄이기 위해 필요한 과제는 무엇인가를 검토하고자 한다.

다섯째, 복지 서비스 과정에서 최적의 여건을 조성하기 위해서는 어떤 고려가 필요한가: 이용자는 어떤 절차 혹은 지점에 서비스의 만족 혹은 불편을 느끼는지, 서비스 향상을 위해 각 기관에서는 어떤 노력을 하고 있는지의 파악이 필요하다.

2. 검토 범위 및 분석틀

앞서 논의한 바와 같이 본 연구는 공공 영역에 치중하던 기존 복지 전달체계 연구의 접근을 확장하여, 지역 단위로 이루어지는 공공 기관과 민간 기관의 역동, 서비스 이용·제공 과정의 필요불가결한 연계와 협력의 실태에 주안점을 두었다.

복지 욕구의 다양성과 넓은 정책 영역으로 인해, 보다 초점을 두어 분석할 대상 범위를 선정하였고, 먼저 서비스 이용자 집단을 기준으로 주요 복지 서비스 이용자인 아동·청소년, 노인, 장애인 등을 중심으로 각각의 공공-민간 전달체계를 파악하고자 하였다. 다음으로는 복지 부문과의 밀접한 협력이 기대되는 사회보장분야의 고용 연계, 보건 연계를 파악하기 위해 연구 범위에 포함하였다.

〈표 1-3-1〉 연구의 분석틀

구분		내용
연구 필요성		• 공공 복지행정의 '맞춤형복지' 도입-정착 추세, 통합사례관리가 강조되면서 전문적 서비스의 수요 증대 및 민간 협력 강화 필요성 제고 • 사회서비스 제도화 진전에 따라 전통복지기관의 하이브리드형 사업 운영 확산, 기관간 기능, 역할범위의 혼재, 중복성 분절성 존재 • 실질적인 이용자 중심 서비스 이용체계를 위한 전달체계상의 요건 마련 필요성 제고
착안 사항		〈공공서비스 이용의 적정 요건 마련〉 • 충분한 서비스 공급: 다양한 욕구-문제에 대응할 유형별 서비스 제공처 확보 • 서비스로의 접근성 확보: 이용자의 주도-선택, 욕구의 적절한 진단-연계 • 서비스 이용의 편의적 절차: 서비스의 통합성 제고
주요 분석 요소		• 주요 복지 욕구영역별 공공-민간기관의 구조(지역단위 복지 전달체계의 구성) • 지역단위 전달체계의 지역간 편차 • 대상별-기능별-부처별로 분절적으로 형성된 복지전달체계의 공적 책임성 및 기능적 충분성 • 통합적 서비스 제공 여건: 사적 노력과 공적 여건 • 이용자 입장의 서비스 체감 요소
연구 구성	지역단위 복지수요-공급 공간 구조 분석	복지 공급 지역 편차의 기본 현황 파악 • 복지 수요자의 서비스 이용을 제약하는 근본적 원인으로서 이용가능한 거리에 소재한 공공기관, 민간기관의 분포를 파악하기 위하여, 복지 수요와 공급의 밀집도를 통한 공간 구조를 분석
	이용자 시례 연구	이용자 관점의 전달체계 체험 인식·평가 • 복합적인 복지 욕구·문제를 지닌 공공 사례관리 경험자를 심층인터뷰하여 실제 경험·체감한 공공 서비스 이용 절차와 욕구·문제를 분석, 이용자 관점의 복지전달체계 문제 도출
	지역 사례 연구	지역유형별 공공-민간 복지 전달체계 구조-기능 파악 • 시군구 단위로 주요 대상영역별(아동·청소년, 노인, 장애인, 고용연계, 복지연계) 공공-민간 전달체계 사례 연구로서, 공공-민간 서비스기관 분포를 파악하고 지역 간 차별성과 동질성, 서비스 영역별 공급기관의 충족도를 확인, 주요 기관간의 연계, 협력의 상황을 분석
	해외 사례 분석	• 미국, 영국의 주요 대상영역별 공공-민간의 서비스 전달체계, 기관간 협력, 네트워킹의 지역 사례 분석 및 시사점 도출

제 2 장

국내외 복지전달체계의 현황 및 운영 사례 분석

국내외 복지전달체계의 현황 및 운영 사례 분석

제1절 국내 복지전달체계 정책 및 운영 사례 분석

1. 복지전달체계 정책의 동향 및 개편의 필요성

가. 지자체 복지전달체계 개편 추진 경과

최초의 전국 단위 공공 복지전달체계 개편 정책인 "2006년 시군구 주민생활지원서비스 기능 강화" 이후 주요 정책을 살펴보면, 행복이음 구축 및 본청 통합조사관리팀 운영(2010), 시군구 희망복지지원단 운영 및 지자체 복지인력 7000명 증원 결정(2011), 읍면동 복지허브화 추진 및 지자체 복지인력 6000명 증원 결정(2014) 등을 제시할 수 있다. 이를 통해 파악할 수 있는 복지전달체계 개편 정책의 특징을 살펴보면 다음과 같다.

첫째, 잔여적·협의의 사회복지를 주민 생활의 포괄적 지원, 사회보장 부문의 협력으로 확장하고자 시도되었다.

둘째, 찾아가는 서비스, 맞춤형 서비스를 위한 주민과의 최일선 접점 강화 및 대응성 높은 공공서비스 시스템 구축을 목표로 통합사례관리가 운영(시군구 희망복지지원단 및 읍면동 복지허브화 추진)되었다.

셋째, 업무 효율화를 위한 자산 조사 및 급여관리체계 운영이 시도되면서, 행복e음-사회보장정보시스템에 기반한 통합조사관리팀 본청 운영이 시작되었다.

〈표 2-1-1〉 주요 공공복지전달체계 개편 정책의 추이

연도	개편	주요 방향성
2006~07	지자체 주민생활지원 기능 강화 개편	• 복지에서 사회정책 영역으로의 확장 • 읍면동 주민생활지원팀(복지 전담) 운영
2010	행복이음 구축 및 본청 통합조사관리팀 운영	• 정보 시스템 기반 업무 효율화 추진 • 읍면동의 ‘깔때기현상’ 해소, 여력 확보
2011	시군구 희망복지지원단 운영	• 복지 수요의 확대·다양화에 따른 욕구 중심의 서비스 대응 및 공공자원의 제약 해소 • 공공 복지 업무로서 통합사례관리 공식화
	지자체 복지 인력 7000명 증원 결정	
2014	읍면동 복지허브화 추진	• 맞춤형 서비스 대응을 위한 최일선 접점 강화 • 읍면동 주민센터를 복지 거점으로 활용 (‘행정복지센터’로 명칭 변경 추진)
	지자체 복지 인력 6000명 증원 결정	

“읍면동 복지허브화”와 “찾아가는 동주민센터” 사업은 인력 충원의 한계로 인하여 개편이 지체되었던 공공 복지전달체계의 최일선 접점에서 유의미한 변화를 추동하였다. 복지 정책 수급자의 책정과 급여 관리 등 중앙정부 제도 집행에 집중하던 지자체 복지행정에서, 복지 수요자의 욕구에서 출발하여 서비스를 설계하고, 다양한 공공-민간자원을 연계하여 제공하는 사례 관리 방식을 도입하였고, 찾아가는 서비스, 맞춤형 복지서비스 제공 여건 조성을 통해 사무실을 벗어나지 못하고 인적서비스가 어려웠던 공공 복지행정의 역할 변화를 견인하였다. 예컨대 복지허브화 사업의 경우 맞춤형복지팀을 설치하고 사회복지 담당 인력을 평균 3명 확충하였으며 찾동 사업의 경우 인력을 35% 확대하였다.

이와 함께 민간-주민 참여, 마을공동체 활성화 등 복지자원 확장과 참여 활성화가 촉진되었다. 허브화 사업에서는 협의체 운영을 통해 민간기관과의 협력이 강조되었고 찾동 사업에서는 마을공동체 형성에 중점을 두고 있다.

〈표 2-1-2〉 읍면동 복지허브화 사업과 찾아가는 동주민센터 사업 비교

읍면동 복지허브화	찾아가는 동 주민센터
- 주민과 가장 가깝고 친숙한 읍면동 주민센터의 중심 기능을 복지행정으로 전환, **지역 단위 사회보장부문의 허브(중추기관)로 역할**하도록 추진 • 전문복지인력이 사회보장정보시스템과 주민네트워크를 기반으로 복지 대상자, 공적제도, 민간복지기관, 지역복지자원 간 연계체계 구축, 촘촘한 사회안전망 구현	- 동 주민센터를 **복지, 건강, 마을공동체 기능** 중심으로 개편 • 직접 찾아가 맞춤형 서비스 제공 • 생애주기에 맞는 서비스 제공 • 주민 누구나 직접 공동체 활동 참여 • 항상 열려 있는 주민 공간
- **맞춤형복지 전담팀 운영** • 복지 사각지대 발굴 • 찾아가는 복지상담 • 통합사례관리 • 민관 협력 활성화 및 자원 관리 - **복지담당 인력 전문성 강화 및 처우 개선** • 복지업무 경력자 읍면동장 임용 목표제 • 복지 인력 "전문직위제" 활성화 - **민관 협력으로 공공복지 보완·강화** • 복지통(이)장, 읍면동 단위 지역사회보장협의체 등 주민 조직 적극 활용 • 민·관 복지 대상자 상호 의뢰 및 자원 정보 공유 추진	- **동 행정 혁신** • 주민자치위원회 활동 강화 • 자치회관 주민 자율 관리 • 동주민센터 공간 개선 • 동장 리더십 강화 - **복지·건강 생태계 구축** • 우리동네주무관 • (어르신/빈곤위기가정) 복지플래너 • (어르신/우리아이) 방문간호사 • 복지 통반장 • 동 단위 사례 관리 - **마을공동체 형성** • 마을계획 수립 • 마을활력소 • 마을기금 조성(18년 장기과제) • 주민리더 발굴 및 관계망 형성

자료: 1) 보건복지부. (2016). 2016 읍면동 맞춤형복지팀 업무 매뉴얼.
2) 서울특별시. (2016. 12. 13.). 2016 찾아가는 동주민센터 성과공유대회: 함께 나누는 찾동, 같이 꿈꾸는 서울 자료집.

나. 복지전달체계 개편의 필요성

새 정부의 국정 과제에서 복지전달체계 정책에 고려할 내용을 살펴보면 다음과 같다.

◇ 일자리 창출
 - **국가의 공공서비스 강화**
◇ **지방 분권 강화 및 균형 발전**
◇ 민생·복지·교육 강국
 - 보육, 어르신 돌봄 등 사회서비스를 국가가 직접 제공하는 기반 마련
 - **찾아가는 보건복지서비스/ 찾아가는 지역복지 인프라 강화**
  • 찾아가는 동 복지센터 확대(사례 발굴 및 맞춤형 복지제공)
  • 지역복지 인력 확충(사회복지전담공무원, 통합사례관리 등)
 - 사회적 차별 해소 및 약자 지원
  • **장애인 종합지원체계 구축**
◇ 안전한 대한민국
 - 생활안전 강화
  • **지역사회 아동보호시스템 구축**

이와 같은 정책 방향의 배경 속에서 복지전달체계 개편의 핵심 원칙과 방향의 설정 과정에서는 다음을 고려할 필요가 있다.

첫째, 공적 책임성의 강화 (공공서비스 강화)이다. 지역사회의 돌봄-보호 시스템을 위시한 제반 주민 복지를 위한 사회적서비스의 수급 계획, 제공 기반 마련, 지역 거버넌스 구축 등의 포괄적 역할을 지자체가 주도할 필요가 있다. 이를 위해서는 읍면동뿐만 아니라 시군구 및 시도의 역할 변화가 필요하다.

둘째, 지방의 주도성이 존중(분권 강화 및 균형 발전)되어야 할 것이다. 중앙정부의 개편이 전국적으로 반영되도록 일관된 방향성을 공유하되,

구체적인 개편안(조직 모형)은 지역 여건에 따라 탄력적으로 구현되도록 하는 것이다. 이를 위해서는 지역의 인구 특성 등을 고려한 기본 복지담당 인력의 배치가 필수적이다.

셋째, 복지전달체계에서 필수적으로 강화되어야 할 업무를 명확하게 부여하고 지역별 목표를 설정하게 하는 등의 새로운 성과 관리 방식, 중앙-지역의 거버넌스가 필요하다.

넷째, 지역 단위에서 욕구 영역별 서비스 공급의 확대가 필요하다. 그간 공공의 통합사례관리 추진을 통해 다양한 복지 욕구에 대한 체계적-지속적인 서비스가 가능한 시스템을 갖추고자 하였으나, 공공 자원의 제약을 '민간 자원 발굴'을 통해 보완하는 등 현장에서는 한계 상황에 봉착하는 경우가 발생하고 있어 우려되는 실정이다. 복지서비스의 실질적인 증진을 위해서는 주민 복지의 수요-공급을 기초 관리하는 복지행정의 강화와 함께, 균형적인 지역별 서비스 공급 기반의 강화가 필수 불가결하다. 이는 그간 누적된 문제로 인식되어 온, 복지 부문의 다종다양한 분절적 전달체계와 서비스 제공기관 운영, 부문별-기관별 인력 부족, 기관간의 모호한 의뢰체계, 비공식적 협력체계, 개인 역량, 기관 의지에 의존한 사례관리 운영 등 다양하게 중첩된 사안들이 존재한다. 이와 관련하여 지역 내 공공-민간 서비스기관 간 주요 업무별 연계-의뢰체계를 공식화하고, 주요 지역 복지서비스 기관의 역할을 강화(종합사회복지관 등)하는 방안(인력, 재정 투입 고려)이 모색될 필요가 있다. 또한 핵심 서비스 기관의 지역별 격차 축소에 주목할 필요가 있다. 이는 서비스별 최저/적정 배치기준의 제시, 지자체별 확보 노력의 견인이 병행되어야 할 것이다.

다. 복지전달체계의 중점 개편 영역과 향후 과제

다음 〈표 2-1-3〉에서는 2009년 이후 추진된 공공 복지전달체계의 구체적 개편 요소를 제시하고, 주요 업무 영역별 향후 과제를 제시하였다.

복지행정 부문의 주요 업무 영역을 기획, 제도 집행(사업 관리 및 대면 서비스), 복지서비스(비법정서비스)로 대별하였다. 첫 번째 기획 영역의 과제로는 지역 단위 복지시스템의 컨트롤타워 기능 강화, 두 번째 제도 집행영역의 과제로는 지역 단위 대상별 보호시스템의 체계적-효율적 운영(복지수급 관리, 복지서비스기관·시설 관리, 다양한 사업(기관) 간 연계체계 마련), 세 번째 서비스 영역의 과제로는 읍면동 주민센터의 주민서비스 통합성, 대응성 강화(찾동-읍면동 복지허브화가 추구하는 촘촘한 주민 대응-상담과 사례 관리를 중심으로 한 공공서비스의 체계화는 지속 추구)를 제시하였다.

〈표 2-1-3〉 공공 복지전달체계의 개편 과제

<table>
<tr><th colspan="2">주요 업무영역</th><th>2009
~2010</th><th>2011
~현재</th><th>향후 과제</th></tr>
<tr><td colspan="2">기획</td><td>-</td><td>-</td><td>► 지역 단위 복지시스템의 컨트롤타워 기능 강화</td></tr>
<tr><td rowspan="2">제도
집행</td><td>사업
관리</td><td>• 행복이음 운영
• 통합조사관리팀 본청 운영</td><td>-</td><td>► 지역 단위 대상별 보호시스템의 체계적-효율적 운영
- 복지수급 관리
- 복지서비스기관/시설 관리
- 다양한 사업(기관) 간 연계체계 마련</td></tr>
<tr><td>대면
서비스</td><td>• 서비스연계팀 본청 운영</td><td rowspan="2">• 희망복지지원단 본청 설치, 통합사례관리 운영
• 읍면동 복지허브화 운영 확산중</td><td rowspan="2">► 읍면동 주민센터의 주민서비스 통합성, 대응성 강화
- 찾동-읍면동 복지허브화가 추구하는 촘촘한 주민 대응-상담과 사례 관리를 중심으로 한 공공 서비스의 체계화는 지속 추구</td></tr>
<tr><td colspan="2">복지서비스
(비법정서비스)</td><td></td></tr>
</table>

1) 읍면동 주민센터의 복지기능 강화

새정부의 국정 과제로 제시된 찾동 사업의 전국 확산은 이전 정부가 추진해 온 읍면동 복지허브화 사업의 기반 위에서 그 성과와 강점을 살릴 수 있는 방안을 접목하도록 하는 고려가 무엇보다 중요할 것이다. 이를 위해서는 몇 가지 핵심 사안에 대한 검토가 필요하다.

첫째, 지자체 복지행정에서의 '찾아가는' 방식을 전면에 부각하는 것이 가장 적절한 선택인가의 사안이다. 복지사각지대 발굴, 수요자 편의를 고려한 '방문' 방식을 탄력적으로 활용하는 접근은 꼭 필요하다. 그러나 찾아가는 서비스를 주된 방식으로 명시적으로 표현하는 방안에 대한 검토가 필요하다. 찾아가는 서비스 활성화, 정보시스템 기반 사각지대 발굴 강화에 따른 개인정보 보호, 국가의 사생활 과도 개입에 대한 우려가 존재하므로, 이를 유의한 정책 접근이 필요할 것이다.

둘째, 찾동 사업에서 복지담당 공무원에게 명확한 역할·업무를 부여하고, 방문간호사를 활용한 전략을 적극 검토할 필요가 있다. 찾동에서는 우리동네주무관, 복지플래너, 방문간호사 등을 활용하고 그 역할을 명확하게 제시한 바 있다. 그러나 복지전담기관(전달체계)의 독자적 업무로 수행하기보다는, 해당 부처-부서의 고유 사업으로서 안정적으로 운용될 필요가 있다.

셋째, 주민 참여, 마을만들기 사업의 전국화는 다각적인 부작용의 가능성이 고려되어야 한다. 읍면동을 중심으로 한 이 사업의 경우, '관' 주도에 대한 비판이 제기되고 있다. 그러나 정책의 본래 취지대로. 마을만들기에 대한 공공의 지원 효과 역시 존재할 수 있기 때문이다.

2) 맞춤형 복지팀의 주요 서비스별 전담 구조 마련

복지공무원 확충과 함께(찾동 사업 수준) 통합사례관리의 주요 대상별 전담 구조가 검토되어야 한다.

이 과정에서 우선 정부가 추진 중인 장애인 맞춤형 서비스 실시의 세부 방안이 반영될 필요가 있다. 또한 노인장기요양보험제도의 실시 이후 지역 단위로 노인에 대한 종합적 돌봄서비스 체계의 모색이 약화되었다는 비판을 점검하여 이를 위한 전달체계의 개편 방안이 모색되어야 할 것이다. 아동 보호체계 강화, 드림스타트사업의 사례 관리를 결합하는 등 아동 서비스 통합성의 강화도 중요하게 반영되어야 할 과제이다.

3) 읍면동의 인력 확충, 적정 규모 검토

지역별 인구 규모 및 복지 수요를 고려한 사회복지담당 인력의 추가 배치가 필요하다.

전체 지자체 일반직 공무원(25만 4593명) 중 사회복지담당은 11.8%, 사회복지직은 6.2%에 불과(사회보장위원회 제9차 회의 안건자료, pp. 8-9)하나 지자체 예산 중 사회복지 부문 예산은 27.3% 수준(자치구는 54.0%)으로, 사업 규모에 적절히 대응할 인력이 미흡한 실정이라 볼 수 있다.

또한 다양한 공공서비스 인력의 활용이 요청되므로, 이에 대한 검토가 필요하다. 예컨대 최근 다수의 읍면동 주민센터에 배치되고 있는 방문간호사, 그리고 직업상담사, 정신보건복지사 등이다.

뿐만 아니라 복지 직무의 전문성 향상에 따른 인력의 역량 개발체계 강화가 무엇보다 중요하다. 이를 위해서는 핵심 교육기관인 한국보건복지

인력개발원의 교육 기획 확대, 광역자치단체의 교육 기반 강화가 병행되어야 할 것이다. 또한 복지상담을 주 직무로 하는 공무원의 소진 예방, 정신건강서비스 지원 대책이 강화되어야 할 것이다.

4) 고난이도 사례 관리를 위한 지역 내 사례 관리 기관 마련

지자체 복지행정 부서에서는 감당하기 어려운 사례가 빈발하고 이다. 이는 공무원 그리고 소수의 통합사례관리사가 감당하기에는 어려운 상황으로 파악되고 있다. 이를 담당할 전문 서비스기관이 절실한 실정이다. 고난이도 사례 관리를 위한 필요 서비스기관의 지역별 충족 여부 진단과 확충이 요청된다.

5) 시군구 복지행정의 업그레이드

최일선 창구인 읍면동의 활성화를 위해서는 시도-시군구 복지행정부서, 유관 공공기관, 민간 복지서비스기관이 함께 변화되어야 한다.

그간의 개편과정에서 조직 개편은 시군구의 통합 조사관리 및 희망복지지원단, 읍면동 복지허브화에, 인력 확충은 최일선 접점(읍면동)에 중점을 두어 온바 시군구 본청 사업팀의 업무 여건 개선은 전무한 상황이다.

〈표 2-1-4〉 지자체 복지행정의 주요 기능 및 담당 부서 현황

<table>
<tr><th colspan="3">주요 기능</th><th>담당부서</th><th>개편 상황</th></tr>
<tr><td colspan="2">기획</td><td>- 지역사회보장계획 수립 및 시행결과 평가
- 지자체 복지 수요 및 공급 실태 파악
- 지자체 자체 사업 개발</td><td>(시군구)
복지정책·기획팀</td><td rowspan="2">개편 미진</td></tr>
<tr><td rowspan="3">제도 집행</td><td rowspan="2">사업 관리</td><td rowspan="2">- 대상자 선정
- 자산 조사
- 급여 결정·지급
- 사후 관리
- 복지사업기관/시설 예산 집행
- 복지사업기관/시설 관리·모니터링</td><td>(시군구)
기초보장,
자활지원,
장애인-노인-아동-청소년-보육-여성-가족복지과(팀) 등</td></tr>
<tr><td>(시군구)
통합조사-관리팀</td><td rowspan="3">인력 보강 및 조직 개편</td></tr>
<tr><td>대면 서비스</td><td rowspan="2">- 상담(가구 방문, 찾아가는 서비스)
- 욕구 조사
- 통합사례관리
- 자원 발굴-관리
- 복지자원 네트워킹(지역사회보장협의체 등)</td><td>(시군구)
희망복지지원단</td></tr>
<tr><td colspan="2">복지서비스
(비법정서비스)</td><td>읍면동 주민센터</td></tr>
</table>

자료: 강혜규 (2016). 지방자치단체의 주민복지 기능 –실태와 과제. 지방행정, p.18; 지자체 복지행정의 주요 기능 재구성.

지자체는 그간 중앙사업 집행에 주력하여 자체적인 복지사업 기획 기능, 지자체 차원의 주민 복지 수급 관리가 미흡하다. 이는 국고보조사업이 92%, 지자체 자체 사업이 8% 남짓 수준이라는 현실과도 직결된다.

또한 사회복지사업기관에 대한 예산 집행이 우선시되고 업무별 인력이 부족하다 보니, 복지사업의 충실한 관리도 미흡한 실정이다. 실질적인 복지사업(시설)에 대한 지도 점검, 복지시설 거주·이용자의 인권 보호 등 서비스 질 관리가 필요하다.

현재 시군구 본청의 팀 운영 현황을 살펴보면 통합조사관리팀(7.7명)을 제외하고는 1개 팀의 인력이 총 4~5명에 불과하다(강혜규 등, 2016). 특히 보육, 아동·청소년, 노인, 장애인 등 다수의 중앙사업 집행과 지자체 자체 복지사업 기획 및 수급 관리, 서비스제공기관 관리 등을 담당할 부서의 경우, 부여된 업무의 충실한 수행이 어려운 실정이다.

〈표 2-1-5〉 시군구 본청의 팀 설치 및 인력 배치 현황(2016년 기준)

(단위: 개, 명)

구분	총 팀 수[2] (A)	시·군·구 수[3]	전체 인력 수[4] (B)	팀별 인력 수[5] (B/A)
복지기획 및 정책, 복지시설 관련	226	200	1,132	5.0
기초생활보장 관련	226	199	1,271	5.6
자활 및 주거복지 관련	126	106	586	4.7
사례 관리, 복지 연계, 자원 관련	290	156	1,483	5.1
통합조사 및 관리 관련	323	206	2,493	7.7
노인 관련	300	221	1,538	5.1
장애인 관련	248	213	1,194	4.8
보육 관련	259	194	1,330	5.1
아동 및 청소년 관련	229	197	1,022	4.5
드림스타트	200	200	903	4.5
여성 관련	232	221	1,065	4.6
다문화 관련	186	178	770	4.1
가족 및 출산	39	39	152	3.9
계[1]	2,884 (2,778)	226	14,939 (13,538)	5.2 (4.9)

주: 1) 전국 시·군·구의 총 2778개 팀(1만 3538명)의 기능·업무 유형별 현황을 제시한 결과로서, 106개의 팀(1401명)은 중복적으로 제시됨(예컨대 1개 팀에서 여성, 보육 업무를 담당할 경우 여성 관련, 보육 관련 2개 영역에 각각 카운트한 결과임).
2) 해당 업무를 담당하는 시·군·구 전체 팀을 의미.
3) 해당 업무 관련 팀이 설치된 시·군·구의 수.
4) 해당 업무 담당 팀의 총인력 수.
5) 총 팀 수를 해당 업무 담당 팀의 총인력 수로 나눈 값.

자료: 강혜규 등(2016), 사회보장부문의 서비스전달체계 연구, p. 173; 시·군·구별 홈페이지 게시 자료(2016년 7월 기준)를 취합, 정리·분석함.

향후 지자체의 주도성을 높여 갈 분권화와 복지 분야별 전문화가 가능한 공공복지전달체계 마련을 위해서는 지자체를 중심으로 복지 정책의 기획–집행–서비스를 균형적으로 강화할 필요가 있다. 즉, 대민서비스의 접점인 읍면동의 강화(충실한 통합사례관리 대응 시스템 완성)와 지역 단위 사업 기획 및 서비스기관 관리·점검의 대폭 강화를 통한 서비스 품질 제공 및 복지사업 운영 효율화가 병행되어야 한다.

지자체의 복지행정이 중앙사업의 단순 집행·관리에서 나아가 지역 주민의 복지 욕구를 반영한 지역 단위의 복지 시스템을 운영하기 위해서는 미흡했던 행정 기능을 강화하고, 전문성을 높여야 할 필요가 있다. 앞서 제시한 바와 같이 그 동안의 복지전달체계 개편은 적체된 전달체계의 문제를 해결하기 위한 시도에 집중해 왔다. 즉, 읍면동 깔때기 현상과 자산조사의 과부담 해소, 복지 수요의 다양화·복합성 증가에 따른 욕구 중심의 서비스 대응 체계(통합사례관리) 마련이 추진되어 온 것이다.

다음 단계로는 시·군·구의 지역 단위 복지서비스 기획·관리·운영 기능 강화가 필요하다. 국고보조사업이 92%에 이르고 지자체 자체 사업은 8% 남짓에 불과한 사회복지사업의 중앙 의존적 구조를 지역의 주도성을 강화하는 운영 체계로 조정해 갈 필요가 있다. 먼저 지역 단위 복지시스템 전반에 대한 시군구의 컨트롤타워 기능 강화가 필요하다. 또한 사업 영역별 관리·운영 기능으로서, 지역 내 부문별 복지 수요와 공급 상황을 고려하는 일, 복지서비스기관·시설의 관리로서 안전, 인권보호 등에 초점을 둔 시설 운영 점검과 시설 이용자·거주자 서비스 실태 및 체감을 고려한 관리, 다양한 사업(기관) 간 연계체계 마련(정기 회의 중심의 협의체 운영에서 나아가 상시적인 의뢰·연계·협력을 위한 여건 구축 및 상황 점검) 등이 강화되어야 할 것이다. 예컨대 노인장기요양등급외자의 서비스 대응을 위한 지자체-보건소-건보공단의 협력, 지역 내 아동방과후돌봄기관 및 아동보호전문기관 협력은 당연히 여겨지지만 부진한 과제들이다.

2. 복지전달체계 운영 지자체 사례 분석

공공서비스의 효율성과 효과성을 담보하고 주민들의 최적화된 서비스 이용을 보장하기 위한 복지전달체계 개선 노력은 중앙정부 못지않게 지자체의 노력도 활발하다. 중앙정부의 전달체계 개편에 부합하면서도 다양한 방식의 자체적인 전달체계를 구축해 오는 지자체 사례들에서는 지역의 고유한 특성을 반영하면서도 중앙정부보다 한발 앞선 선도적인 체계를 구축하는 등 효율적인 전달체계 고안을 위한 지자체의 노력을 확인할 수 있다.

물론 지자체에서 구축한 전달체계 역시 공공 중심의 전달체계 개편이며, 관 주도 개편이라는 한계에 대한 비판적 평가도 존재한다. 이용자의 참여와 선택권을 보장하는 적극적인 이용자 중심의 전달체계 구축까지 이르지는 못하고 있지만, 다양하고 복합적인 욕구에 대응할 수 있는 통합적 서비스 제공체계를 구축하는 방향으로 진행되고 있다. 찾아가는 서비스를 활용하여 사각지대를 발굴하거나 보건과 고용 등 다양한 욕구에 대한 통합적 대응, 복합적 욕구에 대한 사례 관리 실시 등이 주된 내용이다. 또한 지자체 전달체계 개편은 중앙 차원의 개편보다 민간 전달체계와의 접점을 찾고 민간기관과의 협력을 제고할 수 있는 방향으로 이루어지고 있다. 지자체에 뿌리를 내린 민간기관과의 연계 및 민간 전문 인력 활용을 바탕으로 부족한 자원을 공유하고 전문적 서비스 제공을 도모함으로써 공공의 한계를 극복하려는 보다 적극적인 움직임이 두드러지는 것이다. 다만 이러한 독자적인 노력은 지자체에 따라 중앙정부 차원의 전달체계 개편 방향에 따라 수정되거나 중앙 차원의 전달체계에 편입되는 등의 한계를 가지기도 한다.

본 절에서는 지자체가 자체적으로 구축·운영하고 있는 개별 전달체계의 사례를 제시하고자 한다. 검토할 지자체는 광역자치단체로서 서울특별시, 부산광역시, 경기도, 대전광역시이다. 이들 지자체는 민관 협력을 활용하여 이용자 원스톱 통합서비스 제공을 도모하고자 전달체계 개편을 시도한 공통점을 가지고 있다. 다만 서울특별시와 부산광역시는 공공행정의 최일선 조직인 읍면동을 중심으로 한 전달체계 개편으로서 개편에 필연적으로 수반되는 인력으로 주로 공무원을 신규 채용하거나 우선 배치하는 방식으로 개편이 수행되었다. 반면 경기도와 대전광역시의 경우는 보다 넓은 권역의 시군구 또는 복수의 동을 포괄하는 권역 단위의 민간거점기관이 중심이 되며, 민간 전문 인력을 보다 적극적으로 활용하는 방식으로 수행되었다는 점에서 차이를 보인다. 또한 사업의 내용 측면에서 서울특별시와 부산광역시의 경우 '찾아가는' 사각지대 발굴 수행에 보다 중점을 둔 반면 경기도와 대전광역시의 경우 전문적인 사례 관리의 효율적 실시를 위한 개편을 시도했다는 점에서 그 차이를 확인할 수 있었다.

〈표 2-1-6〉 분석에 활용한 지자체 현황

읍면동 중심의 사각지대 발굴	시군구, 권역 중심의 통합사례관리체계 구축
서울특별시의 '찾아가는 동주민센터'	경기도의 '무한돌봄센터'
부산광역시의 '다복동 사업'	대전광역시의 '희망티움센터'

가. '찾아가는 복지'를 위한 동(洞) 중심의 전달체계 개편

1) 서울특별시의 '찾아가는 동주민센터'

서울특별시가 2015년부터 추진하고 있는 '찾아가는 동주민센터(이하 '찾동')'는 복지 사각지대의 개선과 동 주민센터의 복지 업무 폭증에 따른 문제를 해결하기 위한 적극적 방식의 전달체계 개선 노력이다.

찾동사업은 공공복지의 혁신, 민관 협력의 강화, 복지생태계 구축이라는 세 가지의 목표를 바탕으로 서울시민 복지기준을 달성하고 보편적 복지, 사람과 삶 중심의 지역사회를 구축하고자 추진되었다(이태수, 2016 p.88). 보다 적극적으로 주민들의 문제를 찾아 나서고 복합적 어려움을 겪는 주민을 대상으로 통합적 서비스를 제공하며 지역주민과 마을·이웃이 복지공동체와 마을공동체를 조성하여 주민 중심의 행정을 추구하였다.

[그림 2-1-1] 서울시 찾동의 개편 원리

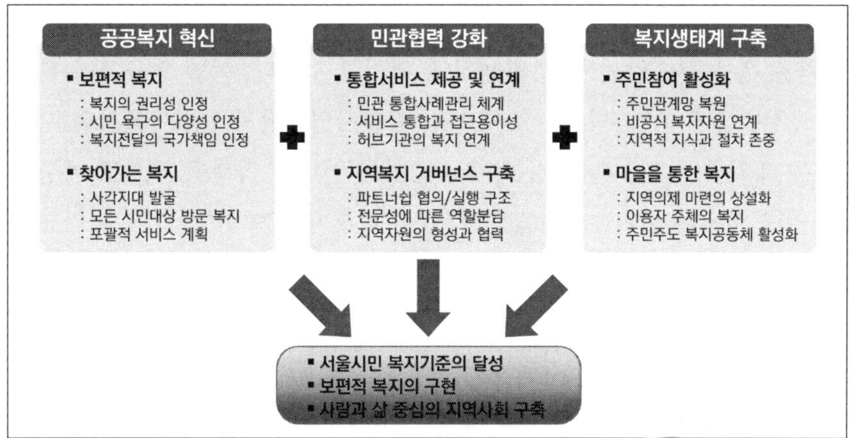

자료: 이대수. (2016). 서울시 '찾아가는 동주민센터'의 추진의 의미와 과제- 사회복지인력의 전문성에 미치는 영향이란 측면에서. 한국사회복지행정학회 학술대회 자료집. p. 88.

찾동의 주요 사업 내용은 65세 노인과 0세 아동 가구에 대해 복지와 보건 영역의 전문 인력(사회복지사와 방문간호사 등)이 방문하는 '복지플래너·방문간호사 활동', 사례 관리를 동 주민센터로 전면화하는 '동 단위 사례 관리', 동을 복수의 구역으로 세분화하여 동의 전 직원이 담당 지역을 책임지는 '우리동네 주무관', 이용자 중심 복지행정서비스가 가능하도록 경력 3년 이상의 복지직 공무원이 배치된 '복지상담전문관' 등이 있다. 이를 위하여 적극적인 민관 거버넌스를 활용한 복지 생태계 조성, 지역사회 조직화를 바탕으로 마을만들기 활성화, 마을공동체와의 협력체계 강화를 시도하였다.

찾동 개편은 2015년 7월 1일부터 13개 자치구 80개 동 주민센터를 대상으로 1단계 운영을 시작하였고, 2016년 7월 1일 18개 자치구, 283개 동에서 2단계 실시, 2017년 7월 1일부터는 24개 구 342개 동(전체의 80%)에서 찾아가는 동주민센터 사업을 실시하고 있다(서울특별시b, 2017, pp.19~21).

찾동으로의 개편에서 가장 큰 특징은 서울특별시가 자체적으로 대규모 인력을 채용하여 일선 동 주민센터에 배치한 것이다. 동별 평균 사회복지직 공무원을 5~6명, 방문간호사 1명, 마을사업담당자 1명(마을사업 시행동)을 배치하여 2017년까지 약 2,450명의 인력이 확충될 것으로 예상되고 있다(서울특별시b, 2017, p.16). 사회복지 영역의 인력만을 비교해보면, 개편 전 동별 평균 4.68명이었던 사회복지 인력은 전달체계 개편 후 11.20명으로 6.52명의 증가가 있는 것으로 나타났다(이태수, 2016, p.101). 사각지대 발굴, 사례 관리, 지역사회 조직사업 등을 가능하게 하기 위한 획기적 시도라 할 수 있다.

〈표 2-1-7〉 서울시의 전달체계 개편 이후 복지 인력의 증가 현황

(단위: 명)

동 사회복지인력 (2014년 말 기준, 서울시 평균)			6.52명 증가 ⇑	동 사회복지인력 (2015. 8. 5. 기준, 사업 참여 동)				
계	사회 복지직	행정· 기능직		계	복지·보건			행정· 기능직
					소계	사회 복지직	방문 간호사	
4.68	2.87	1.81		11.20	7.67	6.53	1.13	3.53

자료: 이태수. (2016). 서울시 ‘찾아가는 동주민센터’의 추진의 의미와 과제- 사회복지인력의 전문성에 미치는 영향이란 측면에서. 한국사회복지행정학회 학술대회 자료집. p.101.

이러한 인력의 충원을 바탕으로 조직체계 개편이 함께 수행되었다. 기존 동 주민센터에서 민원행정 관련 팀, 공공복지 업무 팀이라는 2분 형태의 구조에서 벗어나 찾동 사업을 수행하는 거의 모든 동에서 복지 업무를

담당하는 1개 팀을 증설하여 3개 팀 체제로 전환하였다. 복지 업무를 담당하는 1, 2팀의 경우 방문 인력을 최대한 확보하여 지역 중심의 원스톱 서비스 추진을 강화하였다.

〈표 2-1-8〉 서울시 '찾아가는 동주민센터' 기본모형(예)

구분	행정자치팀	복지1팀	복지2팀
인원	11명	6명	6명
직렬	구분 없음(동 주민센터별 여건에 따라 편성)		
기존 업무	예산 회계, 선거, 주민자치, 민방위, 수방·제설, 청소, 환경, 운전, 통합민원, 자원봉사 등	맞춤형 급여, 차상위 지원, 한부모, 서울형복지, 장애인, 노인, 영유아, 아동, 청소년, 바우처 등	
신규 업무	• 우리동네주무관 • 주민자치활성화 • 마을공동체조성 - 주민참여지원사업(주민참여공모사업, 동네트워크파티) - 마을기금 - *마을계획** - *마을활력소**	• 우리동네주무관 • 복지슈퍼바이저 • 찾아가는 복지, 보편복지 - 복지플래너, 복지통반장 • 통합서비스 제공 - 통합복지상담(복지상담전문관), 동 단위 사례관리 • 복지공동체 조성 - 주민관계망 활성화, 나눔이웃, 동 자원봉사 캠프 연계, 복지자원 조사	

주: 1) 자치구 여건에 따라 방문간호사 1~2명 배치
2) 복지1, 2팀은 업무별 총괄담당 지정
3) 나눔이웃 사업은 자원관리담당자 소속에 따라 업무 해당 팀 변경 가능
4) 마을계획과 마을활력소의 업무는 마을계획 중심 모형의 동 주민센터의 업무내용에 해당
자료: 서울특별시. (2017a). 2017 찾아가는 동주민센터 업무 매뉴얼. 서울특별시. p.25.

찾동 사업은 서울시 외 각 자치구별 추진지원단을 구성하여 지원체계를 가지고 있으며 사회복지관, 마을활동기관, 사회적경제기관 등 민간전달체계와의 협력체계를 구축하고 있다.

2) 부산광역시의 다복동 사업[3)]

부산광역시 다복동 사업은 '시민이 행복하고 따뜻한 복지 실현'을 위하여 '주민 중심 동(洞) 단위 복지허브 구축 및 복지공동체 조성'을 목표로 삼고 있다. 다복동 사업은 2014년 보건복지부와 구 자체 시범사업으로 4개동에서 진행되었던 것이 확장되어 2015년 '부산시 동복지기능강화사업 기본계획'으로 수립되었으며, 이를 바탕으로 2016년부터 실시되었다. 2016년까지 총 52개 동이 다복동 사업을 시행하게 되었으며 17년도에는 132개 동, 18년에는 205개 동으로 단계적인 확대를 기획하였다.

다복동(다함께 행복한 동네) 사업은 찾아가는 복지 실현, 원스톱 통합서비스 제공, 민관 협력 복지공동체 조성을 주요 전략으로 삼는다. 공무원과 민간 전문 인력(사례관리사, 방문간호사 등)이 취약 가구를 방문하여 찾아가는 상담을 실시함으로써 사각지대를 발굴하며 내방 민원에 대한 분야별 심층 상담과 효율적 서비스 의뢰 등을 바탕으로 통합적 서비스 제공을 목표로 한다. 관할 공공기관 및 민간기관과의 네트워크 구축을 통해 지역 내의 다양한 자원 발굴을 바탕으로 공동체 조성을 시도한다.

〈표 2-1-9〉 부산시 다복동 추진 전략 및 핵심 과제

추진 전략	찾아가는 복지 실현	원스톱 통합서비스 제공	민관 협력 복지공동체 조성
핵심 과제	먼저 찾아가서 실태 확인	·동 단위 사례관리 ·필요서비스 종합 지원	·사각지대 발굴 등에 주민 조직 활용 ·주민에 의한, 주민을 위한 복지자원 발굴 및 나눔 시스템 구축 ·민간 복지기관과의 상호 협력

자료: 부산시청 홈페이지. www.busan.go.kr. 인출 2017. 09. 25.

3) 본 내용은 최영하, 배은석(2017)의 「부산시 동 복지기능강화 사업 운영평가 연구」를 주로 참고하여 발췌, 작성함.

다복동 사업은 일선 동을 중심으로 복지 기능 강화를 추구하였다는 점에서 서울특별시의 찾동 사업과 유사하다. 그러나 인력 배치 방식과 구성에서는 차이를 보인다. 다복동 사업은 복지사무장을 포함하여 동 평균 사회복지공무원 3~4명을 배치하여 희망복지팀을 구성하도록 하였는데, 이러한 인력은 동 평균 5~6명을 배치한 찾동 사업에는 미치지 못하는 수준이다. 추가 배치 인력의 수급은 행자부의 증원 인력의 동 주민센터 우선 배치와 구·군 희망복지지원단의 통합사례관리사를 파견 또는 재배치하기로 계획하였다는 점에서 대규모 신규채용을 단행한 찾동 사업과는 차이가 있다.[4] 이에 추가 배치 인력 채용에 대한 계획이 뚜렷하지 않은 상황에서 기존의 인력을 팀만 변경하여 배치할 경우 발생할 수 있는 우려가 제기되기도 한다(최영하, 배은석, 2017, p.115). 다복동 사업은 부족한 인력을 충원하기 위해 동마다 사회공헌일자리 인력(노인일자리사업 인력)을 파견하였으며, 복지통장제 등을 활용하고 있다.

다복동 사업은 도시재생사업과 마을건강센터 설치 등 타 부서 개별사업과 연계하여 "부산형 도시재생행정복지센터"를 구성한다. 마을지기와 마을계획가 등을 활용하는 공간재생팀과 보건 영역의 마을건강센터가 함께 구성되어 간호직 공무원과 건강 상담 간호사 등 유관 영역과의 협력이 가능한 구조라 할 수 있다. 이러한 부산형 도시재생행정복지센터는 2016년 6개 동 설치를 시작으로 2019년까지 66개 동에 설치, 운영할 계획이다.

4) 행자부의 '자치단체 사회복지공무원 확충' 계획에 따른 '16년 증원 인원 303명을 동주민센터에 우선 배치할 수 있도록 하였다(최영하, 배은석, 2017, p.25).

〔그림 2-1-2〕 부산형 도시재생 행정복지센터 조직 구성(안)

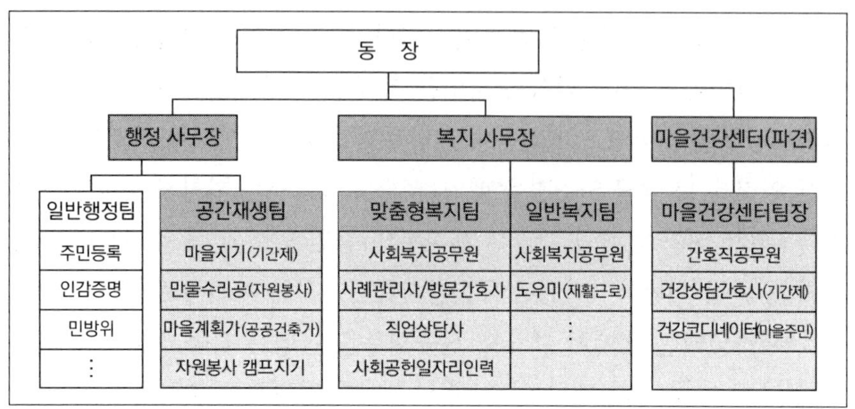

자료: 최영하, 배은석. (2017). 부산시 동 복지기능 강화 사업 운영 평가 연구. 부산복지개발원. p.27.

다복동 사업은 2016년 착수하여 1차연도 사업이 종료된 상태이다. 아직 사업 수행 시기가 길지 않아 그 성과나 내용을 확인하기는 쉽지 않다. 다만 현재 시점에서 다복동 사업은 추가되는 업무를 감당할 수 있는 추가 인력 배치와 관련한 지자체 차원의 조치가 부족하며 업무 매뉴얼이나 평가 등에 있어 중앙정부의 읍면동 복지허브화 사업 내용으로 진행된다는 점에서 독자적 전달체계로서 발전하기 위한 많은 과제를 안고 있다고 하겠다.

나. 통합사례관리 수행을 위한 권역 중심의 전달체계 개편

1) 경기도 무한돌봄센터

경기도의 경우, 앞서 살펴본 서울이나 부산과 달리 시군 단위를 중심으로 무한돌봄센터를 설치하는 방식으로 전달체계 개편을 시도하였다. 2010년 남양주를 시작으로 약 7년 동안 이어지고 있는 무한돌봄센터는 수요자 맞춤형 원스톱 서비스 제공을 목표로 하며, 위기 가구 중심의 전문적인 통합사례관리체계라 할 수 있다. 무한돌봄센터는 민간과 공공을 연계하고 민간기관들이 서로 연계할 수 있는 허브기관으로의 역할도 수행하고 있다.

무한돌봄센터는 광역 차원으로 무한돌봄센터가 설치되었으며, 시군청 조직인 시군 무한돌봄센터가 주민생활지원국 내의 팀 단위로 설치되어 있다. 거점 단위의 네트워크팀은 민간 위탁 방식으로 설치되어 시군과 읍면동 사이의 조정자 역할 및 민관 협력의 기틀을 마련하고 있다는 특징을 가지고 있다.

[그림 2-1-3] 경기도 무한돌봄센터 조직

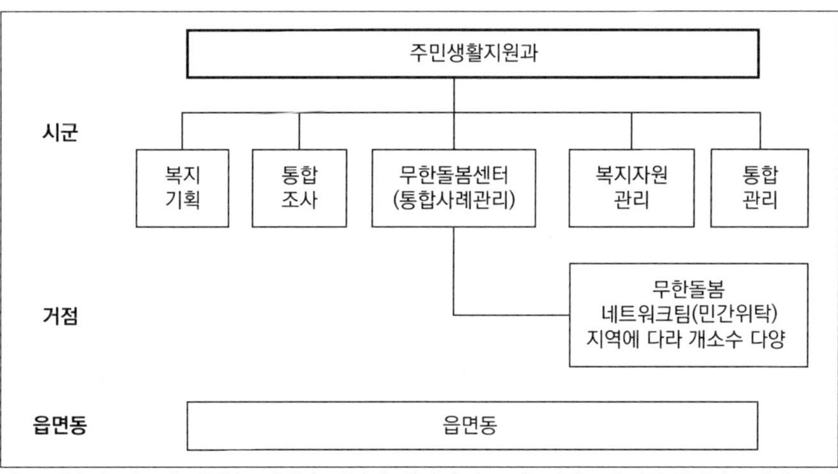

자료: 성은미, 민소영, 박경숙, 안혜영, 백민희, 황상미. (2015). 경기도 읍면동 복지기능 강화 중심의 전달체계 개편 모형개발 연구. 경기복지재단. p.45.

구체적으로 살펴보면 광역센터인 경기도 무한돌봄센터는 시·군 무한돌봄센터 운영 지원 및 역량 강화, 사례관리 전문 인력 양성 교육 및 모델 개발 등 전반적인 지원 역할을 수행한다. 조직 구성의 경우 센터장과 무한돌봄팀, 사례관리팀, 나눔문화팀 등 3개 팀으로 구성한다.

시·군 무한돌봄센터는 경기도 시·군별로 각 1개소가 설치되어 있으며, 지역 내 복지자원을 연계하고 위기 및 통합사례관리를 지원하며 무한돌봄네트워크팀을 운영하는 지역 내 컨트롤타워 기능을 수행한다. 조직 구성의 경우 확충된 공공인력을 활용하여 기존 서비스연계팀을 사례관리팀과 자원관리팀 2개 팀으로 분리하는 제1안과 기존 서비스연계팀의 명칭을 변경 후 확충 인력(3~6명)을 확보하여 기능을 강화하는 제2안이 존재한다. 보통 채용된 민간사례관리사 2인, 공무원 팀장 및 실무자, 공공통합사례관리사로 구성된다.

무한돌봄네트워크팀의 경우 민과 관을 연계하는 허브 역할을 담당하며, 민간 위탁 방식으로 민간사례관리사를 채용하여 운영되는 경기도 무한돌봄센터의 특징이 가장 많이 반영된 독특한 조직이다.5) 네트워크팀은 별도의 복지기관 등에 설치되어 있는 거점으로서의 역할을 수행하고 있는데 주로 종합사회복지관, 노인복지관, 장애인복지관 등에 설치되어 있다.6) 네트워크팀은 지역의 특성에 따라 확장형과 기본형으로 운영된다. 확장형 네트워크팀의 경우 허브 역할뿐만 아니라 통합사례관리 기능이 어려운 농촌 지역에 설치되어 기본적인 서비스 제공과 통합사례관리 업무를 수행한다. 인력은 5인 이상으로 구성된다. 기본형 네트워크팀은 기존 허브 역할을 할 수 있는 기관이 지역사회 내 존재하는 경우 1명의 실무

5) 무한돌봄센터에 채용된 민간사례관리사는 2016년 기준 총 232명으로 복지관이나 별도 사무실에서 근무하고 있는 비중이 높아 타 지자체의 전달체계 모형과 차이를 보인다(성은미, 김세원, 민소영, 임서영, 백민희, 김나연, 2016, p.53).

민간사례관리사 총수	배치 현황		
	시군 등 행정청	사회복지관 등	별도 사무실
232명	42명 (읍면동 2명 포함)	86명	104명

6) 네트워크팀을 위탁받은 기관의 유형을 살펴보면, 사회복지법인이 총 44개, 재단법인 6개, 학교법인 6개에서 네트워크팀을 위탁받아 업무를 추진 중임.(경기도청 무한돌봄과 내부 자료. 2016. 1.).

자를 채용해 조정자 및 네트워킹 업무를 수행하는 방식이다. 2016년 기준, 총 90개 무한돌봄네트워크팀이 운영 중인데 이 중 기본형은 68개이며 확장형은 남양주시의 희망케어센터 4개를 포함하여 22개가 존재한다. 조직별 역할 및 기능은 다음과 같다.

〈표 2-1-10〉 경기도 무한돌봄센터 조직별 역할 및 기능

기관	역할 및 기능
경기도 무한돌봄센터	• 시·군 무한돌봄센터에 대한 모니터링, 컨설팅 및 운영 지원 • 사례관리 전문 인력 양성 교육 • 사례관리 모델 개발
시·군 무한돌봄센터	• 통합사례관리 • 지역복지자원 조사 및 민간자원 발굴·연계 • 사례관리 교육 및 복지자원 네트워크 구축 • 무한돌봄네트워크팀 설치·운영 • 시·군 단위 통합사례회의(솔루션위원회) 운영 및 서비스 연계
지역별 네트워크팀	• 위기가정 사례관리 진행 - 사례회의를 통한 문제 해결 목표 설정 및 서비스 계획 수립 - 구체적인 서비스 연계 및 점검 등 • 사례관리 협력기관 네트워크 구축 • 통합 사례회의(무한돌봄네트워크팀, 협력기관 공동) 운영 • 민간자원 발굴 및 연계
협력기관 (지역 내 각종 복지자원)	• 대상자에게 직접서비스 제공 • 복합사례 등을 발굴하여 무한돌봄센터 및 네트워크팀에 이관

자료: 경기도청 홈페이지. www.gg.go.kr. 인출 2017. 09. 25

최근 무한돌봄센터는 정부의 읍면동 복지기능 강화 사업의 추진과 함께 새로운 도전과 변화의 시기를 맞고 있다. 시군 및 권역을 중심으로 추진된 무한돌봄센터와 읍면동 복지기능 강화 사업의 역할 정립 방안에 대한 고민이 이루어지고 있다. 무한돌봄센터의 축적된 경험을 바탕으로 읍면동 복지기능 강화 사업을 지원할 수 있는 다양한 방안을 마련하고 있는데, 그중 무한돌봄센터에서 자체적으로 채용 중인 민간사례관리사를 활용하는 방안이 우선 제안되고 있다. 민간사례관리사의 전진 배치로 읍면동의 통합사례관리를 지원하거나 특정 분야의 사례관리를 보강하는 방식

등의 개선안이 논의되고 있는 것이다(성은미, 민소영, 박경숙, 안혜영, 백민희, 황상미, 2015, pp.159~160).

2) 대전광역시 희망티움센터

대전광역시 희망티움센터는 2014년 7월 통합사례관리 시범사업을 토대로 한 '대전형 복지전달체계「희망티움 프로젝트」운영'이라는 시범사업으로 시작되어 대전시를 대표하는 복지전달체계 개편 사업으로 자리매김하였다. 개편의 핵심은 희망복지지원단의 역할 재조정이었으며, 희망복지지원단과 동 주민센터의 사례관리 효율화 및 기능 배분, 그리고 그에 따른 인력 배치를 기본으로 하였다(김정득, 김성한, 류선화, 2014, p.12).

희망티움센터의 기본 조직 구성은 2~4개의 동 주민센터를 하나의 권역으로 묶은 권역동 단위의 통합사례관리팀이며, 이것이 바로 '희망티움센터'이다. 자치구 희망복지지원단의 업무와 인력을 권역동의 희망티움센터로 이전하여 권역동에서 통합사례관리 업무를 추진함으로써 현장 중심의 전문적 사례관리가 가능하도록 하였다.

희망티움센터에는 통합사례관리팀장(사회복지6급)을 배치하였으며 사회복지담당공무원, 통합사례관리사, 보라미로 구성된다. 대전복지재단에 통합사례관리지원단을 구성하고 자체적으로 통합사례관리사를 추가 채용하여 희망티움센터에 전진 배치하도록 하였다.7) 또한 대전 고유의 민간 중심의 시민참여 복지모델인 '복지만두레' 사업의 일환으로 기존 동

7) 희망티움센터 사업으로 채용된 인력(통합사례관리사)의 규모는 아래와 같음.

구분	예산(백만원)	자치구 확대	희망티움센터 수(개)	인력 채용(명)
2015년	600	3개 자치구	15	18
2016년	1,200	5개 자치구	23	33
2017년	1,600	5개 자치구	23	33

자료: 김지영, 김성한, 김정득, 조정하(2017). 희망티움센터 운영성과 보고서. 대전복지재단. p.14.

주민센터에 배치되었던 민간사례관리지원단인 보라미를 희망티움센터에 재배정하여 인력을 확보하였다.[8)]

〔그림 2-1-4〕 대전시 희망티움센터의 추진 모형

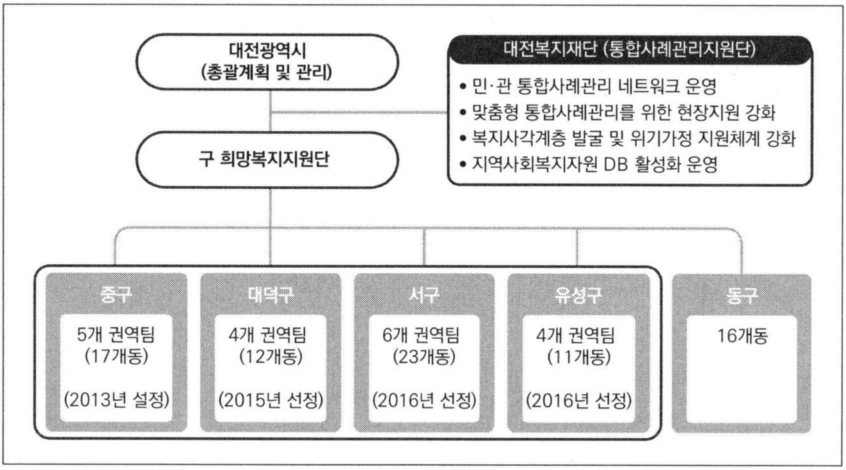

대전광역시
(총괄계획 및 관리)

대전복지재단 (통합사례관리지원단)
• 민·관 통합사례관리 네트워크 운영
• 맞춤형 통합사례관리를 위한 현장지원 강화
• 복지사각계층 발굴 및 위기가정 지원체계 강화
• 지역사회복지자원 DB 활성화 운영

구 희망복지지원단

중구
5개 권역팀
(17개동)
(2013년 설정)

대덕구
4개 권역팀
(12개동)
(2015년 선정)

서구
6개 권역팀
(23개동)
(2016년 선정)

유성구
4개 권역팀
(11개동)
(2016년 선정)

동구
16개동

자료 : 대전복지재단. (2016). 희망티움센터 업무 매뉴얼. 대전복지재단. p.8.

희망티움센터 운영체계는 권역 통합사례관리팀인 희망티움센터를 중심으로 공공 사례관리체계와 민간의 다양한 기관이 협력하여 전문적이고 효율적인 사례관리와 자원 연계 활성화로 중복과 누락을 방지하는 민관 협력의 통합사례관리체계라 할 수 있다. 기관별 주요 업무는 다음과 같다.

---

8) 복지만두레는 대전시에서 2003년부터 실시한 시민자율 참여형 사회안전망으로 지역의 민간자원을 조직화하여 정부의 공공부조 혜택에서 소외된 취약계층에게 전달하는 효율적인 지역복지서비스 전달체계를 구축하는 데 목적을 두고 있음. 2015년 11월 말 기준, 5개 자치구 77개 동에 복지만두레가 조직되어 활동회원과 후원회원 등을 포함한 총 3328명의 회원이 활동하고 있음
복지만두레에서는 민간사례관리지원단 '보라미'를 선발하여 2015년 대전시 전역에 운영기관 42개(41개 동 주민센터에 2인 1조로 총 82명, 대전복지재단에 1명)에 배치하여, 총 83명이 활동 중임. 사례관리 업무의 효율적인 운영을 위해 보라미를 동 주민센터에 배치하여 복지만두레 결연대상자 및 긴급 위기가구에 대한 「공공+의료+사회복지」 연계를 담당하도록 하고 있음(김지영, 류선화, 지희숙, 2015, p.21).

〈표 2-1-11〉 대전시 희망티움센터 운영 관련 기관별 주요 업무

수행체계	주요 역할
대전광역시	• 자치구 희망복지지원단 및 '희망티움센터' 총괄 관리 • 자치구 희망복지지원단 성과 및 실적 관리 • '희망티움센터' 예산 지원 및 운영 자치구 포상·인센티브 지원 • 정부3.0 대전시 브랜드과제 수행 지원
자치구 (희망복지지원단)	• 자치구 '희망티움센터' 운영 총괄 • 희망티움센터 성과 및 인력 관리 • 자치구 지역사회복지자원DB 관리 • 방문형사업과의 연계 및 협력사업 추진 • 민·관 사례관리 네트워크 교류 기반 마련 • 사후모니터링 점검 및 위기사례(솔루션위원회) 의뢰
희망티움센터	• 대상 사례 발굴 및 사례관리 업무 수행 • 권역 통합사례회의 개최 및 솔루션위원회 사례 상정 • '희망티움센터' 성과 및 인력 관리
협력기관 (학교, 복지관 등 유관기관)	• 대상자 정보 공유 및 서비스 공동 연계-의뢰-이관 • 권역별 통합사례회의 및 솔루션위원회 사례 상정 및 참여 • 사례 중복, 누락 대상자 스크리닝과 발굴 및 추천 연계
대전복지재단 (통합사례관리지원단)	• 민·관 협력 사례관리 네트워크 구축 및 운영 지원 • 모형 안착을 위한 '희망티움센터' 운영 지원 • 지원사회복지자원DB 구축 및 활성화 • 위기가정지원체계 운영 • 민·관 사례관리 종사자 역량 강화 교육 • 사업 효과성 검증 및 운영 매뉴얼 개발 • 정부3.0 대전시 브랜드과제 수행

자료: 대전복지재단. (2016). 희망티움센터 업무 매뉴얼. 대전복지재단. p.11

희망티움센터 사업은 광역자치단체 동 복지기능 강화 사업의 독창적인 사례로 주목받았다. 하지만 정부가 읍면동 복지기능 강화 사업의 추진과 함께 조직 구성 원칙과 업무 추진 방식이 다른 두 개의 전달체계가 병존하는 상황이 발생함에 따라 이러한 문제 해결을 위해 2017년 희망티움센터를 맞춤형복지팀으로 일원화하는 형태로 희망티움센터 사업을 종료하게 되었다(김지영, 김성한, 김정득, 조정하, 2017, p.5) 종료된 사업임에도 희망티움센터 사업을 검토하는 것은 희망티움센터가 가지고 있는 독자적인 운영체계의 시도를 공유할 필요가 있기 때문이다. 희망티움센터는 광역의 차원에서 '통합사례관리지원단'을 설치·운영하는 등 전문적이

고 체계적인 사례관리를 지원하는 광역자치단체 역할의 새로운 사례를 제시하였다. 또한 통합사례관리사를 채용하여 배치하거나, 대전의 독자적인 민간 중심의 복지안전망인 복지만두레의 보라미와 협력체계를 도모함으로써 주민 참여의 민간 협력 전달체계 개편을 시도하였다는 점에서 의미를 찾을 수 있다.

제2절 국외 복지전달체계 현황 및 운영 사례 분석

1. 미국의 사례

가. 미국의 공공서비스 발전 과정 및 전달체계 특징[9)]

미국 공공서비스의 발달은 1960년대를 기점으로 큰 차이를 보인다. 1935년 미국 사회복지제도의 시초라 할 수 있는 사회보장법(Social Security Act) 제정으로 공공부문 복지서비스 행정의 기반을 마련하였는데 1960년대 이전까지 연방정부의 지원은 노령연금, 실업보험, 공공부조 등의 사회안전망 구축과 극빈층을 위한 한시적 보호에 제한되어 있었다. 아동청소년보호, 가족지원, 노인돌봄, 정신건강을 포함하는 공공서비스의 제공은 지역사회에 기반을 둔 비영리 기관의 주도로 이루어졌는데, 대부분의 비영리 기관들은 주로 대규모 자선단체나 종교단체(faith-based organizations)의 기부금으로 재정 지원을 받아 프로그램을 운영하였다.

1960년대 위대한 사회(Great Society)와 빈곤과의 전쟁(War on Poverty) 프로그램의 추진으로 미국의 공공서비스는 양적·질적으로 비

9) 본 절의 일부분은 Smith(2012)의 4장 Social Services를 요약하여 작성함.

약적인 발전을 이루게 된다. 특히 1962년과 1967년 두 차례 이루어진 사회보장법 개정(Public Welfare Amendments)은 사회서비스 프로그램에 대한 연방정부의 지원을 대폭 확대하는 근거가 되었다. 케네디와 존슨 행정부 아래 주, 지방정부 사회서비스 프로그램의 확장이 이루어지면서 각종 민간서비스 전문기관(예: 지역정신보건센터, 아동복지기관, 약물·알코올 치료센터, 가정폭력 보호센터, 청소년 응급보호소, 홈케어 센터 등)이 세워졌고 주정부, 지방정부는 서비스 제공 경험과 네트워크가 축적된 민간기관에 위탁 방식으로 재정을 지원하면서 서비스 공급을 전담시켰다. 1960년대 후반부터 1970년대까지 이어진 공공서비스의 확대는 연방정부의 예산이 1960년 4억 1700만 달러에서 1980년 85억 달러로 대폭 증가한 것으로 확인할 수 있다. 공공서비스 예산의 확대는 1960년대 이전 비영리 기관이 가지고 있었던 '자발성의 특성(voluntaristic roots)'을 약화시켰다. 예컨대, 1960년대 초 많은 비영리기관들의 재원은 공동모금 단체인 United Way의 기부금으로부터 나오는 것이 50% 이상이었으나 60년대 후반 들어서는 그 의존도가 5% 내외로 줄어들었다(Smith, 2012).

1980년대 들어 레이건 정부의 신연방주의(New Federalism) 기조로 미국의 공공서비스는 다시 전환점을 맞게 된다. 60~70년대 복지국가 황금기에 급격히 늘어난 복지지출의 부담을 해결하고자 1981년 총괄예산조정법(Omnibus Budget Reconciliation Act)을 통과시켜 연방지출을 삭감하였으며, 연방정부의 보조금체계를 범주형 보조금(Categorical Grants)에서 사회서비스 포괄지원금(Social Service Block Grant, SSBG)으로 전환하여 복지서비스의 세부 예산 수립과 운영을 주정부로 이전하였다. 흥미로운 점은 이 같은 변화가 공공서비스에 대한 연방정부의 재정 축소로 바로 연결되지는 않았다는 것이다. 결과적으로 복지국가 축소로 공공서비스 운영의 책임이 주정부로 상당 부분 이양되었다고 하나 연방정부의 재정 집중도(fiscal centralization)는 여전히 높은 편으로, 2007년 이후 주, 지방정부 공공서비스 재정의 62.8%가 연방정부로부터 나온다. 이는 크게 두 가지 원인에 기인한다고 볼 수 있다. 첫째, 복지국가 황금기를 거치면서 양적, 기능적으로 확대된 주정부, 지방정부의 공공서비스 유관 부서, 비영리서비스 기관들은 긴밀한 정치적 협력 관계를 맺으면서 연방정부에 재정 지원을 지속적으로 요구했다. 둘째, 1970년대 탈시설화(deinstitutionalization)에 따른 지역 기반 사회서비스에 대한 욕구가 증가하면서 주정부, 지방정부는 포괄보조금으로 발생한 재정 감소분을 대체할 재원을 찾아야만 했다. 1980년에 도입된 메디케이드의 가정 및 지역사회 기반 웨이버 프로그램(Home and Community Based Waiver Program, HCBWP)과 1996년 시작된 한시적 요보호가족 지원(Temporary Assistance for Needy Families, TANF)의 포괄보조금은 정신보건, 아동돌봄, 고용서비스 분야의 주요 대체 재원이라 할 수 있다(Smith, 2012).

이와 같은 발달 과정을 통해 나타나는 미국 공공서비스의 전달체계 특징은 지역 기반의 접근(Regionally-based approach)과 자유주의 시장의 선택적 원리와 경쟁을 강조한다는 점이다. 지역 기반의 접근은 미국 공공서비스의 주체별 기능을 살펴보면 쉽게 파악할 수 있다. 미국 사회복지 전달체계는 연방-주-지방(주로 카운티 단위) 정부 차원으로 나누어서 살펴봐야 하는데, 구체적으로 연방정부는 공공서비스 정책의 방향과 운영 원칙을 제시하고 총괄적인 예산 관리를 담당한다. 서비스 제공의 주권한은 주정부와 지방정부가 갖고 있다. 주정부가 지역 실정에 맞는 프로그램, 사업을 구체적으로 기획하고 결정하면 지방정부가 프로그램, 사업의 전달과 모니터링을 담당하고, 직접적인 서비스의 전달은 사업에 따라 주정부나 지방정부가 지역의 공공 또는 민간기관과 위탁 계약을 체결하여 이루어진다. 따라서 지방 단위에서 제공되는 공공서비스를 상위 행정 차원에서 정확히 이해하기는 어렵다. 지역마다 거버넌스 구조, 정치·경제적 상황, 프로그램 정책, 공공서비스 공급자 및 수급자 특성이 상이하며, 이러한 요인들이 그 지역의 특수한 공공서비스 내용과 네트워크를 형성하는 데 영향을 미치기 때문이다(Ragan, 2003). 서비스의 직접적인 제공을 민간기관에 위탁하고 정부의 역할은 상대적으로 축소시키는 이른바 "공동정부(The Hollow State)"의 특성은 지역의 복잡한 서비스 욕구를 잘 발굴하고 이에 효율적으로 대응하기 위한 노력의 일환이었다고도 볼 수 있다(Mayhew, 2012; Milward & Provan, 2000). 또한 위탁 계약은 자유주의 시장 경쟁 구도 안에서 주로 제공기관의 성과를 기반으로 체결(performance-based contracting)되기 때문에 민간서비스 기관들의 서비스 질 향상과 근거중심실천(Evidence Based Practice, EBP)의 적용[10], 성과 평가를 위한 정보 시스템의 구축 등의 전문화와 기술화에도 기여한 측면이 있다(Norris-Tirrell, 2014; Smith, 2012).

그러나 문제는 지역 중심의 공공서비스 영역의 확장이 비체계적이고 파편화된 방식으로 이루어져 왔다는 점이다. Ragan(2003)은 "지역 단위에서 사회서비스는 시스템이 아닌 각각의 프로그램 조각의 모음(patchwork)에 가깝다(p. 2)"고 지적하면서, 이용자의 다양한 욕구를 충족시키기 위해서는 특히 관리·운영 측면에서 통합적 서비스 제공이 필요함을 강조한다. 사실 통합적 서비스를 제공하기 위한 미국 정부의 노력, 이른바 "통합운동(Integration Movement)"은 1960년대 빈곤과의 전쟁을 선포하면서부터 시작되었다. 빈곤은 경제적 결핍 외의 여러 문제를

10) 가령 오리건주는 주정부에서 쓰이는 보조금의 75%는 EBP를 이용한 서비스를 제공해야 한다는 규정을 두고 있다.

포함하고 있고, 이를 해결하기 위한 다양한 공공서비스가 필요하다는 인식을 바탕으로 연방정부는 각 주정부에 빈곤층을 지원하기 위한 포괄적 시스템을 구축할 것을 요구하였다. 그러나 1980년대 사회서비스의 지방이양이 가속화되면서 주정부, 지방정부는 복합적 문제를 포괄적으로 해결하는 프로그램보다 노인, 장애인, 아동 등의 특수 욕구를 다루는 대상별 프로그램을 확대하였고, 통합적 서비스를 위한 연방정부의 지원은 매우 제한적이었다(Voydanoff, 1995).

이러한 문제의식을 바탕으로 파편화된 서비스 제공의 문제를 해결하기 위해 지난 30년간 주, 지방정부에서는 다양한 욕구가 있는 잠재적 수요자가 공공서비스에 보다 쉽게 접근할 수 있게 시스템화하려는 노력들을 기울이고 있다. 본 절에서는 뉴욕주의 올버니 카운티를 중심으로, 미국의 주요 공공서비스 제공이 지역 단위에서 분야별로 어떻게 이루어지고 있는지 살펴보고, 수요자에게 최적화된 통합적 공공서비스 제공을 위해 어떤 정책적 노력이 진행되었는지 검토해 보고자 한다.

나. 지역사례: 뉴욕주 올버니 카운티(Albany County)

1) 공공서비스 제공 현황[11)]

올버니 카운티는 뉴욕주의 동쪽 면에서 중앙에 위치한 주도(Capital) 올버니를 포함한, 약 31만 명의 인구가 거주하고 있는 행정구역이다. 2016년 기준 거주 인구의 약 73%가 백인이며 연령별 구성은 18세 미만 18.3%, 18~64세 65.3%, 65세 이상이 16%로 인구고령화에 따른 사회서비스 욕구가 빠르게 증가하고 있다. 중위가구 소득은 연 6만 65달러로, 거주 인구의 13.5%가 빈곤가구로 추정된다(U.S. Census Bureau, 2017). 65세 미만 장애를 가진 인구는 전체의 7.9%이며, 거주인구의 19%가 정신건강의 문제[12)]를 겪는 것으로 보고되고 있다(Healthy Capital District Initiative, 2016).

〈표 2-2-1〉 미국 올버니 카운티 대인서비스 담당부서 및 제공 프로그램

올버니 카운티 담당부서	뉴욕주 정부 주관/연관부서	연방정부 주관/연관 부서	담당 서비스 및 프로그램
노인부	노인복지실 (OA)	보건복지부 지역생활국(ACL)의 노인복지실(AoA) 의료보험센터(CMS)	성인돌봄서비스, 가족지원서비스, 급식서비스, 건강 증진 및 질병 예방, 영양지원서비스, 재가서비스, 건강보험 정보 제공 서비스, 상담서비스, 도시락배달서비스, 법정 상담 지원서비스, 고용지원 프로그램, 이동서비스 등

11) 올버니 카운티의 공공서비스 제공 현황은 카운티 정부의 예산안, 연구 및 성과 보고서, 부서 웹사이트 등을 참고하여 기술하였다.

12) 동 보고서가 인용하고 있는 National Survey of Drug Use and Health에 따르면, 거주인구의 약 4%는 심각한 정신건강의 문제를 가지고 있으며 3%는 약물중독, 8%는 알코올 중독 증상을 보이고 있다.

올버니 카운티 담당부서	뉴욕주 정부 주관/연관부서	연방정부 주관/연관 부서	담당 서비스 및 프로그램
아동·청소년·가족부	아동·가족서비스실(OCFS), 발달장애지원서비스실(OPWDD)	보건복지부 아동가족실(ACF)	아동보호서비스, 위탁아동서비스, 입양지원서비스, 특수욕구 장애아동지원서비스, 조기개입프로그램, 아동 정신건강서비스, 청소년 방과후서비스, 비행예방서비스, 여가활동서비스, 가출/노숙 청소년 서비스, 약물남용예방서비스 등
보건부	보건부(DOH)	보건복지부 질병통제관리센터(CDC)	가족건강간호서비스, 질병관리, 만성질환 예방, 지역건강 조사, 환경건강서비스, 공공건강 응급지원 서비스 등
정신보건부	정신보건실(OMH), 알코올 및 약물 남용 서비스실(OASAS), 발달장애지원서비스실	보건복지부 약물남용 및 정신보건 서비스국(SAMHSA)	외래환자 정신건강 및 약물남용 상담, 재소자 정신건강치료서비스, 적극적 지역사회 치료, 모바일 정신건강 위기서비스, 홈케어 사례관리서비스, Quality Care, Single point of Access(SPOA) 등
사회서비스부	일시/장애지원실(OTDA), 노인복지실, 보건부	보건복지부 아동가족실, 의료보험센터, 농무부 식품 및 영양서비스국(FNS)	성인대상서비스팀(보호서비스, 재가서비스), 아동지원팀(강제지원, 가정법정), 고용/주간보호서비스팀, 영양 및 에너지서비스(SNAP, HEAP), 건강보험(메디케이드, 만성질환 돌봄 등), 일시지원(사회안전망, TANF, Non-HEAP 에너지 프로그램) 등

자료: Albany County Human Service Department Study Report, 2016, Center for Human Services Research 참고하여 재구성.

주: OCFS: Office of Children and Family Services, OPWDD: Office for People with Developmental Disabilities, OA: Office for the aging, DHHS: Department of Health and Human Services, ACF: Administration for Children and Families, ACL: Administration for Community Living, CMS: Centers for Medicare & Medicaid Services, CDC: Centers for Disease Control and Prevention, SAMHSA: Substance Abuse and Mental Health Service Administration, OMH: Office of Mental Health, OASAS: Office of Alcoholism & Substance Abuse Services, OTDA: Office of Temporary and Disability Assistance, FNS: Food and Nutrition Service, SNAP: Supplemental Nutrition Assistance Program, HEAP: Home Energy Assistance Program.

〈표 2-2-1〉은 올버니 카운티 대인서비스 담당부서에서 제공하고 있는 서비스 및 프로그램의 주요 내용과 주, 연방정부의 상위체계를 보여 준다. 올버니 카운티는 노인부(Department for Aging, DFA), 아동·청소년·가족부(Department of Children, Youth, and Family, DCYF), 보건부(Department of Health, DOH), 정신보건부(Department of Mental Health, DMH), 사회서비스부(Department of Social Service, DSS)의 총 5개 부서가 공공부문의 주요 사회서비스(Human Service)를 담당하고 있다. 각 부서는 상위체계인 연방 및 주 정부가 결정한 서비스 및 프로그램의 최종 전달기구의 역할을 한다.

구체적인 내용을 노인, 아동·청소년·가족, 정신보건 분야를 중심으로 살펴보면, 우선 노인서비스는 1965년에 제정된 노인복지법(Older Americans Act)에 근거하여 연방, 주, 지방정부의 역할이 구분된다. 연방 보건복지부 지역생활실의 노인복지부(Administration on Aging, AoA)에서 노인복지 정책의 방향과 목적을 제시하고, 총괄적 예산관리를 담당하며, 주정부 노인부서(State Unit on Aging, SUA)에서는 프로그램에 대한 정책 결정과 운영을 담당한다. 서비스 제공 및 프로그램의 운영은 지방정부가 담당하고 있는데, 뉴욕주는 59개의 지역노인복지 사무소(Area Agencies on Aging, AAAs)가 약 1400개의 공공 및 민간 서비스 기관과 위탁 계약을 체결하여 간접적으로 서비스를 제공한다. 단, 해당 지역에 서비스 제공자가 부족하여 충분한 서비스가 공급되지 않을 때 직접 서비스를 제공하기도 한다. 2013~14년 회계 기준, 뉴욕주의 노인복지서비스 재원은 연방정부 34%, 주정부 35%, 카운티 단위의 지방정부 21%, 이용자 비용 부담 10%로 이루어져 있다(Association on Aging in New York, 2015).

올버니 카운티 지역노인복지 사무소 역할을 하는 노인부는 2016년 기준 사회서비스부, 종합노인복지센터, 지역교통기관 등 15개 기관과 파트너십을 맺고 성인돌봄서비스, 가족지원서비스, 급식 및 영양지원서비스, 이동서비스 등 18개 프로그램을 제공하였다(Albany County Department for Aging, 2017). 프로그램의 재원은 연방 및 주 정부로부터 나오는 15개의 보조금과 지방정부의 매칭 펀드로부터 마련된다.13) 2016년에는 총 27개의 공공 및 민간 서비스 기관이 위탁 계약을 맺어 프로그램을 제공하였는데, 위탁비용은 노인부 총예산의 90%를 차지한다.14)

사회서비스 영역 중에서 가장 많은 예산과 서비스 공급이 이루어지고 있는 영역은 아동·청소년·가족서비스 분야이다. 올버니 카운티는 아동서비스과(Children's Service), 특수욕구아동과(Children with Special Needs), 아동정신보건과(Children's Mental Health Division), 청소년국(Youth Bureau)의 4개 하위부서가 관련 서비스를 담당하고 있다. 이 4개의 하위부서는 2001년 전까지 분리되어 있었으나, 통합적 아동가족서비스 제공을 위해 2001년 이후 아동·청소년·가족부로 합병되었다. 그러나 각 부서의 독립적인 서비스 기능은 유지하고 있다. 〈표 2-2-2〉는 부서별로 제공되는 서비스 및 프로그램의 구체적인 내용을 보여 준다. 표에 나타난 바와 같이 아동·청소년·가족부는 아동보호, 장애, 정신보건, 돌봄에 걸친 다양한 서비스를 포괄하고 있다. 주목할 만한 점은 노인 분

13) 대부분의 정부 보조금은 노인복지법 제3조(Grant for State and Community Programs on Aging), 제5조(Community Service Senior Opportunities Act), 제7조(Vulnerable Elder Rights Protection Activities)에 명시된 기준에 따라 지원된다. 2017년 기준 올버니 카운티 노인서비스 예산안을 살펴보면, 15개 보조금 가운데 큰 비중을 차지하는 것은 Expanded In-Home Service Grant, New York Connects, Supplement Nutrition Grant, Community Service Grant로, 전체 보조금의 약 66%를 차지하고 있다(2017 Albany County Executive Budget, Albany County, 2016).

14) 위탁비용 지출 규모는 항목별로 구체적으로 살펴볼 필요가 있다. 부서별 위탁비용의 세부항목은 사회서비스 제공 관련 위탁비용과 행정 관련 위탁비용(물품구입, 인쇄/홍보, 기기 구입 및 렌털)으로 나눌 수 있지만, 사회서비스 제공 관련 위탁비용이 대부분을 차지한다.

야와 마찬가지로 아동·청소년·가족 분야 또한 상당 부분 위탁계약 체결을 통한 서비스 제공이 이루어지고 있다는 점이다. 2016년 아동·청소년·가족부에서 체결한 위탁 계약 건수는 215개로, 지출항목별 집행예산 보고서를 보면 서비스 제공이 포함되어 있는 항목의 경우 적게는 55%에서 많게는 100% 위탁비용의 지출이 이루어지고 있다.

〈표 2-2-2〉 미국 올버니 카운티 아동·청소년·가족부 하위부서 담당서비스 및 프로그램

하위부서	담당 서비스/프로그램
아동서비스과 (Children's Services)	아동보호서비스, 예방서비스(Healthy Families: 0-5세), 위탁아동지원서비스, 청소년서비스, 입양서비스, 독립생활 프로그램 등
특수욕구아동과 (Children with Special Needs)	조기개입프로그램(0-3세), 미취학아동 특수교육 서비스(3-5세), 포괄적 평가서비스(0-5세), 특수욕구아동/신체장애 아동 프로그램 등
아동정신보건과 (Children's Mental Health Division)	아동정신건강 클리닉, 사례관리서비스(집중 사례관리, 지지적 사례관리), 고위험군 대상 SPOA, 아동법정지원서비스 등
청소년국 (Youth Bureau)	방과후 서비스, 여가활동서비스, 비행예방, 가출/노숙 청소년 서비스(긴급쉼터, 독립생활지원, 임시주거지원), 약물남용예방 프로그램 등

자료: Albany County Human Service Department Study Report, 2016, 재구성.

노인, 아동·청소년·가족 분야와 함께 미국 사회서비스의 큰 비중을 차지하는 분야는 정신보건 영역이다. 지역사회의 정신건강과 관련된 정책을 담당하는 연방정부의 주체는 약물 남용 및 정신보건 서비스국(SAMHSA)이다. 정신보건 계획과 집행은 주정부의 정신보건담당부서가 연방, 카운티 정부와 협력하면서 이루어진다. 카운티 정신보건국은 메디케이드 수혜자와 의료적 빈곤층을 위한 정신보건서비스의 전달을 기본 업무로 하고 있으나 구체적인 서비스 전달체계 구성 및 서비스 운영은 지방정부에 따라 차이를 보인다(홍선미 등, 2016).

올버니 카운티 정신보건부는 뉴욕주 정부의 정신보건국(OMH), 알코

올 및 약물 남용 서비스국(OASAS), 발달장애국(OPWDD)으로부터 나오는 보조금으로 26개의 지역 기관과 위탁 계약을 체결하여, 만성 정신질환자를 위한 적극적 지역사회 치료(Assertive Community Treatment, ACT), 홈케어 관리서비스(Health Home Care Management Services), 성인 재소자 정신건강 서비스(Adult Forensic Service), 약물치료 서비스(Substance Abuse Service), 모바일 위기지원팀(Mobile Crisis Team) 등 82개의 프로그램을 지원하고 있으며, 서비스 제공을 위한 위탁비용은 총예산의 80%가 넘는다. 서비스 욕구를 지닌 수요자의 정보접근성을 높이기 위해 자살예방교육위원회(Suicide Prevention Education Committee, SPEC)는 올버니 지역의 정신보건 관련 서비스 기관의 리스트를 대상별, 욕구별로 작성하여 배포하고 있다.

〈표 2-2-3〉 2016년도 올버니 카운티 지출 예산 구성

구분	노인부	아동·청소년·가족부	정신보건부
총세입[1)] (Total Revenue)	$4,344,355	$57,152,273	$21,917,405
카운티 매칭 펀드 (County share)	$2,378,337	$18,185,026	$3,903,723
위탁비용 지출 (Contractual expenses)	$6,065,846	$57,750,468	$18,294,417

주: 1) 총세입은 지방매출세, 재산세, 연방 및 주 정부 보조금, 기타 부서소득으로 구성.
자료: 2017 Albany County Executive Budget, Albany County(2016)을 참고하여 재구성.

행정체계상 각 부서는 서비스 대상별 욕구별로 기능이 나눠져 있으나 〈표 2-2-1〉의 서비스 및 프로그램 내용을 보면, 부서 간 연계 및 조정이 필요한 영역이 상당 부분 발생하는 것을 확인할 수 있다. 예컨대 정신장애의 문제를 겪고 있는 60세 이상 노인은 노인부, 정신보건부, 사회서비스부에서 제공하는 다양한 서비스의 잠재적 수요자가 된다. 그러나 올버

니 카운티 대인서비스 부서 종합보고서(2017)에 따르면, 통합적 서비스를 제공하기 위한 부서 간 협력의 수준은 낮은 것으로 나타나는데, 이는 부서별·사업별로 충돌되는 지침과 규정, 정보공유 시스템의 부재, 자원의 부족, 담당인력의 잦은 교체 등이 주된 원인인 것으로 보인다(Albany County Human Service Department Study, 2017). 이러한 문제들을 해결하기 위해 동 보고서는 공공의 영역에서 실행할 수 있는 몇 가지 권고안을 제시한다. 이 안에는 부서 간 블랜드 펀드(blend funds) 확대, 부서 간 통일된 보조금 신청지원 양식(single request for proposal application) 제공, 부서 간 공동 보조금 신청(collaborative grant proposal), 정보 공유를 위한 제공기관들 간의 MOU 체결, 부서 공동 인력교육 강화 등의 내용이 포함되어 있다.

몇 가지 한계에도 불구하고 수요자 맞춤형의 포괄적 서비스 제공을 위한 주정부, 지방정부 차원의 정책적 노력은 민간서비스 제공기관의 협력과 함께 꾸준히 이루어져 왔다. 다음은 대표적인 예로 아동정신건강 통합지원 네트워크인 Systems of Care와 노인·장애인 장기요양서비스 통합지원 시스템인 NY Connects의 내용을 살펴보고자 한다.

2) 공공서비스 이용 최적화를 위한 수요자 중심의 통합 지원 노력

(1) Systems of Care (SOC): 아동정신건강 통합 지원 네트워크[15)]

올버니 카운티의 아동·청소년·가족서비스는 Systems of Care(SOC)의 네트워크 안에서 이해하는 것이 유용하다. SOC는 정신건강의 문제를

15) 올버니 카운티 SOC에 대한 내용은 Albany County, NY System of Care (2010)의 최종평가보고서를 기반으로 작성되었다.

지닌 아동·청소년 및 그 가족을 대상으로 지역사회 중심의 통합적 아동가족 지원체계를 수립하기 위해 강조된 철학(philosophy)이다. 즉, SOC는 하나로 정의된 전달체계, 모델, 프로그램이 아닌, 지역사회에 기반한 건강, 정신보건, 교육, 교정, 사회서비스 등 다양한 영역의 협력으로 구성되고 조정된 네트워크(coordinated network)를 의미한다. SOC는 궁극적으로 정신건강의 문제를 가진 아동과 청소년, 그 가족이 학교, 가정, 지역사회 내에서 잘 기능하도록 도와주는 것을 일차적 목적으로 한다. SOC의 철학을 바탕으로 1992년 미국 의회는 포괄적 지역 아동정신건강 법안(Child Mental Health Initiative, CMHI)을 통과시켰다. 이를 근거로, 1993년부터 연방 보건복지부의 약물 남용 및 정신보건 서비스국은 가족중심, 강점 중심, 지역사회 중심, 문화적 역량 강화 등의 가치를 내세워 각 지역의 실정에 맞는 SOC를 실행하도록 보조금을 지원하고 있다. 따라서 주정부, 지방정부별로 SOC의 운영 형태는 다르게 나타난다.

뉴욕주 올버니 카운티의 SOC 사업은 아동·청소년·가족부와 부모조직으로 구성된 비영리 기관인 Families Together in NYS, Inc. (FTNYS)가 파트너십을 이루어 2004년부터 2010년까지 진행되었다.

올버니 카운티 SOC 사업의 주된 목표 중 하나는 정신보건서비스의 접근성을 높이는 것이었다. 이를 위해 카운티 내 도심(Albany City), 시외(Colonie), 시골(Hilltown) 지역에 지역 기반 가족지원센터(Community-based Family Resource Centers, FRCs)를 한 개씩 추가로 세웠고, 이 센터들은 기존 아동가족지원 통합서비스의 관문 역할(Traditional Portals)을 해 오던 지역아동정신건강클리닉, Single Point of Access (SPOA), 가족지원기관인 Families United Network와 동일한 기능을 하도록 하였다.

올버니 SOC 최종평가보고서에 따르면, 사업 기간 동안 SOC로 들어온

서비스 의뢰 건수는 총 1497건으로, 가족이나 돌봄자, 본인의 직접 의뢰가 가장 많았고 학교, 방과 후 프로그램, 정신보건기관, 아동보호 및 가족법정으로부터 의뢰가 그 뒤를 이었다. 이 중 SOC 사업으로 새롭게 세워진 FRCs에 의뢰된 건은 전체의 42%로, 특히 학교, 방과 후 프로그램으로부터의 의뢰 건수가 많았다(Albany County, 2010).

〔그림 2-2-1〕 미국 올버니 카운티 SOC 의뢰 요청 주체 및 기관

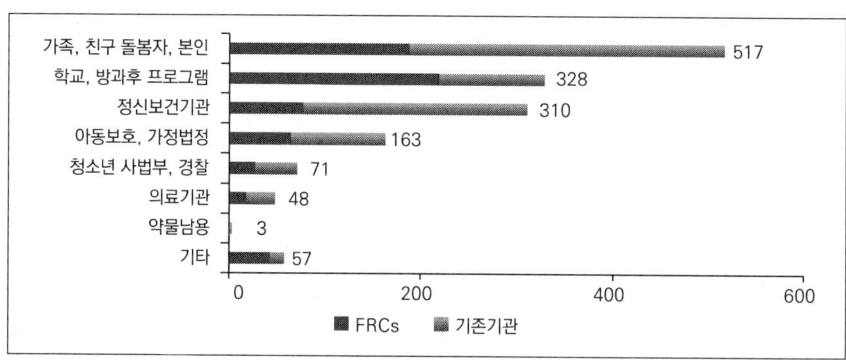

자료: Albany County. (2010). NY System of Care. Final evaluation report.

올버니 카운티 SOC 사업의 특징은 서비스 전달체계에 있어 가족 중심의 원칙이 매우 강조되었다는 점이다. 동 사업은 FTNYS에서 고용된 부모대표 1인과 카운티 아동정신건강클리닉의 임상감독관(clinical supervisor) 1인의 공동책임자(co-director) 체제로 운영되었다, 또한 FRCs는 정신건강의 문제를 가진 아동을 키우는 부모나 가족으로 구성된 Parent Partners(PP)를 센터에 고용하여, 서비스 접수부터 탐색까지 지원하는 역할을 담당하도록 하였다. 이러한 부모 중심의 서비스 제공 인력 구성은 결과적으로 정신보건서비스 이용에 대한 외부의 낙인과 심리적 회피를 줄여 정신보건서비스 접근성을 향상시키는 결과를 가져왔다. 올버니 카운티 SOC 평가보고서(2010)에 따르면, 아동정신건강클리닉에

PP를 상주시킨 경우가 그렇지 않은 경우보다 서비스 접수 비율이 높은 것으로 나타났다. 특히 Colonie 지역의 FRC는 비교적 성공적인 SOC를 운영했다고 평가된다. 사업 초반 지역 주민의 서비스 욕구를 파악하여 적극적인 아웃리치를 통해 지역의 학교, 병원, 정신건강센터 등과 견고한 파트너십을 맺었으며, 제공기관들 간 서비스 제공 장소 공유, 원격 임상치료 등 서비스 전달의 효율성을 높이기 위한 다각적인 노력을 기울였다.

그러나 운영과 관리 측면에서 부모 조직 주도의 인력구성을 긍정적으로만 평가할 수는 없다. 대부분의 PP들이 전문적인 가족 지원의 경험이 부족하였고, 센터에 정신치료담당 전문인력이 상주해 있지 않았기 때문에, 사업 초반 PP의 교육 훈련에 제한된 SOC 예산의 많은 부분을 지출해야 했다. 또한 공동책임자 운영체계가 오히려 사업의 책임 소재를 불분명하게 하고, 때로 업무의 혼란을 가중시키기도 하였다.

올버니 카운티의 SOC는 아동정신보건 영역에 있어서 공공과 민간 부문의 협력과 지역사회에 기반한 수요자 주도의 통합적 서비스 제공을 지향한다는 점에서 의의가 있다. 그러나 서비스 제공 인력의 전문성 제고를 위한 교육, 운영의 책임성 강화 및 공공과 민간의 명확한 역할 분담, 전문치료기관과의 연계 강화 등의 과제가 남아 있다.

(2) NY Connects: 노인·장애인 장기요양서비스(Long Term Service and Supports) 통합지원 시스템

노인과 장애인을 대상으로 하는 장기요양서비스는 사회서비스 영역에서 큰 비중을 차지하는 부분이다. 그러나 수급자의 입장에서 다양하고 복잡한 장기요양서비스에 대한 정보를 정확히 알기 어렵다는 비판이 지속적으로 제기되어 왔다. 이를 해결하기 위해 미국은 1980년대부터

"Single Point of Entry(SPE)"를 통해 공공에서 제공되는 장기요양서비스에 대한 접근을 일원화하기 위한 노력을 시작하였다. 특히 2000년대 들어 고령화로 장기요양 통합적 서비스에 대한 욕구가 점점 커지고, 이에 대응하여 메디케이드의 비용이 급속히 증가하면서 효율적이고 통합적인 장기요양서비스 제공을 위한 국가적 관심은 더욱 높아졌다. 그 일환으로 2006년 연방정부는 노인복지법을 개정하여 모든 주에 노인·장애인 자원센터(Aging and Disability Resource Centers, ADRCs)를 설치하도록 제도화하였다.[16] ADRCs는 다양한 장기요양서비스에 대한 노인과 장애인의 접근을 가능하게 하는 단일 관문(gateway)으로 유관 서비스 기관들의 네트워크로 구성되어 있다.

NY Connects는 뉴욕주의 ADRCs로, 2007년 뉴욕주 노인법[17]에 의해 법정 의무화되었다. 노인국, 보건국, 발달장애국, 정신보건국, 알코올 및 약물남용서비스국의 파트너십으로 운영되고 있으며, 현재 주 전역에 총 53개의 프로그램이 있다. 각 지역의 NY Connects 실행은 주 정부와 위탁 계약을 맺은 자립생활센터(Independent Living Centers, ILCs)나 비영리 지역 기반 조직(Community Based Organizations, CBOs)이 전담한다.[18] 2013년에는 Patient Protection and Affordable Care Act(ACA)에서 지원하는 Balancing Incentive for Payments Program(BIP)에 참여하여 그 기능을 확장하였다. BIP는 증가하는 메디케이드 장기요양 비용을 줄이기 위해 시설서비스에서 지역사회 기반 서비스로의 전환을 유인하는 인센티브 제도이다. 연방정부의 BIP 재정 지

16) 연방 보건복지부 산하 노인복지실(AoA)과 의료보험센터(Centers for Medicare & Medicaid Services, CMS)는 자유재량 교부금을 주 정부에 제공하면서 ADRCs의 건립을 유도한다.

17) New York State Elder Law Section 203(8).

18) 대부분의 뉴욕주 정부 보조금 프로그램의 민간 위탁은 NYS Grants Gateway 포털을 통해서 신청, 접수 절차가 일원화되었다.

원을 받기 위해서 주 정부는 접근통로 단일화(No wrong door/SPE system), 갈등 없는 사례관리(Conflict free case management), 표준화된 사정도구(A core standardized assessment instrument)의 세 가지 구조적 개혁을 필수적으로 시행해야 하기 때문에, 접근 통로 단일화 역할을 하는 NY Connects의 기능은 더욱 강화되었다.

올버니 카운티의 NY Connects는 노인부와 사회서비스부의 공동 사업으로 운영되고 있다. NY Connects는 지역의 장기요양서비스 전달체계를 분석·평가하고, 지역사회 욕구에 부합하는 서비스 전달 전략을 수립하기 위해 장기요양위원회(Long Term Care Council)를 설립하도록 되어 있는데, 이 위원회는 관계 부서 공무원, 서비스 이용자와 돌봄자, 서비스 제공기관, 의료기관, 옹호그룹으로 구성된다.

서비스 욕구가 있는 수요자나 그 가족은 무료 전화, 인터넷, 지역 사무소 방문 등의 경로로 NY connects에 접근할 수 있다. 서비스 의뢰가 들어오면 건강 상태, 증상, 받고 있는 서비스, 가족 관계, 재정 상태, 도움이 필요한 활동 등에 대한 기초사정(Screening)이 이루어진다. 기초사정이 끝나면, 수요자의 욕구나 필요에 따라 보다 포괄적인 사정을 진행하기도 하고 메디케이드, 메디케어, 난방 보조 등의 공적 급여 및 서비스 신청을 지원하거나, 이용 가능한 서비스 기관의 정보를 제공하기도 한다. NY Connects 자원시스템에 등록되어 있는 올버니 지역의 프로그램은 2017년 기준 1397개[19)]로, 재가서비스, 이용자 및 돌봄자 지원서비스, 보험/급여 정보 제공 및 상담서비스, 주거지원서비스, 이동 및 영양지원서비스, 상담서비스, 약처방서비스, 법정서비스 등을 제공하고 있다. 그러나 자원시스템에 등록된 모든 프로그램이 정부 보조금으로 운영되는 것은 아니다. NY Connects 지역 담당자는 서비스 비용 지불체계와 상관없이

19) NY Connects resource Directory, http://www.nyconnects.ny.gov

지역사회의 이용 가능한 서비스 리스트를 수요자에게 제공해야 한다.

BIP가 NY Connects의 핵심적 요소가 되면서 나타난 특징은 한 기관에서 다른 기관으로의 돌봄 전환(care transitions)의 기능이 강조되고 있다는 점이다. BIP의 주 목표 중 하나는 병원 치료를 받은 메디케이드 수급자의 불필요한 재입원과 그에 따른 의료 지출 비용을 줄이는 것이었는데, 이를 위해 의료적 서비스를 담당해 온 병원과 비의료적 서비스를 담당해 온 지역사회 돌봄서비스 기관의 연계가 중요해졌다. 돌봄 전환을 실행하는 형태는 다양하다. 예를 들면, NY Connects 지역 사무소에 전환지원 코디네이터(transitional support coordinator)를 별도로 임명하거나 돌봄전환팀(care transition team)을 만들어 병원의 퇴원계획사(discharge planner)와의 협력을 통해 병원 입원자가 퇴원 후 적절한 지역사회기반 장기요양 서비스를 받을 수 있도록 추진하고 있다(Gunn, 2016).

NY Connects는 장기요양서비스 관련 정보 제공과 지원을 위한 일원화된 접근 시스템을 마련, 관리자 측면에서는 분절된 서비스 전달의 문제를 해결하고 수요자 측면에서는 서비스 접근성과 선택권을 향상시켰다는 점에서 의미를 지닌다.

다. 소결

복지국가 황금기 이후 나타난 연방 재정의 악화와 그에 따른 공공서비스의 지방 이양, 탈시설화에 따른 지역복지 수요의 급증은 미국 공공서비스전달체계에서 관련기관의 연계와 협조를 강조하고 있다. 그리고 그 바탕에는 파편적으로 발달해 온 공공서비스의 통합이라는 목표가 있다. 서비스 통합은 운영 및 관리 측면에서는 행정 절차의 간소화와 유사, 중복 프로그램의 조정에 따른 효율성을 제고할 수 있고, 수요자 측면에서는 복합적 서비스 욕구와 문제를 일원화된 시스템 안에서 해결할 수 있다.

뉴욕주 올버니 카운티의 사례를 통해 본 미국의 공공서비스 통합 노력은 몇 가지 한계에도 불구하고 우리나라에 유의미한 시사점을 준다. 첫째, 통합적 서비스는 연방-주-지방정부-민간서비스 기관들 간 다양한 수준의 협력을 요한다. 이는 연방정부에서 지방정부로 이어지는 행정체계에서의 수직적 협력, 동일 수준(연방, 주, 지방정부 내)의 행정체계 안에서 이루어지는 부서 간 수평적 협력, 지역의 공공·민간기관들 간의 수직·수평적 협력, 민간기관들 간의 수평적 협력을 모두 포함한다. 각 수준에서 실행할 수 있는 협력의 형태는 다양하며, 어느 한 수준에서의 협력만으로는 통합적 서비스의 목표를 달성하기 어렵다.

둘째, 서비스의 직접적인 제공은 민간에 위탁하고 공공의 역할은 보조금 제공, 프로그램의 관리·감독으로 제한하는 공동정부화는 지역 욕구에 기반한 공공서비스의 제공을 가능하게 한다는 장점이 있다. 그러나 공공과 민간 주체의 보다 명확한 역할 규명과 책임성이 전제된 협력체계 안에서 긍정적인 성과를 낼 수 있다. 올버니 카운티 SOC의 사례는 이 과정에서 민간기관의 전문성 확보와 자기 규제(self-regulation)의 중요성을 보여 준다. 민간기관의 전문성과 책무성을 높이기 위해 미국은 성과 기반 위탁계약 시스템을 점점 확대하는 추세이며, 민간서비스 기관들은 기관 내에서 성과를 측정할 수 있는 정보 인프라를 구축하여 이 같은 변화에 대응하고 있다. 그러나 제한된 정부 보조금과 치열해지는 경쟁구도하에서 자체 성과평가 시스템을 구축하지 못한 소규모 비영리 기관은 경쟁력을 상실해 간다는 우려도 있으며, 이를 해결하기 위한 공공 영역의 성과평가 컨설팅 지원이 요구되는 실정이다(Smith, 2012).

셋째, 점점 복잡해지는 서비스 욕구에 효과적으로 대응하기 위한 '종합

포털' 시스템의 확장은 수요자의 통합적 서비스 이용 최적화에 크게 기여하고 있다. 특히 포털시스템을 통합 접근 통로 단일화가 전통적 사회서비스의 영역을 넘어 보건의료, 안전 등 사회보장 유관 영역과의 협력 또한 강화시키고 있다는 점은 주목할 필요가 있다.

2. 영국 지역복지 네트워크 사례: 달링턴 지역을 중심으로

가. 영국 지역복제체계의 변천 및 복지서비스의 지방화 경향

영국은 2017년 현재 복지 위기(social care crisis)에 직면해 있다. 복지 수요는 지속적으로 증가하고 있는데 비해 정부의 서비스 공급 능력은 재정압박 및 복지지출의 감축에 따라 지속적으로 저하되는 추세이다(Joyce, 2015; Marsh, 2017). 2017~2018년도 연간 복지예산은 지난해에 비해 120억 파운드 감축하였다. 2016~2017년도도 170억 파운드를 감축하였었다. 향후 복지예산의 확충도 요원한 상황이다.

복지지원 체계의 제도적 축소를 통해 금전적 지원뿐 아니라 복지서비스의 제공 기간도 줄어들어 복지 수요자의 불만 및 불안 심리도 계속적으로 커져 가고 있다(Kaplan & Porter, 2011). 고령화에 따라 노인복지서비스 비중이 증가하면서 서비스 간 불균형 문제도 발생하고 있다(Ryan, 2017). Charlesworth & Thorlby(2012)가 예측한 것처럼 저소득층을 위한 정부 주도 복지체계는 한계에 부딪힌 모습이다.

영국 정부는 복지 위기를 타개하기 위해 복지 효율성 증대를 선택했다. 민간자원을 적극적으로 활용하여 비용 부담을 줄이고 복지사각지대 및 중복 영역을 해소하기 위해, 복지서비스 제공기관 간 파트너십(partnership), 공동 계획(joint planning), 공동 투자(joint investment), 의뢰

(referral) 등의 방식을 도입하여 협력 조정체계를 마련하였다(NHS, 2016). 2014년 전통적 복지서비스 전달기관인 영국 복지부(Department of Health), Public Health England, 영국의료서비스(NHS England)가 자원섹터(VCSE sector)의 복지서비스 제공 범위 확대 및 참여 증대를 논의하기 시작한 사례는 기존 서비스 제공자(provider)와 공급자(commissioners)의 역할을 재조정한 복지 다원화(pluralization) 사례로 잘 알려져 있다(Ferlie et al, 2017; VCSE et al, 2016). 복지서비스 제공의 주요한 역할을 담당하고 있는 영국의료서비스(NHS)는 유관 기관과의 지속 가능한 연계 및 역할 관계 정립을 위한 새로운 복지모델을 구축 중에 있다(Nuffield Trust, 2017). 한편, 민간자원의 활용이 정부의 복지재정 감축을 위한 수단으로 활용되는 것을 비판하며, 민간 의존도를 높이는 것보다 정부의 복지지출을 증가시켜야 한다는 의견도 있다(Hardy, 2015). 그러나 복지지출 감축에 따라 영국 지역에서 복지서비스 제공이 위기에 처해 있고, 현실적으로 영국 정부의 재정 상황이 지속적으로 악화되고 있기 때문에 민간 의존도에 대한 비판은 현실을 외면한 주장으로 받아들여지고 있다.

복지서비스의 지방화(localisation)는 복지서비스의 효율성 증대 및 효과적인 서비스 제공 보장의 일환으로 논의될 수 있다(NAO, 2016; Royal College of Nursing, 2014; Quirk, 2005). 2012년 보건사회복지법(Health and Social Care Act)에 따라 공공보건(public health) 권한이 중앙에서 지방으로 이양된 것을 시작으로, 2014년 돌봄법(The Care Act)이 제정되면서 광역 단위에 머물던 복지 업무도 기초 단위 지방정부로 이전되었다(Ferlie et al, 2017). 이에 따라 영국 고용연금부(Department for Work & Pensions)는 2014~15년도 복지지원예산을 151개 지방정부로 이양하였고, 각 지자체는 자체적으로 각기 특성에 맞는 복지서비스를 제공하기 시작하였다. 이러한 변화는 지방정부의 지역복지계획(local welfare provision)의 수립과 더불어 통합적인 복지서비스 전달체계로 발전되었으며, 기존 방식보다 효율적이면서 효과적인 서비스 전달 방식으로 평가되고 있다(NAO, 2016).

이러한 상황에서 보다 효과적인 복지서비스 제공을 위한 사례 발굴 필요성이 증대되고 있다. 국내에서는 강혜규 등(2011)이 지역복지의 공공부문 역할을 연구하면서 영국의 지역복지서비스 체계에 대한 사례분석을 실시하였고, 런던 사우스워크와 리즈를 사례로 다양한 기관들이 네트워크를 구축하고 복지서비스를 제공하고 있음을 밝혔다. 김용득(2007)은 영국의 사회복지서비스의 구조를 파악하면서 사회복지·교육·주택 등의 분야가 밀접하게 얽혀 있어 전체적인 체계를 파악하기 어려운 점을 강조하였다. 해외의 연구 동향을 살펴보면, Ferlie 등(2017)은 복지시스템의 변화 추이를 다원주의적 입장에서 거버넌스 이론을 통해 설명하였는데, 영국의료서비스(NHS)를 영국 복지전달의 핵심기관으로 설정하고 공공, 민간, 제3섹터 기관들이 어떻게 역할을 분담하고 있는지 서술하며. 보수당 정부에서 고안한 '커뮤니티 거버넌스 모델'에 따라 중앙에서는 지역복지를 위한 모든 정책적 역량을 지방으로 이양했다고 평가하였다. Foot 등(2014)은 지역복지사례에서 영국의료서비스(NHS) 지역 지부를 중심으로 지역의 정신보건트러스트(Mental Health Trusts), 사회적기업(social enterprises), 민간기업(independent sector providers)이 지역복지서비스를 제공하고 있다고 밝혔고, 지역별 서비스 제공 모델이 일률적이지 않아 지역 간 비교의 한계를 도출하였다. Allen 등(2014)은 지역복지의 효과성이 법·제도의 개선보다는 지역사회 내의 평판이나 공공성에 따른 자발적인 참여에서 나온다고 보면서, 지역복지를 위한 네트워크보다 활동가 참여의 중요성을 강조하였다.

이와 같이 선행 연구를 통해 지역복지서비스 전달기관 및 서비스 구조와 관련된 사례의 검토가 시도되었는데, 구체적으로 어떤 기관이 어떤 서비스를 제공하며 어떤 기관과 연계되어 있는지에 관한 내용은 찾아보기 어렵다. 본 절은 이러한 기존 연구의 한계를 바탕으로 지역복지의 성공사례지역으로 지목되는 곳을 선택하여 지역 내 복지서비스 전달기관 간 구체적인 연계 구조를 집중적으로 분석해 보고자 한다. 이러한 시도를 통해 지역 단위의 복지서비스 제공을 위한 기관연계의 경험적 근거와 함께, 지역복지기관 간 연계모델 구축에 활용할 시사점을 파악하고자 한다.

나. 영국 복지서비스의 종류 및 서비스 제공 모델

영국에서 제공되는 복지서비스는 크게 아동법(Children Act)에 의한 아동사회복지서비스와 커뮤니티케어법(National Health Service and Community Care Act 1990)에 따른 성인 사회복지서비스로 구분된다. 영국 감사원(NAO, 2014a)이 제시한 성인사회복지서비스의 종류는 [그림 2-2-2]에 제시된 것과 같다.

크게 보건, 주거, 복지혜택, 레저 및 여가 서비스로 구분되어 제공되고 있으며 주로 노약자, 장애인(정신지체인, 신체장애인, 감각장애인, 정신장애인), 저소득층을 대상으로 하고 있다(NAO, 2014a).

[그림 2-2-2] 영국 성인사회복지서비스의 유형

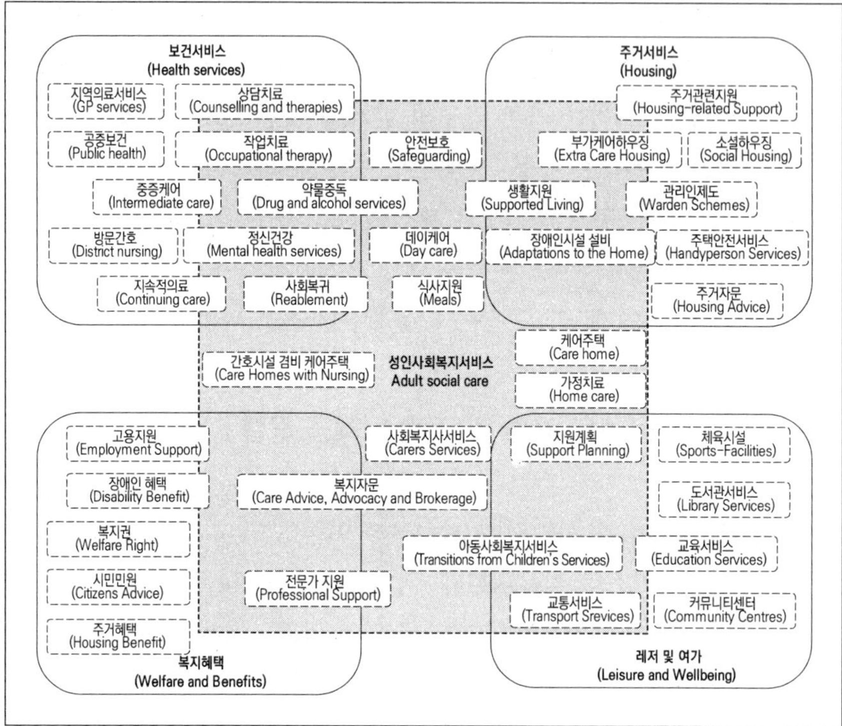

자료: NAO. (2014a). Adult social care in England: overview의 p.6의 내용 재인용.

아동사회복지서비스의 경우 가족지원(Family Support)의 일환으로 5세 이하 아동의 데이케어, 육아수업, 가족지원 복지사의 교육코스, 어린이센터(children's center)를 운영 중이고 요보호아동(장애아동, 학습장애 아동 등)을 위한 특수 교육 프로그램을 제공하고 있다(NHS, 2014). 아동법(the Children Act 1989)에 의한 아동을 위한 시설보호서비스(residential care): 입양(adoption), 가정위탁(fostering) 서비스는 지방정부 수준에서 운영 중이며 청소년 보호 서비스의 일환으로 청소년비행 관련 서비스(the criminalising of children)와 가정학대, 성적학대로부터의 보호 서비스가 제공되고 있다(NHS, 2014; The National Archives, 2016).

상기한 복지서비스의 제공기관은 크게 중앙정부, 지방정부, 민간/제3섹터 서비스 공급자로 구분된다. 일반적으로 중앙정부는 복지서비스 관련 정책 설계, 이해당사자의 참여 보장, 서비스 가이드라인 제작과 관련된 업무를 담당하며, 지방정부는 일선에서 복지서비스 전달 기관의 관리 및 서비스 전달 과정을 관리하는 역할을 담당한다. 민간/제3섹터의 경우 중앙 및 지방정부의 협력 및 보조를 받거나 시민들의 자발적 참여 및 기부를 받아 일선 복지서비스를 제공하는 기능을 담당하고 있다(NAO, 2014b).

복지서비스의 종류별 서비스 제공 모형을 살펴보면, 먼저 성인사회복지서비스의 경우 복지부(Department of Health)와 의회(Parliament), 지방자치부(Department for Community and Local Government), 고용연금부(Department for Work & Pensions)가 중앙정부의 역할을 담당하고 있으며 하부조직으로 NHS와 각 지방정부, 의료위탁 계약기관(Clinical Commissioning Group)이 지방정부의 역할을 수행한다(NAO, 2014a). 급성환자치료 제공기관(Acute Healthcare Providers), 정신건강트러스트(Mental Health Trusts), 지역사회보건서비스 제공기관(Community Healthcare provider), 사회서비스 제공기관(Social Care Providers)이 일선 서비스 공급자로 사회서비스 품질관리원(Care Quality Commission) 및 국립복지서비스 품질개발원(National Institute for Health and Care Excellence)의 규제 및 감독하에 소비자에게 복지서비스를 제공한다(NAO, 2014a, 그림 2-2-3 참조). 둘째로, 아동사회복지서비스의 경우 교육부(Department for Education)와 지방자치부가 중앙정부의 역할을 수행하고 지방정부(Local Authorities)

와 지역의 아동안전보호위원회(Local safeguarding children boards), 민간/제3섹터 복지서비스 제공기관(Private and third-sector providers)이 Ofsted의 감독하에 복지서비스를 제공하는 구조로 되어 있다(NAO, 2014b, 그림 2-2-4 참조).

〔그림 2-2-3〕 영국 성인복지서비스 전달체계

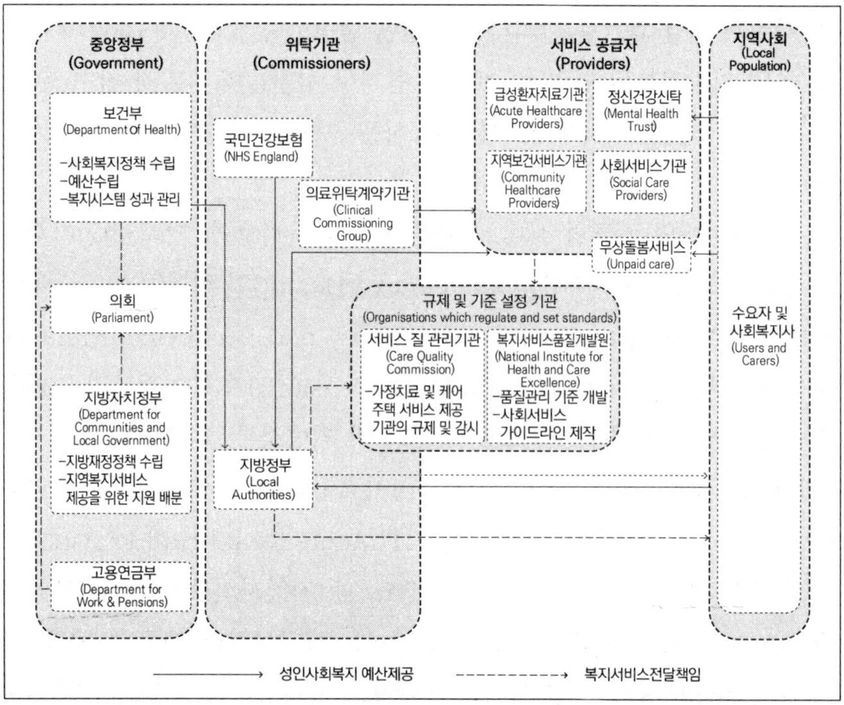

중앙정부
(Government)
보건부
(Department Of Health)
-사회복지정책 수립
-예산수립
-복지시스템 성과 관리
의회
(Parliament)
지방자치정부
(Department for Communities and Local Government)
-지방재정정책 수립
-지역복지서비스 제공을 위한 지원 배분
고용연금부
(Department for Work & Pensions)
위탁기관
(Commissioners)
국민건강보험
(NHS England)
의료위탁계약기관
(Clinical Commissioning Group)
지방정부
(Local Authorities)
서비스 공급자
(Providers)
급성환자치료기관
(Acute Healthcare Providers)
정신건강신탁
(Mental Health Trust)
지역보건서비스기관
(Community Healthcare Providers)
사회서비스기관
(Social Care Providers)
무상돌봄서비스
(Unpaid care)
규제 및 기준 설정 기관
(Organisations which regulate and set standards)
서비스 질 관리기관
(Care Quality Commission)
-가정치료 및 케어 주택 서비스 제공 기관의 규제 및 감시
복지서비스품질개발원
(National Institute for Health and Care Excellence)
-품질관리 기준 개발
-사회서비스 가이드라인 제작
지역사회
(Local Population)
수요자 및 사회복지사
(Users and Carers)
성인사회복지 예산제공
복지서비스전달책임

자료: NAO. (2014a). Adult social care in England: overview의 p.2의 내용 재인용.

[그림 2-2-4] 영국 아동복지서비스 전달체계

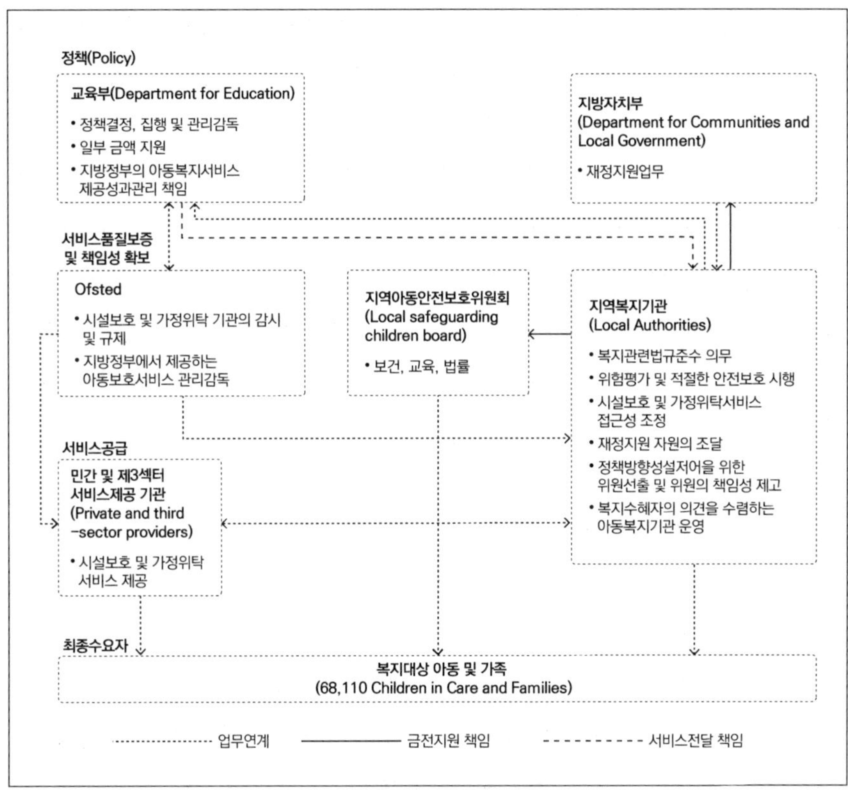

자료: NAO. (2014b). Children in care의 p.6의 내용 재인용.

다. 영국 달링턴(Darlington)의 지역복지 네트워크 사례 분석

1) 영국 달링턴 지역 소개

본 절에서 살펴볼 영국의 사례 지역은 북동 잉글랜드 더럼(Durham)주에 위치한 우리나라의 시·군 규모의 달링턴(Darlington)이다. 달링턴 지역복지 사례는 개인사회서비스연구유닛(Personal Social Services

Research Unit: PSSRU) 등의 사례연구에 의해 오래전부터 영국 내 복지정책 성공 사례로 지속적으로 거론되어 왔다(Petch, 1996 참조). 달링턴은 역사적으로 지역복지서비스의 선구자적 역할을 한 것으로 알려져 있다.[20)]

2016년 달링턴 복지 수요 평가 자료에 따르면, 달링턴 지역의 인구는 2014년에 10만 5396명으로 2037년까지 지속적으로 증가할 예정이며, 고령자 인구가 점차 증가하여 현재 50세 이상의 인구비율이 37%, 2020년에는 40%로 증가할 예정이다. 인종 구성과 관련하여 영국 국적의 백인이 아닌 인구의 유입이 점차 늘어나고 있으나 영국 전체의 이민자 유입 비율보다는 상당히 낮은 수치이다(Darlington Borough Council, 2016).

달링턴은 2015년 영국의 326개 지역 중 97번째로 궁핍한(deprived) 지역으로 조사되었다. 이는 2010년에 비해 22계단 하락한 수치로 지역이 점차 결핍(deprivation)되어 가고 있음을 보여 주는 근거이다(Darlington Borough Council, 2016). 달링턴 지방 정부는 지역결핍에 특히 영향을 주는 요인으로 알코올 중독, 흡연, 약물 중독, 성 건강, 식습관, 성인건강관리, 아동복지를 들고 있다. 가장 먼저 음주(Alcohol)와 관련된 의료서비스 비용이 2010/2011년 조사 결과 영국 전체 평균을 상회하였고, 매년 증가 추세로 보고되고 있다. 둘째, 흡연(Smoking)의 경우도 4주 이상 금연 성공 인구가 38%로 조사되어 영국 평균인 51%에 밑

20) Challis 등(1995)에 따르면, 1972년 지방정부법(Local Government Act)이 제정되기에 앞서 이미 사회서비스 부서(social service department)가 사회복지를 담당하고 있었다. 이 부서는 지방정부법 제정 이후 더럼주의 사회서비스부(Durham Social Services Department)로 편입되었다가 2014년 복지법(The Care Act 2014) 재정 이후 대부분 달링턴시 소관으로 재배치되었다. 이 과정에서 복지서비스의 권한이 지방정부에서 광역정부로 또다시 지방정부로 이전되었으나 기본적으로 제공되던 서비스의 종류는 유사한 것으로 나타난다(Challis et al., 1995).

도는 것으로 나타난다. 셋째, 약물 오남용(Drug and Substance Misuse)의 경우도 영국 전체 평균을 상회하는 마약투약률과 더불어 범죄, 사회보호 등에 따라 부수적으로 나타나는 부정적 경제효과가 4만 4231파운드에 이른다고 조사되었다. 넷째, 성 건강(Sexual Health) 지수의 경우 달링턴지역의 성병 등 전염병 감염률은 영국 평균보다 한참 낮은 26.6/10만으로 나타났으며, 낙태율 또한 영국 평균보다 많이 낮아 염려할 만한 수준은 아닌 것으로 나타난다. 다섯째, 식습관(Eating Habits)과 관련하여 비만율이 성인과 아동 모두 영국 평균을 상회하는 것으로 나타났다. 여섯째, 성인건강관리(Adult's Health) 서비스 빈도는 지역에서 지속적으로 감소하는 것으로 보고된다. 한편 서비스 만족도나 서비스 안전성의 경우 영국 평균보다 훨씬 높은 결과를 나타낸다. 마지막으로 아동복지의 경우, 요보호아동의 인구가 2014년부터 감소하고 있으나 상대적인 인구비율에서 영국 평균보다 높게 나타나고 있고, 아동 교육 수준의 경우 영국 평균에 해당한다. 결과적으로 흡연, 약물, 성인건강, 아동복지 수요가 높고 성 건강 관련 복지 수요는 영국 전체보다 낮은 지역으로 평가할 수 있다(관련 내용 Darlington Borough Council, 2016 참조).

2) 사례분석 방법

본 연구에서 활용한 연구 방법은 사례분석(case study)이고, 자료분석 방법은 스노볼 샘플링(snowball sampling) 방식이다. 본 연구는 다음과 같은 절차에 따라 진행하였다. 첫째, 달링턴 지역 내에서 제공되고 있는 복지서비스의 종류를 구분하였다. 둘째, 지역 복지서비스를 제공하는 기관을 연계하여 분석하였다. 마지막으로 지역복지서비스의 종류와 서비스 제공기관의 층위에 따라 네트워크 구성 및 서비스 전달 경로를 살펴보았다.

사례분석에서 활용한 자료는 2017년 9월 기준 달링턴 지방정부 홈페이지(Darlington.gov.uk)의 Health and Social Care에 링크된 기관들을 대상으로 개별 기관의 홈페이지를 통해 수집하였다. 자료의 단위는 서비스를 제공하는 '조직'이며, 자료의 범위는 '달링턴 지역'으로 한정하였다.

달링턴 지역복지서비스 제공기관의 층위(level)를 살펴보기 위해 달링턴 복지서비스에 간여하는 모든 수준의 정부기관을 조사 대상에 포함하였다. 민간기업, 제3섹터 조직(자선조직, 자원조직, 사회적기업, 협동조합 등)의 경우 대부분 달링턴 지역 내에서 활동하는 조직이나 달링턴에 지부를 두고 전국적으로 활동하는 조직으로 구성되어 있다.

이와 같은 복지서비스 내역 및 기관 관계를 분석하기 위해 본 연구에서는 스노볼 샘플링(snowball sampling) 방식을 활용하였다. 이를 통해 달링턴 지역복지서비스 및 제공기관 정보를 추출하였다. 이와 같은 방식으로 추출된 자료를 기반으로 복지서비스의 종류별 서비스 제공기관을 나열하고 관계를 서술하였다. 그리고 복지서비스 제공 정부 층위(level)도 검토하였다. 이를 토대로 달링턴 지역 내에서 제공되는 복지서비스 전달기관의 네트워크 모형을 유형화하였다. 분석 과정을 도식화하면 아래의 〔그림 2-2-5〕와 같다.

[그림 2-2-5] 영국 달링턴 지역복지기관 네트워크 사례 분석 모형

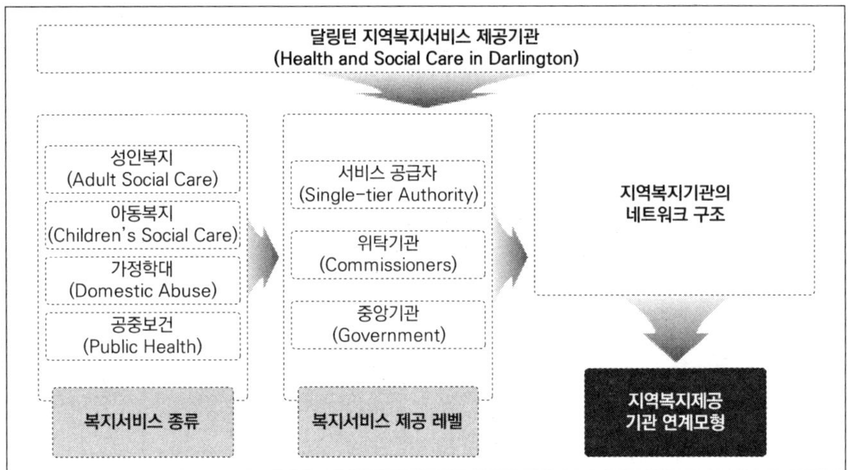

3) 성인복지서비스 제공기관 네트워크 분석

(1) 자폐(autism) 치료 및 재활서비스 제공기관

달링턴에서 자폐증(autism) 관련 치료서비스를 제공하는 기관은 15개이다. 달링턴 지역정부(Darlington Borough Council)가 가장 상위기관으로 복지서비스 제공 계획을 수립하고, 지역정부 내에 SEND라는 부서에서 실질적 업무 배분 및 자원 조달이 이루어진다. 이 과정에서 자폐증 연구 및 자문서비스 제공기관의 조력을 받는다. 서비스 공급자는 주로 자선단체(Charity)와 민간 기업으로 구성된다. 교육훈련, 재활, 취업, 각종지원, 정보 제공, 증상진단 서비스를 주로 제공하고 있다.

[그림 2-2-6] 영국 달링턴 자폐증(Autism) 치료 및 재활서비스 제공기관 네트워크

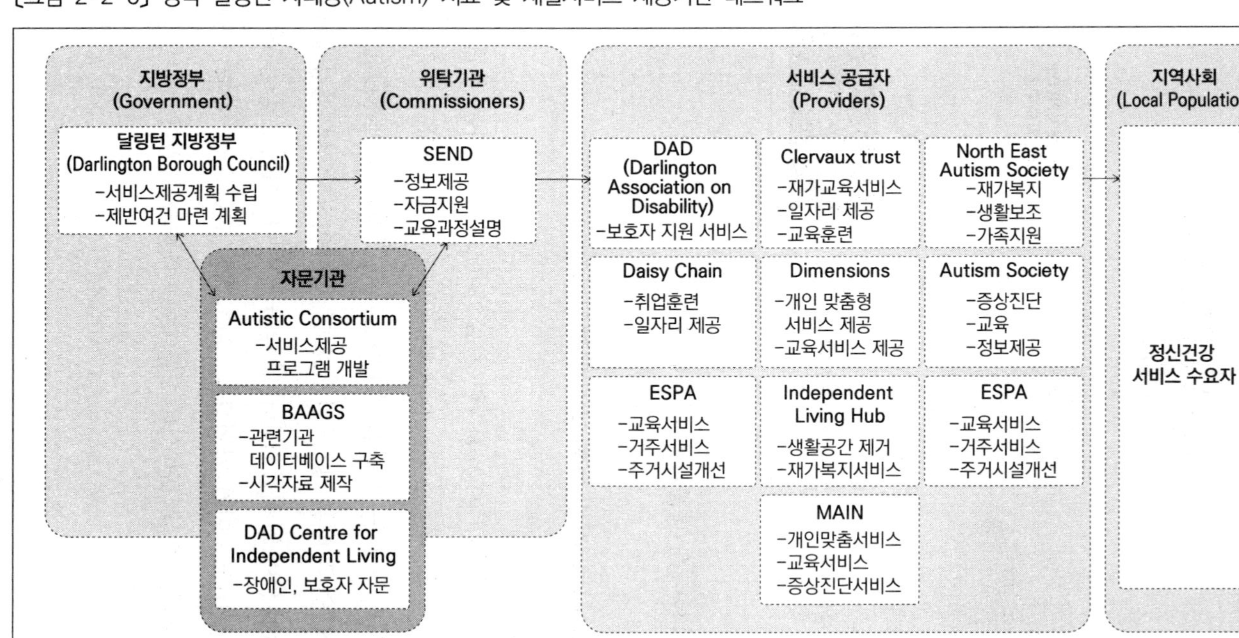

자료: 달링턴 지방정부 홈페이지(http://www.darlington.gov.uk)의 자료를 활용하여 연구자가 재구성함.

(2) 치매(Dementia) 치료 및 관리 서비스 제공기관

달링턴 치매 관련 서비스는 9개 기관이 담당하고 있다. 달링턴 지방정부는 복지 수요 조사를 비롯하여 치매환자의 독립적 생활이 가능하도록 지원하는 전략을 구상하는 역할을 하며, 영국의료서비스(NHS), 달링턴 지방정부의 한 부서인 Lifeline Service, 그리고 Healthwatch Dalington이 위탁기관 역할을 맡아 지방정부의 역할을 구체화한다. 이 과정에서 영국 내 가장 큰 치매연구단체인 Alzheimer's Society와 DAD의 정보자문을 받는다. 일선 서비스 공급은 자선단체와 지역트러스트에 의해 치매환자의 거동, 거주지 케어, 소셜케어, 진단 및 치료서비스가 제공된다.

[그림 2-2-7] 영국 달링턴 치매(Dementia) 치료 및 관리 서비스 제공기관 네트워크

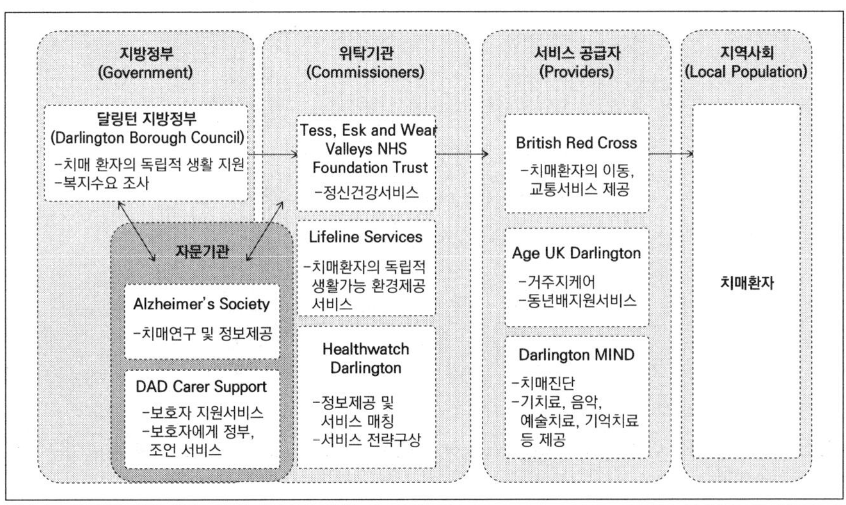

자료: 달링턴 지방정부 홈페이지(http://www.darlington.gov.uk)의 자료를 활용하여 연구자가 재구성함.

(3) 재가복지(domiciliary care) 서비스 제공기관

재가복지와 관련하여 정부부문의 서비스 관여 여부는 찾아볼 수 없었다. 그러나 Care UK가 위탁기관으로 건강관리 및 재택케어 관련 주도적 역할을 하고 있는 것으로 나타났다. 이와 함께 12개의 자선단체, 사회적 기업, 민간기업, 홈케어서비스, 학습장애, 치매예방, 사회복귀, 주거케어, 고용, 재가복지 등 지역 내 재가복지서비스가 제공되고 있다.

재가복지서비스의 대부분은 노인복지서비스와 중첩된다.

〔그림 2-2-8〕 영국 달링턴 재가복지(Domiciliary) 서비스 제공기관 네트워크

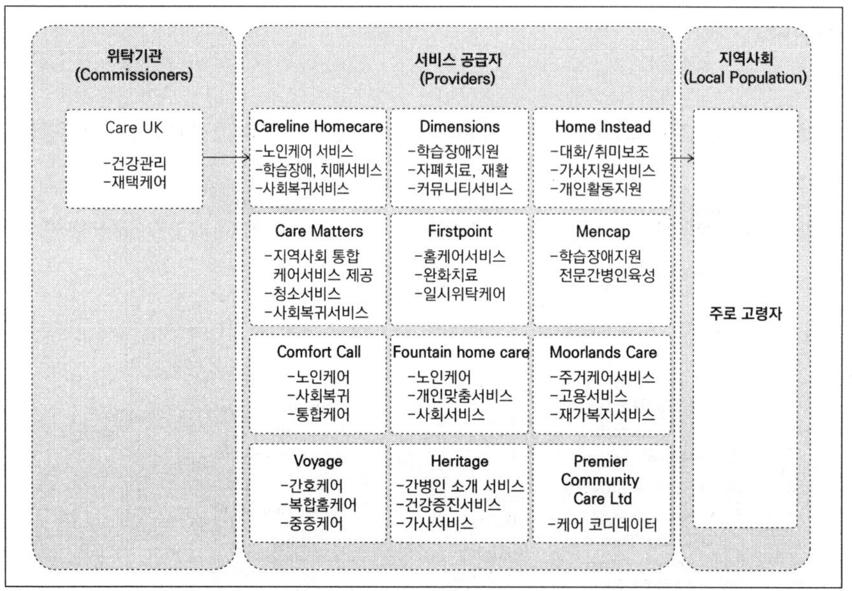

자료: 달링턴 지방정부 홈페이지(http://www.darlington.gov.uk)의 자료를 활용하여 연구자가 재구성함.

(4) 고령자 간호케어(Nursing Care) 서비스 제공기관

고령자 간호케어는 주로 요양기관을 통해 이루어지며, 정부 수준의 서비스 제공기관보다는 위탁기관이 서비스를 관리한다.

일반적인 거주시설 임대나 숙박시설 임대 서비스와 같이 시설 선택이 이용자(보호자)의 주된 관심사일 뿐 아니라 일정 수준 이상의 서비스 제공이 이루어져야하기 때문에 감시 규제기관인 Care Quality Commission의 역할이 두드러진다.

주거요양시설의 임대와 시설 내 케어서비스는 민간 차원에서 이루어지며 달링턴 사례에서 발견할 수 있듯이 서비스별 차이는 두드러지지 않는다.

〔그림 2-2-9〕 영국 달링턴 고령자 간호케어(Nursing Care) 서비스 제공기관 네트워크

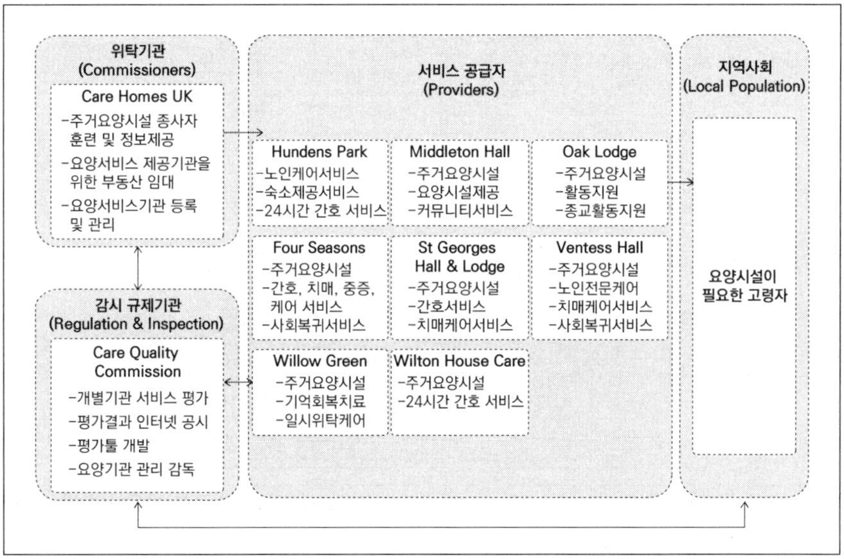

위탁기관
(Commissioners)
Care Homes UK
-주거요양시설 종사자 훈련 및 정보제공
-요양서비스 제공기관을 위한 부동산 임대
-요양서비스기관 등록 및 관리

감시 규제기관
(Regulation & Inspection)
Care Quality Commission
-개별기관 서비스 평가
-평가결과 인터넷 공시
-평가툴 개발
-요양기관 관리 감독

서비스 공급자
(Providers)
Hundens Park
-노인케어서비스
-숙소제공서비스
-24시간 간호 서비스
Middleton Hall
-주거요양시설
-요양시설제공
-커뮤니티서비스
Oak Lodge
-주거요양시설
-활동지원
-종교활동지원
Four Seasons
-주거요양시설
-간호, 치매, 중증, 케어 서비스
-사회복귀서비스
St Georges Hall & Lodge
-주거요양시설
-간호서비스
-치매케어서비스
Ventess Hall
-주거요양시설
-노인전문케어
-치매케어서비스
-사회복귀서비스
Willow Green
-주거요양시설
-기억회복치료
-일시위탁케어
Wilton House Care
-주거요양시설
-24시간 간호 서비스

지역사회
(Local Population)
요양시설이 필요한 고령자

자료: 달링턴 지방정부 홈페이지(http://www.darlington.gov.uk)의 자료를 활용하여 연구자가 재구성함.

(5) 개인 맞춤형 케어 및 주거 지원(Housing Related Support) 서비스 제공기관

개인 맞춤형 케어 및 주거 지원은 개별 자선단체, 사회적기업, 민간 기업의 자발적인 서비스 제공이 주를 이룬다. 케어서비스뿐 아니라 생활지원, 금융지원, 사회활동 기회 지원 등 생활 밀착형 서비스가 포함된다.

서비스 대상은 주로 정신지체 장애인을 염두에 두고 있으나 도움이 필요한 누구나 서비스 신청 및 상담이 가능하다.

〔그림 2-2-10〕 영국 달링턴 개인 맞춤형 케어 및 주거지원 서비스 제공기관 네트워크

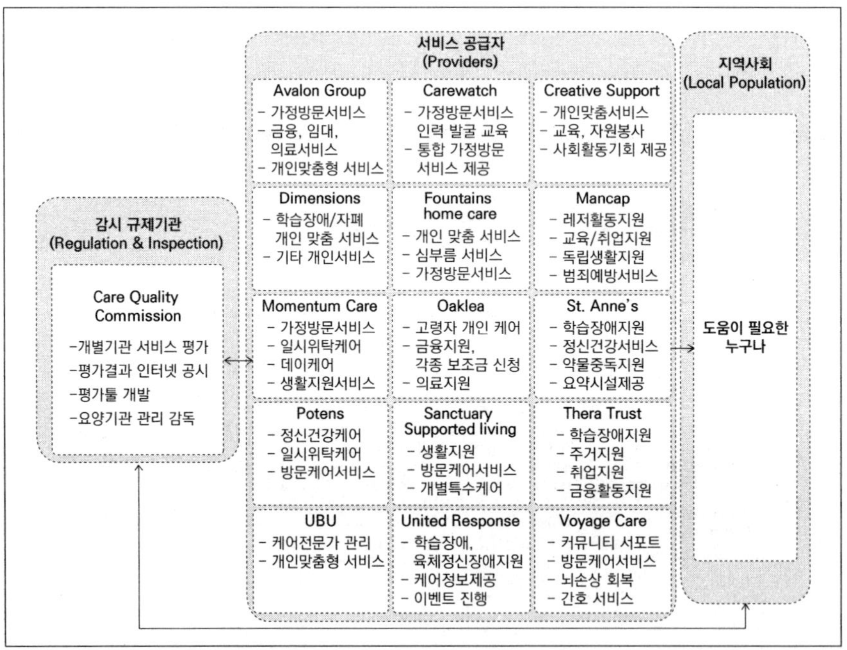

자료: 달링턴 지방정부 홈페이지(http://www.darlington.gov.uk)의 자료를 활용하여 연구자가 재구성함.

(6) 재가 학습장애 케어(Learning Disability Care Homes) 서비스 제공기관

학습장애 성인 케어 서비스도 다른 서비스와 같이 수요자 위주의 서비스 공급이 이루어지고 있다. 재가 케어서비스를 위한 공간 제공이 기본적으로 포함되며, 교육서비스와 개인맞춤서비스가 복합적으로 제공된다.

Care Quality Commission의 경우 서비스 공급자에 대한 감시 규제 역할을 기본으로 수행하나 실질적으로 소비자의 선택을 돕기 위한 정보 제공에 보다 치중되어 있다.

[그림 2-2-11] 영국 달링턴 재가 학습장애 케어 서비스 제공기관 네트워크

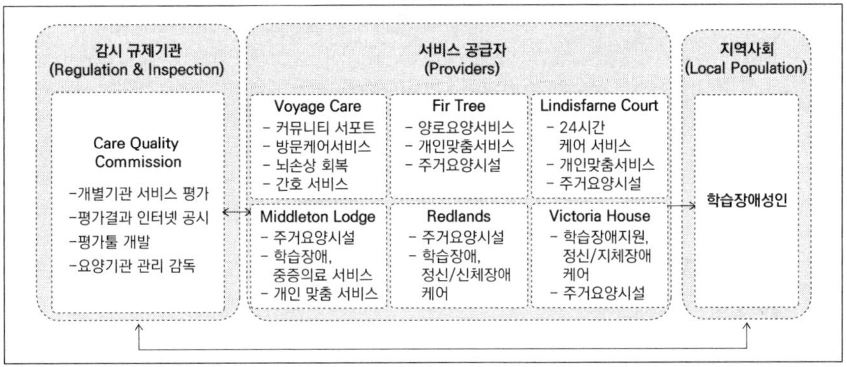

자료: 달링턴 지방정부 홈페이지(http://www.darlington.gov.uk)의 자료를 활용하여 연구자가 재구성함.

4) 아동복지서비스 제공기관 네트워크 분석

(1) 가족 형성(Family placement) 서비스 제공기관

아동의 입양(Adoption)과 가정위탁(Fostering)과 같은 가족형성서비

스는 달링턴 지방정부(Darlington Borough Council)의 가족형성서비스 부서에서 직접 관련 서비스를 제공한다. 한편 입양 관련 정보의 취득 및 절차상 지원은 First 4 Adoption을 통해 받을 수 있고, 새로 꾸려진 가정의 야외활동 지원을 위해 MaxCard가 아동놀이공간이나 문화공간 입장 시 할인을 받을 수 있는 카드를 발급하고 있다.

〔그림 2-2-12〕 영국 달링턴 입양 및 가정위탁서비스 제공기관 네트워크

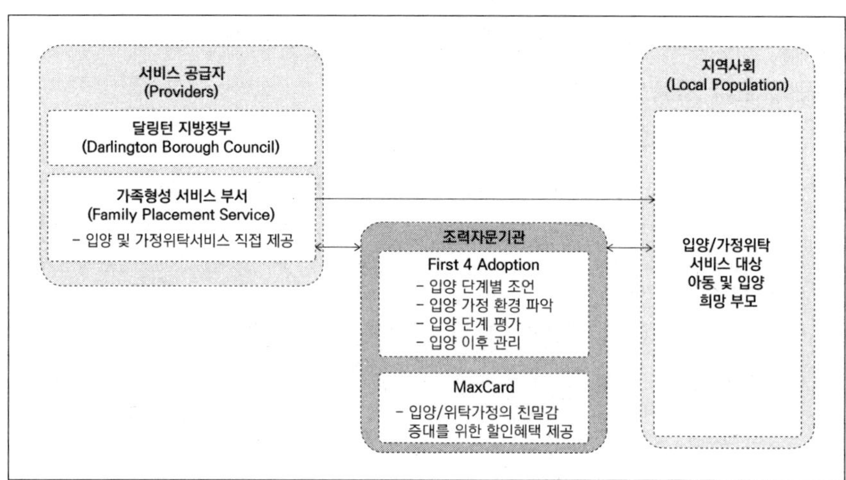

자료: 달링턴 지방정부 홈페이지(http://www.darlington.gov.uk)의 자료를 활용하여 연구자가 재구성함.

가정위탁(Fostering) 서비스 또한 달링턴 정부의 가족형성서비스 부서에서 직접적으로 공급하고 있으며, 관련 서비스로는 임시위탁, 단기 가정위탁 케어, 부모-자식 관계 맺기 서비스, 주거시설 제공 서비스가 있다.

주거시설 제공 서비스는 달링턴 정부의 Darlington Supported Lodgings Co-ordinator를 통해 제공받을 수 있다. 정부 부문의 직접적인 서비스 전달로 공급자-수요자 사이가 직접적으로 연결된 네트워크 구조이다.

(2) 요보호아동(Looked after Children) 서비스 제공기관

달링턴 정부에서 직접적으로 관리하고 있는 요보호 아동에 대해서는 여러 아동보호 기관들과 함께 통합적인 보호 및 관리 서비스가 제공되고 있다. 특히 지역정부에서 직접 아동보호사를 고용하여 “Carlo Care Crew” 서비스를 운영 중이다.

이 서비스는 달링턴 정부의 가족형성 서비스 부서와 요보호아동 케어팀이 실제 업무를 담당하고 있으며, 보조적으로 Unicef와 the Children’s Commissioner가 업무 위탁 관계를 맺고 서비스를 제공하고 있다. 국가기관인 감사원(National Audit Office), 자선단체인 BECOME과 National Children Bureau가 정책 및 사례 연구 개발 업무를 담당하고 있다. 일선 서비스는 지방정부의 특정 부서에서 직접 제공되기도 하고 지역에서 활동하는 자선단체 및 민간 기업을 통해 제공되기도 하는 복합적인 네트워크 구조가 형성되어 있다.

[그림 2-2-13] 영국 달링턴 요보호 아동 서비스 제공기관 네트워크

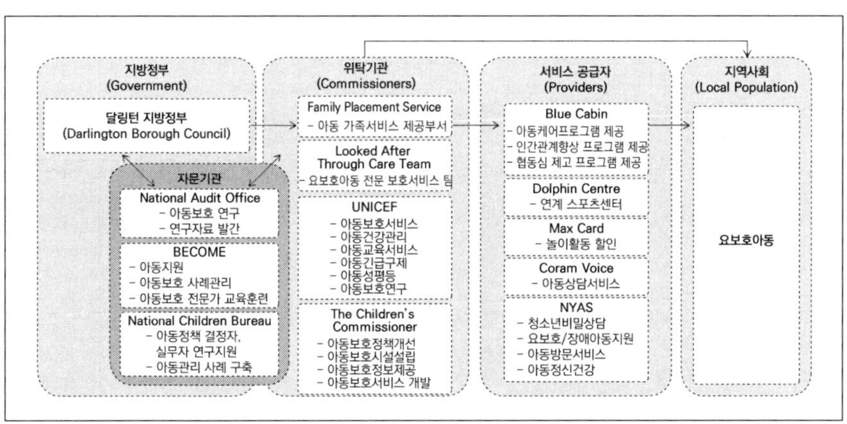

자료: 달링턴 지방정부 홈페이지(http://www.darlington.gov.uk)의 자료를 활용하여 연구자가 재구성함.

(3) 장애아동 지원(Disabled Children) 서비스 제공기관

장애아동 지원 서비스는 달링턴 지방정부에 등록된 장애아동을 중심으로 제공된다. 장애아동에 대한 레저, 레크리에이션, 교육, 건강관리, 정보제공 등의 서비스는 지방정부에서 직접 제공되고, DAD에 의해 보호자 지원서비스, 정보 제공 서비스 등이 제공된다. CHYPS는 장애아동 부모 커뮤니티로 자발적인 프로그램 연구개발뿐 아니라 직접적인 장애아동 케어 프로그램도 제공하고 있다. 복지기관의 네트워크는 정부-위탁기관-서비스공급자-수요자에 이르는 일반적인 구조로 나타난다.

〔그림 2-2-14〕 영국 달링턴 장애아동 지원서비스 제공기관 네트워크

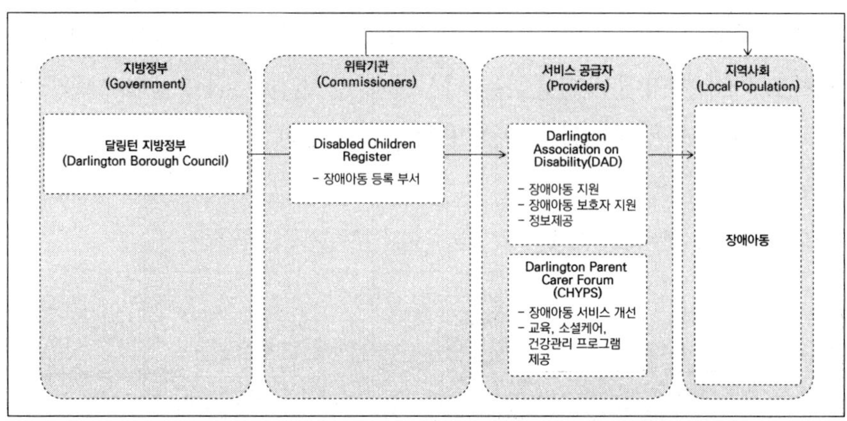

자료: 달링턴 지방정부 홈페이지(http://www.darlington.gov.uk)의 자료를 활용하여 연구자가 재구성함.

5) 가정 및 성적 학대(Domestic & Sexual Abuse) 케어 서비스

가정 및 성적 학대는 범죄 행위에 따른 결과로 가해자 처리 문제를 비롯하여 피해자에 대한 세심한 관찰과 관리가 필요한 사안으로 보다 다양한 범위의 기관들이 비교적 체계적으로 네트워크를 구축하여 관련 서비스를 제공하고 있다.

〔그림 2-2-15〕 영국 달링턴 가정 및 성적 학대 케어 서비스 제공기관 네트워크

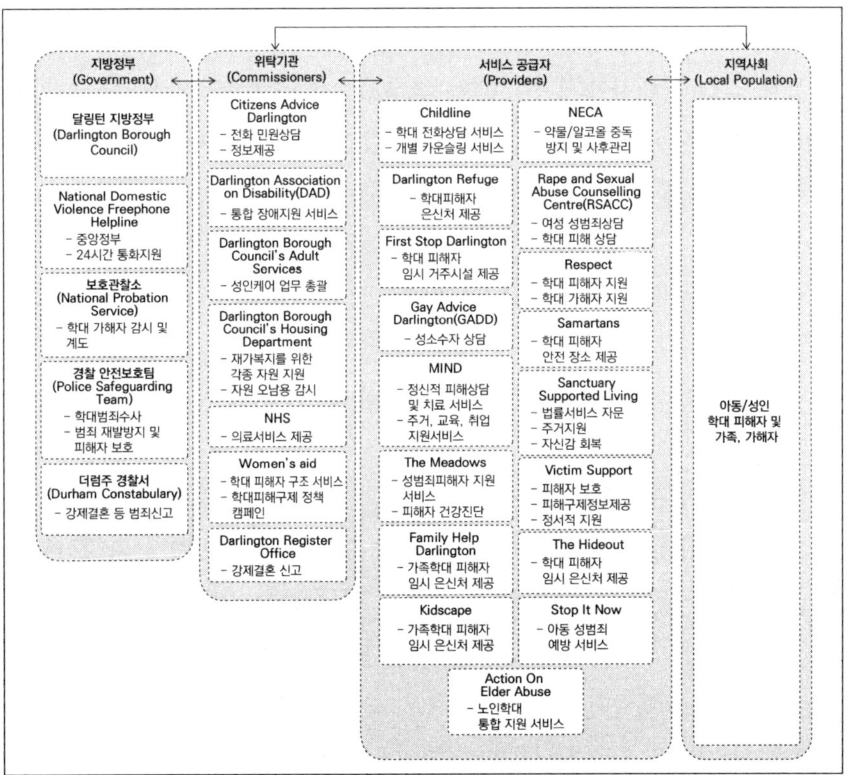

자료: 달링턴 지방정부 홈페이지(http://www.darlington.gov.uk)의 자료를 활용하여 연구자가 재구성함.

정부 부문에서는 지방정부뿐 아니라 중앙정부, 법무부 기관, 경찰이 주요 행위자로 등장하고, 업무 위탁 관계도 지방정부 내 다양한 부서, 의료기관, 자선단체에 분포되어 있는 것으로 나타난다. 서비스 공급자의 경우는 다른 서비스와 마찬가지로 자선단체와 민간 기업으로 구성되어 있는데, 특이한 점은 비밀을 보장하는 전화 상담 서비스와 학대 피해자에 대한 은신처 제공 서비스를 제공하는 기관이 두드러지게 많다. 또한 주로 정신적 피해를 받았을 학대 피해자를 위한 정서적 지원 서비스도 광범위하게 분포해 있다.

직접적인 서비스는 의료서비스나 민원상담, 신고 등과 같이 위탁기관을 통해 직접 피해자에게 전달되는 경우도 있으나 주로 서비스 공급 기관을 통해 전달되고 있으며, 복지기관 간 긴밀한 연계에 따른 학대 재발 방지 서비스, 정보취합서비스, 수사 등이 이루어지고 있다.

6) 공중보건(Public Health) 서비스

(1) 성 건강(sexual health) 서비스 제공기관

달링턴에서 제공되는 성 건강 서비스는 피임서비스와 전문 성 건강 서비스(Specialist Sexual Health Service)로 구분된다. 먼저 피임서비스는 모든 가임기 여성 및 남성을 대상으로 피임상담, 관련 정보 제공, 임신테스트, 피임에 실패한 경우 실시되는 긴급피임서비스, 지역의원(GP)에서 실시하는 피임클리닉으로 구성되어 있으며, 영국의료서비스(NHS)는 이러한 서비스 제공기관 활동을 지원하는 역할을 수행한다.

성 건강(성병 관리) 서비스의 경우 의료기관인 영국의료서비스(NHS)가 직접 지역사회에 각종 서비스를 제공하는 구조로 되어 있으며, 특별히

HIV의 경우 Test. HIV라는 위탁기관을 두어 무작위 표본추출, 관련 정보 제공, 무료 검사 서비스를 제공하도록 설계되어 있다.

[그림 2-2-16] 영국 달링턴 성 건강 서비스 제공기관 네트워크

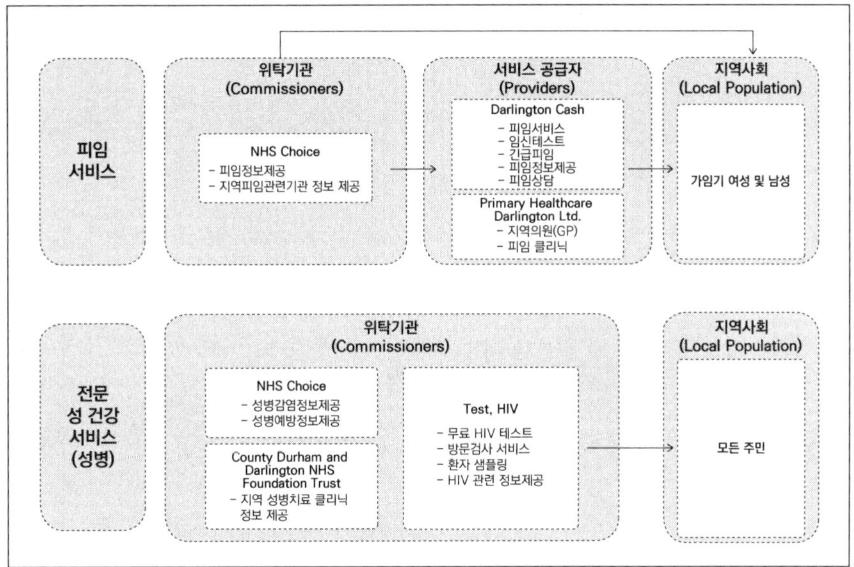

자료: 달링턴 지방정부 홈페이지(http://www.darlington.gov.uk)의 자료를 활용하여 연구자가 재구성함.

(2) 금연(Stop Smoking)서비스 제공기관

금연서비스는 약물 중독 등 각종 중독 예방 및 관리 기관인 NECA와 달링턴 Stop Smoking Hub가 달링턴 지역정부 및 더럼과 달링턴 의료서비스 재단 트러스트(County Durham and Darlington NHS Trust)에 위탁하여 제공된다. 주로 금연에 실질적으로 필요한 상담 정보 제공서비스로 구성되어 있으며, 보다 집중적인 금연 목표 달성을 위해 전문가 1:1상담이나 금연보조제의 지급도 이루어지고 있다.

[그림 2-2-17] 영국 달링턴 금연서비스 제공기관 네트워크

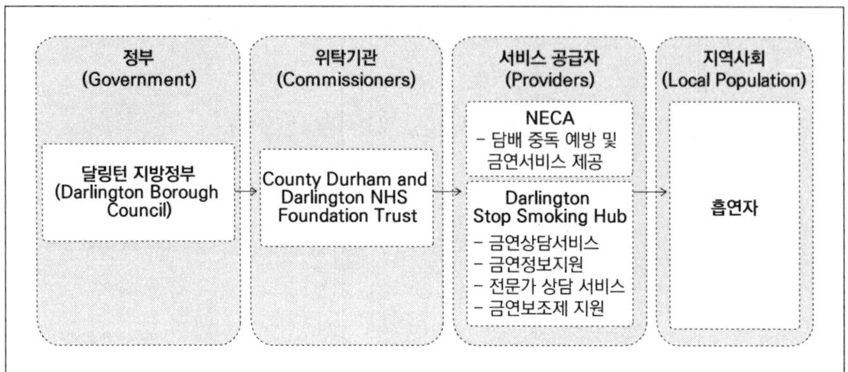

자료: 달링턴 지방정부 홈페이지(http://www.darlington.gov.uk)의 자료를 활용하여 연구자가 재구성함.

(3) 약물 및 알코올 중독(Drug and Alcohol) 예방 및 치료 서비스 제공기관

약물 및 알코올 중독 관련 서비스는 비공개적으로 제공되는 경향성을 보인다.

[그림 2-2-18] 영국 달링턴 약물-알코올 중독 예방 및 치료 서비스 제공기관 네트워크

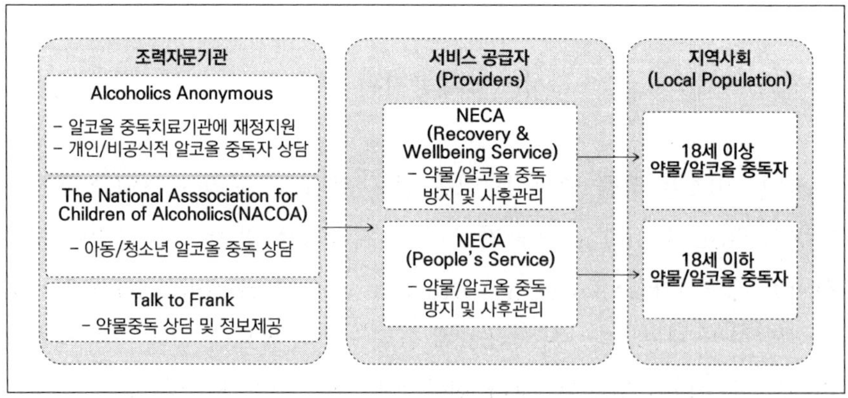

자료: 달링턴 지방정부 홈페이지(http://www.darlington.gov.uk)의 자료를 활용하여 연구자가 재구성함.

우선 정부 부문의 지역사회 서비스 제공 통로가 없고, NECA라는 자선단체를 통해 중독 사전·사후 관리 서비스가 제공된다. 특히 같은 조직 내에서도 18세 이상과 이하를 나누어 서비스가 제공된다는 점은 다른 복지서비스 제공 사례에서는 찾아볼 수 없는 특이한 점이다.

기타 영국 전체 지역을 대상으로 약물·알코올 중독 관련 정보 제공기관이 존재하나 달링턴 지역 내에서 직접적으로 서비스를 제공하고 있지는 않다.

라. 소결

영국 달링턴 지역 복지서비스 제공기관 사례 조사를 통해 발견된 기관 간 네트워크 구조별 복지 서비스 유형을 도출해 보면 다음과 같다.

첫째, 정부-위탁기관-서비스공급자-지역사회로 이어지는 전통적인 '계층형' 서비스 공급 네트워크 모델이 발견된다. 이 모델은 주로 성인 정신장애 케어 서비스 분야에서 나타나며, 장애 아동이나 요보호 아동 지원 및 관리 서비스에서도 관찰되고 있다. 가정 및 성적 학대 관리 서비스를 포함하여 아동복지서비스 분야에서는 위탁기관이 직접 복지서비스를 제공하는 특성을 보인다. 이 외 금연지원서비스도 계층형 네트워크 모형에 따라 복지서비스가 전달되고 있다.

둘째, '정부직접 공급형' 네트워크 모형이다. 아동복지서비스 중 가족형성(입양, 가정위탁)의 경우 지방정부가 직접 정보의 취득, 제공, 실무서비스 제공을 통해 복지 서비스를 제공하고 있다. 지방정부가 실무적인 지원을 직접적으로 제공하지만 이론적, 정서적 지원을 담당하는 조력/자문기관이 별도 존재하여 상호 기관 간 연계를 강화는 구조이다.

셋째, '위탁기관 주도형' 네트워킹 구조를 통해 복지서비스가 전달되는 사례이다. 이는 성인복지서비스 중 요양시설을 필요로 하는 고령자 간호케어 서비스, 간병인/보호자의 방문이 필요한 재가복지 서비스를 제공하는 방식에서 나타났다. 지방정부와 직접적 연계가 없는 위탁기관(각각 Care UK와 Care Homes UK)이 주도적으로 서비스를 제공하는 유형이다. 서비스 제공기관의 서비스 품질 관리와 모니터링은 달링턴의 역할이라기 보다는 품질관리기관(CQC)에서 담당하고 있다. 그리고 공중보건서비스 중 성 건강 서비스는 의학적 정보 및 의료 행위가 필요한 경우가 많기 때문에 영국의료기관(NHS)이 권한을 위임받아 서비스 전달의 주도적 역할을 담당하고 있다.

마지막으로, 서비스 공급자들이 주도적으로 복지서비스를 제공하는 '서비스 공급자 주도형' 네트워크 구조가 발견된다. 성인을 위한 복지서비스의 경우는 전문성을 요하기 때문에 공급기관 주도로 이루어지고 있다. 특히, 이용 시설의 개인 맞춤형 케어서비스와 재가방문 돌봄서비스는 제공기관의 전문성에 기반한 공급자 주도형 서비스 제공체계가 이루어지고 있다. 특히, 재가서비스인 약물·알코올 중독 서비스의 경우 비밀보장과 익명보장 서비스를 제공하기 위해 서비스 공급자의 역할이 강조된 경우로 해석된다.

복지서비스를 지역에서 제공하는 가장 큰 이유는, 앞서 언급한 바와 같이, 지역의 수요 및 특성에 맞는 서비스를 제공하기 위함이다. 따라서 지역복지 전체를 아우르는 가장 효율적인 복지기관 네트워크 모델은 존재할 수 없다. 따라서 지역의 복지 수요를 어떤 조직을 동원하여 어떻게 효과적으로 충족시킬지에 대한 고민은 향후 지속적으로 밝혀나가야 할 과제이다. 지역 내 자생적으로 형성된 커뮤니티 안에서 지역 의제가 발굴되고 스스로 해결하려는 움직임이 생기는 것이 이상적 지역복지 모형이다. 그러나 단일 주체가 보유한 자원은 유한하기 때문에 지역 내 중앙-지방정부, 국가의료기관, 광역 복지서비스 단체의 지원 및 자원 교류 네트워크 형성이 중요하다.

영국 달링턴 사례에서 시사하듯이, 지역단위 서비스 기관들의 협력 구도는 지역 특성, 서비스 유형 그리고 대상자 속성 등이 결합된 결과물이기 때문에 표준화되기보다는 다양한 모형 구현이 중요하다.

〈표 2-2-4〉 영국 달링턴 지역복지기관 네트워크 구조별 서비스 제공 유형

네트워크 구조	복지서비스 종류	세부 유형	기 타
계층형	성인복지 서비스	자폐 치료 및 재활	-
		치매 치료 및 관리	-
	아동복지 서비스	요보호아동 서비스	위탁기관도 서비스 제공, 자문기관 존재
		장애아동지원 서비스	위탁기관도 서비스 제공
	가정 및 성적 학대 케어 서비스		위탁기관도 서비스 제공
	공중보건 서비스	금연지원 서비스	-
정부직접 공급형	아동복지 서비스	가족형성 서비스	조력 자문기관 존재
위탁기관 주도형	성인복지 서비스	재가복지 서비스	-
		고령자 간호케어 서비스	감시 규제기관 존재
	공중보건 서비스	성 건강 서비스	-
서비스공급자 주도형	성인복지 서비스	개인 맞춤형 케어 및 주거 지원	감시 규제기관 존재
		재가 학습장애 케어	감시 규제기관 존재
	공중보건 서비스	약물 알코올 중독	조력 자문기관 존재

제 3 장

지역 단위 복지 수요·공급의 공간 구조 분석

3 지역 단위 복지 수요·공급의 공간 구조 분석

제1절 분석 방안 개요

1. 분석 목적

본 장에서는 복지 대상자와 복지 공급 기관의 지역적 분포를 살펴보고, 이들 간의 공간구조를 분석하고자 한다. 복지 수요와 공급의 일치 여부를 가시적으로 파악하기 위한 시도이다. 그간의 공간 분석은 기초자치단체를 분석 단위로 비율을 분석하는 방식이었으나, 본 연구에서는 복지 수요와 복지 공급의 다차원적 공간 구조분석을 시도하였다. 이를 위해 통계청 집계구 인구데이터와 읍면동 주민센터, 보건소, 사회서비스 제공기관 등 다양한 복지기관 데이터를 집계구 단위로 연계하였다. 또한 복지 대상자는 인구학적 속성 데이터를, 공급기관인 공공기관과 서비스 제공기관 지리정보 데이터를 활용하였다. 또한 통계청의 통계지리정보시스템(SGIS)에 적재되어 있는 2015년도 집계구별 경계자료와 집계구별 통계자료와 사회보장정보시스템의 복지기관 정보를 연계하여 집계구별로 복지 수요와 공급 실태를 분석하였다.

본 연구에서는 행정구역인 시·군·구 또는 읍·면·동 단위보다 공간구조 분석에 적합한 통계청 집계구 단위를 활용하였다. 통계청 집계구 단위는 인구규모를 기준으로 등질지역이기 때문에 복지수요 대비 복지공급 기관 분포의 공간구조분석에 적합하다. 특히, 행정구역 단위는 지역 간 면적 편차가 크고, 지역 내 인구분포 대비 복지공급 시설 등 지역 공급특성 분석이 어렵다. 왜냐하면 동일 시군구라 하더라도 지역 내 특성이 상이하고, 농산어촌인 경우 주민이 거주하지 않거나 유휴지의 특성이 크기 때문에 시·군·구 또는 읍·면·동 행정구역 단위로 공간구조 분석을 수행하기에는 적합하지 않다. 따라서 본 연구에서는 읍·면·동 행정구역 단위보다 세밀하게 복지수요를 대변하는 통계청 집계구 단위를 활용하였으며, 이를 중심으로 복지공급 시설의 좌표를 설정하여 복지수요 대비 복지공급의 공간구조분석을 실시하였다.

본 장에서는 분석 데이터 및 방법을 소개하고, 집계구별 복지 수요와 복지 공급의 지리적 분포를 분석하였으며, 복지 수요와 복지 공급 간의 일치 현황을 살펴본 후, 복지 수요와 공급 간 공간 구조적 측면에서 시사점을 도출하였다.

2. 분석 방법 및 데이터

가. 분석 데이터

본 연구에서 활용한 분석 대상은 복지 수요와 복지 공급으로 구분된다. 복지 수요는 총인구수, 영유아 인구수, 노인 인구수를 활용하여 간접 분석하였다. 이를 위해 활용된 데이터는 통계청 지리정보통계시스템에서 제공하는 2015년도 집계구별 '성별·연령별 인구수' 자료를 활용하였다. 통계청에서 제공하고 있는 집계구 인구자료는 성별에 따라 5세 단위로 구분되어 있으며, 전국 총 102,219개의 집계구로 구성되어 있다. 한 집계구당 평균 475명이다. 이에 대한 세부 내용은 〈표 3-1-1〉과 같다.

〈표 3-1-1〉 집계구별 통계자료의 인구 현황

(단위: 명)

집계구별 인구 통계					총 인구수	영유아 인구수	노인 인구수
N	평균	표준편차	최소	최대			
102,219	475.26	146.21	0	6,609	48,580,688	2,223,316	6,136,796

자료: 통계청. (2015). 집계구별 통계자료.

복지 공급은 크게 3가지로 분류된다. 첫째, 기초자치단체인 시군구청, 읍면동 주민센터, 보건소 등 공공기관이다. 이들의 공간구조를 살펴보기 위해 행정안전부에서 공개한 지역별 공공기관 등록 정보를 활용하였다. 이에 대한 세부 내용은 <표 3-1-2>와 같다.

<표 3-1-2> 지역별 공공기관 및 보건소 설치 현황

(단위: 개, %)

지역	공공기관		보건소	
	N	%	N	%
강원도	207	5.46	73	6.11
경기도	609	16.07	108	9.04
경상남도	338	8.92	161	13.47
경상북도	360	9.50	233	19.50
광주광역시	101	2.67	17	1.42
대구광역시	148	3.91	11	0.92
대전광역시	85	2.24	6	0.50
부산광역시	222	5.86	24	2.01
서울특별시	450	11.88	37	3.10
세종특별자치시	15	0.40	12	1.00
울산광역시	62	1.64	7	0.59
인천광역시	161	4.25	48	4.02
전라남도	320	8.45	159	13.31
전라북도	258	6.81	17	1.42
제주특별자치도	58	1.53	17	1.42
충청남도	226	5.96	205	17.15
충청북도	169	4.46	60	5.02
계	3,789	100.00	1,195	100.00

자료: 공공데이터포털 홈페이지. www.data.go.kr 인출 2017. 07. 01.

둘째, 사회서비스전자바우처시스템에 적재되어 있는 사회서비스 제공기관이다. 제공기관은 종합복지관 등 복지시설을 포함한다. 그리고 여러 서비스를 제공하는 경우를 고려하여 복지기관별 제공서비스와 서비스 대상별로 제공기관을 분류하였다. 제공서비스별 세부 현황은 〈표 3-1-3〉, 사회서비스 제공기관의 지역별 설치 현황은 〈표 3-1-4〉와 같다.

〈표 3-1-3〉 사회서비스 제공기관의 서비스 대상자별 제공서비스 종류

(단위: 개, %)

제공서비스 종류	노인		영유아		기타	
	N	%	N	%	N	%
가사간병방문지원	470	7.76	0	0.00	0	0.00
노인돌봄종합서비스	2,540	41.96	0	0.00	0	0.00
산모신생아건강관리지원	0	0.00	471	5.46	0	0.00
장애아동가족지원	0	0.00	2,387	27.69	0	0.00
장애인활동지원	2,032	33.56	0	0.00	0	0.00
지역사회서비스투자	1,012	16.72	5,763	66.85	1,927	100.00
계	6,054	100.00	8,621	100.00	1,927	100.00

자료: 보건복지부 사회복지시설정보시스템, www.w4c.go.kr 인출 2017. 07. 01

〈표 3-1-4〉 지역별 사회서비스 제공기관 현황

(단위: 개, %)

지역	제공기관		기관당 제공 사회서비스 종류 기초통계			
	N	%	평균	표준편차	최소값	최대값
강원도	274	3.92	2.94	2.49	1	15
경기도	1,244	17.78	3.08	2.02	1	14
경상남도	576	8.23	3.47	2.22	1	14
경상북도	525	7.50	3.34	2.60	1	15
광주광역시	317	4.53	3.93	2.48	1	11
대구광역시	376	5.37	6.62	4.53	1	23
대전광역시	279	3.99	5.76	5.02	1	20
부산광역시	522	7.46	4.35	2.97	1	15
서울특별시	933	13.33	3.36	1.91	1	10
세종특별자치시	32	0.46	3.44	1.63	1	6
울산광역시	153	2.19	3.16	1.64	1	8
인천광역시	306	4.37	3.42	2.08	1	10
전라남도	368	5.26	2.65	1.63	1	8
전라북도	390	5.57	3.08	1.94	1	9
제주특별자치도	117	1.67	3.51	2.05	1	9
충청남도	332	4.74	3.27	1.94	1	10
충청북도	253	3.62	4.59	4.26	1	23
합계	6,997	100	3.83	2.99	1	23

자료: 보건복지부 사회복지시설정보시스템, www.w4c.go.kr 인출 2017. 07. 01

마지막으로 통계청에서 제공하는 집계구별 통계자료의 보건업 및 사회복지 서비스업체와 종사자 수이다. 본 자료는 통계청의 집계구별 통계자료이며, 2006년 이후부터 현재까지 사용되고 있는 제9차 산업분류 집계 통계이다. 세부내용은 〈표 3-1-5〉와 같다.

〈표 3-1-5〉 지역별 보건의료 및 사회복지 사업체 수 및 종사자 수

(단위: 개, 명, %)

지역	사업체 수		종사자 수	
	N	%	N	%
강원도	1,787	2.92	44,008	3.19
경기도	13,367	21.82	288,996	20.97
경상남도	3,551	5.80	87,214	6.33
경상북도	2,718	4.44	70,101	5.09
광주광역시	2,170	3.54	48,465	3.52
대구광역시	3,243	5.29	67,530	4.90
대전광역시	2,091	3.41	46,876	3.40
부산광역시	4,038	6.59	99,315	7.21
서울특별시	14,450	23.58	293,116	21.27
세종특별자치시	152	0.25	2,978	0.22
울산광역시	1,285	2.10	26,737	1.94
인천광역시	2,763	4.51	68,039	4.94
전라남도	2,205	3.60	59,119	4.29
전라북도	2,651	4.33	60,347	4.38
제주특별자치도	668	1.09	19,159	1.39
충청남도	2,408	3.93	54,286	3.94
충청북도	1,722	2.81	42,077	3.05
합계	61,269	100.00	1,378,363	100.00

자료: 통계청 통계지리정보시스템 sgis.kostat.go.kr 인출 2017. 07. 01.

나. 분석 방법

복지 수요와 복지 공급 간의 분포 실태를 살펴보기 위해 다음과 같은 데이터 연계가 이루어졌다. 통계청의 집계구별 전체 인구, 0~4세 영유아 인구, 65세 이상 노인 인구 데이터를 집계하였다. 그리고 시군구청, 읍면동 주민센터, 보건소, 사회서비스 제공기관 등 복지 공급기관의 지리정보를 활용하여 좌표계를 조정하였다. 마지막으로 통계청 집계구 인구데이터와 복지서비스 제공기관 데이터의 정합성 향상을 위한 좌표계 조정, 지리정보와 통계자료의 시각화 등의 분석 방법을 거쳤다. 세부적인 분석 방법은 다음과 같다.

첫째, 통계청 집계구별 지리통계와 사회서비스 제공기관 및 공공기관의 지리정보를 연계하였다. 두 데이터 간의 상이한 좌표계를 일치시켜 데이터의 정합성을 제고하는 과정을 거쳤다. 이를 위해 UTM-K(GRS80)로 구성된 통계청의 집계구별 경계의 좌표계를 WGS84로 변환하였다. 동시에 복지기관 및 공공기관의 주소 또한 WGS84 좌표계를 기준으로 위도, 경도 형태로 변환하였다. 이를 위해 R의 'geocoder', 'raster', 'rgeos' 등의 패키지를 활용하였으며, 동시에 Geoservice의 XrProjection 3.1 버전을 활용하였다.

둘째는 통계청 인구속성 데이터와 복지기관 지리정보를 연계하여 시각화하였다. 즉, 특정 지역에 인구학적 특성, 기관 정보 등의 분포와 설치 현황, 지역별 복지서비스 제공기관의 구조[21]를 교차하여 나타냈다. 이를 위해 R의 'ggmap', 'ggplot2' 등의 패키지를 활용하였다.

이와 같이 본 장에서는 통계청 집계구 인구속성 정보와 복지서비스 공

21) 본 연구의 목적 중 하나는 지역단위 복지기관 구조의 파악으로서, 지리적 분석을 통해 공공기관의 분포와 민간 복지서비스기관의 분포를 분석함으로써, 그 구조적인 양상을 가늠하고자 하였다.

급기관 간 데이터를 연계하고 시각화하여 복지 수요와 복지 공급 간의 공간 분포 실태를 살펴보고, 복합적인 공간 구조적 관점을 제시하였다.

다. 분석 예제

공간 분석 과정은 집계구별 인구 분포, 집계구별 공공기관 및 서비스 제공기관 분포, 인구와 시설 간의 복합적 시각화 과정으로 구분된다.

첫째로 집계구별 인구 분포를 시각화하였다. 이를 위해 통계청 통계지리정보시스템의 집계구별 총인구수, 영유아 인구수 그리고 노인 인구수를 기준으로 집계구별로 전체 인구 대비 비율을 산출하였다. 이후 집계구 경계에서 인구 분포를 명확하게 나타내기 위해 총합 대비 집계구별 인구의 비율을 10분위로 분류하였다. 예를 들면, 서울특별시 행정구역 지도에 집계구 단위 인구 분포를 시각화하면 〔그림 3-1-1〕과 같다. 서울 집계구 단위로 인구 비율을 시각화하였다. 인구가 거주하지 않는 임야 지역 등은 집계구 단위가 넓거나, 옅게 나타난다.

〔그림 3-1-1〕 인구 분포 시각화 예제

둘째, 집계구별 공공기관 및 사회서비스 제공기관의 분포를 시각화하였다. 이를 위해 해당 기관 주소를 WGS84 좌표계를 기준으로 위도와 경도로 변환하여 집계구별 경계자료를 연계하여 시설의 분포를 살펴보았다. 집계구별 시설 정보는 제공서비스 종류, 서비스 대상 그리고 기관 종류 등으로 구분하여 색과 모양으로 차등 표현하였다(그림 3-1-2 참조).

〔그림 3-1-2〕 집계구별 공공기관 및 복지기관 분포 시각화 예제

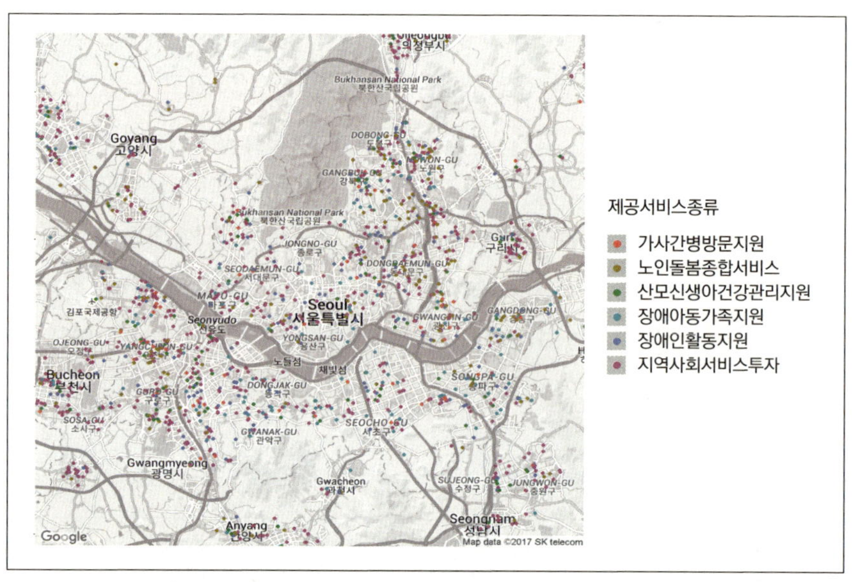

셋째, 인구와 사회서비스 제공기관 간의 공간을 복합적으로 시각화하였다. 집계구별 경계자료에 인구 분포와 시설분포를 연계하여 다차원적으로 시각화하였다. 인구 밀도에 따라 시설의 밀집도, 제공서비스 종류 등을 직관적으로 시각화하였다. 그리고 집계구별 제공서비스 종류, 서비스 대상 그리고 기관 종류 등으로 구분하여 색으로 차등 표현하였다. 분석지역은 전국, 서울·경기, 대구·경북, 광주·전남 중심으로 시각화하였다.

〔그림 3-1-3〕 인구와 시설 간의 복합적 시각화 예제

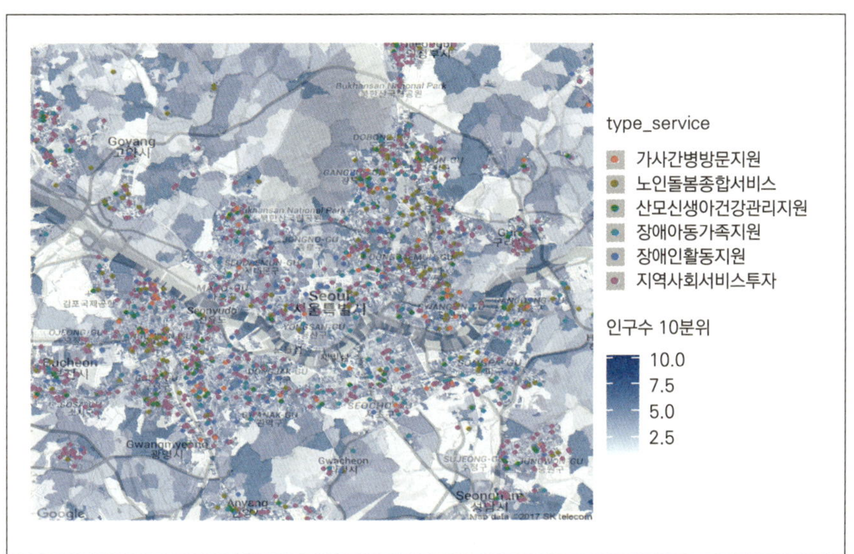

제2절 복지 대상자 및 복지 공급 공간 분석

1. 복지 대상자 공간 분석

본 절에서는 전체 인구, 영유아 인구 그리고 노인 인구를 대상으로 전국, 서울·경기, 대구·경북, 광주·전남 지역의 분포 현황을 살펴보았다. 시각화 과정에서 복지 대상자 인구집단 구성 비율을 집계구별로 산출한 후 10분위로 분류하여 전체 대상 인구 대비 인구집단 비율을 시각화하였다.

가. 전국 인구 공간 분석

통계청 통계지리정보시스템(SGIS)에서 제공하는 집계구별 인구데이터

를 활용하여 전국 인구 분포를 시각화하였다. 한 집계구에 485명이 거주하기 때문에 집계구가 넓고, 채도가 옅을수록 인구 밀도가 낮고, 인구수가 적다는 의미이다. 총인구수를 집계구별로 살펴보면 다음과 같다.

서울, 경기 수도권을 중심으로 집계구의 크기도 작고, 채도도 높게 나타났다. 즉, 대도시를 중심으로 인구가 집중되어 있음을 알 수 있다. 그리고 부산, 대구, 광주, 대전, 울산 등 대도시를 중심으로 인구 밀도가 높게 나타났다. 그러나 강원도, 충북, 경북, 전북으로 이어지는 국토 대각선 구간의 집계구는 넓고, 채도도 옅게 나타났다. 즉, 해당 지역은 임야, 농지 등으로 구성된 농산어촌 지역으로 인구 밀도는 낮다. 아울러 이들 지역은 인구 소멸과 고령화 등 인구학적 위기를 겪고 있는 지역이다.

[그림 3-2-1]과 같이 전국 인구 분포는 서울경기 그리고 대도시권에 집중되어 있고 중부내륙 및 강원산간 지역의 밀도는 낮게 나타났다.

앞서 전국 단위 인구 분포를 살펴보면 수도권, 즉 서울과 경기 지역에 밀집하여 나타났다.

서울특별시의 집계구별 면적은 경기 지역에 비해 상당히 촘촘하다. 한 집계구당 인구수가 약 485명인 것을 고려하면 서울시의 인구 밀도는 경기에 비해 높다. 그리고 경기도의 인구 분포도 대도시 지역을 중심으로 집중화 되어 있다. 서울을 기점으로 경기 남부 지역이 경기 북부 지역보다 인구 밀도가 높게 나타났다. 특히, 대도시인 수원, 용인, 고양, 안양 등의 인구 밀도가 높게 나타났다. 그러나 경기 북부인 연천, 포천 지역과 경기 서부인 양평, 가평, 여주 지역의 인구 밀도는 낮게 나타났다.

〔그림 3-2-1〕 전국 총인구 분포

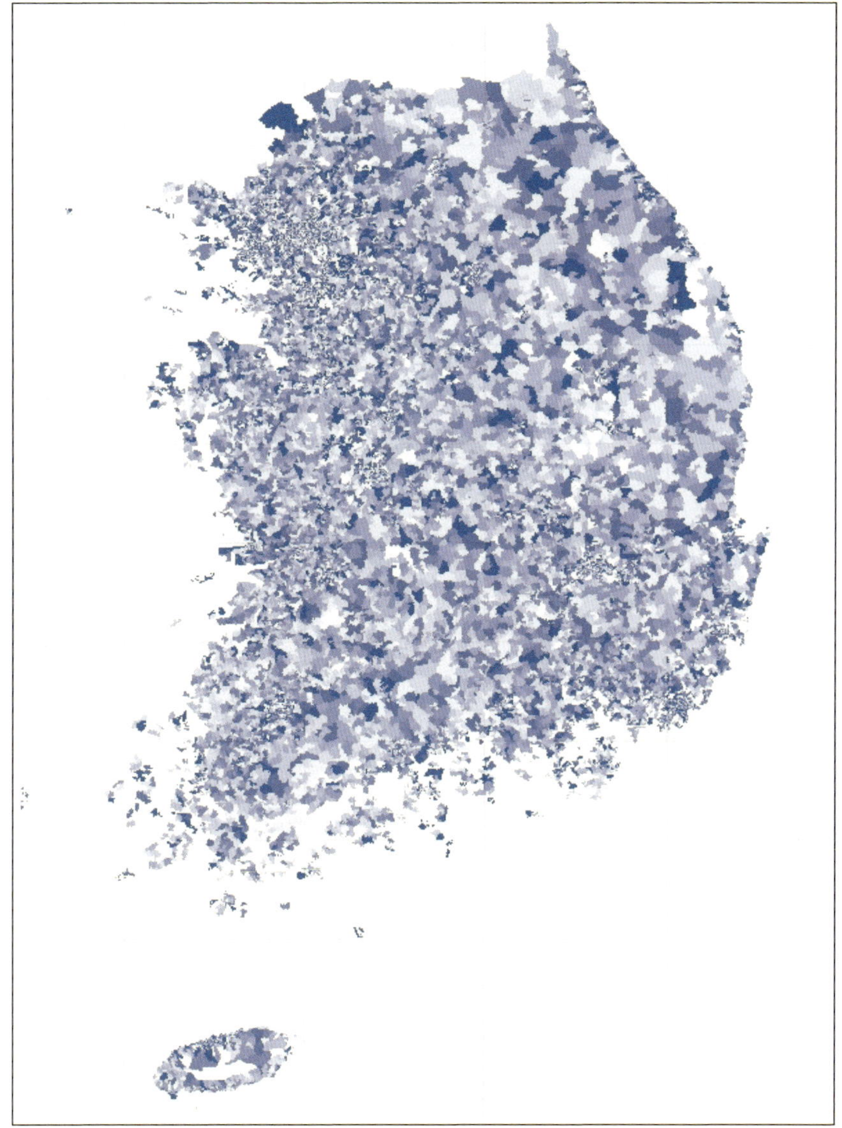

〔그림 3-2-2〕 서울·경기 총인구 분포

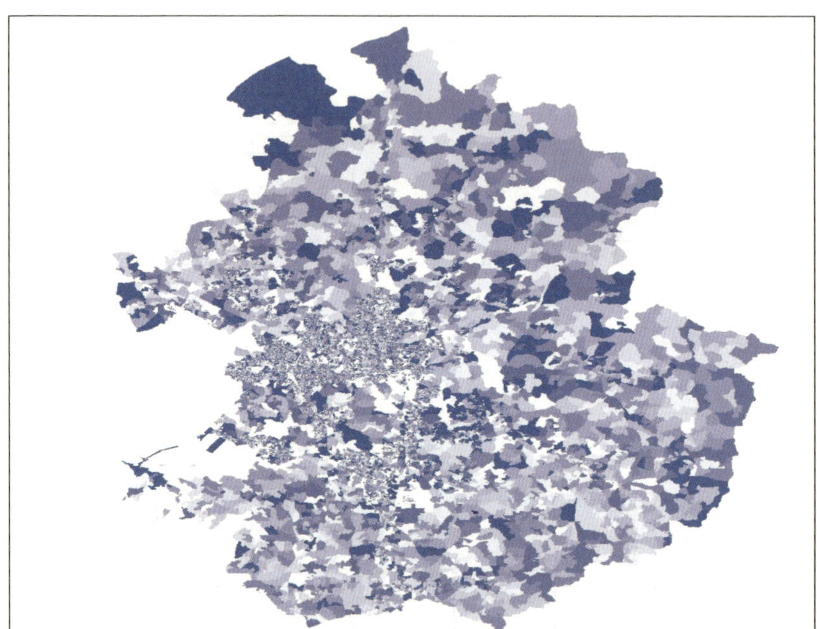

나. 영유아 인구 공간 분석

만 0~4세에 해당되는 영유아 인구 분포를 살펴보면 서울과 수도권에 집중되어 있다. 특히, 영유아 인구는 비교적 뚜렷하게 지역 간 차이가 나타났다. 서울·경기 수도권 지역의 영유아 인구 밀도는 높고, 강원도, 충북, 경상도 등 농산어촌 지역의 영유아 인구 밀도는 낮다.

서울, 경기 수도권을 중심으로 영유아 인구 밀도를 나타내는 집계구의 크기는 세밀하고 밀집되어 나타났다. 아울러 부산, 대구, 대전 등 대도시를 중심으로 영유아 인구 밀도가 높게 나타났다. 그러나 강원도, 충북, 경북, 전북으로 이어지는 국토 대각선 구간에서는 영유아 인구 집계구는 넓고, 채도도 옅게 나타났다. 강원과 경기 북부 군부대 밀집 지역의 경우는 기타 농산어촌 지역과는 다르게 영유아 인구의 밀도가 높게 나타나는 특성을 보였다. 그리고 전남 해남 등 일부 군 지역을 중심으로 영유아 인구 밀도가 높게 나타났다.

〔그림 3-2-3〕과 같이 전국 만 0~4세 영유아 인구 분포는 서울경기 그리고 대도시권에 집중되어 있고 강원, 충북, 경북, 전남 지역의 농산어촌 지역은 낮게 나타났다.

전국 단위 만 0~4세 영유아 인구 분포를 살펴보면 수도권, 즉 서울과 경기지역에 밀집하여 나타났다.

서울특별시의 집계구별 면적은 경기 지역에 비해 좁고, 밀집한 형태를 보였다. 즉, 서울시 영유아 인구 밀도는 경기에 비해 높은 것으로 나타났다. 경기도의 영유아 인구 분포도 대도시 지역을 중심으로 집중화되어 있다. 특히, 경기 남부 지역인 용인, 성남, 화성 등 신도시 지역을 중심으로 밀집되어 있는 것으로 나타났다. 그리고 군부대가 밀집된 경기 북부 포천, 동두천 지역의 일부 집계구에서는 영유아 인구수가 높게 나타났다

〔그림 3-2-3〕 전국 영유아 인구 분포

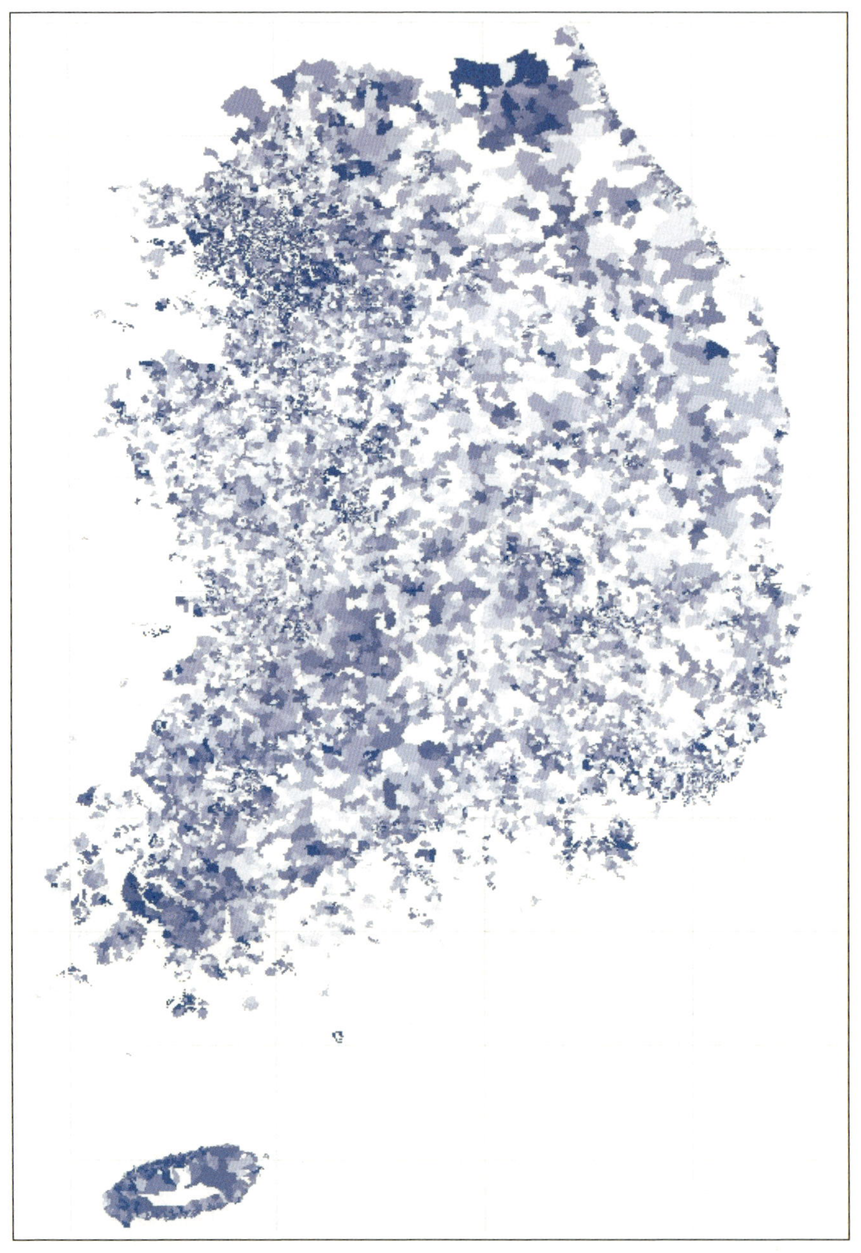

〔그림 3-2-4〕 서울·경기 영유아 인구 분포

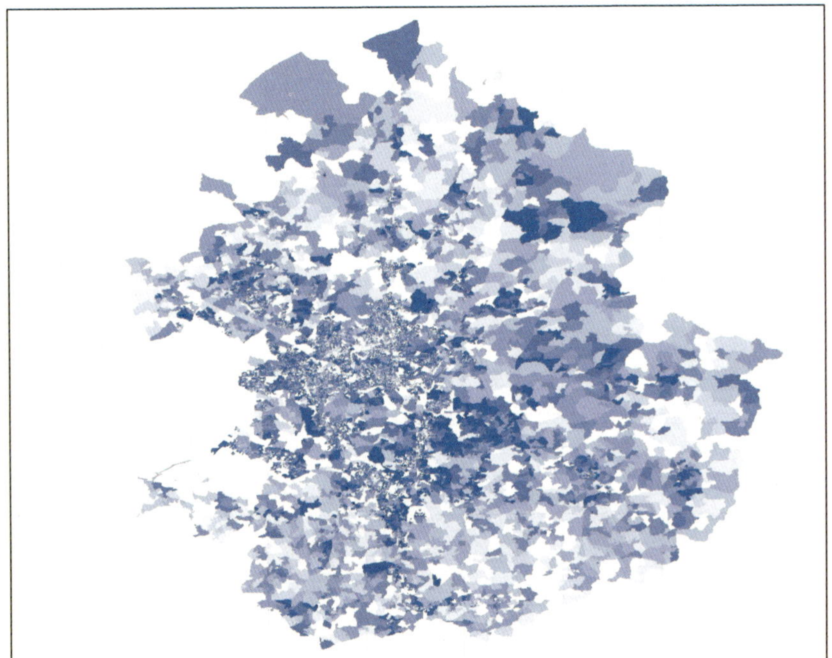

다. 노인 인구 공간 분석

만 65세에 해당되는 노인 인구 분포를 살펴보면 강원, 충남, 경북, 전북, 전남 등 농산어촌 지역에 집중되어 있음을 알 수 있다. 특히, 노인 인구의 분포는 앞서 살펴본 영유아 인구 밀도와 상반된 모습을 보였다.

전체 인구와 영유아 인구의 경우 서울경기 수도권 지역에 집중되어 나타났지만, 노인 인구 비율은 농산어촌 지역을 중심으로 밀도가 높게 나타났다.

경북, 충남, 전남, 전북 등을 중심으로 노인 인구 집계구의 밀집도는 매우 높게 나타났다. 특히, 동일 광역자치단체 내에서도 농산어촌 지역의 노인 인구 밀도가 중소도시 지역보다도 높았다. 앞서 인구 밀도가 높았던 대도시 지역의 노인 인구 밀도는 낮게 나타났다. 특히, 서울과 부산, 대구, 대전 등 대도시지역의 노인 인구 밀도는 타 지역보다 낮았다.

〔그림 3-2-5〕에서 볼 수 있듯이, 대도시권을 중심으로 노인 인구 집계구의 크기가 작고 밀도는 낮았다. 그러나 농산어촌 지역이 많은 강원, 경북, 충남, 전북, 전남 지역을 중심으로 노인 인구 집계구의 크기는 작고 밀도는 높게 나타났다.

〔그림 3-2-5〕 전국 총노인 인구 분포

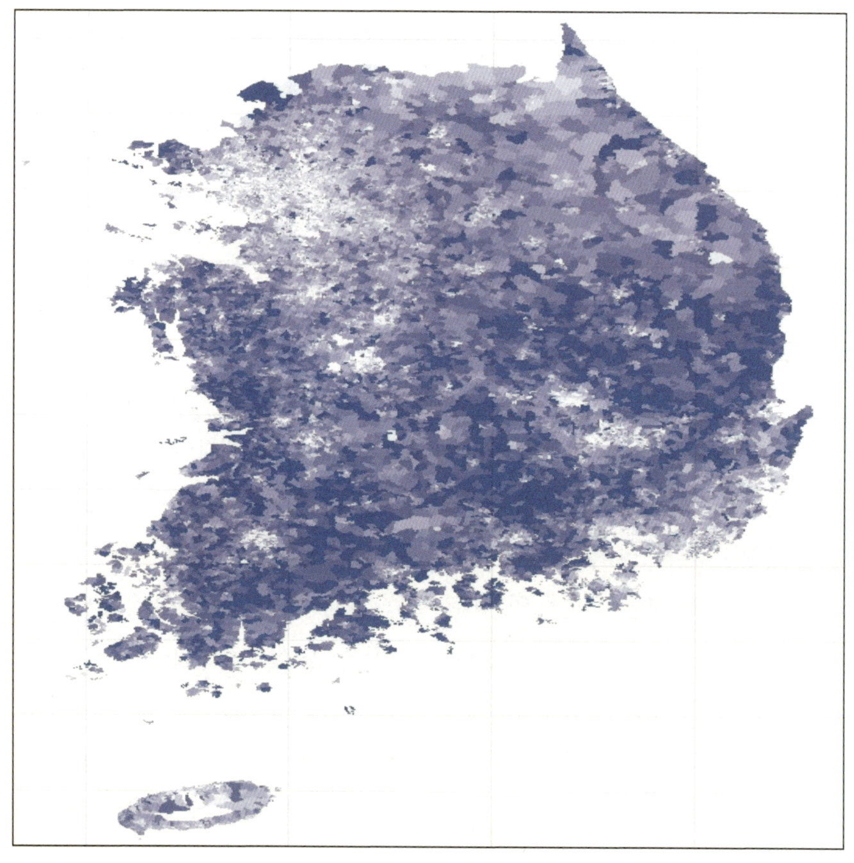

서울·경기 지역의 만 65세 이상 노인 인구 집계구의 밀도는 낮게 나타났다. 서울·경기의 노인 인구 밀도는 영유아 인구 밀도와 상치되는 모습을 보였다. 영유아 인구 밀도가 높았던 서울시와 경기 남부인 용인, 성남, 화성 지역의 노인 인구 밀도는 낮게 나타났다. 영유아 인구 밀도가 낮았던 경기 북부와 서부 지역을 중심으로 65세 이상 노인 인구 밀도가 높게 나타났다.

[그림 3-2-6]에서 볼 수 있듯이, 경기 외곽 지역의 노인 인구 비율이 서울·경기 대도시 지역보다 높게 나타났다.

[그림 3-2-6] 서울·경기 65세 이상 노인 인구 분포

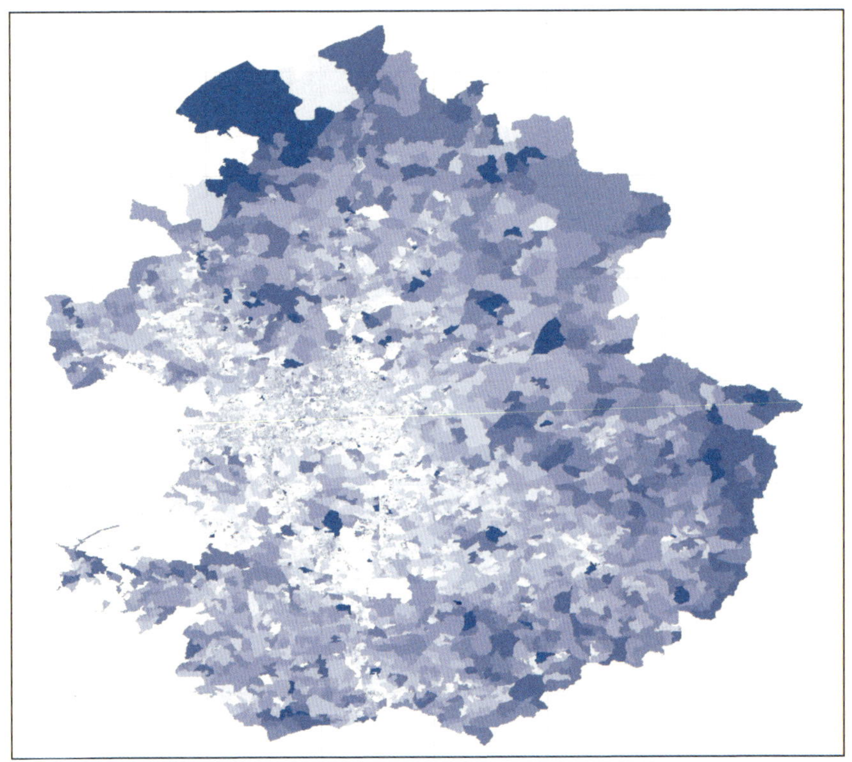

2. 복지 공급 공간 분석

가. 공공기관 공간 분석

공공기관은 복지 공급의 핵심 주체이다. 본 연구에서 공공기관의 지리정보를 활용하여 공간구조를 살펴보았다. 이를 위해 공공기관 중 시군구청, 읍면동 주민센터, 보건소(보건지소 포함)를 중심으로 공간 분포 실태를 살펴보았다. 이를 위해 행정안전부에서 제공하고 있는 공공기관 주소정보를 WGS84 좌표계를 기준으로 변환하여 시각화하였다.

본 연구는 기초자치단체 행정단위를 기준으로 한 분석을 주로 하던 선행연구와 달리, 인구 집계구를 기준으로 공공기관의 공간구조를 살펴본 것이다. 시군구청과 읍면동 주민센터, 보건소를 별도로 표시하였다.

〔그림 3-2-7〕에서 볼 수 있듯이, 시군구청과 읍면동 주민센터, 보건소는 전국적으로 비교적 고르게 분포되어 있다. 인구 밀도가 높은 서울, 경기, 대도시권을 중심으로 동 주민센터가 밀집되어 있다. 특히, 보건소는 농산어촌 및 도서 지역 등에도 위치함으로써 전국에 비교적 고르게 분포하고 있다. 주민들이 거주하지 않는 임야 지역과 농지를 제외하면 공공기관은 전국에 일관되게 분포하고 있다.

〔그림 3-2-7〕 전국 공공기관 분포

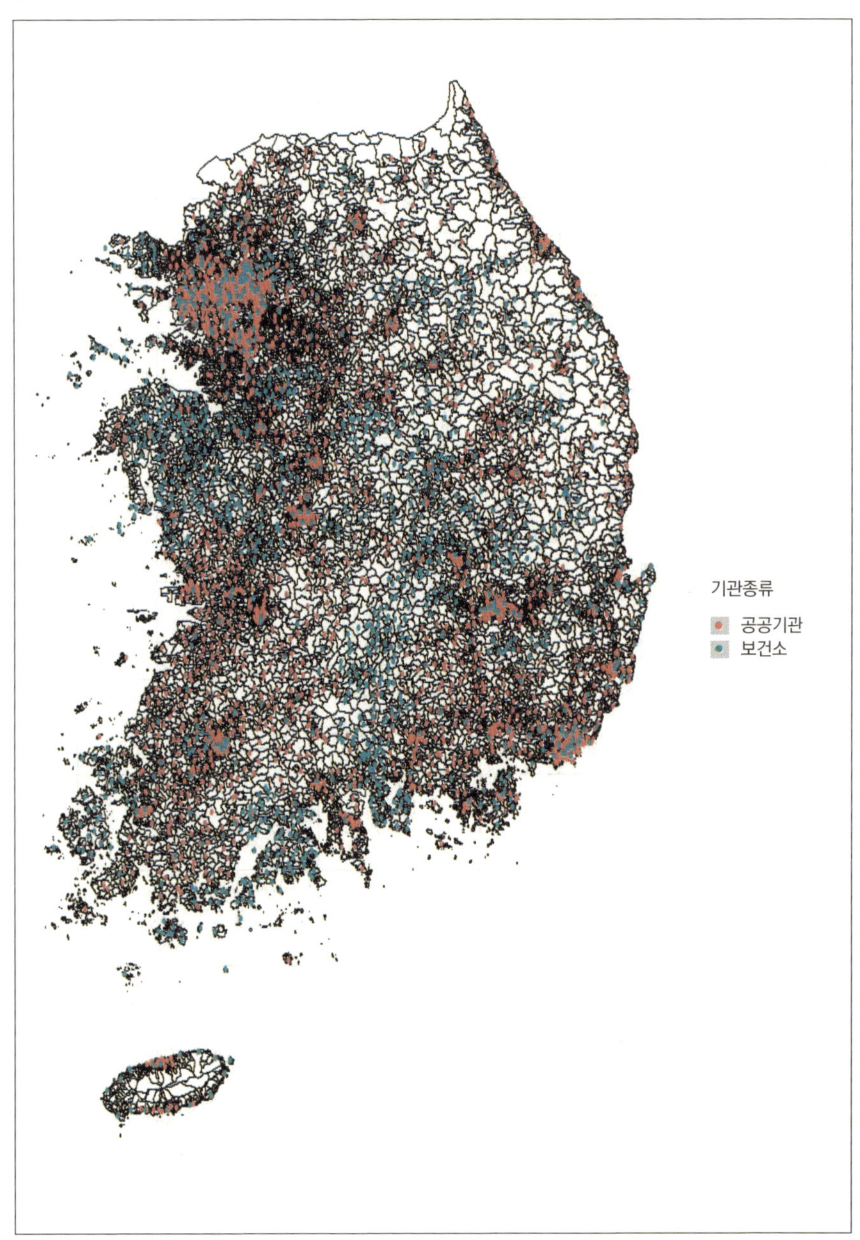

나. 민간 보건업 및 사회복지서비스 사업체 및 종사자

본 절에서는 통계청 통계지리정보시스템(SGIS)에서 제공하는 집계구별 산업 분류 데이터를 활용하여 전국 '보건업 및 사회복지서비스 사업체'의 분포를 시각화하였다. 본 자료는 2006년 이후부터 현재까지 사용되고 있는 제9차 산업분류에 따라 집계된 자료이다.

통계청의 집계구별 보건업 및 사회복지서비스 사업체 수와 종사자 수를 살펴보면 서울특별시, 광역시 등 대도시에 집중되어 있다. 서울과 경기 남부 대도시 지역을 중심으로 집중된 모습을 보였다. 해당 지역의 집계구 단위별 10개 이상의 보건 및 복지서비스 업체가 존재하고 종사자 수도 10명 이상 거주하고 있는 것으로 분석되었다. 그러나 강원, 경북, 충북, 전북, 전남 등 농산어촌 지역에는 서비스 업체뿐만 아니라 종사자 수도 낮은 밀도를 보였다.

〔그림 3-2-8〕에서 볼 수 있듯이, 전국 보건업 및 사회복지 서비스업체 및 종사자 수는 대도시와 농산어촌 지역 간 극명한 차이를 보이고 있다. 특히, 보건복지서비스업과 종사자 수가 수도권과 대도시 지역에 집중되어 있다.

〔그림 3-2-8〕 보건업 및 사회복지서비스 사업체 및 종사자 분포 현황

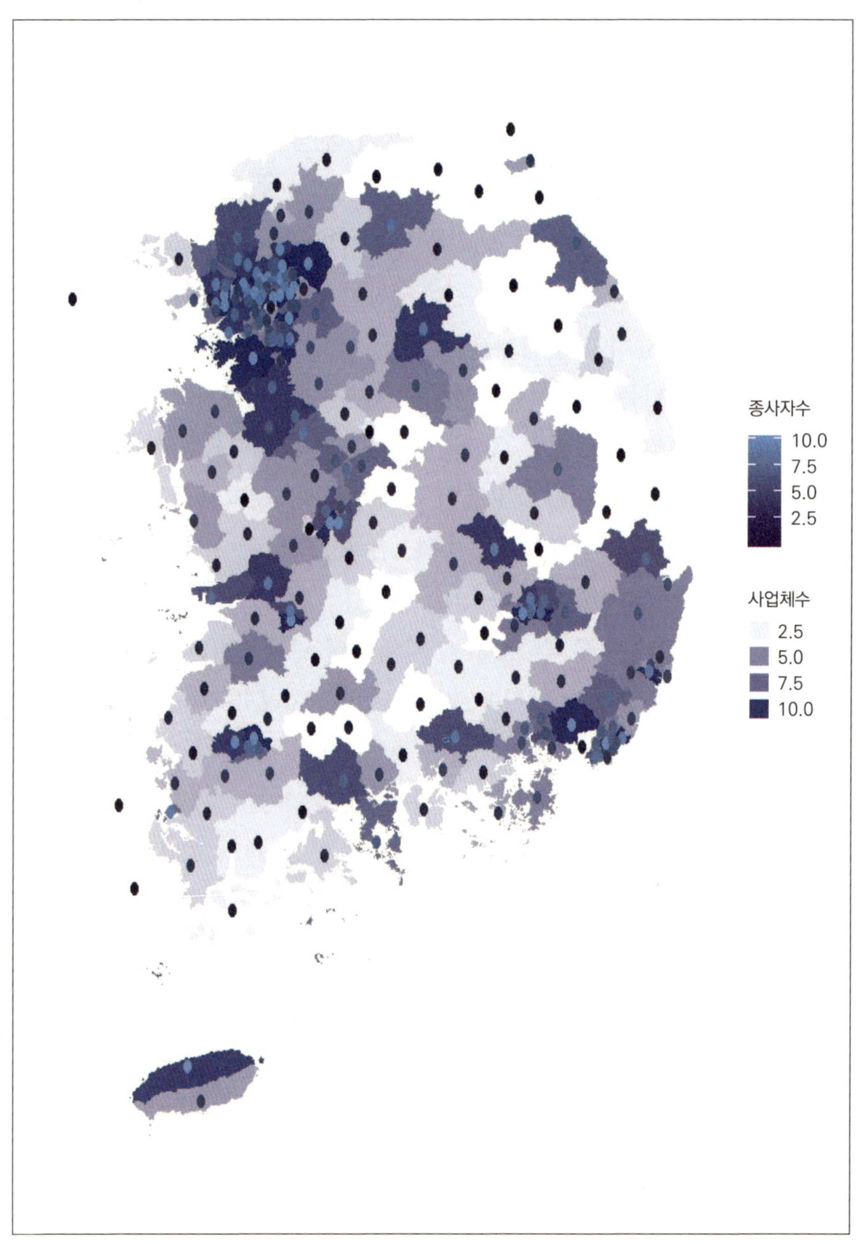

다. 사회서비스 제공기관 공간 분석

본 절에서는 사회서비스전자바우처시스템에 적재되어 있는 사회서비스 제공기관의 지리정보를 활용하여 공간 분포를 시각화하였다.

사회서비스는 사회서비스전자바우처시스템을 통해 집행되고 있으며, 해당 시스템에는 실시간 결제 정보와 제공기관, 제공자 그리고 이용자 정보가 적재되어 있다. 본 연구의 분석 대상은 2017년 8월 기준 1개 이상 사회서비스를 제공하고 결제 이력이 있는 서비스 제공기관이다.[22] 이는 제공 서비스를 기준으로 기관 유형을 구분하였다: 가사간병, 노인돌봄, 산모신생아, 장애아가족지원, 장애인활동지원, 지역자율형서비스

사회서비스 제공기관을 살펴보면 서울특별시, 광역시 등 대도시에 집중되어 있다. 그러나 강원, 경북, 충북, 전북, 전남 등 농산어촌 지역에는 사회서비스 제공기관 수가 적다.

〔그림 3-2-9〕에서 볼 수 있듯이, 사회서비스 제공기관 수는 대도시와 농산어촌 지역 간 극명한 차이를 보이고 있다. 그리고 가사간병과 지역자율형 서비스 제공기관이 타 서비스를 제공하는 기관보다 많다. 사회서비스 제공기관이 수도권 및 광역시에 집중적으로 분포되어 있으나, 노인돌봄종합서비스를 제공하는 기관은 농어촌까지 고르게 분포되어 있다.

22) 이는 사회서비스 바우처사업을 실시하는 사업체로서, 종합복지관, 노인 및 장애인 복지관 등 복지시설을 포함한다.

〔그림 3-2-9〕 사회서비스 제공기관 유형별 분포 현황

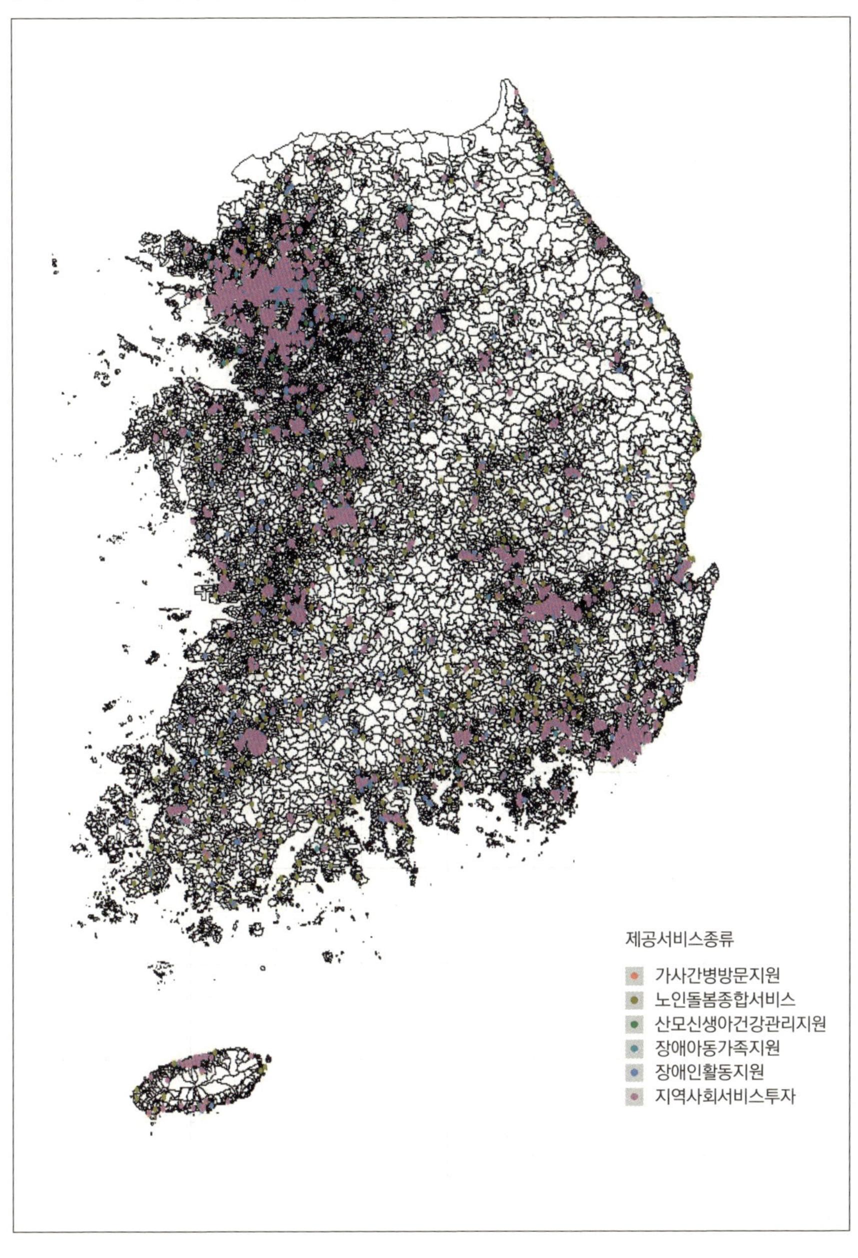

제3절 지역복지 수요·공급 공간 구조 분석

전국 통계청 집계구 단위 인구 분포를 기준으로 복지서비스 제공기관 설치 현황을 살펴보았다. 그리고 복지 수요와 복지 공급의 일치 여부와 지역별 복지 공급 네트워크 여건을 분석하였다.

1. 전체인구 대비 복지 공급 구조 분석

통계청 인구 집계구별로 인구집단과 복지 공급기관의 공간 구조를 시각화하였다. 그리고 서울·경기, 대구·경북, 광주·전남지역의 기초자치단체 단위를 중심으로 복지 제공기관 간 구조를 살펴보았다. 사회서비스 제공기관의 종사자와 이용자 규모 정보를 활용하여 '기관역량' 지표를 분석하였다. 본 지표는 기관별로 인력 1명 대비 이용자 수의 비율로 4분위로 구분하여 구성하였다. 공공기관인 시군구청과 읍면동 주민센터는 행정경험 및 체계적 운영을 고려하여 4분위로 분석하였다.

전국 인구 분포와 기관의 설치 현황을 교차하여 살펴보면 인구 밀도가 높은 서울, 광역시 등 대도시 중심으로 집중적으로 설치되어 있음을 확인할 수 있다. 특히, 공공기관(시군구청, 읍면동 주민센터)과 사회서비스 제공기관의 분포는 인구 밀도가 높은 지역에 집중되어 있었다. 그러나 보건지소를 포함한 보건소는 일구밀도가 낮은 지역에도 분포하고 있어 전 지역에 고르게 분포하고 있었다.

〔그림 3-3-1〕 전국 총인구수와 복지 공급 교차 구조 분석

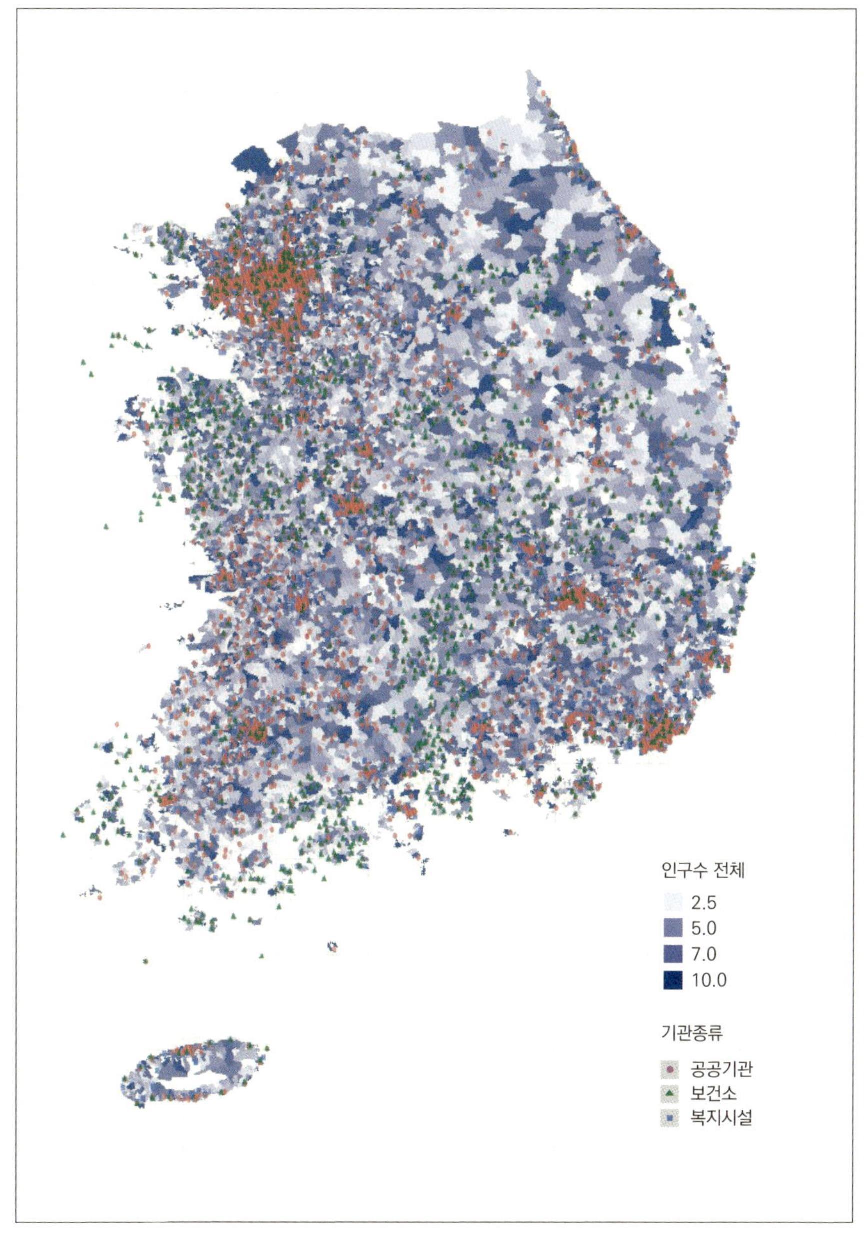

2. 영유아 인구 대비 복지 공급 교차 구조 분석

만 0~4세 영유아 인구와 제공기관 간 공간분포 실태를 살펴보았다. 제공기관은 영유아 서비스를 제공하는 서비스 제공기관을 대상으로 하였다.

전국 만 0~4세 영유아 인구 분포를 살펴보면 수도권과 대도시 지역을 중심으로 높게 나타났다. 그리고 농산어촌 지역이기는 하지만 충남과 전남 지역의 일부 집계구에서도 영유아 인구 밀도가 높게 나타났다. 하지만, 전반적으로 도시 지역이 농산어촌 및 도서 지역보다 영유아 인구 밀도가 높게 나타났다.

〔그림 3-3-2〕에서 볼 수 있듯이, 영유아 관련 서비스 제공기관의 분포를 살펴보면 영유아 인구 밀도와 유사한 패턴을 보였다. 영유아 인구 밀도가 높은 대도시를 중심으로 제공기관이 밀집하여 있다. 하지만 충남, 강원, 전남 일부 지역에서는 영유아 인구 밀도가 높음에도 불구하고 제공기관의 분포는 한계가 있었다. 예를 들면, 강원과 경기 북부 청년층이 다수 거주하는 군부대 밀집지역의 경우 영유아 밀도는 높지만, 서비스 제공기관은 드물게 분포하고 있다. 그리고 전북, 전남 지자체 중 영유아 밀도가 높은 지역이 다수 존재하였지만, 해당 지역의 영유아서비스 제공기관 분포 밀도는 낮게 나타났다. 고령화가 진척된 강원, 충북, 경북, 전북, 전남 일부 지역의 영유아 인구 밀도는 낮고, 제공기관의 분포도 낮았다.

〔그림 3-3-2〕 영유아 인구수와 복지 공급 교차 구조 분석

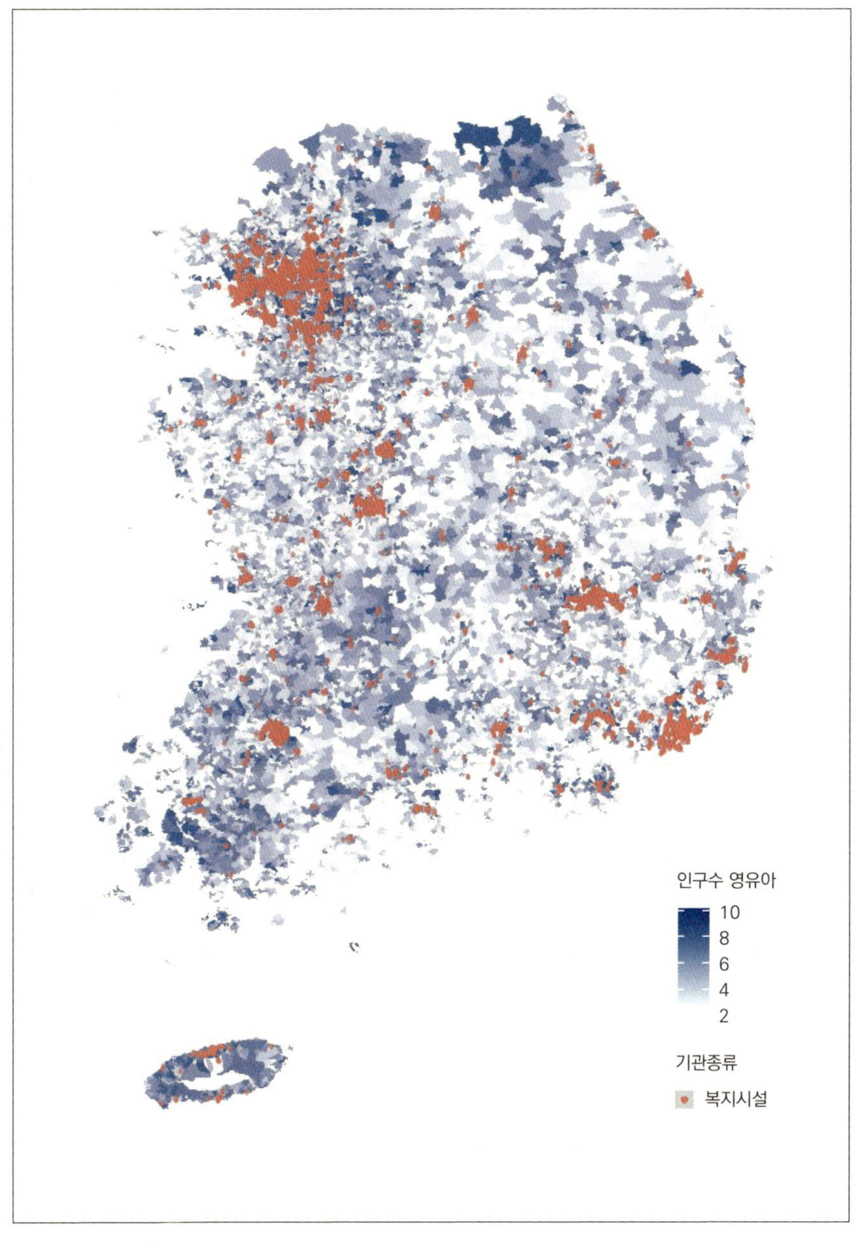

3. 노인 인구 대비 복지 공급 구조 분석

전국 만 65세 이상 노인 인구 밀도와 서비스 제공기관의 분포를 교차하여 살펴보았다. 노인 인구 밀도는 만 0~4세 영유아 인구와 상반된 형태를 보였다. 영유아 인구 밀도는 서울과 대도시를 중심으로 높게 나타났으나, 노인 인구 밀도는 농산어촌 지역을 중심으로 높게 나타났다.

전국 만 65세 이상 노인 인구 밀도를 살펴보면 농산어촌 지역을 중심으로 높게 나타났다. 그리고 영유아 인구 밀도가 낮았던 강원, 경북, 충북, 전북 지역을 중심으로 높게 나타났다. 전반적으로 도시 지역이 농산어촌 및 도서 지역보다 노인 인구 밀도가 낮게 나타났다. 하지만 노인서비스 제공기관은 대도시 중심으로 높게 형성되어 있다. 특히, 서울과 대도시를 중심으로 제공기관이 밀집되어 있음을 알 수 있다.

〔그림 3-3-3〕에서 볼 수 있듯이, 노인 관련 서비스 제공기관의 분포를 살펴보면 노인 인구 밀도와 상반된 모습이 나타났다. 그리고 노인 인구 분포는 총인구와 영유아 인구와 상반된 형태를 보였다. 특히 강원, 충남, 충북, 경남, 경북, 전북, 전남을 중심으로 노인 인구 밀도가 높게 나타났고, 서울 등 대도시권을 중심으로 노인 인구가 낮게 형성되어 있다. 따라서 노인서비스 제공을 위한 노인 인구 규모와 서비스 공급기관 간 공간 구조의 불일치를 보였다.

〔그림 3-3-3〕 전국 노인 인구수와 복지 공급 교차 구조 분석

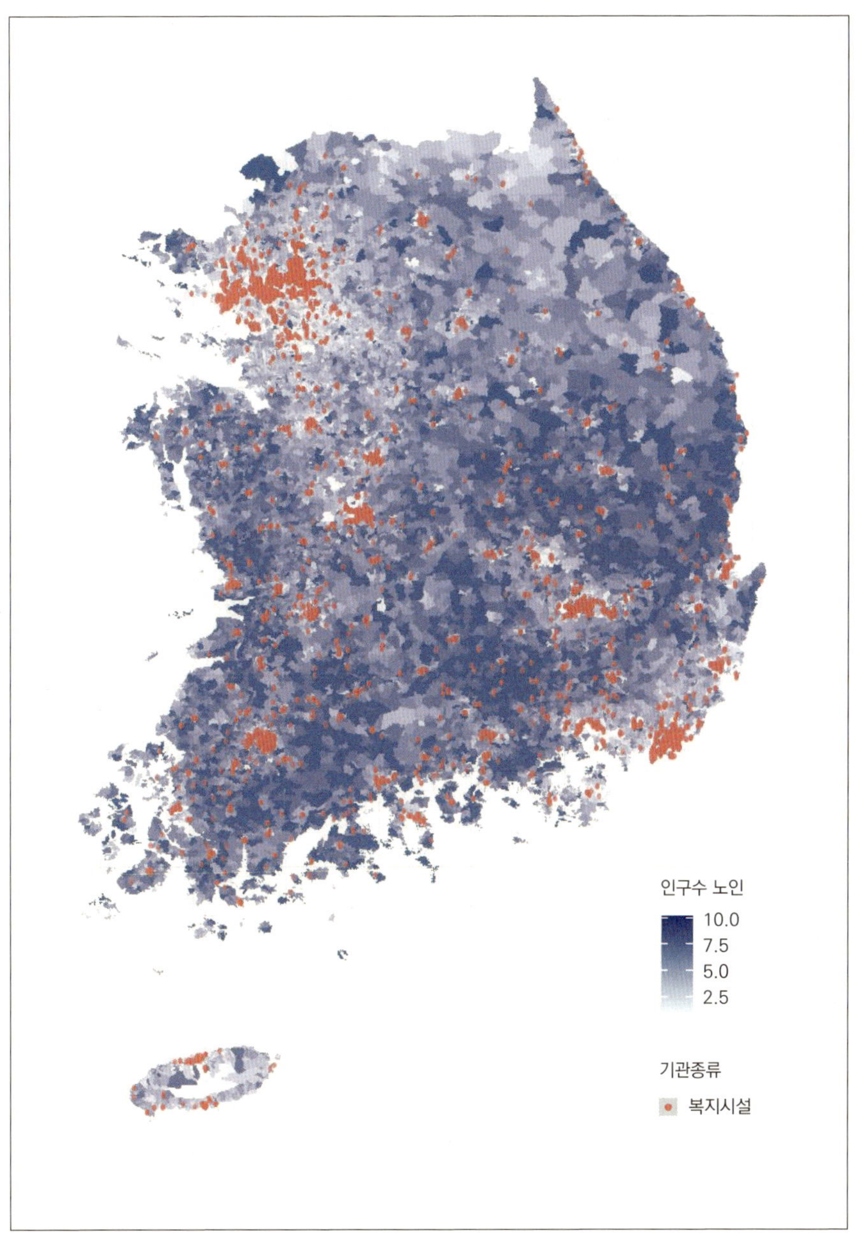

제4절 광역자치단체 복지 수요·공급 구조 분석

광역자치단체의 인구 분포를 기준으로 복지서비스 제공기관 설치 현황을 살펴보았다. 그리고 복지 수요와 복지 공급의 일치 여부와 지역별 복지 공급 여건을 분석하였다.

1. 전체 인구기준 공급 구조 분석

가. 지방자치단체 기준 복지 수요·공급 분석

지자체 단위로 복지 공급기관 설치 유형을 구분하여 복지 수요와 공급 간 관계를 살펴보았다. 이를 위해 본 연구에서는 지역 주민 대비 복지 공급기관 분포를 살펴보았다. 그리고 공공기관 대비 민간 복지기관의 비율을 살펴보았다. 즉, 지역 인구 대비 복지 공급의 비율을 살펴보고 공공기관 대비 민간기관의 비율을 살펴보았다. 이를 통해 복자 수요 대비 복지 공급의 비율을 간접적으로 파악하였고, 지역단위 공공기관과 민간 복지 지관의 비율을 분석함으로써, 공공과 민간의 네트워킹을 위한 여건을 가늠해 보았다.

지자체별 복지 공급 일반 분포를 살펴보기 위해 지역 주민 1000명당 복지 공급기관 수를 활용하였다. 민관 네트워킹 여건을 살펴보기 위해 공공기관과 민간기관의 비율을 살펴보았다. 이를 위해 공공기관 수의 비율 대비 복지관과 사회서비스 기관 수의 비율을 총 5분위로 구분하였다. 그리고 인구 1000명당 공공기관 수 대비 인구 1000명당 민간기관 수의 비율을 살펴보았다.

서울의 경우를 살펴보면, 2015년 통계청 데이터 기준 서울의 인구수는

988만 2,810명이다. 동 주민센터와 보건소 등 공공기관은 487개이고 복지관은 235개이다. 그리고 사회서비스 제공기관은 2149개이다. 이를 기준으로 인구 1000명당 공공기관 수는 0.049개이고, 복지관은 0.024개 그리고 사회서비스 제공기관은 0.21개로 분석되었다. 경기도의 인구는 서울보다 많은 1284만 1321명이고 31개 기초자치단체에는 717개 공공기관이 설치되어 있다. 복지관은 180개이고, 사회서비스 제공기관은 2635개이다. 인구 1000명당 공공기관은 0.056개, 복지관은 0.014개 그리고 사회서비스 제공기관은 0.205개이다. 즉, 인구 1,000명을 기준으로 살펴볼 때, 서울은 경기보다 공공기관 비율이 낮지만, 복지관의 비율은 높다.

경상북도의 인구는 269만 1794명이고 공공기관은 593개, 복지관은 52개, 사회서비스 제공기관은 1095개이다. 인구 1000명당 공공기관은 0.22개, 복지관은 0.019개 그리고 사회서비스 제공기관은 0.407개이다. 대구광역시의 전체인구는 247만 7186명이고 공공기관은 159개, 복지관은 55개 그리고 사회서비스 제공기관은 1450개이다. 이를 인구 1,000명을 기준으로 살펴보면 공공기관은 0.064개이고, 복지관은 0.022개 그리고 사회서비스 제공기관은 0.585개이다. 즉, 인구 1,000명을 기준으로 살펴보면, 대구광역시가 경상북도에 비해 공공기관의 비율은 낮지만, 복지관과 사회서비스 제공기관의 비율은 높게 나타났다.

전라남도의 인구는 189만 4,676명이고, 공공기관은 479개, 복지관은 63개 그리고 사회서비스 제공기관은 672개이다. 전라남도 인구 1000명당 공공기관은 0.253개이고, 복지관은 0.033개 그리고 사회서비스 제공기관은 0.355개로 조사되었다. 광주광역시의 전체 인구는 146만 6716명이고 공공기관은 118개, 복지관은 36개 그리고 사회서비스 제공기관은 809개이다. 광주광역시 인구 1000명당 공공기관은 0.080개이고 복지관은 0.025개, 사회서비스 제공기관은 0.552개이다.

〈표 3-4-1〉 분석 대상 시도별 복지 제공기관 설치 현황 기초통계

지역 구분	시도	기관 수			총인구수	1000명당 기관 수		
		공공 기관	복지관	사회 서비스 제공기관		공공기관	복지관	사회 서비스 제공기관
서울 경기	계	1,204	415	4,784	22,724,131	0.053	0.018	0.211
	서울	487	235	2,149	9,882,810	0.049	0.024	0.217
	경기도	717	180	2,635	12,841,321	0.056	0.014	0.205
대구 경북	계	752	107	2,545	5,168,980	0.145	0.021	0.492
	대구	159	55	1,450	2,477,186	0.064	0.022	0.585
	경상북도	593	52	1,095	2,691,794	0.220	0.019	0.407
광주 전남	계	597	99	1,481	3,361,392	0.178	0.029	0.441
	광주	118	36	809	1,466,716	0.080	0.025	0.552
	전라남도	479	63	672	1,894,676	0.253	0.033	0.355

자료: 1) 통계청. (2015). 집계구별 통계자료.
2) 사회보장정보원. (2017). 복지시설정보통계.

위 표를 기준으로 광역자치단체 인구 1000명 대비 공공기관 수를 살펴보면 전라남도와 경상북도 순으로 비중이 높다. 복지관과 사회서비스 제공기관의 비율을 살펴보면 전라남도, 서울, 광주 순으로 높게 나타났다.

광역자치단체의 인구 1000명을 기준으로 공공기관 비율 대비 인구 1000명당 복지기관(복지관, 사회서비스 제공기관) 수의 비율을 살펴보면 대도시의 복지기관 비율이 높게 나타났다. 인구 1000명을 기준으로 공공기관 대비 복지관 비율의 평균은 대구 9.12, 광주 7.07, 서울 4.96, 경기 3.94, 경북 2.09, 전남 1.85 순으로 높게 나타났다.

〈표 3-4-2〉 시군구별 1000명당 공공기관 수 대비 1000명당 복지 관련 기관 수 비율 기초통계

지역구분	시도	시군구 수	평균	표준 편차	최소값	최대값
서울경기	계	56	4.393	1.812	0.643	8.417
	서울특별시	25	4.96	1.80	1.89	8.42
	경기도	31	3.94	1.72	0.64	7.59
대구경북	계	31	3.903	3.810	0.296	14.80
	대구광역시	8	9.12	3.15	3.89	14.80
	경상북도	23	2.09	1.81	0.30	8.00
광주전남	계	27	2.821	2.355	0.071	9.318
	광주광역시	5	7.07	1.80	4.47	9.32
	전라남도	22	1.85	0.98	0.07	3.42

서울의 상세한 기초통계를 살펴보면 다음과 같다. 서울 기초자치단체 인구 1000명을 기준으로 공공기관 수 대비 사회복지시설 비율의 평균을 살펴보면 4.895이다. 즉, 공공기관에 비해 복지관의 비율이 높게 나타났다. 지역별로 살펴보면 노원구 8.417, 강서구 8.364, 구로구 7.353, 도봉구 7.176 순으로 높게 나타났다.

〈표 3-4-3〉 서울특별시 시군구별 기관 설치 현황 기초통계

시군구	기관 수			총인구수	1000명당 기관 수			공공기관 대비 복지시설 비율
	공공 기관	복지관	사회 서비스 제공기관		공공 기관	복지관	사회 서비스 제공기관	
강남구	24	18	112	559,507	0.043	0.032	0.200	5.417
강동구	20	9	70	440,449	0.045	0.020	0.159	3.950
강북구	15	7	63	325,374	0.046	0.022	0.194	4.667
강서구	22	19	165	601,432	0.037	0.032	0.274	8.364
관악구	24	11	72	504,649	0.048	0.022	0.143	3.458
광진구	18	5	88	357,665	0.050	0.014	0.246	5.167
구로구	17	9	116	412,422	0.041	0.022	0.281	7.353

시군구	기관 수			총인구수	1000명당 기관 수			공공기관 대비 복지시설 비율
	공공기관	복지관	사회서비스 제공기관		공공기관	복지관	사회서비스 제공기관	
금천구	12	6	74	235,486	0.051	0.025	0.314	6.667
노원구	24	17	185	557,257	0.043	0.031	0.332	8.417
도봉구	17	9	113	345,146	0.049	0.026	0.327	7.176
동대문구	17	6	96	351,732	0.048	0.017	0.273	6.000
동작구	17	11	84	397,911	0.043	0.028	0.211	5.588
마포구	18	8	91	375,914	0.048	0.021	0.242	5.500
서대문구	17	11	65	313,937	0.054	0.035	0.207	4.471
서초구	21	10	59	442,430	0.047	0.023	0.133	3.286
성동구	19	7	62	304,828	0.062	0.023	0.203	3.632
성북구	23	9	88	445,594	0.052	0.020	0.197	4.217
송파구	30	14	60	662,922	0.045	0.021	0.091	2.467
양천구	20	10	115	472,344	0.042	0.021	0.243	6.250
영등포구	20	5	93	369,035	0.054	0.014	0.252	4.900
용산구	18	5	37	229,118	0.079	0.022	0.161	2.333
은평구	19	10	84	487,355	0.039	0.021	0.172	4.947
종로구	19	5	31	155,103	0.122	0.032	0.200	1.895
중구	18	5	41	125,445	0.143	0.040	0.327	2.556
중랑구	18	9	85	409,755	0.044	0.022	0.207	5.222
합계	487	235	2,149	9,882,810	0.049	0.024	0.217	4.895

경기도를 기준으로 공공기관 대비 복지시설의 비율을 살펴보면 기초자치단체 간 편차가 크다. 경기도 기초자치단체 인구 1000명을 기준으로 공공기관 수 대비 사회복지시설 비율의 평균을 살펴보면 3.926이다. 지역별로 살펴보면 의정부 7.588, 구리 6.667, 오산 6.125 순으로 높게 나타났다. 하지만 가평 0.643, 안성 0.841, 연천 1.5, 양평 1.929 순으로 낮게 나타났다. 즉, 도시 지역이 농촌 지역보다 공공기관 대비 민간복지시설의 비율이 높게 나타났다. 이에 대한 상세 내역을 살펴보면 다음과 같다.

〈표 3-4-4〉 경기도 시군구별 기관 설치 현황 기초통계

시군구	기관 수			총인구수	1000명당 기관 수			공공기관 대비 복지시설 비율
	공공기관	복지관	사회서비스 제공기관		공공기관	복지관	사회서비스 제공기관	
가평군	14	2	7	63,003	0.222	0.032	0.111	0.643
고양시	46	11	229	1,041,706	0.044	0.011	0.220	5.217
과천시	8	3	19	57,808	0.138	0.052	0.329	2.750
광명시	20	5	84	333,694	0.060	0.015	0.252	4.450
광주시	12	1	59	340,616	0.035	0.003	0.173	5.000
구리시	12	3	77	197,007	0.061	0.015	0.391	6.667
군포시	14	6	76	282,093	0.050	0.021	0.269	5.857
김포시	15	4	81	388,185	0.039	0.010	0.209	5.667
남양주시	29	9	99	665,782	0.044	0.014	0.149	3.724
동두천시	10	2	41	97,161	0.103	0.021	0.422	4.300
부천시	40	15	221	849,143	0.047	0.018	0.260	5.900
성남시	58	18	172	969,555	0.060	0.019	0.177	3.276
수원시	52	16	235	1,201,514	0.043	0.013	0.196	4.827
시흥시	20	8	113	414,795	0.048	0.019	0.272	6.050
안산시	30	11	135	680,569	0.044	0.016	0.198	4.867
안성시	44	2	35	183,320	0.240	0.011	0.191	0.841
안양시	38	8	99	589,785	0.064	0.014	0.168	2.816
양주시	15	0	34	211,323	0.071	0.000	0.161	2.267
양평군	14	3	24	114,925	0.122	0.026	0.209	1.929
여주시	14	3	37	111,982	0.125	0.027	0.330	2.857
연천군	12	1	17	45,454	0.264	0.022	0.374	1.500
오산시	8	5	44	211,725	0.038	0.024	0.208	6.125
용인시	38	7	158	1,002,148	0.038	0.007	0.158	4.342
의왕시	8	3	28	155,908	0.051	0.019	0.180	3.875
의정부시	17	6	123	439,930	0.039	0.014	0.280	7.588
이천시	16	2	48	213,665	0.075	0.009	0.225	3.125
파주시	26	4	73	434,576	0.060	0.009	0.168	2.962
평택시	27	9	83	479,823	0.056	0.019	0.173	3.407
포천시	16	2	46	153,119	0.104	0.013	0.300	3.000
하남시	15	2	33	227,969	0.066	0.009	0.145	2.333
화성시	29	9	105	683,038	0.042	0.013	0.154	3.931
합계	717	180	2,635	12,841,321	0.056	0.014	0.205	3.926

서울·경기 기초자치단체의 기준 인구 1000명당 복지 공급 분포를 지리정보시스템을 활용하여 살펴보았다. 서울 강서구, 노원구, 구로구 그리

고 경기도 의정부, 남양주, 성남시의 복지 수요 대비 복지 공급 비율이 높게 나타났다. 하지만 경기도 연천군, 가평군의 경우는 인구 대비 복지 공급이 낮은 것으로 분석되었다. 수도권 내에서도 복지 공급의 불균형 현상이 나타난다는 점을 알 수 있다.

〔그림 3-4-1〕 인구 1,000명당 복지 공급 기관 비율 분포: 서울 경기

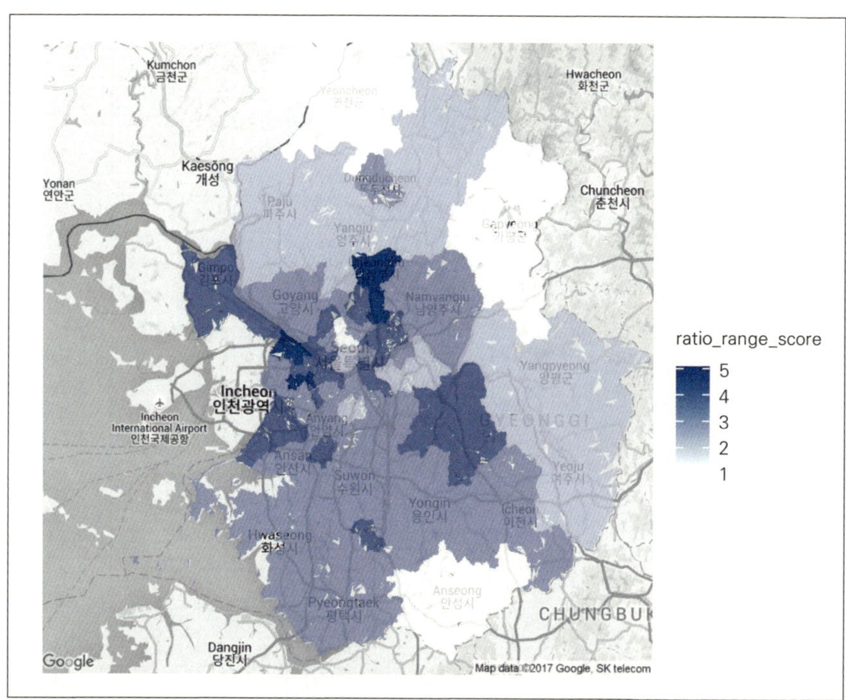

앞서 살펴본 바와 같이 대구광역시의 전체 인구는 247만 7186명이고, 공공기관은 159개, 복지관은 55개, 사회서비스 제공기관은 1450개이다. 대구의 자치구 인구 1000명을 기준으로 공공기관 수 대비 사회복지시설 비율의 평균은 9.465이다. 자치구 단위로 살펴보면 달서구 14.8, 수성구 11.846 순으로 높게 나타났다. 이에 대한 상세 내역은 다음과 같다.

〈표 3-4-5〉 대구광역시 시군구별 기관 설치 현황 기초통계

시군구	기관 수			총인구수	1000명당 기관 수			공공기관 대비 복지시설 비율
	공공기관	복지관	사회서비스 제공기관		공공기관	복지관	사회서비스 제공기관	
남구	15	4	125	153,785	0.098	0.026	0.813	8.600
달서구	25	14	356	581,087	0.043	0.024	0.613	14.800
달성군	11	3	94	239,156	0.046	0.013	0.393	8.818
동구	22	8	170	349,905	0.063	0.023	0.486	8.091
북구	26	9	215	440,759	0.059	0.020	0.488	8.615
서구	19	4	70	193,729	0.098	0.021	0.361	3.895
수성구	26	9	299	440,571	0.059	0.020	0.679	11.846
중구	15	4	121	78,194	0.192	0.051	1.547	8.333
합계	159	55	1,450	2,477,186	0.064	0.022	0.585	9.465

경상북도의 공공기관 대비 복지시설의 비율을 살펴보면 타 광역자치단체보다 낮게 나타났다. 이는 공공기관 대비 복지관과 사회서비스 제공기관의 수가 적음을 의미한다. 경상북도 기초자치단체 인구 1000명을 기준으로 공공기관 수 대비 사회복지시설 비율의 평균을 살펴보면 3.926이다. 비율이 높은 기초자치단체를 살펴보면 경산시 8.0, 구미시 4.079, 칠곡군 4.4, 경주시 4.079 순으로 높게 나타났다. 하지만, 군위군 0.296, 봉화군 0.357, 울릉군 0.5 순으로 낮게 나타났다. 이에 대한 상세 내역을 살펴보면 다음과 같다.

〈표 3-4-6〉 경상북도 시군구별 기관 설치 현황 기초통계

시군구	기관 수			총인구수	1000명당 기관 수			공공기관 대비 복지시설 비율
	공공 기관	복지관	사회 서비스 제공기관		공공 기관	복지관	사회 서비스 제공기관	
경산시	17	4	132	259,525	0.066	0.015	0.509	8.000
경주시	38	3	134	258,169	0.147	0.012	0.519	3.605
고령군	10	0	26	33,808	0.296	0.000	0.769	2.600
구미시	38	3	152	421,434	0.090	0.007	0.361	4.079
군위군	27	0	8	24,190	1.116	0.000	0.331	0.296
김천시	56	3	68	143,057	0.391	0.021	0.475	1.268
문경시	38	2	19	73,661	0.516	0.027	0.258	0.553
봉화군	28	2	8	33,311	0.841	0.060	0.240	0.357
상주시	44	3	44	101,001	0.436	0.030	0.436	1.068
성주군	21	1	14	44,822	0.469	0.022	0.312	0.714
안동시	27	3	81	165,642	0.163	0.018	0.489	3.111
영덕군	11	0	28	38,598	0.285	0.000	0.725	2.545
영양군	10	1	12	17,520	0.571	0.057	0.685	1.300
영주시	21	3	44	108,711	0.193	0.028	0.405	2.238
영천시	18	3	51	100,527	0.179	0.030	0.507	3.000
예천군	16	1	10	48,341	0.331	0.021	0.207	0.688
울릉군	10	2	3	10,051	0.995	0.199	0.298	0.500
울진군	12	1	31	51,015	0.235	0.020	0.608	2.667
의성군	37	4	35	53,571	0.691	0.075	0.653	1.054
청도군	29	2	14	43,405	0.668	0.046	0.323	0.552
청송군	27	0	19	26,100	1.034	0.000	0.728	0.704
칠곡군	10	2	42	121,212	0.083	0.017	0.347	4.400
포항시	48	9	120	514,123	0.093	0.018	0.233	2.688
합계	593	52	1,095	2,691,794	0.056	0.014	0.205	3.926

대구·경북 지역을 지리정보시스템을 통해 살펴보면 복지 공급의 불균형이 나타났다. 대구와 구미, 포항, 경주 지역을 제외한 경북 군 단위 지역의 복지 공급은 부족하다. 따라서 경산, 경주, 포항 등 일반 도시에 비해 영양, 봉화, 청송 등 경북 군 단위 지역이 해당된다.

[그림 3-4-2] 인구 1000명당 복지 공급 기관 비율 분포: 대구 경북

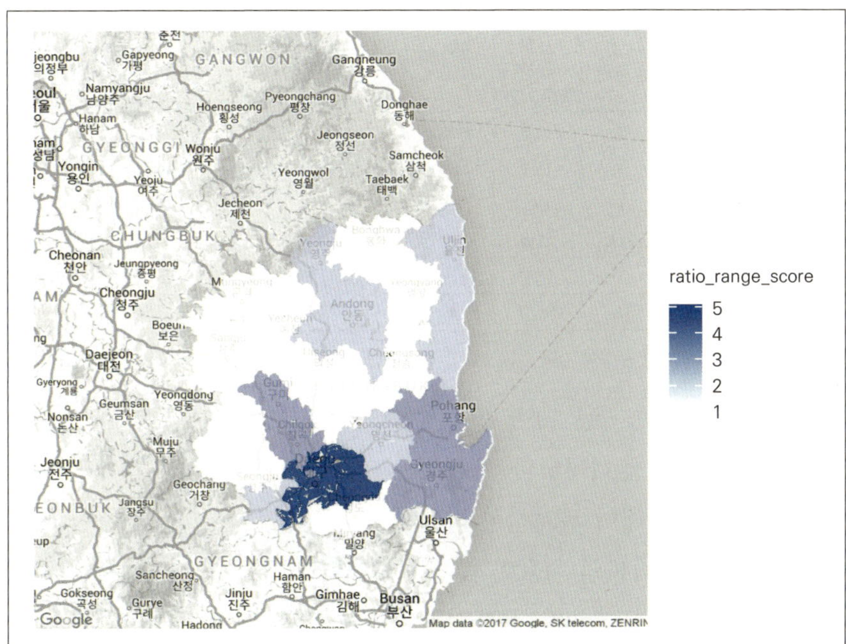

광주광역시의 자치구 인구 1000명을 기준으로 공공기관 수 대비 사회복지시설 비율의 평균을 살펴보면 7.161이다. 즉, 공공기관이 118개인데 비해 복지관 36개, 사회서비스 제공기관은 809개로 그 비율이 높음을 의미한다. 자치구 단위로 살펴보면 서구 9.318, 남구 7.947, 북구 7.2 순으로 높게 나타났다. 상세 내역을 살펴보면 다음과 같다.

〈표 3-4-7〉 광주광역시 시군구별 기관 설치 현황 기초통계

시군구	기관 수			총인구수	1000명당 기관 수			공공기관 대비 복지시설 비율
	공공기관	복지관	사회서비스 제공기관		공공기관	복지관	사회서비스 제공기관	
광산구	32	8	198	404,811	0.079	0.020	0.489	6.438
남구	19	9	142	218,411	0.087	0.041	0.650	7.947
동구	15	3	64	96,051	0.156	0.031	0.666	4.467
북구	30	10	206	439,552	0.068	0.023	0.469	7.200
서구	22	6	199	307,891	0.071	0.019	0.646	9.318
합계	118	36	809	1,466,716	0.080	0.025	0.552	7.161

전라남도의 공공기관 대비 복지시설의 비율을 살펴보면 앞서 살펴본 지자체에 비해 낮게 나타났다. 전라남도 기초자치단체 인구 1000명을 기준으로 공공기관 대비 복지시설 비율의 평균은 1.534이다. 이는 민간 복지시설보다 공공기관의 비율이 높음을 의미한다. 기초자치단체를 기준으로 살펴보면 순천시 3.423, 목포시 3.385, 여수시 2.931 순으로 높게 나타났다. 하지만 신안군 0.071, 완도군 0.349, 고흥군 0.508 순으로 낮게 나타났다. 앞서 살펴본 경기도, 경상북도와 유사하게 도시 지역이 농촌 지역보다 공공기관 대비 민간복지시설의 비율이 높게 나타났다. 이에 대한 상세 내역을 살펴보면 다음과 같다.

〈표 3-4-8〉 전라남도 시군구별 기관 설치 현황 기초통계

시군구	기관 수			총인구수	1000명당 기관 수			공공기관 대비 복지시설 비율
	공공기관	복지관	사회서비스 제공기관		공공기관	복지관	사회서비스 제공기관	
강진군	13	1	9	36,987	0.351	0.027	0.243	0.769
고흥군	59	2	28	66,956	0.881	0.030	0.418	0.508
곡성군	13	0	13	30,127	0.432	0.000	0.432	1.000
광양시	16	3	38	152,364	0.105	0.020	0.249	2.563
구례군	10	2	15	27,046	0.370	0.074	0.555	1.700
나주시	22	4	40	109,588	0.201	0.037	0.365	2.000
담양군	14	2	28	47,111	0.297	0.042	0.594	2.143
목포시	26	12	76	234,683	0.111	0.051	0.324	3.385
무안군	12	3	29	82,539	0.145	0.036	0.351	2.667
보성군	38	3	18	43,875	0.866	0.068	0.410	0.553
순천시	26	7	82	280,208	0.093	0.025	0.293	3.423
신안군	56	0	4	42,211	1.327	0.000	0.095	0.071
여수시	29	8	77	287,059	0.101	0.028	0.268	2.931
영광군	13	0	20	54,914	0.237	0.000	0.364	1.538
영암군	13	3	26	55,974	0.232	0.054	0.465	2.231
완도군	43	1	14	52,209	0.824	0.019	0.268	0.349
장성군	13	1	28	45,938	0.283	0.022	0.610	2.231
장흥군	12	1	28	40,256	0.298	0.025	0.696	2.417
진도군	9	3	17	31,806	0.283	0.094	0.534	2.222
함평군	11	1	13	34,279	0.321	0.029	0.379	1.273
해남군	16	5	40	73,787	0.217	0.068	0.542	2.813
화순군	15	1	29	64,759	0.232	0.015	0.448	2.000
합계	479	63	672	1,894,676	0.253	0.033	0.355	1.534

광주·전남 지역의 복지 대상자와 복지 공급을 지리정보시스템을 통해 살펴보면 지역 간 편차를 보였다. [그림 3-4-3]을 살펴보면 광주와 순천, 목포를 제외한 전남 군 단위 지역의 복지 공급기관 비율 분포는 매우 낮다. 특히 강진, 보성, 고흥, 곡성, 구례 등 전남 군 단위 지역의 공공기관 대비 복지시설 비율은 1.0 이하로 공공과 민간 간 복지 공급 네트워킹을 위한 여건이 부족한 것으로 분석되었다.

〔그림 3-4-3〕 인구 1000명당 복지 공급기관 비율 분포: 광주·전남

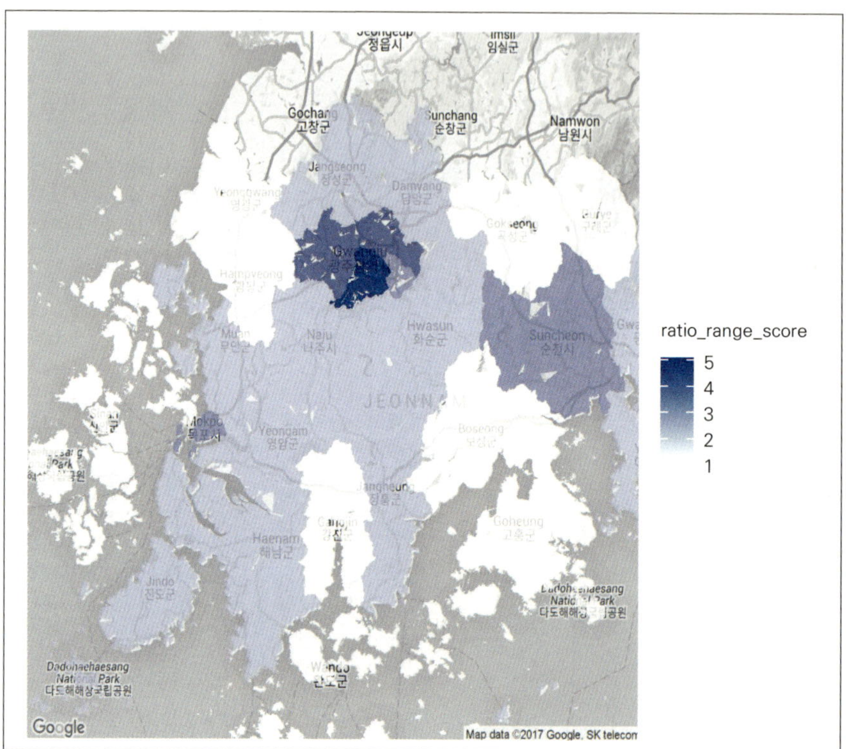

나. 통계청 인구집계구 기준 복지 수요·공급 분석

서울·경기 지역의 인구수와 복지 공급 분포를 통계청 집계구 단위로 살펴보면, 인구가 밀집한 서울과 경기 남부 대도시 지역에 제공기관도 많았다. 특히, 서울과 경기 남부 신도시 지역인 용인, 성남, 화성 등을 중심으로 인구 밀도와 제공기관의 집중화 현상이 보였다.

〔그림 3-4-4〕에서 보듯이, 서울과 경기 대도시권을 중심으로 인구, 사회서비스 제공기관, 읍면동 주민센터, 보건소 등 제공기관이 밀집되어 있다.

대도시권과 경기 북부 및 서부지 역 간 제공기관 공간 격차를 보였다.

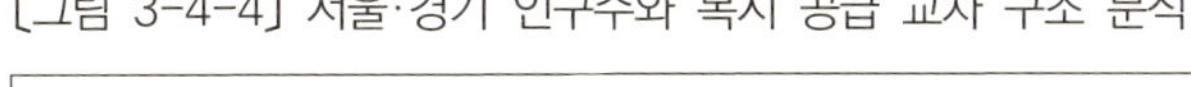
〔그림 3-4-4〕 서울·경기 인구수와 복지 공급 교차 구조 분석

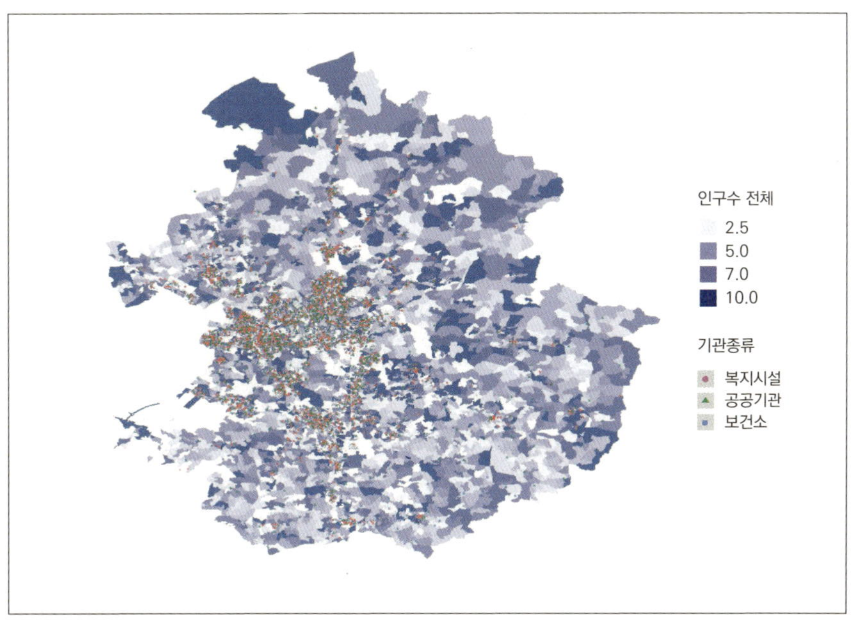

대구·경북 지역은 대구와 경북 중소도시를 중심으로 인구와 제공기관이 밀집해 있다. 경북 포항, 구미 등 10개 중소 도시권 지역이 청송, 봉화 등 농산어촌 지역에 비해 복지 공급 밀도가 높게 나타났다. 농산어촌인 13개 군 지역의 서비스 제공기관은 드물게 분포하고 있지만, 보건소는 고르게 분포하고 있다.

〔그림 3-4-5〕에서 보듯이, 대구 및 경북 도시권과 농산어촌 지역 간 제공기관의 격차를 나타냈다. 경북 13개 농산어촌 지역의 복지 공급 수준은 낮고, 기관 간 공간 거리가 멀기 때문에 네트워킹을 위한 가능성도 낮을 것으로 분석되었다.

〔그림 3-4-5〕 대구·경북 인구수와 복지 공급 교차 구조 분석

광주·전남 지역을 살펴보면, 광주 및 일부 중소도시를 중심으로 인구와 서비스 제공기관이 밀집해 있다. 즉, 서비스 제공기관과 인구 밀도는 광주와 광양, 목포, 순천이 전남 17개 농산어촌 및 도서 지역에 비해 높다.

〔그림 3-4-6〕에서 볼 수 있듯이 인구 밀도와 제공기관은 광주와 전남 5개 중소 도시권을 중심으로 분포하고 있으며, 농산어촌 및 도서 지역의 공급 구조는 드물게 형성되어 있다. 따라서 복지 공급 측면에서 지역 간 차이가 극명하게 나타나고 있음을 알 수 있다.

〔그림 3-4-6〕 광주·전남 인구수와 복지 공급 교차 구조 분석

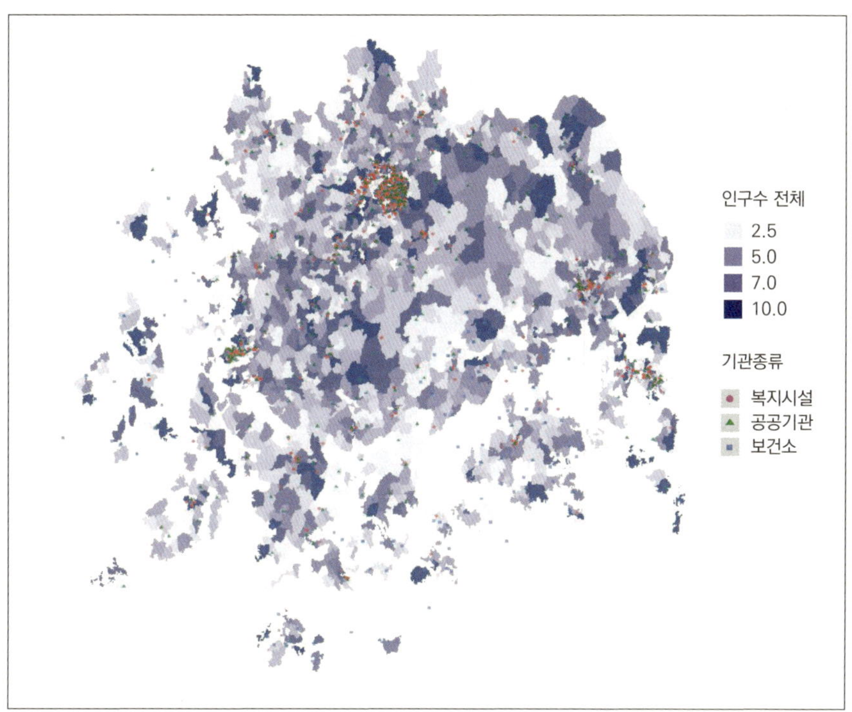

2. 영유아 인구 기준 공급 구조 분석

서울·경기 지역의 영유아 인구수와 복지 공급 간 공간 분포는 영유아 인구가 밀집하여 있는 서울과 경기 남부 대도시 지역에 제공기관도 밀집한 것으로 나타났다. 특히, 서울과 경기 남부 신도시 지역인 수원, 안양, 성남, 화성 등을 중심으로 인구 밀도와 제공기관의 집중화가 나타났다.

〔그림 3-4-7〕에서 보듯이, 서울과 경기 대도시권을 중심으로 영유아 인구와 영유아 서비스 제공기관, 읍면동 주민센터, 보건소 등 제공기관이 밀집되어 있다. 경기 북부와 서부 일부 지역의 경우 영유아 인구 밀도가

높음에도 불구하고 제공기관 밀도는 낮게 나타났다. 서울 인접 지역과 경기 외곽 지역 간 영유아 인구 밀도와 제공기관 분포의 격차가 크다.

〔그림 3-4-7〕 서울·경기 영유아 인구수와 복지 공급 교차 구조 분석

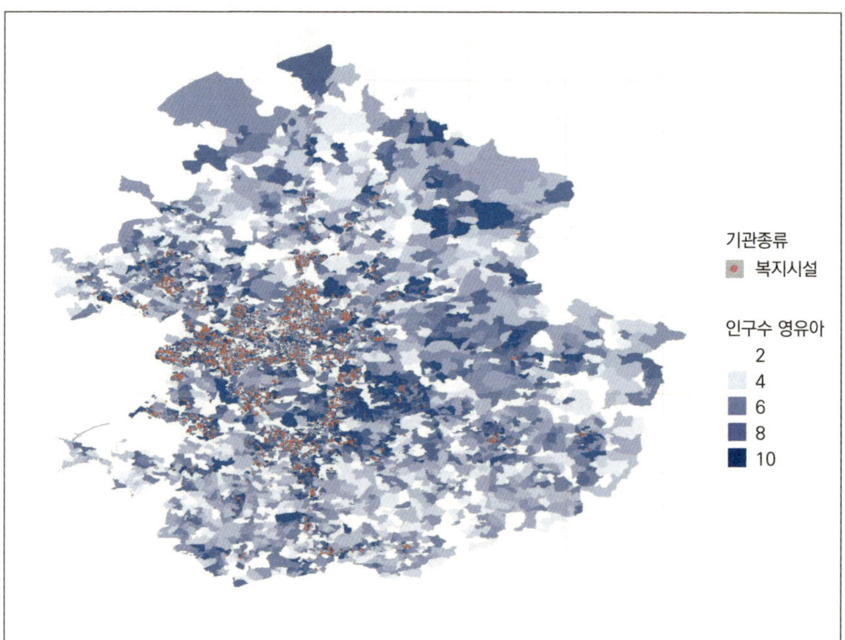

대구·경북 지역의 영유아 인구는 대구와 경북 도시권을 중심으로 밀집해 있고, 이를 위한 제공기관도 유사한 패턴을 보인다. 특히, 경북은 포항, 구미 등 10개 중소 도시권 지역의 영유아 인구 밀도가 의성, 봉화 등 경북 농산어촌 지역에 비해 높게 나타났다. 경북 13개 군 지역은 영유아 인구 밀도도 낮고, 서비스 제공기관 여건도 부족한 것으로 분석되었다.

〔그림 3-4-8〕에서 보듯이, 대구 등 도시권과 농산어촌 지역 간 영유아 인구 밀도와 제공기관 공간 격차를 보였다.

〔그림 3-4-8〕 대구·경북 영유아 인구수와 복지 공급 교차 구조 분석

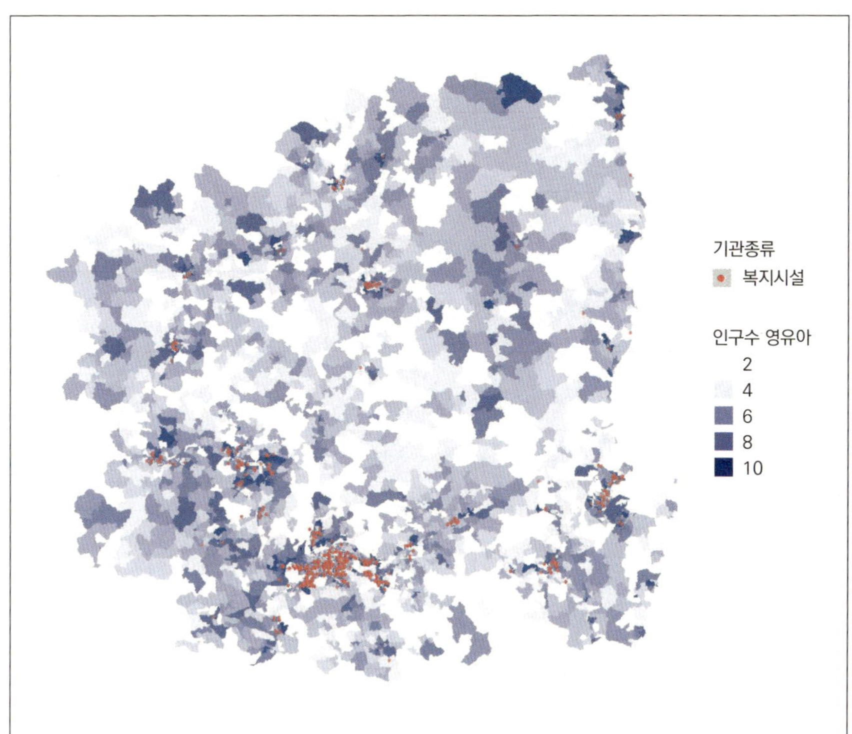

광주·전남 지역은 광주 및 전남 일부 지역을 중심으로 인구 밀도가 높게 나타났다. 하지만 영유아 서비스 제공기관은 도시권을 중심으로 발전하였다. 즉, 전남 지역의 영유아 인구는 일부 농산어촌 지역에서도 높게 나타났지만, 서비스 제공기관은 도시권을 중심으로 분포하고 있다.

〔그림 3-4-9〕에서 볼 수 있듯이 영유아 인구 밀도는 광주뿐만 아니라 목포, 해남군 등 일부 농산어촌 집계구에서도 높게 나타났다. 하지만 제공기관은 광주와 전남 5개 중소 도시권을 중심으로 분포하고 있다. 따라서 전남 지역은 영유아 인구 밀도와 제공기관 간 차이를 보였다.

〔그림 3-4-9〕 광주·전남 영유아 인구수와 복지 공급 교차 구조 분석

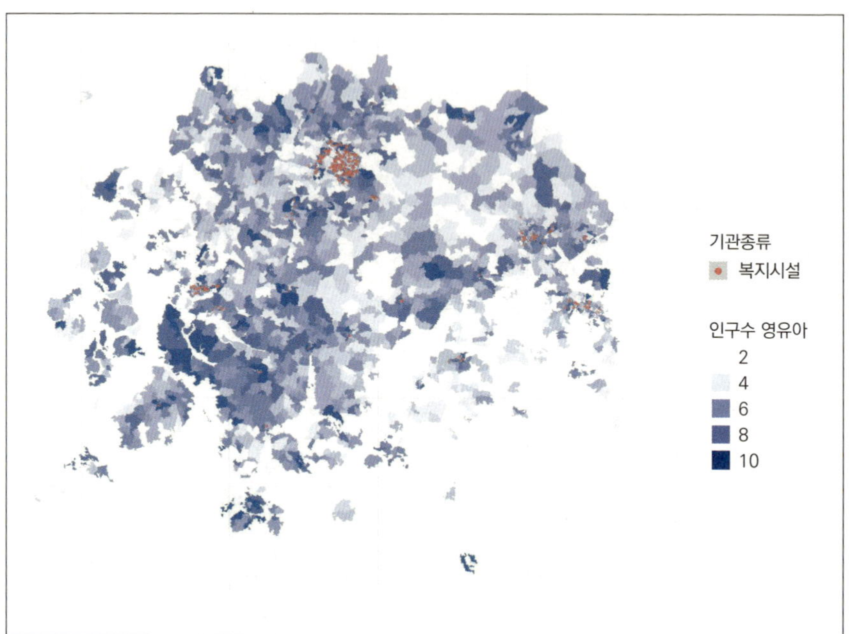

3. 노인 인구 기준 공급 구조 분석

서울·경기 지역의 노인 인구 밀도는 타 지역보다 낮게 형성되어 있다. 이는 총인구와 영유아 인구 패턴과 상반된 모습이다. 특히, 인구가 밀집하여 있는 서울시와 경기 남부 대도시인 용인, 성남 지역의 노인 인구 비율이 낮았다. 하지만 외곽인 경기 북부와 서부 지역을 중심으로 노인 인구 밀도가 높게 형성되어 있다.

〔그림 3-4-10〕에서 보듯이, 서울과 경기 지역 노인 인구의 밀도 수준과 노인 대상 서비스 제공기관 분포는 상반된 형태를 보였다. 즉, 노인 인구가 많은 경기 외곽 지역에 제공기관 수가 적었고, 대도시를 중심으로 서비스 제공기관이 많이 분포하고 있었다.

〔그림 3-4-10〕 서울·경기 노인 인구수와 복지 공급 교차 구조 분석

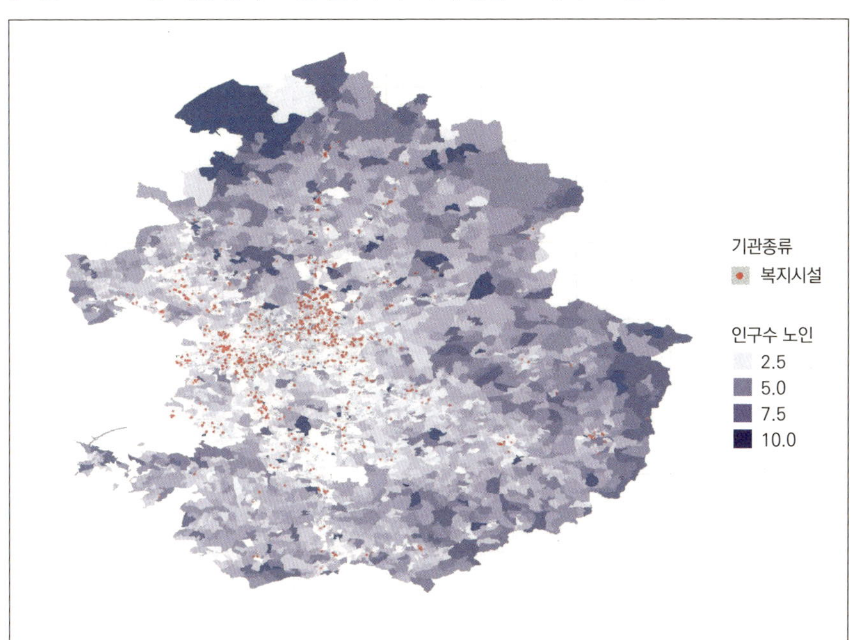

대구·경북 지역의 만 65세 이상 노인 인구는 경북 농산어촌 지역을 중심으로 밀집해 있고, 대구와 중소도시 권역의 노인 인구 밀도는 낮았다. 하지만, 이들을 위한 노인서비스 제공기관은 상반된 패턴을 보였다. 특히, 경북은 봉화 등 13개 군 지역을 중심으로 노인 인구 밀도가 높았지만, 서비스 제공기관의 분포는 대구와 중소도시를 중심으로 형성되어 있었다.

〔그림 3-4-11〕에서 보듯이, 경북 13개 군 지역의 노인 인구 밀도는 매우 높게 형성되어 있지만, 노인서비스 제공기관은 대구, 구미, 포항 등 중소도시를 중심으로 형성되어 있었다. 따라서 노인 인구 밀도와 서비스 제공기관 간 상반된 패턴을 보였다.

〔그림 3-4-11〕 대구·경북 노인 인구수와 복지 공급 교차 구조 분석

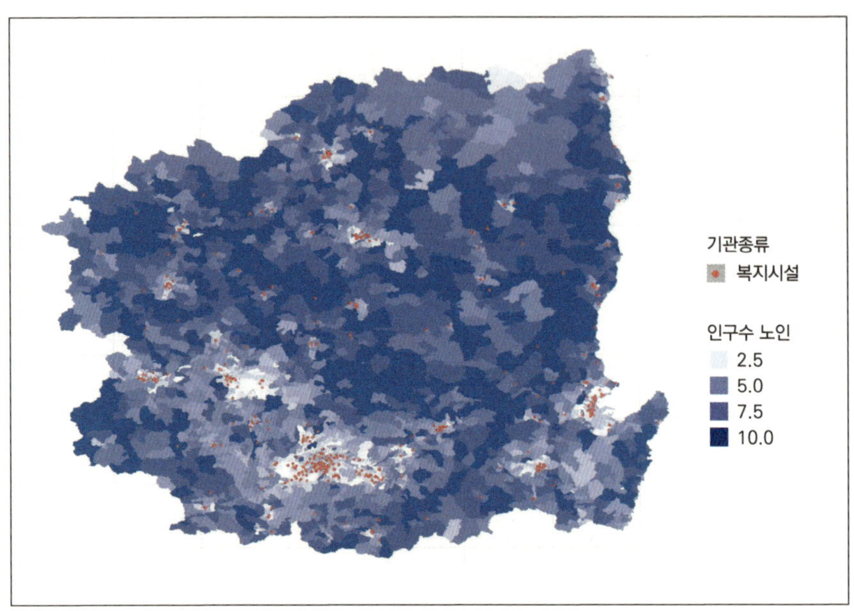

광주·전남 지역의 노인 인구 밀도는 타 지역보다 상대적으로 높게 나타났다. 하지만 광주 지역보다 전남 17개 군 지역의 노인 인구 밀도가 높았다. 서비스 제공기관은 노인 인구 밀집지역보다는 대도시권을 중심으로 발전하였다. 즉, 전남 지역의 노인 인구는 농산어촌 지역에서 높게 나타났지만, 서비스 제공기관은 도시권 지역을 중심으로 분포하고 있다.

〔그림 3-4-12〕에서 볼 수 있듯이 노인 인구 밀도는 17개 군 지역에서 높게 나타났지만, 제공기관은 광주와 전남 순천, 여수 등 5개 중소 도시권을 중심으로 분포하고 있다. 따라서 전남 지역은 노인 인구 밀도와 제공기관 간 차이를 보였고, 노인서비스 제공 여건이 부족한 것으로 나타났다.

[그림 3-4-12] 광주·전남 노인 인구수와 복지 공급 교차 구조 분석

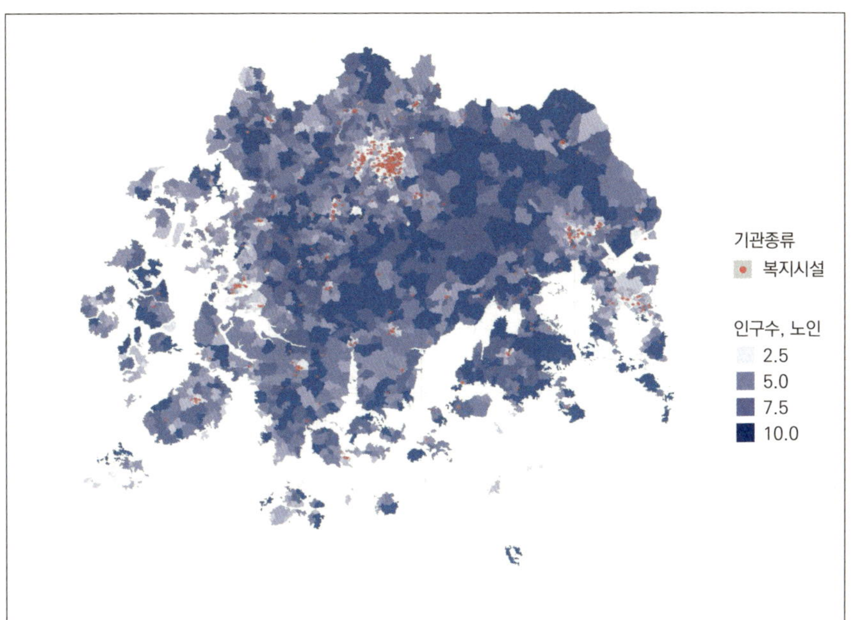

제5절 소결

본 절에서는 복지 대상자와 복지 공급기관의 분포를 살펴보고, 이들 간 공간구조를 교차하여 분석하였다. 복지 대상자 분포를 살펴보기 위해 통계청 지리정보통계시스템에서 제공하는 2015년도 10만 2219개 집계구별 '성별·연령별 인구수' 자료를 활용하였다. 그리고 공급기관 분석을 위해 행정안전부 공공기관 지리정보와 사회서비스 전자바우처 제공기관 속성정보 그리고 통계청 9차 산업분류 데이터인 보건업 및 사회서비스 사업체 및 종사자 정보를 활용하였다. 이러한 데이터를 중심으로 통계청의 집계구별 UTM-K(GRS80)경계 좌표를 WGS84로 변환하고, R의 'geocoder', 'raster', 'rgeos' 등의 패키지를 활용하였다. 그리고 데이터의 시각화를 위해 Geoservice의 XrProjection 3.1버전을 추가 활용하였다. 이와 같은 방법을 통해, 본 연구는 그간 지자체 행정구역 단위 밀도분석의 한계점을 극복하고, 인구집단 거주지를 중심으로 복지 공급 분석을 수행하였다.

본 연구에서는 전체 인구, 만 0~4세 영유아 인구 그리고 만65세 이상 노인 인구를 대상으로 전국, 서울·경기, 대구·경북, 광주·전남 지역의 분포 현황을 분석하였다. 복지 대상자의 지역별·인구 대상별 공간분포 현황의 시각화를 위해 복지 대상자 인구집단 구성 비율을 통계청 집계구별로 산출한 후 10분위로 분류하였다. 그리고 전체 대상 인구 대비 인구집단 비율을 분석하였다. 분석 결과 전 체인구와 영유아 인구는 서울, 수도권 대도시를 중심으로 밀집하여 있고, 노인 인구는 농산어촌 지역에 거주하는 것으로 분석되었다. 도농 복합 도시인 경우 도심지와 외곽 지역의 차이가 크게 나타났다.

복지 공급은 공공기관, 사회서비스 제공기관, 민간 보건업 및 사회복지서비스 사업체 및 종사자로 구분하여 분석하였다. 공공기관은 시군구청, 읍면동 주민센터, 보건(지)소이다. 사회서비스 제공기관은 사회서비스 전자바우처시스템에 최근 1년 동안 1회 결제 이력이 있는 기관 정보를 분석하였다. 그리고 2006년부터 이루어진 통계청 산업분류의 9차 자료를 활용하여 보건업 및 사회복지서비스 사업체 및 종사자 분포를 확인하였다. 복지 공급은 대도시 지역에 집중되어 있었고, 전체 인구와 영유아 인구수에 비례하여 복지 공급기관의 공간 형태가 나타났다. 하지만, 노인 인구는 농산어촌 지역에서 밀도가 높게 나타났지만, 노인서비스 제공기관은 도심지에 위치하고 있어 수요와 공급이 상충되는 공간 구조 모습을 보였다. 즉, 인구 밀도가 높은 도시 지역을 중심으로 인구밀도와 무관하게 공공기관과 대부분의 민간 복지서비스 제공기관이 집중되어 있다. 하지만, 공중보건을 담당하는 보건(지)소는 전국에 고르게 분포되어 있다. 전국 인구 분포와 공급기관 분포를 교차 분석하면, 인구 밀집 지역을 중심으로 복지 공급이 이루어지고 있다. 따라서 도시 지역과 농촌 지역 간 복지 공급 격차가 크게 발생하였다. 그리고 노인 인구 밀도는 농산어촌 지역이 높지만, 노인서비스 제공기관은 도시지역에 밀집되어 있어, 복지 수요와 공급 간 불일치 현상을 보였다. 도시지 역은 농촌 지역보다 민관 네트워킹을 활성화할 수 있는 여건이 마련되어 있었다. 농촌 지역은 민간 여건이 부족하여 공공기관인 읍면동 주민센터와 보건(지)소를 중심으로 형성될 수밖에 없는 공간 구조를 갖고 있다. 따라서 지역별 특성을 고려하여 복지 네트워크 설계 및 활성화 전략 마련이 필요하다.

제4장

복지 욕구의 특성과 공공서비스 이용 경험 분석

복지 욕구의 특성과 공공서비스 이용 경험 분석

제1절 분석 방안 개요

1. 연구의 필요성

2000년 이후 우리나라 복지 제도는 소득보장 영역에서보다 사회서비스 영역에서 더욱 두드러진 발전을 보이면서(강혜규, 2008) 그에 따른 전달체계의 문제가 지속적인 관심의 대상이 되어왔다. 2007년 최초의 전국 단위 전달체계 개혁으로 주민생활지원서비스가 개편된 이래 2012년 희망복지전달체계 개편으로 대상자 중심 통합적 서비스 제공을 위한 '통합사례관리'가 도입되고 2015년 동 주민센터 복지허브화를 거치면서는 읍면동 단위까지 '맞춤형 복지팀'에 의한 통합 사례관리가 이루어지고 있다.

이러한 전달체계 개편과 더불어 학술적으로나 정책적으로 전달체계에 대한 연구가 여러 번 있어 왔지만 대부분 공급을 중심으로 이루어져 왔다. 전달체계상에서 업무를 수행하고 있는 복지직 또는 행정직 공무원이나 사회복지사, 통합사례관리사, 민간 사회복지기관 등을 대상으로 한 조사나 초점집단인터뷰(FGI) 등을 기반으로 이루어지는 이러한 연구들은 이들이 공급 과정에서의 경험과 전문성을 바탕으로 전달체계의 문제를 진술할 수 있다는 점에서 의미를 찾을 수 있다. 하지만 다른 측면에서는 제한된 연구 조건 아래에서 접근이 용이하다는 이유로 이들을 대상으로 삼는 경우가 많았던 것도 사실이다.

이들은 자신의 현장 경험과 전문성을 바탕으로 연구의 근거를 제공해

줄 수 있지만 어디까지나 공급자의 입장에서 진술할 수밖에 없다는 한계가 있다. 사회복지 종사자로서 대상자의 입장에서 생각할 수도 있지만 당사자가 아닌 이상 당사자로서의 경험이 실제로 어떠한지에 대해서 이야기할 수는 없는 일이다. 결국 전달체계 개혁의 목적이 당사자에게 전달되는 급여나 서비스의 효과성을 높이고자 하는 것이라고 할 때 공급자의 진술은 직접적인 당사자의 경험과는 거리가 있을 수밖에 없을 것이다. 물론 수요자 입장에서의 진술 역시 수요자의 이해관계에 따라 달라질 수 있는 일이지만 전달체계 연구에서 그러한 인식조차도 중요한 고려사항이 될 수 있으므로 그동안 수요자를 대상으로 한 연구가 제한적이었다는 점은 그만큼 기존의 연구에 한계가 있었음을 보여 주고 있는 부분이다.

더군다나 우리나라 전달체계의 문제에서 자주 지적되고 있는 것은 분절성인데 이는 바꾸어 말하면 공급자는 자신이 담당하는 부분 이외에는 잘 인식하지 못할 수 있다는 것을 의미한다. 즉, 공급자의 진술은 자신이 알고, 경험한 부분에 제한될 수밖에 없으며 분절된 전달체계하에서는 역시 그 현장의 경험과 지식 역시 분절적 한계를 가질 수 있다는 것이다. 이러한 한계는 '통합사례관리'에도 마찬가지일 수 있다. 통합사례관리에서는 말 그대로 가능한 자원을 모두 연계시키려고 하겠지만 그러한 노력을 하는 사람의 입장에서는 자신이 접근할 수 있는 범위 안에서 통합적으로 접근하고 있다고 말할 수 있다. 하지만 그 것은 정말 수요자의 입장에서 필요한 모든 서비스가 통합적으로 제공되고 있는가는 별개의 문제인 것이다.

그렇기 때문에 2012년 전국 시군구 희망복지지원단 설치로 통합사례관리가 본격화된 지 5년째를 맞이하고 있는 지금 이에 대한 이용자 측면에서의 평가가 필요할 것이다. 통합사례관리 이용자의 입장에서 통합사례관리라는 의미가 어떻게 작용하고 있는지를 보는 것이다. 물론 이러한 접근을 통한 평가는 단지 통합사례관리에만 그치지 않을 것이다. 이용자의 위기는 통합사례관리의 개입 시점에만 존재하는 것이 아니라 일련의 발생과 심화의 과정이 있었을 것이고 그 과정에서 단계마다 급여나 서비스의 기회나 경험이 있었을 수 있기 때문이다. 통합사례관리의 이용자는 그 취지상 복합적 욕구를 가지고 있고 복합적 욕구가 나타나고 심화되고, 위기를 경험하는 과정을 살펴보면 통합사례관리뿐만 아니라 그 상황에 이르기까지 우리나라의 복지 전달체계가 어떻게 작동하고 있었는가를 알 수 있을 것이다.

2. 연구 방법

연구는 복합적 욕구를 가진 대표적인 이용자 유형을 선정한 이후 이에 해당하는 통합사례관리 이용자를 추천받아 인터뷰를 하는 방식으로 진행되었다. 복합적 욕구를 가진 이용자 유형은 연구진 내의 논의와 통합사례관리 관계자의 자문을 거쳐 '발달장애인 가구', '노인 단독가구', '청년 중증장애인', '중장년 1인 가구', '한부모 가구', '학교 밖 청소년' 등 6개 유형으로 선정하였다. 이러한 유형의 이용자를 지역 유형별로 구분된 5개 지역에서 각각 추천을 받았는데 지역 유형은 서울 및 수도권, 지방대도시, 군 지역 등으로 구분하였다. 이 중 지방대도시 지역만 2곳을 선별하였다. 그렇게 6개 유형 이용자를 5개 지역에서 추천받아 총 30사례에 대한 인터뷰가 진행되었다. 인터뷰 대상별 표기 방법은 〈표 4-1-1〉과 같다. 인터뷰가 가구 단위로 이루어지다 보니 응답자는 반드시 욕구 당사자가 아닌 부모와 같은 보호자인 경우도 있었다. 그리고 인터뷰 내용 중 인터뷰어(interviewer)는 사회자로 표기하였다.

〈표 4-1-1〉 연구 대상 사례 및 지역 유형과 표기 방법

구분	서울	경기도	지방대도시1	지방대도시2	군 지역
발달장애인 가구	발달_서울	발달_경기	발달_지방1	발달_지방2	발달_군
노인 단독가구	노인_서울	노인_경기	노인_지방1	노인_지방2	노인_군
청년 중증장애인	장애_서울	장애_경기	장애_지방1	장애_지방2	장애_군
중장년 1인 가구	중장년_서울	중장년_경기	중장년_지방1	중장년_지방2	중장년_군
한부모 가구	한부모_서울	한부모_경기	한부모_지방1	한부모_지방2	한부모_군
학교 밖 청소년	학교밖_서울	학교밖_경기	학교밖_지방1	학교밖_지방2	학교밖_군

해당 지역 통합사례관리 관계자에 의해 선별된 대상은 사전 연락을 통해 참여 동의를 받아 조사전문업체인 '닐슨'에 의뢰하여 인터뷰를 진행하였다. 대상자의 특성 때문에 '닐슨'에서는 사회복지 전공 대학원생이나 관련 경력자를 인터뷰어로 섭외하였다. 인터뷰는 2017년 9월 초에 진행되었으며 각각의 인터뷰는 1시간 내외로 진행되고 분석을 위해 당사자의 동의를 얻어 녹음 후 녹취록을 작성하였다.

인터뷰 지침 작성 또는 분석에 있어서 근거이론의 패러다임 모형 〔그림 4-1-1〕을 차용하였다. 근거이론 패러다임 모형에서는 인과적 조건에서 현상, 작용/상호작용 전략을 거쳐 결과에 이르는 과정에 있어 맥락적 조건과 중재적 조건이 있을 것이라고 전제한다. 이러한 모형에 따라 현상에는 사회복지 급여나 서비스의 경험을 놓고 위기의 발생을 인과적 조건으로, 위기가 심화되는 과정을 맥락적 조건으로, 또한 급여나 서비스에 대한 작용/상호작용 전략과 이를 둘러싼 환경 조건(중재적 조건) 그리고 그 이후 결과 등에 대한 질문들로 인터뷰 지침을 작성하고 이러한 모형을 기반으로 분석에 접근하였다. 하지만 분석에서는 반드시 이 모형을 따르기보다는 인터뷰 분석 후 드러나는 결과에 따라 과정을 구분하였다.

[그림 4-1-1] 근거이론 패러다임 모형

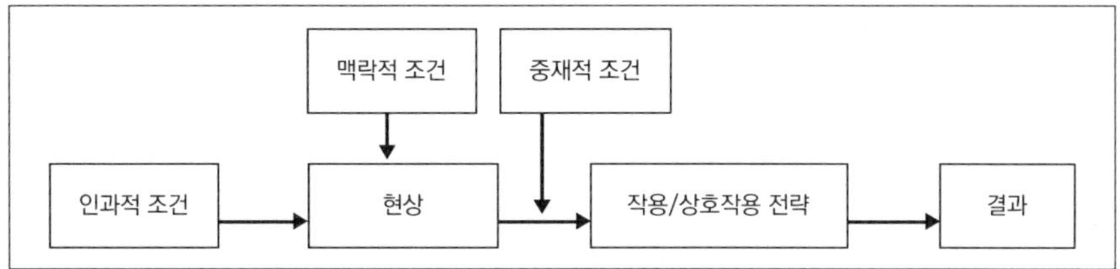

3. 분석 과정

녹취록은 질적 분석 소프트웨어인 Atlas.tmi for Mac를 사용하여 분석하였다. 분석을 위해 먼저 녹취록의 내용을 의미 단위로 코드를 부여하는 개방 코딩(open coding)을 진행하면서 위기의 기원, 위기의 심화 원인, 대상자의 욕구, 대상자의 문제 대응 노력, 사적인 지원, 사적 지원 내용, 사례관리 과정, 사회보장급여 수급 거부의 경험이나 수급과정, 통합 사례관리 개입과 사회보장급여 수급 내용, 사회보장급여에서 나타난 문제, 급여 수급으로 인한 결과 등으로 내용을 분류하면서 유사한 코딩은 통합하고, 보다 상세한 구분이 필요한 코딩은 분할하는 과정을 반복하였다. 그 결과 30건의 인터뷰를 분석하는 과정에서 총 259개의 코드가 총 1409건의 인용에 부여되었다.

이러한 코딩의 결과는 연구 목적에 따라 재분류하여 분석하는 과정을 진행하였다. 재분류는 세 가지 방향에서 진행하였는데 첫 번째는 인터뷰 설계에 기초하여 위기의 원인에서부터 결과에 이르는 과정을 기준으로 한 단계별 분류이다. 이에 따라 위기의 기원이나 심화 과정을 위기 원인으로, 그리고 대상자의 문제와 욕구를 '욕구/문제'로, 이러한 문제와 욕구에 대한 당사자의 대응 노력을 '사적 노력'으로, 사회보장급여 수급 과정을 '지원 과정'으로, 수급을 받은 사회보장급여를 '지원 내용'으로, 그 수급의 결과나 수급에서 나타난 문제는 '지원 결과'로 각각 구분하였다. 이에 대한 코드 분류와 코딩 현황은 <표 4-1-2>와 같다.

<표 4-1-2> 분석 결과 단계별 구분 및 코딩 현황

단계 구분	코드 분류	코드 수	인용 수
위기 원인	위기 기원	9	47
	위기 심화	18	136
욕구/문제	대상자 욕구	27	224
사적 노력	대상자 노력	22	129
	사적 지원	13	44
지원 과정	통합사례관리	13	76
	수급 거부 경험	20	115
	수급 과정	18	89
지원 내용	민간자원	6	16
	사례관리사 개입	21	89
	수급 내용	53	174
지원 결과	급여의 문제	12	103
	대상자의 상태	9	94
	수급 결과	18	73
계	14개 분류	259	1,409

두 번째 분석은 욕구별 구분이다. 인터뷰 설계에 참고하였던 희망복지지원단의 10대 욕구 영역 및 위기도 평가기준(보건복지부, 2017)과 지역사회보장지표의 지역사회보장 정책 영역(강혜규 등, 2015)을 기초로 인터뷰에서 나타난 욕구 영역을 구분해 보았다. 그 결과 기초생계(50개 코드), 신체건강(26개 코드), 고용/소득(18개 코드), 관계단절(17개 코드), 성인돌봄(11개 코드), 아동장애(16개 코드), 아동돌봄(15개 코드), 자녀

학습(15개 코드), 정신건강(9개 코드), 주거환경(9개 코드), 법률/차별(3개 코드) 등으로 구분해 볼 수 있었다. 이러한 욕구 영역별 구분은 각각의 욕구가 위기의 원인에서부터 급여 과정과 내용 및 결과까지 어떻게 나타나고 대응되고 있는가를 보기 위한 시도이다. 따라서 하나의 욕구 영역 안에는 욕구/문제에 해당하는 내용 뿐 아니라 위기의 원인에서부터 사적 노력, 지원 과정, 지원 내용, 지원 결과까지 모두 포괄하고 있다. 하지만 해당 욕구와 관련된 것을 포함하여 총 197개의 코드가 포함되고 62개 코드는 제외되었다.

세 번째 분석은 전달체계에 대한 것이다. 인터뷰 내용 중에서 발견된 전달체계상의 문제들을 모두 구분해 보았다. 우선 전달체계의 문제는 접근성의 문제, 적절성의 문제, 제도의 문제 등 세 가지로 크게 구분해 보았는데 접근성의 문제에는 정보에 대한 접근성, 그리고 공무원의 응대 태도나 대상자가 실제 느끼는 체감적 접근성, 교통 등 지리적 거리 등으로 발생되는 물리적 접근성이 포함된다. 그 다음 적절성의 문제는 급여 수준의 적절성과 서비스 질이나 급여의 적합성과 같은 질적 적절성이 포함되고, 급여의 안정성 등 지속성의 문제도 적절성의 문제로 구분하였다. 제도의 문제는 불합리한 기준 등 제도 설계상의 문제와 지급 시기 등 행정적 절차의 문제를 들 수 있었다. 마지막으로 본 연구가 통합사례관리에 초점을 맞추고 있는 만큼 통합사례관리의 과정은 별도로 살펴보았는데 크게 개입 과정, 개입 내용, 개입 결과로 나누어 보았다.

결과적으로는 첫 번째 단계별 분석에 따라 욕구별 구분과 전달체계상의 문제를 다르게 적용하였다. 즉 단계별 분석에 있어 위기 원인과 욕구/문제, 사적 노력, 지원 내용에서는 욕구별 구분을 기준으로 하였다. 이를 통해 주로 어떤 욕구나 문제로 인해 위기가 시작되었는지, 이로 인해 발생하게 된 욕구나 문제는 무엇인지, 이에 대해서 어떻게 사적으로 대응하려고 하였는지, 실제 제공된 지원 내용은 이러한 욕구나 문제에 어떻게 대응하고 있는지를 살펴보는 것이다. 그다음 지원 과정이나 지원 결과에 대한 내용은 전달체계 차원에서 분석하였다. 이와 관련된 문제는 욕구별로 나타나기보다는 적절성이나 접근성, 제도의 문제 등으로 구분해 볼 수 있었다.

그러면 다음 절부터 단계별 기준에 따라 먼저 욕구별 분석 내용부터 살펴보도록 하겠다. 욕구별 분석은 크게 위기의 원인, 욕구와 문제, 사적인 대응과 노력, 사회보장급여 수급 내용으로 구분하여 살펴볼 것이다. 그 다음은 전달체계의 문제로서 지원 과정이나 지원 결과로서 나타나는 문제에 대하여 접근성의 문제, 적절성의 문제, 제도의 문제를 각각 살펴보고 통합사례관리 과정에 대해서는 별도로 분석해 보도록 하겠다.

제2절 원인과 대응에 대한 욕구별 분석

1. 주요 위기의 원인

가. 위기의 기원: 소득 불안정

소득의 문제는 가장 일반적으로 나타나는 위기의 원인으로 나타났다. 사례 선정에 있어서 복합적인 욕구 유형을 살펴보기 위해서 빈곤 가구가 아닌 장애, 노령, 한부모, 독거, 학교 밖 청소년 등 다양한 가구 유형을 선정했지만 결국 위기를 경험하게 되는 상황은 이러한 문제와 소득의 문제가 결부되었거나 소득 상실 등의 상황이 또 다른 위험을 부르거나 결부되면서 위기로 확산되는 경향이 발견되었다. 총 30개의 사례 중에서 절반에 가까운 14건의 사례에서 이러한 소득의 문제가 위기의 기원으로 지적되었다.

그중에서 가장 대표적인 경우는 일하는 회사가 파산하거나 하여 갑작스럽게 실직하면서 소득을 상실하는 경우였다.

> 회사를 정리를 해라 계속 마이너스가 되니까 직원도 줄이고 정리를 해라 … 이것까지 다 날아가 버렸어요. (중장년_경기)
>
> 원청이 망해버리면 … 내가 몇 백 억 재산이 있다가 하루 아침에 몸뚱아리만. 딱 거지가 되어버린 거예요. (학교밖_지방1)
>
> 직장생활 하다가 돈도 못 받고 그 사람이 도망가가지고 … 집세도 지금 밀려 가지고 집도 나가라는 상태고 더 어려워졌어요. (학교밖_지방2)
>
> 1994년도인가. 그 당시에 제가 사업하다 집안이 좀 안 좋아져 가지고 대현동에 생활이 어려워졌어요. (중장년_서울)
>
> 나도. IMF 터지고 나니까 전국이 혼란상태 전부 부도나고 …한 2~3년 진짜 다 까 먹었어요 … 한 3~4년 진짜 힘들었어요. (장애_지방2)

주소득자가 사고를 당하거나 사망하는 경우도 소득 상실로 이어지는 원인이 되었다.

> 신랑이 없는 뒤로… 애가 7살 때 돌아가셨거든요. (노인_군)
>
> 아버지도 10년 전에 교통사고를 크게 당하셔서…한 달에 일을 4번 나가시면서 그냥 그 뒤로는 누워 계시고. (학교밖_군)

갑작스러운 실직이라기보다 지속적인 불안정 고용 때문에 점차 상황이 안좋아지는 경우도 있었다. 처음부터 교육이나 기술이 없었거나 안정적인 취업을 하지 못하여 생계가 어려워지고 위기로 치닫게 되는 경우였다.

> 애들 아빠가 10년을 넘게 놀았어요. 중간에 아주 논 건 아니고 2-3개월 다니다가 또 이직하고,…그때 겁이 나는 게 쌀이 이만큼 남아 있으면 벌써 사야 되네. 그 걱정을 했던 기억이 나요. (한부모_경기)

차츰차츰 일 그만두고 다른 일 한다고 왔다 갔다 알아보면서 하다 보니까 돈도 못 받은 데도 있고 돈 받는다 해도 며칠 일 못하고…. 그리고 일 자체도 금방 떨어져버리고. (중장년_지방1)

어렸을 때부터 내가 고아처럼 살았거든. 그래서 고생만 하다 보니까 잘살려고 하는 거보다도 먹고사는 것만 신경 쓰고 여태 살았거든. (노인_지방1)

나. 위기의 심화: 가족 관계 단절

가족 관계가 단절되는 것은 위기 심화 과정에서 가장 보편적으로 나타나는 현상 중 하나였다. 30개 사례 중 절반에 가까운 14개의 사례에서 이와 같은 가족 관계 단절이 나타났다. 일차적으로는 빈곤 등으로 상황이 어려워짐에 따라 가족 간의 갈등이 벌어지고, 깊어지면서 차츰 연락이 끊어지고 결국 관계가 단절되는 상황으로 발전되는 경우가 많았다.

항상 싸우지. 돈이 넉넉지 못하고 생활도 그렇고 하니까. (장애_지방1)

정말 세상에서 죽이도록 미운 게 남들이 아니고 가족들이더라고요.(발달_지방2)

지금은 제가 형편이 그러니까 금전적인 거래가 되니까 멀어지게 되더라고요. (중장년_서울)

나도 누나가 서너 명 있는데 …우리 집이 가장 못살아지고 이러니까 …누나도 손들고 나도 이제 연락도 안 하고 다 이제 면 틀고 지내요 형제간에도. (장애_지방2)

시어머니가 아파 돌아가셨는데 …자주 못가고 하니까 서로가 이제 그쪽에서는 내가 병원 안 와서 서운하다. 나는 나 나름대로 서운한 적 있잖아요. (한부모_지방2)

반드시 경제적 문제로 다툼이 있는 경우가 아니더라도 서로 넉넉하지 못한 형편에 부담이 되는 상황을 피하기 위해서 멀리하는 경우도 있었다.

명절 너무 길잖아요. 10일 동안. 아들한테 시설에서 오지 말라고 했어요. 왜냐하면 그 10일 동안 돈을 너무 많이 쓸 것 같아서… (한부모_지방1)

한 년은 이제 어디 저 어디인고 진주라드나 어디 사는데 그것도 이혼해 가지고

> 아 데리고 근근이 살고 막내 그거는 또 그것도 아 못 낳아. 그래 가지고 그리 사니까 단돈 1만 원이라도 지 엄마 줄 형편도 안 되고 … (장애_지방1)

> 지금도 1년에 1번 볼까 말까 해요, 애들. 저는 시간이 지나고 애들이 할머니도 있고 아빠도 있고 고모나 이모도 있고 다 이런 거를 보여 주고 싶어서 너희는 사랑을 받고 있고 너희도 가족이 있다는 거를 보여 주기 위해서 제가 일부러 연락해서 한번 보실래요? 하면 본다고 했다가 연기하고 하다가 겨우 1년에 1번 볼까 말까 이러기 때문에 … (발달_서울)

가족은 때로는 위기를 심화시키는 직접적인 원인이 되기도 하였다. 어려운 상황에서 경제적으로 더욱 부담이 되거나 오히려 경제적 해를 입히는 경우도 있었다.

> 아들은 이제 지 뭐 한다고 빚을 왕창 지어 가지고 아들은 도움이 전혀 안 되고 … (장애_서울)

> 아빠가 직장 있어요. 근데 직장 있어도 도와주질 않아요. 아예 내 돈 뜯어갔다니까 옛날에는 (발달_군)

> 형하고는 통화 안 해요. 전화번호를 바꿔 버렸잖아요. 돈 있으면 전화해서 뺏어가 버려요. (장애_군)

사실 위기의 기원으로서 배우자가 가족부양에 대한 책임을 방기하거나, 외도를 하거나, 결혼 사기를 치는 등의 사유로 이혼 과정을 거치는 등 원인이 되는 경우도 있었는데 이러한 경우와 위기 심화의 원인으로 가족관계의 단절이 되는 경우까지 고려하면 가족 관련 문제가 위기의 원인이 되는 경우는 총 30사례 중 17사례가 해당하였다.

다. 위기의 심화: 불안정 고용

앞선 소득 불안정으로 인한 위기 기원에 이어 이와 같은 소득의 문제는 주요한 위기 심화의 원인으로도 자주 꼽혔다. 소득 불안정이 위기의 기원이 되거나 불안정 고용으로 위기가 심화된 사례를 모두 따지면(중복 제외) 총 18사례로 전체 사례의 3분의 2에 가까웠다. 위기 심화의 원인으로서 불안정 고용이란 기본적으로는 일을 해서 얻는 소득이 높지 않기 때문에 위기에서 벗어날 수 있다기보다는 생계를 유지하는 데 급급할 수밖에 없는, 나아지기보다는 정체되거나 악화되어 가는 상황을 의미하는 것이었다. 저임금으로 인해서 위기를 극복할 수 있는 상황이 만들어지지 않는 것이다.

> 돈이 돈을 벌어요. 기회가 왔다고 해서 그것도 돈이 있어야 좋은 거예요. (발달_경기)

> 그래서 한 1년 일을 해 봤는데 너무 힘든 거예요. …. 제가 청각이 안 좋다 보니까 일을 자주 나가도 사람들이 꺼려. 말을 못 알아 들으니까. … 돈이 좀 들어와야 되는데 정말 악착같이 모은다고 모으는데도 안 되더라고요. 버는 게 적으니까 … (중장년_경기)

> 일하는 거 나가 봐도 일도 안 잡히고. 만약에 오늘 해서 10만원을 벌었다 그러면 애들 지금 먹을 게 없으니까 거기에 돈 들어가니까 안 모아지잖아요 (학교밖_지방2)

그리고 공적인 고용프로그램을 이용한다 하더라도 그것이 질 좋은 일자리나 안정적인 고용으로 이어지지 않는 문제도 발견되었다. 고용주들이 그러한 제도를 이용하여 값싼 인력을 쓰는 데 활용하거나 직업훈련 자체가 충분치 못하여 안정적 고용이 이루어지지 못하거나, 부실한 일자리로 연결되어 오히려 위기가 심화되는 결과로 이어지는 경우들이 있는 것이다.

> 이분들이 노리는 게 우리를 채용하고 싶어서가 아니라 저가로 쓰고 정부지원 받아서 70만원 지원 받는 걸로 해서 … 시간이 오버되면 안 쳐주느냐 회사 그런 거 없답니다. 그래서 관뒀어요 제가. 그리고 제가 물어봤죠. 근로계약서를 왜 안 써줍니까? 그런 소리 자체가 없대요. … 1주일을 딱 하고 추가되는 거 주나 안 주나 비웃듯이 웃대요. 피식 웃더라고요. (중장년_경기)

> 뭔가 해보려고 ○○여성인력센터에서 교육도 받고 이랬는데 …요즘 경기가 어려운지 1주일 시키다가 일을 좀 못한다, 더디다, 좀 그러면 내보내는 식으로 몇 번 겪다가… ○○여성인력센터에 4개월 정도 경력단절 여성들을 위한 프로그램

> 을 했는데, … 그 교육과정 4개월 갖고 제가 뭘 하기에는…서너 달 있다가 제가 ○○구청일자리센터 가서 일자리 구한다고 해서 …어떤 회사에 취직을 일단 했었어요….거기 문제점이 월급이 안 나왔어요. 두 달에 한 번. … (한부모_지방1)

라. 위기의 심화: 사회적 관계 단절

위기는 앞서 살펴본 가족 관계의 단절뿐 아니라 사회적 관계의 단절로도 이어지고 관계의 단절은 다시 위기 심화의 원인이 되는 악순환도 발견되었다. 먼저 위기의 상황은 사회적 관계를 멀리하게 되는 원인이 되었다. 상황이 여의치 않다 보니 관계에서 다툼이 잦아지거나 다른 사람 앞에 나서지 못하고 위축되는 결과로 이어지게 되는 것이다.

> 친구들도 솔직히 술자리 가도 저한테 물어보고 잘 안 해요. 자기가 날 못 도와줘서 그런지 모르겠는데 일절 안 하고요. 친구 중에 저한테 그런 말을 한 적이 있었어요. 술 먹다가 짜증을 냈거든요. 너는 왜 자격지심이냐 말을 그 따위로 받아들여 가지고 그 따위로 얘기하냐? (발달_경기)
>
> 이 앞전에 그런 일 당했을 때도 혼자서 너무 아팠던 게 그런 것 같아요. 말할 데가 없는 거예요. 친구라든지 아는 사람한테든, 누구한테 도움을 요청할 수가 없는 거예요. 누군가 도와줄 정도가 되면 아마 그런 일 없었을 것 같아요. (한부모_지방1)
>
> 친구들이 안 좋아하죠. 왜냐면 저렇게 똥 묻히고 냄새 나서. (발달_군)
>
> 내가 경로당도 잘 안 나간다니까. 친구도 아예 사귀기도 싫고요. 왜냐하면 내 앞이 너무 부끄러우니까 내 현실을 남한테 말하기가 싫은 거야. (장애_지방1)

그렇게 관계가 단절되다 보니 이는 고립으로 인해 다시 위기를 심화시키는 원인이 되고 있었다. 특히 노인이나 중장년 독거 가구의 경우에는 더욱 고립으로 인한 위기의 심화가 두드러졌다.

> 밖에 누구 아는 사람도 없고 연락하는 사람도 없고 그저 우물 안 개구리처럼. 혼자 생각으로 그저 살면 살고 말면 말고 막연한 생활이죠. (노인_경기)
>
> 동네에 제일 친한 친구는 없어요. 하루가 한 달 같아요. (노인_군)
>
> 대화 상대라든지 혼자 있는 시간이 많아요. 예전에는 그래도 같이 근로를 했기

때문에 일이 있으면 재미있잖아요. 그날 그날 하면 시간도 잘 가고 그러는데 지금은 그냥 몽롱해요. 정신상태가. (중장년_서울)

내가 결혼한 것도 아니고 혼자 사니까 주위에 사람이 아무도 없잖아요. 그래서 그랬던 거 같아. (중장년_지방1)

마. 위기의 심화: 질병의 악화

질병은 위기를 심화시키는 주요 기제로 작동하는 경우가 많았다. 건강이 안 좋아지는 것을 감지하지만 상황 때문에 치료를 미루다가 악화되거나, 무리한 노동으로 더 악화되어서 위기를 더욱 심화시키는 결과로 이어지는 것이다. 이러한 원인으로 인해서 장애가 더욱 악화되거나, 노동능력을 상실하거나 가족이 사망하게 되는 경우들이 있었다.

치료한다는 게 이게 비급여가 너무 많거든요. 그래서 급여 되는 것만 하다 보니까. 만약에 빨리 얘가 둘째가 교정을 빨리 하고 치료를 받았으면 지금보다 조금 나았을 수 있는데 그거를 잘 모르고 그리고 처음에 저희가 빨리 그걸 시행 안 하고 돈이 자꾸 든다는 이유로 미루고 이랬더니. (발달_지방1)

제가 일을 다니고 있었는데 갑자기 숨이 막 차더라고요. 여기에서 여기도 못 걷겠더라고요. 발 떼기가 너무 힘든 거예요. 이상하다. 일을 나갈 때 먹고살아야 되니까 참았어요. 참고 또 일하고. … 돈 때문에. 그래서 그때 먹고살기는 막막하고 병원에 가야 된다는 거를 알면서도 어떻게 어떻게 일을 하다가 그 지경이 왔는데 …알고 봤더니 피가 사람이 몸에 12가 돼야 되는데 7밖에 없었대요. (한부모_경기)

지금 다리가 사실 너무 아파요. 다리 수술을 당장 해야 되는 상황이에요. 진통제 안 먹고는 못 걸어요. 관절인데, 저는 연골이 다 파열돼서 하나 망가지기 시작하더니 점점 더해서 하나까지 더 망가졌어요. … (사회자: 수술은 하셨어요?) 아니요. … 못하고 있는 거예요. (장애_경기)

한 3년 넘었나 봐요. 좀 안 좋더라고요. 그냥 보건소에 갔어요. 얼른 앰뷸런스 타고 큰 병원에 가라는 거예요. 그런데 말았지, 그냥. … 나중에 안 좋아요. 첫 번째 왔는데 이상하게 피 흘리고 그러더라고요. (중장년_군)

목은 한 30년. 결혼하기 전에는 안 그랬거든요. 결혼하고 나서 그러더라고. 그때 누가 그러더라고 저러니까 병원에 한번 데려가 보라고 (사회자: 그때 치료 받았어요?) … 받을 생각도 못하고 그때는 신랑도 일도 안하고 맨날 술만 먹고 사는

게 힘들어가지고 (노인_군)

무릎이 제가 전단지를 오래 했었어요. 수급되기 전에는. 그래 갖고 하다 보니까 연골이 많이 닳아요. 어떨 때는 계단 내려오면 뼈끼리 부딪쳐서 딱 소리 나잖아요. 그러면 막 진짜 눈물이 날 정도로 아파요. (한부모_지방2)

바. 위기의 심화: 학교의 문제

아동이나 자녀가 있는 경우에는 학교가 위기를 심화시키는 원인으로 작용하는 경우가 많았다. 문제를 완화시키거나 적절한 지원을 통해 아동의 문제를 해결해 나가야 할 책임이 있는 학교가 그러한 역할은커녕 문제를 악화시키는 원인을 제공하거나 그러한 상황이 벌어지는 공간으로 자주 등장하는 것이다. 특히 발달 장애 문제의 경우에는 학교에서 발견되지 않아 악화되거나, 학교 내에서 벌어지는 학대에 의해서 더욱 중증이 되는 등 학교가 위기를 심화시키는 직접적인 원인이 된 경우도 있었다.

어느 정도 지능이 약간만 떨어졌었거든요. 걷기도 하고, 잘 웃고, 뭐든지 발육을 지시형 하면 모방도 잘하고 그러던 아이가 점점 그렇게 애한테 맞으니까 놀래가지고 그때부터 경기를 하기 시작하면서 점점 퇴행이 돼 버린 거예요. … 너무 놀래다 보니까 일종의 그런 쇼크를 받았는지, 그래가지고 주변에 사람들 오면 겁을 내고 안 가려고 하고 그랬었어요. 그러다가 완전히 퇴행이 돼서 누워버리는 상황이 돼버린 거예요. 그러니까 완전히 중증이 돼버린 거예요. (장애_경기)

학교에 적응을 잘 못했던 거, 애들하고의 관계가 좀 안 좋았던 거, 사람들의 편견. …우리 아들은 이렇게 힘든데 그 선생님들도 못 알아듣고 ○○이에 대한 감정이나 ○○이가 왜 그랬나에 대한 그런 생각보다는 애들 위주로, 공부 잘하고 하는 애들 위주로만 더 판단을 했다는 거. … 걔는 왕따였어요, 우리 아들은. 왕따였어. … 선생님들이 그런 애들을 봐 주셔서 조금 얘는 차별화되게 지도를 해주시고, 눈여겨봐 주셔야 되는데 그게 안 된다는 거예요. (학교밖_서울)

발달 장애의 경우와 같이 위기를 심화시키는 직접적인 원인까지는 아니더라도 학교에서 교우관계로 인하여 자녀의 비행이 시작되거나, 따돌림을 받거나 하여 문제를 악화시키는 경향이 있었다. 학교에서는 이러한 부분을 방지하거나 적절한 지원을 제공하는 경우는 나타나지 않았으며 오히려 교사가 이러한 문제를 악화시키는 경우도 있었다.

> 딸 학비도 못 내가지고, 딸 선생님이 고등학교 때 그때 당시에 우리 딸이 공부를 잘했어요. 반장이었거든요. "반장인데, 반의 모범이 돼야 되는데 네 부모는 뭐 하냐." 애들 앞에서 망신을 주고. 보통이 아니었어요. (장애_경기)
>
> 쌍둥이를 초등학교 보냈더니 왕따를 너무 심하게 당하고요. 없는 애들, 있는 애들 차이가 너무 큰 거예요. (한부모_지방1)
>
> 중학교 가 갖고 1학기 때는 공부 잘했어요. 운동도 하고 했는데, 초등학교 같은 학교 나온 애하고 어울리다 보니까. … 나중에 알고 보니까 담배. 학교도 안 가고. 찾아 갖고 와 갖고 손 붙들고 학교 데려다 준다고 가다 보면 도망을 가면 젊은 애들 따라잡을 수가 없잖아요. (한부모_지방2)
>
> 고등학교 … 다니다가 애들이 저한테 돈 가만히 있으면 뺏어가 버리니까 그래가지고 중간에 다니다가 말았어요. (장애_군)

학교가 문제의 원인이 되지 않더라도 적절한 지원을 해 주지 못함으로써 문제 해결에 도움이 되지 않고 또 다른 어려움을 주는 경우도 있었다. 다문화 가정에 대한 적절한 지원이나 배려가 없어 그 자체가 문제가 되거나, 저학년 아동에 대해 충분한 돌봄이 제공되지 않다 보니 진학 자체가 또 다른 위기 상황을 발생시키는 것이다.

> (사례관리사 대리 응답) 올해 초에 아버님 갑자기 돌아가시면서 아이들 학교 파악 같은 거 가정통신문 같은 거 처리해서 보낸다든지 이런 걸 본인이 안 하시다 하셔야 되다 보니까 학교생활이 좀 아이들이 진행을 잘할 수 있도록 본인이 제반 역할을 못하는 거에 대해서 좀 많이 어려움을 겪으셨었고…. (한부모_서울)
>
> 학교가 더 문제인 거예요. 왜냐면 방학도 있고, 학교 처음에 1학년 들어가면 짧잖아요. 그러면 그 나머지 시간을 제가 봐야 되는데 말이 안 되는 거예요. 조건부로 바뀐다는 게. 뭔가 현실과 떨어져 있어요. 저는 가슴이 너무 답답해요. (발달_서울)

사. 위기의 심화: 정신보건 문제

정신보건 문제 역시 위기의 기원이라기보다는 위기 상황이 시작되었을 때 그에 동반하여 찾아오면서 위기를 심화시키는 원인으로 자주 작용하였다. 다른 소득 상실 상황이나 질병, 가족 해체, 가족 사망 등의 상황이 발생했을 때 그 충격으로 발생하여 그 자체도 문제이지만 전반적인 상황이 방치되거나 상황이 악화되도록 만드는 것이다. 대표적인 문제는 우울증으로 이로 인해 자살 충동을 느끼거나 상황을 완전히 방치하게 되는 경우가 많았다.

> 한 2년 정도 가까이 한 1년 6개월 정도를 폐인처럼 아무것도 안 하고 살았어요. 우울증에 걸려 가지고 아파트에 뛰어내릴 하루에 몇 번씩 그런 충동을 느끼며 살았는데 (중장년_경기)

> (사회자: 그동안 여러 가지가 있었는데 뇌경색이 오신 게 완전히 상황이 제일 나빠진 계기가 되셨네요.) 다 그냥 우울증이 최고 많죠.(사회자: 그 우울증이 뇌경색 그 시기랑 겹치시는 건가요?) 예. (중장년_군)

> 집안 형편이 안 좋아진 이후에 발병이 됐어요, 병이. 잠이 안 오고 그러더라고요. 처음에. 일주일이고 잠이 안 와요. 수면제 먹어도 잠이 안 오고.. (사회자: 분열증 진단을 받으신 지가 20년인가요?) 그런 거 같아요. (중장년_서울)

> 애가 고아원에 있었는데 나이가 들고 지도 나와야 되고 그냥 찾아갔더니만 그냥 껍데기만 살아 있지 정신 못 차릴 정도로 많이 나빴어요. 정신병에 걸려 가지고 우울증부터 해 가지고 우리 애가 뭐 진짜 자기 능력이 아무것도 없는 정도로 해대가지고 (장애_지방1)

> 애들 아빠 돌아가실 때는 너무 갑작스럽게 와 갖고 애들도 어리고 하니까 우울증이 모르게 있더라고요.…그러다 보니까 애들이 또 그렇게 되고. (한부모_지방2)

> 그때는 내가 직장도 없는 상태였고 그만둔 지 얼마 안 돼 가지고 없는 상태였고 돈도 없고 제일 중요한 건 만사가 귀찮아지더라고. 우울증인지 뭔지 그건 모르겠는데. 완전히 놔 버린 거야. (중장년_지방1)

2. 주요 욕구와 문제

가. 기초적인 생계 문제

대상자들이 겪고 있는 가장 보편적인 문제는 역시 기초적인 생계의 문제였다. 전체 30개의 사례 중에서 기초적인 생계의 문제를 경험하고 있는 경우가 21사례에 달했다. 앞서 위기의 기원이 대체적으로 소득 불안정에서 시작되듯이 기본적인 생활의 문제가 이어지고 있는 것이다.

> 우리도 세금 낼라 뭘 낼라 애들 학교 뭐 낼라 맨날 바빠요 돈이. … 겨울에 전기 같은 거 때문에 … 많이 따습게는 안 자도 전기세가 많이 나요. 그런 것이 이제 힘들지. 겨울 돌아오면 조금 힘들 것 같아요 우리가. … (발달_군)

> 일단 애기가 커갈수록 들어가는 비용이 많으니까. 먹는 양도 많아지니까 분유 값이랑 그런 거. … 임대료 관리비에서 한 달에 12만 원 조금 넘는 거야. 그 돈을 생계비로 내주는 거야. 내가 이거 지금 생계 우리 식구가 어른 넷이라고 말했는데 공과금을 제외하고 돈을 6~70만 원 가지고 이 4명이 한 달 사는 거야. … 60만 원 가지고 혼자 살기도 어려워요. 아시죠? 60만 원 갖고 1인이 살기도 어렵습니다. 그걸로 현재 생활하는데. 거기다가 현재 애가 하나 태어나서 생계비에서 현재 얘를 뭐 필요한 거 쓰고 있거든요. (학교밖_지방1)

> 보일러 고장 …(사회자: 그러면 뜨거운 물 안 나오는 거예요?) 이불 그냥 덮고 자고.(사회자: 씻으실 때 또 문제 되잖아요. 그냥 찬물로?) 최소한 좀 써요. 자치센터에서 조금. (중장년_군)

이러한 기초적인 생계 문제는 의료비 지출과 결부된 경우도 있었다. 의료비 지출 부담이 많다 보니 정작 생활에 필요한 비용에서 어려움을 겪게 되는 것이다.

> 솔직히 돈 300 벌어가지고 애 병원비로 150만 원씩 나가고 큰 애도 있는데 생활비는 뭘로 대며 내년 내후년에는 애들 초등학생 되는데 교육비는 뭘로 댈 거냐 이거예요? … 조금 전에 돈 갚으라고 문자 온 거예요. 돈 갚아야 돼요. 워낙 요새 더 쪼들리는 게 … (발달_경기)

> 제가 1000만 원에 대출받아서 … 그래서 여기 살게 된 것이지, 지금도 대출받은 게 8년 만기라서 이달이 만기예요. 재계약을 해야 되는데, 돈이 없잖아요. 제가

> 또 파산신청까지 냈어요. 이게 살다가 생계비 가지고 병원비 가지고 저게 모자라니까. (장애_경기)

> 전체가 의료비하고 생활비하고 합쳐도 근본적으로 모자라니까. 그게 조금 더 생활비가 된다면 좀 생활이 더 낫지 않을까. 지금도 간신히 맞춰서 사니까.(노인_서울)

기초적인 생계 문제는 많은 경우 기본적인 의식주의 문제로 이어지고 있었다. 특히 식사를 제대로 못하거나 심지어 결식을 하게 되는 상황도 적지 않게 발생하고 있었다. 양곡 지원을 받는 경우가 많기 때문에 쌀은 있어도 다른 먹을거리가 없어서 밥만 먹는 경우, 일부러 끼니를 거르거나 줄이는 경우 등 단순히 생활비의 부족 문제를 넘어 극빈의 상황도 경험하고 있는 것이다. 이러한 경험을 했거나 현재의 욕구로 남아 있는 경우가 30개 사례 중 11사례가 있었기 때문에 예외적인 경우라기보다는 복합적 욕구를 가진 사례에서 자주 경험하는 문제라고 할 수 있다.

> 그게 다 충당이 되는 게 아니고 반찬은 사먹어야 되고. … 딸도 좀 잘 먹여야 되고 하는데 … (한부모_경기)

> 쌀 탈 돈도 없어가지고 솔직히 먹다 먹다 다 떨어진 거예요. 완전히 다 떨어졌어요. 우리 꼬박 이틀을 굶었다구요. 어떻게 해결할 방법이 없어서(장애_경기)

> 자꾸 병원에 가니까 돈이 드니까 그게 어렵지 밥은 쌀 조금 받아 놓으면 해 먹고 국수 같은 거 해 먹고 밀가루 같은 거 해 먹고 이러니까 그거 하는데 어렵지요. 누가 벌어가 주는 사람도 없고 그러니까 … 이제 약값 쓰고 생활비 하고 하면. 약값이 많이 들어가기 때문에 먹는 거 모자라는 거야. … 밥만 먹고 반찬 그러니까 밥만 먹고. 그리 사는 거지. 부잣집 개밥만도 못하게 먹고 사는 거지. 할 수 없이 뭐. 옛날에 우리 보릿고개에 보리밥도 배를 못 채우고 사는 그 생각을 하면 간장에 비벼 먹어도 그래도 밥은 안 굶으니까 … (장애_지방1)

> 먹을 거나, 밥이나 쌀이나 좀 줬으면 해요. (중장년_군)

> 전기 끊기고. 냉장고만 하나 켰다 하면 나가버렸다가 10분 있다가 다시 들어오고 지금 그런 상태예요. 애들 밥도 못해주고. … 나는 그럭저럭 굶어서 상관없는데 애들 때문에 애들 밥도 못해 주고. (학교밖_지방2)

> 저는 제발 그 급식카드 좀 바꿔줬으면 좋겠어요. … 이제 올라서 6만 원이에요. … 받아서 쓸 게 없는 거예요. 얘가 그러대요. 딱 10일 정도 되니까 잔고가 없다고. … 한 10일도 안 돼서 다 쓰고, 나머지는 굶는 거죠. 학교 마치고 굶는 거죠. … 하루 모아서 먹거나, 아니면 2시나 집에 와서 아침 겸 점심 먹고, 또 저녁 집에. … (한부모_지방1)

> 애기 분유값이 없어 가지고 2만원 빌리러 갔더니 돈 없다고 안 주더라고요. (발달_지방2)

> 그냥 물만 먹고 살듯이 이래 얻어 먹고 살든지 이럴 수도 있고 계단에서 가서 기대서 조매 반찬지원 좀 받고 이렇게 살거든요. (장애_지방2)

> 딸랑딸랑해요. 사람이 밥만 먹고 살 수는 없잖아요. 그러니까 쌀도 안 죽을 만큼 주는 거예요. … 수급비 나오려면 있어야 되고 쌀은 달랑달랑하고 반찬도 달랑달랑하고 간장에 비벼 먹었어요, 내가. 일주일을. (중장년_지방2)

> 김치도 담아놓은 거 사다 먹으려고 해도 찜찜하고 상당히 그런 게 있어. 차라리 라면 한 그릇 끓여서 먹는 게 마음이 그렇다고. … 라면 좋아하는 데다가 솔직히 밥은 반찬 없으면 먹기가 참…. 내가 먹고 싶은 거 가서 좀 사먹고 가고 싶은 데 가고 그러면 또 얼마나 좋겠어. 그런 걸 못하니까 그거뿐이다. (노인_지방1)

이러한 극단적인 상황은 극단적인 생각으로 이어지는 경우가 많았다. 기초적인 생계의 문제가 반복되거나, 개선될 여지가 보이지 않거나, 막다른 상황에 다다랐을 때는 자살을 생각하게 되는 것이다. 이번 인터뷰에서 자살에 대해 생각해 봤다고 진술한 경우는 총 7사례였는데 식사도 제대로 못하는 극빈을 경험한 11사례 중 절반에 가까운 5사례에서 자살을 떠올려 본 경험이 있었다는 진술이 나왔다. 극단적인 생각을 타인에게 이야기하는 것을 꺼려할 것이라는 점을 고려하면 실제 해당되는 경우는 더 있을 것으로 추정된다. 이 중에서는 생각만 하는 경우도 있었지만 구체적으로 준비를 하거나, 계획을 세우는 경우도 있었고, 실제로 자살 시도를 했던 경우도 있었다.

제가 그때 너무 살기 힘들어서 우리 아들하고 저하고 살 길이 없어가지고 "우리 이대로 눈 뜨지 말고 죽자." 얘 밥도 못 먹였어요. 밥 못 먹였다면 이해가 돼요? … 그때 정말 그랬어요. 살기가 너무 힘들어서. 지금 살아온 것이 그때 어떻게 살았는지도 모르겠어요. 세상에 이렇게까지 해야 되나, 살면 뭐하나 이랬어요. (장애_경기)

제가 읍사무소 갔을 때 서류상 이혼이 안 되어 있는 상태라 … 만약에 여기에서 퇴짜를 맞으면 죽어야 되겠다고 생각하고 번개탄이랑 준비하고 간 거예요. 진짜 길이 없으니까. (한부모_경기)

항상 내 생각에는 정부에서 결정을 해 가지고 죽는 주사를 놔서 죽도록 해주면 좋겠다. … (사회자: 그런 생각을 하실 정도로 지금 생활이 어려운데 진짜 그러시면 안 됩니다.) … 요새는 그런 약이 나와 가지고 주사 맞으면 죽는 약이 있으면 내가 돈을 모아 가지고 20만 원 나오는 이것도 약값에 쓰지 말고 고마 죽어버리면 좋겠다. … 심장약을 끊어 볼까. 수십 번 항상 그 생각을 하고 살지. … 심장약 안 사도 내가 생활이 될 건데 그리고 장애 손주가 돈 주는 게 가슴이 아파서 그것도 받아쓰기 싫으니. … (장애_지방1)

나야 자살할 생각도 들고 있어요. 이달 10일까지 안 하면 집 내 놓는다고 하지 그러니까 죽고 싶은. 사람이 갑자기 그런 생각이 들어요. 죽어버릴까 그런 생각이 들고. … (학교밖_지방2)

내가 이렇게 살아서 뭐해 죽으면 끝나는데 이런 생각해가지고 신랑이 그때 농약을 갖다 놓고 이걸 어떻게 먹지. … (노인_군)

아유, 이제 끝났다. 편안하게 이제 잠만 자면 될 거 아니에요, 잠만 자면. 그런데 이건 잠 오는 게 아니라 속을 막 긁어내려요, 긁어내려. 할 수 없이 안 아프고 갈 수 있는 방법 없나. 전화기 켜니까 뭐가 뜨냐면 제일 먼저 그게 뜨더라고요 … 아이고 선생님 나 미치겠다고 나 이거 생각 잘못해 가지고 약 먹었다고 나 죽게 생겼다고. 그러니까 119하고 같이 왔더라고요. 그래 가지고 을지병원 가 가지고 위 세척하고 제가 지금 이 나이에 할 게 있으면 사람이 목표의식이 있으면 … (그러지 않았을 텐데) …일반 사람들 그게 향정신성 의약품으로 분류가 돼 가지고 아무나 처방 안 해 주거든요. 처음에 반 알씩 줘요. 제가 30알 하고 ○○○(약이름), ○○○(약이름)은 40개 정도 될 거예요. 술하고 같이 그냥 먹었죠. (중장년_지방2)

심지어는 이번 연구를 위한 인터뷰를 통하여 자살 위기가 일시적으로 완화된 것으로 보이는 경우도 있었다.

(사회자: 이렇게 시간 내주셔서 감사합니다.) 되든 안 되든 저도 얘기하니까 후련해요. 며칠 전까지는 진짜 죽을 생각도 했었어요. 애들이랑 어디 가서 죽어버

릴까 생각도 했는데 어디 말할 데도 없고 어디 얘기할 데도 없고 눈물도 나오려고 하고 (학교밖_지방2)

나. 질병과 의료비 문제

다양한 질병으로 인한 신체 건강의 문제는 그다음으로 나타나는 일반적인 욕구였다. 각종 질환과 이로 인한 의료비 부담의 문제는 30개 사례 중 18사례나 해당되는 문제였다. 기본적으로 노인 가구의 경우 치료되기 어려운 만성 질환을 가지고 있는 경우가 많았다.

다른 거 없고 건강 상태죠. 지금 현재 여기에서 더 나빠지지 않았으면 그게 바라는 거야. … 이게 자동적으로 노인 질병이야. 이거는 병원에 가서도 고치기가. 고쳐 봐야 그때뿐이라고 (노인_경기)

혈압이 올라서 영 안 내려요. 한번 먹으면 계속 먹어야 된다고. (노인_군)

올봄에 여기 혹이 나가지고 수술을 여기 종합병원 가서 수술을 받았어요. … 알맹이가 있는데 이게 안 사그라들고 재발을 했어. 재발을 했는데 … (노인_지방2)

지금은 몸이 안 좋으니까 어디 나가지도 못하고. …간, 폐가 조금 안 좋아. (노인_지방1)

하지만 노인 가구가 아니더라도 중증장애인 가구나 한부모 가구의 경우에도 보호자나 자녀가 건강상의 문제를 가지고 있는 경우도 있었다.

지금 관절약 같은 걸 먹어요. 지금 저기 해서 막 이런데. 저런 것보다 막 다리가 막 이래서 내가 저기 약을 ○○○(약이름) 그런 데 약을 돈 주고 사서 먹으니까 좀 괜찮고 … (장애_서울)

쌍둥이가 조금 면역력이 약해서. … 몸무게가 체중미달로 돼서. … 한 10kg 미달이에요. (한부모_지방1)

(사회자: 혹시 아이들이 아프거나 지병 같은 거 있어요? 아프진 않아요?) 아파 있어요. 가끔 아파서. 연이요. (사례관리사 응답) 비형간염 보유자예요. 아버님한테 약간 유전적인 거라고. (한부모_서울)

그리고 질병의 문제는 질병이 한 가지가 아니라 여러 가지 복합적인 질병을 가지고 있거나 사례 가구 안의 구성원들이 각자 질병을 가지고 있는 상황들이 많았다. 문제나 욕구가 중첩되어 있는 것이다.

(사회자: 병원 방문 많이 하세요?) 머리요. 머리. .. 저게 전부 약통이에요. .. 독한 약을 먹다 보니까. 장까지 안 좋은 거예요. 쓰리고. (중장년_지방1)

둘이 사는데 둘이 다 환자인데 제가 25년 전에 직장암에 걸려 가지고 항문이 이리 올라와 있어요. … 그 다음에 5년 됐지. … 췌장암 걸려 가지고 세브란스 병원에서 수술하고 회복을 했죠. … 우리 할머니는 허리 수술을 했어요. 그 다음에 또 한 1년 있다가 목디스크 걸려 가지고 활동하기 어려워요. 저 그냥 나갔다 들어왔다.(사회자: 척추가 안 좋으시고 척추협착증.) 그렇죠. (노인_서울)

 셋째 애도 천식이 있어 가지고 또 오늘 어제도 병원에 가서 오늘 입원을. … 막내도 소장하고 대장 쪽에 그게 염증이 생겨 가지고 입원을 하고 … (아버지는) 그게 1년에 2~3번 3~4번 입원을 하시는데 괜찮을 때는 자기도 일을 하려고 여기저기 알아보는데 다리가 너무 절둑거리고. … (발달_지방1)

큰애가 좀 비염이 심하고, 애가 몸이 약해요. … 큰애가 귀에 신경섬유종 반점, 커피색 반점이 커요. 이것을 수술을 해 줘야 되나, 그것 때문에 스트레스 많이 받아 해요. (한부모_군)

내가 배 안에 종양이 혹이 들어서 수술하고 종양 수술 4번까지 갈아놨고 허리 수술 했고 담석증 수술 했고 워낙 수술을 많이 하니까 걷지를 못해. 절룩거리고 걷는데 … ○○이가 이제는 장애다가 당뇨가 있어 가지고 인슐린 주사를 맞아요. 주사로 … 그 당뇨도 안 지가 아주 오래됐어. 한 10년 됐는데 …(장애_지방1)

뇌경색, 간경화증. 여러 가지예요…. (병원에 가면) 5가지를 받아 돼요. 간, 우울증 약 지으려면 5가지를 가요, 과를. … 콩팥이 잘못됐다고 약 먹고 있어요 … 약을 5가지 먹어요. (중장년_군)

건강은 좋지는 않지. 아파서 병이지. … 당에다가 콩팥 심장. (장애_군)

이러한 질병의 문제는 경제적 문제와도 연결되어 있었다. 앞선 생계의 문제에서도 나타났듯이 의료비 지출로 인한 부담이 생계의 문제로 이어지는 것이다.

의료보험 실비를 들어놨는데 … 그거를 지급 안 하겠다고 그리고 지급 안 하는 이유는 과잉치료래요. … 지금 이 현 상태로 가면 보험사에서 보험료 지급 안 되고 애 엄마는 병원 다니는 걸 포기해야 되는 거죠. 그만큼 더 벌 수는 없으니까

… 솔직히 부모 입장에서 아이 치료 포기할 수는 없어요. 아무리 지금 금전적인 문제 때문에 그렇지만 포기할 수는 없어요. (발달_경기)

힘들지 살기가. 돈이 없으니까 내가 심장 약 타는데도 돈이 많이 들어가고 당뇨도 있고 뭐도 있고 이렇게 몸이 아프니까. (장애_지방1)

되게 아파서 병원에 가고 … 이만 한 주사 한 병 맞는데도 그게 2만 원이고 3만 원이고 그래요. 그거 하나 맞으면 살겠는데 그것도. (장애_지방1)

(사회자: 당장에 출산하고 나서 몸이 안 좋았을 수 있잖아요. 그때는 어떻게 대처하셨어요? 참으신 거예요?) 예, 참았어요. …(사회자: 그 지금 출산하고 나서 병원 제대로 한번 가 보신 적 있습니까?) 딱 한 번 있어요.(사회자: 그러면 결국에는 지금 다른 이제 본인을 위해서 쓰는 돈은 없었다는 거네요.) 못 쓰죠. 병원비가. (학교밖_지방1)

병원비부터 해서 힘들지, 이제. (중장년_군)

가장 맹점으로 두는 거는 우리가 아픈 애밖에 없잖아요. 의료비 종류 부분들 (발달_지방2)

의료보험에 10만 원 나갔고 의료비가 약값까지 15만 원 정도 나갔을까. 왜 그러냐면 각 검사가 있으니까. 할머니는 약을 타온다 돈 10만 원 되고, 보험사 같은 거 하면 15만 원 정도. 25만 원씩 나오고.(사회자: 한 달에 35만 원씩 40만 원으로 사시겠네.)(노인_서울)

의료비가 많이 부족해요. … 병원비도 내시경뿐만 아니라 목 상태 검사할 때도 비보험이었어요. … 단순 감기로 가서 1000~2000원 내면 되는데 이런 진짜 크게 아파서 갔을 때는 택도 없어요. (한부모_군)

질병의 문제가 또 다른 문제로 이어지는 경우도 발견되었다. 질병으로 인해 소득 활동을 하지 못해 더욱 어려운 상황으로 이어지는 것이다.

귀 수술도 10월달에 해야 되는데 또 공백기가 생기잖아요. 귀가 일단 좋아져야 돈을 벌어도 버는 거니까. … 10월달에 또 수술 받아야 되는데 한두 달은 돈을 못 벌 텐데 (한부모_경기)

아빠가 이제 곧 70이 다 돼서 많이 아프셔 가지고. 그래 가지고 우리 아빠는 햇빛이 뜨거운 데서 일을 못 하세요. 우리 아빠가 지금 심장수술 하셔가지고. (장애_군)

다. 정신건강 문제

정신보건의 문제도 사례에서 많이 나타나는 문제였다. 인터뷰 사례 중 절반이 넘는 16사례에서 정신건강의 문제가 발견되었다. 그중에서 가장 일반적으로 나타나는 문제는 우울증이었다. 대부분은 우울증 진단을 받고 처방을 받아 약을 복용하였거나 복용하고 있는 중이었다.

> 제가 또 지금 우울증이 좀 심해 가지고 우울증 약을 복용하고 있거든요. 그래 가지고 지금 병원에서도 저한테 입원을 하라고 하는데 입원할 상황이 아니니까. (장애_지방1)
>
> 제가 제 안에 요즘에도 외치는 게 있어요. 가끔 우울감이 확 올 때가 있어요. 사람이니까. 내 나이 또래 여자들은 잘나가고, 남편도 잘 만나고. 갑자기 눈물이 콱 쏟아지려고 할 때가 있어요 (한부모_경기)
>
> (사회자: 아이가 우울하거나 그래 보이지는 않아요?) 맨날 우울해요. (발달_군)
>
> (심리적인 이유나 이런 것 때문에 정신과 쪽으로도 치료를 받으신 적이 있으세요?) 예, 약 먹어요. … 정신과 약이요. …우울증 약. (중장년_군)
>
> 애가 엄마 나는 아빠 생각하면 화투 치고 술 먹고 엄마 닦달하고 그런 거 생각난다고. 재떨이하고 이거 버려버리래 뭐가 미련이 남는다고 가지고 있냐고. 그런데 못 버렸어요. 너무 없으니까 우울증이 오니까요 (노인_군)
>
> 아프기는 아파요. 지금 우울증이 심해서, 1년간 약 먹고 치료 받았고요. (한부모_지방1)
>
> 나도 그것 때문에 좀 그래 가지고 감정적으로 이제 우울증이라고 해야 되나요? 그게 있어 가지고 그것까지 했어요. (학교밖_군)
>
> 일부러. 상담하고 약물 먹고, 저도 똑같이 약을 먹어요. 너무 우울한 거예요. 그 현실이 다가오니까. 현실과 정말 지금 내가 가야 될 길과 그게 너무 내가 바라는 거와 다가오는 거와 내가 할 수 있는 것들과는 너무 떨어져 있으니까 두려움이 너무 커요, (발달_서울)
>
> (사회자: 그때 진단받으셨던 게 우울증 이런 거였나요?)우울증이었어요. … 갈수록 심해요. (한부모_군)

정신건강의 문제는 우울증에만 국한되지는 않았다. 알코올 중독이나 주의력결핍과잉행동장애(ADHD), 조현병 등 다른 정신보건 문제들이 있는 경우도 있었다.

제가 생활이 불편하다 보니까 술을 적정선에서 먹고 그러면 되는데 술을 자제력이 없어요. 먹다 보면. 먹다 보면 계속 취할 정도로 먹고. … 제가 자유형정신분리증이 있어요. 그 약을 복용한 지 15년, 20년. 그렇게 됐어요. … 분열증이요. (중장년_서울)

(사회자: … ○○이가 에이디에이치디 진단을 언제 받았죠?) 초등학교 1학년. (학교밖_서울)

병원에 가면 어련히 정신과 의사가 자주 물어보지. 어떠냐고 요즘 상태가 어떠냐고 견딜 만하냐고 그러면 견딜 만하다고 견디기 힘들다고 하면 또 약 처방을 좀 세게 정신안정제를 돌려줘요. (장애_지방2)

내가 뇌출혈 때문에 단기기억력이 왔다 갔다 해요. 왔다 갔다. 집에서도 불 날 뻔도 한번 해 가지고. … 환청이 또 들려요. 환청이. 환청까지. (중장년_지방2)

아픈 것보다 정신적으로 건강하지가 못해요. 그리고 그렇게 뭔 일을 하면 꾸준히 그렇게 하지도 못하고 지가 하기 싫으면 관둬 버리고 (장애_서울)

라. 자녀 양육 문제

자녀가 있는 가구의 경우에는 대부분 자녀 양육과 관련된 욕구가 있었다. 일차적으로는 기초적인 생계의 문제를 겪는 경우가 많은 만큼 자녀 양육에 따른 경제적 비용에 관한 욕구가 있는 경우가 있었다. 경제적 문제로 인해 자녀의 진학에 있어서도 어려움이 발생하기도 하였다.

(사회자: … 지금 당장 지원받을 수 있는 게 있다면 뭐가 가장 필요할 것 같으세요?) 일단 애기 용품. (학교밖_지방1)

좀 해서 우리 애들 데리고 오려고요.(사회자: 애들 댁으로 데리고 오고 싶으신데, 데리고 오시는 데 문제되는 게 뭐가 있으세요?) 여유가 좀 있어야죠. (중장년_군)

어차피 딱히 우리야 굶고 죽으려고 마음먹으면 뭔들 못하겠어요 어른들인데. 근데 애들 먹는 부분 식생활 부분하고 애들은 점점 커가잖아요…. 나도 소중한 자식인데 내 자식은 거지처럼 보이고 싶은 생각은 없을 거 아니에요? (발달_지방2)

얘는 그냥 학교에서 인 서울을 가려고 하니까 인 서울은 불안불안한 거예요. 왜냐하면 돈이 없다 보니까 여기저기를 못 넣었어요. … 원서비가 없어서… 한 번 떨어지면 또 돈을 마련해야 되는데 어떡해요. (장애_경기)

반드시 경제적인 문제가 아니더라도 여러 가지로 어려운 상황 속에서 어떻게 자녀를 잘 키울 수 있을까 하는 걱정을 가지고 있었다. 그러한 걱정 때문에 소득 활동을 제대로 하지 못하거나 나서는 데 제약을 받게 되는 경우도 있었다.

> 잘 키우고 싶은데 걱정이죠. … 학교나 잘 보내고 해야죠. (중장년_군)

> 내가 없는 동안에 애들 굶고 있다는 생각에 일도 안 잡히고 사고 날까 봐 걱정되고 나가더라도. (학교밖_지방2)

> 4개월 정도 경력단절 여성들을 위한 프로그램을 했는데, 막상 취직하려고 하니까 … 또 멀리 가려니까 애들 생각도 있고,… 애가 어리다고 하기에는 애들은 너무 많이 컸기 때문에. … 큰아이들은 19, 18이고, 밑에 아이들이 쌍둥이인데 12살이에요. 그분들이 볼 때는 얼마든지 아이들이 돌봄이 필요 없는, 스스로 할 수 있는 나이이니까. (한부모_지방1)

자녀의 문제가 보다 심각하게 나타나는 경우도 발견되었다. 가출을 하거나, 범죄를 저질러서 소년원에 가거나, 폭력에 연루되거나, 부모에게 폭언을 하는 경우도 있었다.

> 지금 고등학교 1학년인데 계속 지금 집에를 안 들어오고 가출을 하고 학교 생활도 제대로 안 하고 있어 가지고. … (발달_지방2)

> 큰애는 또 잘못돼 가지고 소년원 들어가 있고. 이것저것 그 애 터지고 이거 터지고 지금. … 애를 잡아줬어야 하는데 동생들만 생각하고 지는 안 잡아 주고 하니까 애가 놔둔 것도 나빠서 그런 게 아니고 내가 못 잡은 거에요. (학교밖_지방2)

> 애가 둘 있는데 하나는 학교를 안 가려고 해서 걱정이고 하나는 또 저기 하는데…. 한 번은 ○○이하고 같이 학교를 안 다니는 애가 ○○이가 자기 흉을 봤다고 밤 12시 돼서 집에 찾아와서 … 어른한테 욕하고 면도칼 갖다 얼굴 그어버릴라. 이런 소리 막 할 때는 섬뜩해요. 그래서 될 수 있으면 경찰에 신고를 해버렸어요. (한부모_지방2)

> 아빠가 주무시면 늦게 시간에 술 먹고 전화를 해요. 전화해 가지고 막 돈 달라고 돈 부쳐 달라고 아빠한테 친형이 아빠한테. … 친형이 막 아버님한테 욕도 하고 술 먹으면 욕 해버리니까 그래 가지고 아빠가 전화 안 받아요. (장애_군)

이와 같이 자녀 양육과 관련된 다양한 문제를 경험하는 가운데 가장 직접적인 욕구로 나타나는 것은 자녀의 학업이나 학습에 관한 것이었다. 특히 학년이 올라갈수록 진학에 대한 경쟁이나 압박이 심해지면서 필요는 더욱 높아지는데 지원은 오히려 적어지는 모순적인 상황을 호소하기도 하였다. 우리나라는 세계 어느 나라보다도 보편적인 공교육 제도가 정착되어 있지만 정작 교육 문제를 책임지는 구조는 아니다 보니 학교를 정상적으로 다니고 있어도 교육에 대한 욕구는 별개로 발생하고 있는 것이다.

아들은 공부를 좀 못해요. 딸은 꽤 해요. 노력을 하면 학원을 제대로 보내줬으면 올라왔을 텐데 한창 중요한 시기에 어려워지는 그 과정에서 집에 저는 돈 벌러 다니고 돌봐줄 사람이 없으니까 성적이 그때부터 떨어졌던 것 같아요. (한부모_군)

바로 밑에 아이가 내년에 고3 올라가고, 지금 고2인데 자기 혼자 공부를 해요. 그런데 거기 부수적으로 책값이든, 들어가는 것에 대해서 말을 안 할 뿐인데, … 지금 밑에 저학년들은 괜찮아요. 애가 어릴수록 서비스 자체는 좋은데, 고학년 갈수록 혜택이라는 게 딱히 좋다는 게 없어요. 왜냐하면 공부를 할 아이는 공부를 해야 되는데, 공부를 할 입장이 안 되는 것 같아요. 돈 문제도 없고요. 분위기상 문제도 있고요. … 진짜 돈 들여 학원을 가지 않는 이상, 자율학습이라고 해봤자 한계도 있고요…. 고학년 될수록 아이들이 너무 힘들어해요. (한부모_지방1)

뭔가 공부를 하면서 뭔가 자기가 기술도 배워도 좋고, 자기가 뭔가, 그러니까 자존감이라 그럴까? 그런 걸 키워 주기 위해서는 공부와 더불어서 같이 해 줌으로 인해서 자존감 세우면서 공부를 하면 자기가 '나도 할 수 있어.' 그런 자신감을 얻어서 더 동기부여를 해 줌으로 인해서 빨리 올라갈 것 같은 생각이 들거든요. (학교밖_서울)

아이 학교 공부에서요. … 저 힘들었어요. 저 엄마 외국인인데 아이 통화하고 무슨 통화하는지 몰라서 하고 그래서 더 힘들었어요. … 4학년하고 그리고 또 5학년하고 그러니까 좀 어떻게 공부하는지 그래서 또 한국 힘들어하는데 열심히 하는데 그때 혼자 하니까 (한부모_서울)

가족들이 이렇게 나와 사니까, 친정이 잘살면 그런 지원도 안하겠는데 친정도 못살고, 얘들이라도 지원이라도 받아서 공부도 가르치고. (한부모_군)

마. 주거 및 주거환경 문제

주거 문제의 경우 주거 자체가 안정적으로 확보되지 않은 경우와 주거 환경이 부적합하여 나타나는 문제로 구분할 수 있었다. 먼저 주거 자체가 안정적이지 않은 경우에는 가장 절박한 문제이거나 가장 불안한 문제로 나타나고 있었다.

> 집이. 왜냐하면 우리 아들 데리고 ○○에서 다 알아봤는데 기본이 1000에 40, 50 이렇게 되는데 제가 어떻게 감당을 해요. … 얘 휠체어 끌지, 어디 가서 알아보니까 다 계단이고. … 그러면 얘 휠체어 끌고 어떻게 올라다녀요. 정말 힘들어요. 살 수가 없어요. … 돈이 없으니까 나가야 되는 상황이잖아요. … 저 같은 경우는 안 되는 이유가 파산 신청해서 대출도 안 되고 완전히 길바닥에 나앉는 상황인 거예요. (장애_경기)

> 전기만 나오게 하면 애들 밥도 해서 주면 되는 거니까. 그거 하고 집세 그거 외에는 다른 건 내가 벌어서 감당할 수 있으니까 급한 건 그거죠. … 큰애 엄마가 교통 사고가 나가지고 교통 안전 회 거기서 해가지고 LH에다 해가지고 5000만 원을 지원을 받고 5000에 20에 살고 있어요. 그것도 만기 얼마 안 남았어요. 다음에 집 구할 돈도 만들어 놔야 돼요 (학교밖_지방2)

> 제 입장은 현재 주거가 제일 중요하다고 생각하는데요. … 그래야 어디 식당에서 설거지를 하든 먹고살겠는데 … 식당 180만 원 받는대요. 그러면 500에 50만 원인가 월세를 사는 모양인데 낸대요. 생활한대. 그게 너무 힘들잖아요. … 지금. 월세로 바뀌어 가지고. 주택 문제가 제일 힘든 것 같아요. 사는 문제는. 먹는 거 어떻게 먹겠죠. (중장년_서울)

> 지금 전세인데 아직 1년 남았는데 계약 기간이 1년 지난 다음에 돈을 더 올려 달라고 할까봐. … 제일 걱정 많아요. (한부모_서울)

> 이 집도 내년이면 나가야 되거든요. … 저는 또 이사를 가야 되고. 제가 여기에 있는 게 다 풀옵션으로 있는 데니까 다른 데 가게 되면 또 냉장고, 세탁기, 에어컨도 안 바라고 선풍기는 조그만 거밖에 없고 그런 것들 등등 이런 것도 있고 하니까 내년이 더 무서운 거예요. 점점 다가오는 현실이 … (발달_서울)

주거 환경의 문제는 주로 지방도시나 군 지역에서 나타났는데 부적합한 주거로 인한 문제였다. 집이 노후되거나 기본적인 난방이 되지 않거나 하는 경우들이 있었다.

> 저희 집은 집이 좀 오래돼서 걱정되고. … 집이 워낙 오래돼 가지고 집이 거진 80년인가 됐다는 집이라서 그래 가지고 이제 집도 새로 짓고 싶은데. … (학교밖_군)

> 300에 20만원짜리 교회를 하나 얻어 가지고 거기서 먹고 자고 아예 교회에서 학교 애들 보내고 그랬어요. 근데 거기가 상가 건물 2층이에요. … 거기다가 전기장판 깔고 연탄 난로 피고 거기서 먹고 자고 (발달_지방2)

> 우리같이 지금 열악한 환경에는 집에 바퀴벌레도 엄청 나와요. 거기에 지금 자고 있는데 아유 어째 환경이나 좀 말도 못 하는 지경이기 때문에 한 달에 12만원에 사는데 오죽하겠어? 돼지우리같이 … (장애_지방2)

> 당장 어려운 거는 … 보일러에 지금 난방을 8년 동안 못했어요. 보일러가 보일러는 노인복지관에서 설치를 해줬는데 배관이 깨져 갖고 그걸 고쳐야 되는데 또 미루다 미루다 보니까 그걸 못하고 있고. … (한부모_지방2)

> 시골이다 보니까 벌레도 많고, 이 벌레들이 집으로 들어오고 이러니까 애들 물고, 환경이 안 좋으니까 지원을 받아서. … 여기 샤워실이 있는데, 가스로 온수 샤워를 하고 있어요. 사람들이 와서 보고 가스는 위험하니까 보일러로 하라는데, 돈 때문에. … 여름에는 애들이 찬물로 받아다 씻고 하거든요. 그런데 겨울에는 나무를 주로 많이 때요. 기름은 새벽에 나무 들어가서 춥고 그러면 그때 잠깐 보일러를 틀어서 하고, (한부모_군)

> 비가 여기까지 안 들어오게 여기 앞에만 좀 막아줬으면 좋은데. …비 많이 오면 저기 앞에 신발 같은 거 안 젖게 앞에 좀 막아줬으면 딱 좋은데 비 많이 오면 신발이랑 다 젖거든요. …아빠가 아침마다 불 때요. 산에 가서 나무 해 가지고 나무 잘라가지고 불 때요. 겨울에는 아침마다 불 때시고.(사회자: 난방은 불 때는 걸로 해결되세요?) 네. (장애_군)

바. 발달장애 문제

발달장애 문제는 인터뷰 사례 선정 당시 복합적 욕구를 가진 사례로서 발달장애인 가구를 선정했었기 때문에 기본적으로 나타나게 될 수밖에 없는 문제이기도 했다. 하지만 다른 청년 중증장애인 가구에서도 발달장애인 경우가 대부분이었으며 한부모 가구에서도 발달장애를 가진 자녀가 있는 경우가 있었다. 이러한 점을 고려하면 발달장애가 복합적 욕구를 가진 사례로 발전될 가능성이 더 높은 장애 유형이라고 해석할 수도 있을 것이다.

지가 가기 싫다면 절대 또 안 가요. 동에도 안 가요. 머리가 이상하니까 모자르거든. 지금의 머리나 지그 아들 머리나 내가 볼 때는 비슷한데 지그 엄마가 조금 낫지. (장애_지방1)

지능검사도 했었어요. 물론 지능이 많이 낮지만, 계속 교육을 받고 이렇게 하면 어느 정도 일상생활에 크게 정상인은 못 되지만 크게 되지는 않을 거다, 걷기도 하고 그래서 큰 문제라고 생각을 안 했는데 8살 때 경기를 하면서부터 문제가 심하게 된 거예요. (장애_경기)

자폐증 그 병이 있어. 그 진단 때문에 꿈쩍 못해요. 병원에서 꼭 붙어 있어. (장애_지방2)

큰애는 지적장애가 있으니까. 학교 공부는 아예 관심 없어요. 화장하고 외모 꾸미는 데만. 굉장히 순수해요. (한부모_지방2)

애가 방황하기 시작하는 거예요. … . 그래 가지고 ○○에 ○○대 옆에 뭐가 있지. … 거기서 이제 얘를 해주더라고 케어를. 얘가 자기 지능보다 좀 낮다는 거예요. 난 또 깜짝 놀랐지. 그래 가지고 거기서 해줘 가지고 했더니 지적3급이 나오더라고요. (장애_서울)

사. 노동 능력 상실의 문제

많은 경우 기초적인 생계의 문제를 경험하는 만큼 되도록 소득 활동을 하고자 하는 경우가 많았다. 하지만 질병이나 장애의 문제 등으로 인하여 노동 능력이나 의지가 상실되어 있는 상황들이 있었다.

돈은 없고 계속 그나마 얼마 남아있던 걸 계속 쓰고 있었는데 길이 없잖아요. 돈을 벌 수 있는 몸 상태도 아니었고. 그래서 병원에서는 일하면 죽는다. … (한부모_경기)

우리 아무것도 못 심고. 글러 먹었다니까 농사가. 아무것도 못 하고. … 약을 먹고 조금씩 이제 발 운동을 하라고 하더라고요. 그때는 12주까지는 못 움직였어요. 목발도 집지 말라고. 휠체어 타고 다녔다니까요 나요. … (발달_군)

더 이상 제가 노동을 안 할 정도의 상태는 아니라서 공문이 하나 날아왔거든요. 그때부터 제가 약을 좀 줄이고, 이제는 좀 끊고, 다시 뭔가 해보려고 이래저래 다 알아봤던 거예요. 그런데 막상 해보니까 제가 1년 동안 너무 아팠던 것도 문제가 컸고요. 그래서 더 위축돼 버린 거예요. (한부모_지방1)

제가 불편하니까 정신건강 상태가 안 좋은 상황이라 일을 하고 싶어도 의욕은 있지만 행동으로 못 옮기는 입장입니다. (중장년_서울)

(사회자: 폐지라도 줍고 그랬으면 좋겠다. 그런 말씀 하셨잖아요. 그러면 조그마한 일거리라든지 이런 거에 대해서 소개받거나 아니면 하고 싶다고 말씀하신 적이나 이런 적 있으실까요?) 없어요. 너무 아프니까. … 똑바로 걸어가질 못하니까요. 저 딴에는 자꾸 우측으로 쏠려요. (중장년_지방2)

(사회자: 직업을 구하려고 하는 게 있나요?) 몸이 안 좋아서 하지를 못해. 숨이 차가지고. (노인_지방1)

3. 주요한 사적 대응과 노력

가. 소득 확보나 고용을 위한 노력

앞서 살펴본 바와 같이 소득 불안정이 기본적인 위기의 원인이 되다 보니 가장 일반적으로 나타나는 개인적인 대응은 일을 통해 소득을 확보하려는 노력이었다. 총 30개의 사례 중 21개 사례에서 소득활동을 하였거나 하고 있었고, 구직 활동을 하는 등의 노력을 했던 것으로 나타났다. 하지만 이러한 소득 활동은 대부분 단순 일용직 수준의 단기적인 일거리에 머무르고 있어 위기 상황을 벗어날 수 있는 정도는 되지 못했다. 당장의 생계 문제를 위한 소득 활동이다 보니 안정적이고 장기적인 일자리를 확보하는 것으로 나아가지는 못하는 것이다.

당시 할 게 없으니까 막일을 하러 다녔죠. 인력사무소 찾아가니까 일이 있더라고요. (중장년_경기)

짧게 2-3시간 시급 받고 잠깐씩 일하고 있어요. (사회자: 어디에서 일하고 계세요?) 분식에서. 지금 관리비랑 내야 되니까 LH에 다달이 내야 되는 돈이 있어요. (한부모_경기)

알바를 하긴 했었는데 이게 했을 때는 진짜 많이 도움이 됐었거든요. 제가 너무 힘들어서 안 하다 보니까 전혀 도움이 안 돼요.(사회자: 공부랑 아르바이트 병행하기가 좀 많이 힘들었나 봐요.) 예. (학교밖_경기)

내가. 가만히 안 있어요 저. 동네사람이 다 알 거예요. 손주 새끼들하고 먹고산다고 벌러 다닌다고. 집안 살림하고 벌러 다니려면 난장판을 치고 생겨요. 너무

> 악착같이 살아서 남의 일도 겁나게 다녔어. (발달_군)
>
> 전기세 그거도 나가는데 그거는 아들이 나가서 하루에 노동 일로 해서 오면 그거는 줘요. (장애_지방1)
>
> 설비하고 이것저것. 큰 보일러 만드는 거. 이것저것 그것도 있으면 하고 또 뭐 있으면 하고. 닥트도 하고 에어컨도 하고 … 따라다니면서 배운 거죠. 하다 보면 익혀가지고 하고. (학교밖_지방2)
>
> 진짜 어려웠어요. 제가 아기들이 있고 하니까 부업을 해야 돼요. … 애들 과자라도 사주려고. 그러니까 밤새서라도 한 새벽 2시에도 일어나서 일하고, 부업을 한 8년 했나 봐. 6년, 7년 했나? 8년. 그렇게 해서 살았어요. (학교밖_서울)
>
> 솔직히 말해서 가끔가다가 알바를 좀 해요. … 전단지 일 하는 거예요. 아침에 나가 갖고 집에 오니까 2시예요. 새벽 2시. 9시 돼서 나가 갖고. 대충 정리하고 운동 가서 또 하고 어제 13만 원 일하고 왔어요. (한부모_지방2)
>
> 우리 아빠는 가끔씩 돈 벌러 집 뒤로 9월 24일날 일하러 가세요. … 그래 가지고 20만원씩 벌어요. 준다고 묘 깎으러 가세요. 벌초하러 가세요.(장애_군)
>
> 어지럽고 게다가 허리까지 아프니 일하러 (갔다가) 절반 하고 쫓겨났다니까요. (중장년_지방2)

그중에서는 고용복지센터나 여성인력센터 등 공적 지원을 활용하여 상담과 교육을 받고, 직업훈련을 거쳐서 취업하려는 노력을 한 경우도 있었다. 하지만 이러한 경우에도 안정적인 일자리로 이어지지는 않았다.

> 정부 이쪽 도움 받을 수 있는 게 있나 해서 찾아보니까 고용복지센터 쪽 제가 인터넷으로 확인을 했어요. ○○에 복지센터를 찾아 갔습니다. … 그쪽에서 기초수급자가 복지사도 연결해 주고 또 취업 문제하고 같이 상담을 했는데 취업 6주간인가 상담하는 거 있잖아요. . … 15만원인가 주대요. 그 돈을 받으러 간 건 아닌데 근데 이분이 관심을 가지고 저한테 전화를 주시고 취업에 대한 뭔가 상담이 진행될 수 있도록 회사가 어떤 회사가 있는데 뭐 이런 게 좀 있어야 될 거 아닙니까? 그런데 전혀 액션이 없었어요. 전혀 … (중장년_경기)
>
> ○○여성인력센터 갔거든요. 검색해서. … 제가 자활 갔다가 안 되고, 그래서 ○○ YMCA도 취업 알선해 달라고 얘기했는데. … 자꾸 안 되는 거예요. … 그것만 있다고 해서 되는 게 아니라는 걸 . … 몇 번 해봤는데, 그분들은 조금 할 수 있는 사람을 원하더라고요. (한부모_지방1)
>
> 내가 그전에 저쪽에서 네일아트를 좀 배운 적이 있었어요. 2급을 따놨는데 어렵다 그러더라고. 1급은 안 됐는데 커피 그런 것도 있고 그런데 지금 보니까 커피

숍이 너무나 많더라고. (장애_서울)

물론 사례 중에는 그래도 안정적이고 장기적인 일자리를 확보하는 경우가 없지는 않았다. 하지만 소득활동을 하거나 구직노력을 한 21개 사례 중 단 두 사례에 불과하였고, 자녀의 성장에 따라 취업을 하는 등 예외적인 경우에 가까웠다.

우리 딸은 직장 잘 들어갔어요. 애가 머리가 좋아가지고, ○○학원 본사에 있어요. 컴퓨터 개발자로. (장애_경기)

(과거에) ○○ 인터넷 상담하고 그런 것 했어요. … 나오자마자 그 일을 하고, 공부해서 이걸 한 거죠. (사회자: 지금은 병원에서 어떤 일을 하고 계신지?) 간호조무사로 있습니다. … 상담사라는 게 명이 짧잖아요. 짧아서 애들 키울 수가 없어서. (한부모_군)

나. 기초 생계 문제 해결을 위한 노력

소득 활동이나 구직 노력 이외에 기초적인 생계 문제 해결을 위해 사적으로 하는 노력으로 두드러지게 나타나는 것은 돈을 꾸는 것이었다. 특히 위기 초기에는 대출 능력이 있어서 금융기관으로부터 대출을 받아 당장의 문제를 해결하기도 하였지만 결국 부채를 감당하지 못해서 파산하는 경우도 있었다.

제가 1000만 원에 대출 받아서 대출이 되더라고요. 그래서 여기 살게 된 것이지, 지금도 대출받은 게 8년 만기라서 이달이 만기예요. … 졸업하고 나니까 1700이라는 게 되더라고요. 왜냐하면 학자금 대출을 8번을 했잖아요. 8번 했는데, 어찌됐든 1700 얼마가 됐어요. … 저는 그것도 힘들어서 카드로. 제가 2015년도에 파산신청을 냈는데, 그때까지 카드로 다 메꿔서 이런 식으로 살았었어요. … 제가 카드 아니었으면 진작에 어떻게 됐을지도 몰라요. … 제가 또 파산신청까지 냈어요. … 카드로 이렇게 다 쓰고 그러다 보니까 돌려막고, 이렇게 쓰고 돈이 엄청나게 불어난 거죠. (장애_경기)

임대 아파트. 그런데 아파트가 다 있는데 … 여기는 한 1~200이 좀 모자란 거예요. 이사비용까지 하니까. … 그때는 직장을 다니니까 대출을 200정도 받아놓고 … (한부모_지방1)

저도 일을 그만두고 저희가 빚이 많았어요. 결혼부터 해서 다 제 힘으로 했거든요. 신랑도 돈 있는 것도 아니었고. … 그래서 파산을 했어요. (발달_서울)

하지만 더 일반적인 것은 금융기관을 통한 대출이 아니라 사적인 채무였다. 당장 급한 돈을 사적으로 꾸는 것이다.

개인적인 채무가 300 정도 있어요. 대출이 아니고 친한 사람들한테 50만원 100만원. (발달_경기)

(사회자: 그렇게 지금 굉장히 충당하기 힘든 돈들은 어떻게 충당하고 계세요?) 빌려 갖고. … 할아버지 간병인(한테) … (학교밖_지방1)

주변에 빌린 돈들이 많아서 엄마가. 그래서 그런 것들 때문에. (학교밖_경기)

(사회자: 어머니 몸도 지금도 안 좋으실 텐데 경제적인 거는 어떻게 하고 계세요?) 주위에서 많은 사람한테 빌리기도 했고요. (한부모_경기)

돈 필요할 때는 큰아빠한테 빌려 가지고 쓰고 했었거든요. 그거 빼고는 없어요. (학교밖_군)

사채는 뭐 신용도 없고 그래서 사채 같은 경우는 꿈도 못 꾸고 은행도 마찬가지고요. 안 되고. 지인들하고 형제 동생들. 어려워요. 다 생활이 다 어려운데 여동생 둘이 있어요. … 사실 얘기 했죠. 그랬더니 애들 어리고 그러는데 키우는데 한 50만 원, 50만 원 이렇게 해 가지고 또 빌리고 저 수급비에서 60만 원 나온 거 30만 원 이렇게 해 가지고 3개월을 그렇게 해 가지고 300 이상을 갚았어요. (중장년_서울)

생계 문제 해결을 위해서 일부 사례에서는 가족들의 도움을 받는 경우도 있었다. 하지만 이러한 도움은 일시적이거나, 간단한 식료품 같은 부분적인 도움에 그치고 있었다.

지금은 그나마 저희 솔직히 말씀 드리면 친정아버님께서 그나마 여유가 되셔 가지고 조금 도와주고 계세요. 애들 다만 학원이라도 보내라고 하고 다만 병원비라도 지원해 주시고 이런 거는 해 주셔서. (발달_지방1)

할머니, 할아버지, 고모들도 다 근처에 살아서 많이들 도와주셨는데 이제 지금은 도와줄 사람이 없으니까. (학교밖_경기)

(누나가) 한 번씩 필요하면, 먹을 거라도 부쳐주고 그래요, 한 번씩. 먹고 싶다고 하면. 큰누나가 나이가 80대예요. 80 넘었어요. (중장년_군)

친정도 쌀 같은 건 줬죠. 고추 같은 거. (중장년_군)

나 혼자 내가 반찬을 엄청 먹기를 해 뭘 해? 그냥 내가 해 먹고 딸이 이따금 가다가 김치 조금 담아다 주고 국 끓여서 냉동에다가 얼려 놨다가 가지고 오고 (노인_지방2)

사실은 가족의 도움을 받는 경우보다 도움을 요청하는 것에 대해 부담을 느끼는 경우가 더 많았다. 가족 역시 형편이 넉넉지 않은 데다 앞서 위기의 심화에서 나타났듯이 이러한 금전적 관계로 인해 관계가 단절되는 경우가 많기 때문에 가족 간에 의존하게 되는 것 자체를 부담으로 인식하는 경향이 있었다.

아빠가 매달 조금 도와주시는데 … 자꾸 이것도 한두 번이지 자꾸 말하기가 … 솔직히 큰 금액이 들면 아빠한테 해 달라고 해서 했다가 내가 매달 매달 갚고 이러거든요. 그렇다고 아빠가 다 괜찮다고 하는데도 저희가 어떻게 계속 그걸 받겠어요? 근데 아버지도 혼자 계시거든요. 그리고 당뇨도 있고 아버지도 몸이 좀 안 좋으신대도 일을 하시니까. (발달_지방1)

형제들이나 어려웠어요. 먹고살기 힘들고. 도와줄 만큼 형편이 그렇지 않았어요. … 형편을 다 아니까 말도 안 꺼냈을뿐더러 자존심이 그때 당시에 어떻게든 헤쳐나가고 싶었어요. (한부모_경기)

걔네들도 잘사는 게 아니에요. 근데 나 도와주느라고 애썼을 거예요. 돈 대 주니라고. 그래 가지고 지들이 지들도 넉넉치 않으니까 (발달_군)

아들한테 약 타러 갈란다. 돈도 없고 그 말은 정말 하기 싫어요. 저도 내가 지 마음을 바꿔본다고 내가 아들이 됐다 생각해 보자. 그러면 아무 직장도 없고 다니는 데도 없고 장가도 못 갔고 자식도 하나 않고 진짜 살고 싶겠나. (장애_지방1)

지금 누나 보일러 해 준다는데 그것도 미안해서 마음대로 얘기도 못하네요. 누나한테 손 못 벌릴 것 같아요. … 이렇게 살다 말아야죠(중장년_군)

사회자: 주변에 가족이나 얘기는 해보셨어요?

응답자: 얘기 했는데도 다 어려우니까 부모님도 그렇고 말도 못하고 … (학교밖_지방2)

큰딸이 있는데 큰딸이 이혼해 가지고 실업자예요, 실업자. 그러니까 노동력은 받을 수가 있지만 금전적인 혜택은 받을 수가 없어요. (노인_서울)

집과 같은 자산이 있는 경우는 이를 처분하여 생계 문제를 해결하는 경우도 있었는데 그러한 경우에도 일시적인 도움에 지나지 않았다.

그래 그 아파트를 정리를 하고 나머지 받을 돈들 정리하니까 2억이 조금 넘더라고요 싹 정리를 하고 나니까. 이제 그걸로 까 먹고 있었죠. (중장년_경기)

제가 그래서 그 대출값을 못 갚으니까 집을 팔아버린 거예요. 그것도 팔아버리면서 건지다 보니까 1500이 남는 거예요. 그것도 카드값 1000만 원 정도는 못 갚은 거예요. 생계비를 2년 동안 안 주니까 그걸로 쓴 거예요. 카드값 메꿔 나가고, 도저히 안 돼서. 집도 급매로 팔면서 덜 받은 거죠. 그러니까 내가 산 금액보다 덜 받고 팔아버렸어요. 왜냐하면 제가 당장 살 수가 없으니까. 그렇게 1500만 원 정도밖에, 집 세 내고 나머지 가지고 한두 달 살 것 100만 원 남은 걸로 살다가 집세부터 못 낸 거죠. (장애_경기)

서울 고모한테 앞으로 넘어갔어요 이 집 …. 팔았어요. 다달이 보내줘. … 한 30만원씩 10년 보내기로. (장애_군)

다. 관계 구축을 위한 노력

관계의 단절이 위기의 원인으로 작용한다면 위기를 극복하기 위한 노력 중 하나는 관계를 구축하는 것이었다. 특히 당사자들이 효과적으로 느끼는 것은 같은 문제를 겪고 있는 사람 간의 네트워크를 구축하여 서로 정보를 공유하고 도움을 받는 것이었다. 하지만 이러한 경우는 사례 중에서 보호자가 젊은 여성인 경우에 제한되어서 나타나고 있었다.

엄마들끼리, 서로. (사회자: 네트워크 형성돼서?) 그렇죠. 엄마들끼리 알게 돼서 ○○까지 이렇게 오게 된 거죠. 복지관에서는 그런 얘기는 안 해줘요. 엄마들끼리 서로 만나면 얘는 어떻게 해서 이런 상황이 벌어졌냐, 다 엄마들끼리 공유를 해요. … 제가 우리 장애 엄마들 이렇게 아니까 이런 것은 교류가 돼요. (장애_경기)

엄마 혼자서 막 알아보시다 보니까. … 엄마도 주변 친구분들한테 들으신 거예요. 엄마 주변 친구분들도 그런 쪽으로 지원을 받으시는 것 같아서. (학교밖_경기)

병원에 있는데. 근데 그때 유일하게 내 가족이 누구였냐면 병동에 6명 6인실이었거든요. 그 똑같은 심장병을 가지고 있는 부모들. 부모들이 내 이웃이더라고요. … (발달_지방2)

(사례관리사 응답) 다행인 게 어머님 친구 분들이 베트남 분들이 한국어가 능통하신 분들이 좀 계세요. … 통역사 역할을 하시는 분이 또 한 분 계시거든요. 그 분하고도 개인적으로 연락 계속 하셔서 그분도 어머님 얘기 듣고 … ○○역에 ○○베트남 공동체에서 하는 ○○○ ○○이라고 베트남 어머님들이 다문화가정

> 아이들을 키우면서 한글 공부도 좀 하시고 공동체 생활도 좀 하시고 이런 모임이 있으세요. (한부모_서울)

그렇지 않은 대상의 경우에 관계 구축 노력으로 나타나는 것은 신앙생활 정도였다. 교회 등을 통해서 우선적으로는 도움을 받는 부분은 신앙을 통하여 심적인 위안을 받는 부분이 있었다.

> 교회를 다시 누가 권해서 나가게 됐는데 그전에는 사이비신앙을 제가 했고요. 교회에서 하나님을 진짜 만났어요. 예수님을 정말 보게 되고 느끼게 되고 기도하면서 그런 과정을 밟다 보니까 너무 편해지는 거야 마음이. (중장년_경기)

> 처녀 때는 교회 다녔어요. … 그러더니 (남편이) 너는 교회 다니고 나는 절 다니면 어떻게 되는 거냐고 그 한마디에 그냥 안 다니다가 신랑 죽고 나니까 바뀌더라고. … ○○도 선생님이 엄마 교회 나오래 했는데도 7살 때 교회에서 미술 대회에 나가서 상 탔어요. 그래서 상 타서 데리고 가야 한다고 그래서 가고 그때부터 계속 다니고. (노인_군)

> 아예 가족들 연락 다 끊어 버리고. 그러면서 이제 자식을 살려야 되는데 가진 건 없지 매달릴 수 있는 건 하나님밖에 없었어요. (발달_지방2)

> 제가 이제 새벽기도도 가고 그래요. … 신앙생활 좀 오래 했어요. 그랬으니까 살았지. 진짜 어렵고 힘들 때마다 하나님 도와주세요, 살려주세요. 그러면서 살았습니다. (장애_서울)

교회에서 직접적으로 도움을 받는 경우도 있었다. 경제적 지원이나 식사, 공적 지원 연계, 교육 지원 등 그 형태는 다양하였다. 그중에서는 오히려 문제가 발생하는 경우도 있었다.

> 무슨 교회에서 무슨 물품 저만 한 통에다가 생활 필수품 그런 것도 해 주시고. … 교회가 어느 교회 단체에서 이런 사업하는데 난 몰라 어느 교회에서 왔다고 이렇게만. 작년에는 그냥 너무 감사해요. 그렇게 많은 지원 받았어요. (노인_경기)

> (사회자: 나라에서든 도와주고 서비스 주는 다른 혜택들이 있어요?)아니요. 교회 빼고는 없어요 … 애들 장학금으로 5만원씩 줬어요. 그리고 쌀 같은 거나. 그런 것밖에 없었어요. … 추천 식으로. (학교밖_군)

> 일요일 한 번 만나고 일요일까지 가끔 만나요. 토요일 만나 하고 그 다음에 일요일 교회 가요. 교회 아이 같이 가요. … 아이까지 가고 그리고 와서 배워서요. 한국어 배우고 그리고 음식. 한국 음식 배워요. (한부모_서울)

(교회) 거기서는 무료로 먹죠, 점심은 … 토요일, 일요일은 안 주고 공휴일은 안 주고 그 외의 날은 가면 먹죠. (노인_서울)

옆에 사람들이 여기 목사가 우리 ○○이 보고 쟤가 ××년이니까 친구들보고 쟤는 정신과 다니는 ××년이니까 놀지 마라 이래 갖고 목사랑 한바탕 해버렸어요. 보통 사람도 그런 말 하면 안 되는데 하물며 목사라는 사람이 그 죄를 어떻게 다 받으려고 말 함부로 하냐고. … 그 교회 가지 마라 했어요. 애들이 일주일에 한 번씩 가면 5000원 주니까 돈 받는 재미로. … 점심 만드는 대신에 돈을 5000원씩 주니까. (한부모_지방2)

4. 주요 사회보장급여 수급 내용

가. 기초적인 생계를 위한 지원

기초적인 생계를 위한 지원으로 받는 사회보장급여로는 기초생활보장급여가 가장 일반적이었다. 총 30사례 가구 중 기초생활보장대상자로 확인된 것은 12사례였으나 기초적인 생계 문제를 가지고 있는 21사례 중 3분의 1에 해당하는 7사례만 대상자인 것으로 나타났다. 통합사례관리 대상자의 상당수가 공공부조의 사각지대에 있는 비수급 빈곤층이라는 점이 여기에서도 확인되고 있는 것이다. 인터뷰 대상자들은 기초생활보장급여를 받고 있다는 것을 보통 수급자라고 하거나 수급비를 받고 있다고 표현하고 있었는데 그중에서는 지속적으로 근로 능력을 증명해야 하거나 조건부로 되어 있는 경우도 있었다.

지금 시점은 제가 조건부로 되어 있기 때문에 언제든 취직을 해야 돼요. (한부모_지방1)

제가 근로능력이 없으니까 기초생활보호대상자인데. 1년에 한 번씩 그거를 서류를 떼다 줘야 돼요. … 근로능력평가진단서라고. (중장년_서울)

차상위인 경우와 긴급 지원까지 합하면 공공부조로 인한 수급을 받거나 경험한 사례는 21사례로 늘어났다. 기초 생계의 문제를 가지고 있는 가구 중 차상위나 긴급 지원과 같은 부차적이거나 일시적인 공공부조 혜택을 받은 가구는 6사례가 있었다. 가구 구성원 중 노인이 있는 경우에는 기초연금을 받는 사례가 5건이 있었는데 기초연금이 공공부조는 아니지만 받고 있는 경우 기초적인 생계유지에 도움을 주고 있는 것으로 나타났다.

그 다음으로 많은 것이 양곡 지원으로 이를 받고 있다고 진술한 사례는 11건이 있었지만 기초생활보장 수급자까지 합하면 17사례 정도로 추정할 수 있다. 양곡 지원이 기본적인 생존이나 생계유지에 꼭 필요한 지원이라고 진술하는 경우가 많았으며 그렇기 때문에 못 받는 경우에는 절실하게 요구하여 받아내는 경우도 있었다.

> 쌀은 이제 이달부터 벌써 수급자 되면서부터 지원했어요. 이제 아마 다달이 20키로짜리가 오면 내 통장에서 지불하나 봐. (노인_경기)

> 쌀도 보이길래 한 두 달 전부터 제가 가서 쌀도 좀 주면 안 됩니까 하고 물어봤어요. … 저 혼자니까 10키로면 한 달 먹으니까 한 달에 한번만 주시면 근데 이제 두 번 받아 왔어요. 근데 그것도 제가 주세요 하지 않고는 안 주세요. (중장년_경기)

> 내 사는 게 난치하니까 지금도 받는 게 아무것도 없는데 주민센터 가서는 쌀이라도 좀 줄 수 없나 이러니까 아들한테는 그게 돼 있어도 할머니는 아무것도 그게 안 돼 있으니까 … 못 준다 하더라고. 못 준다 하면서 10키로밖에 안 준다 하더라고. 10키로로 돈을 주고 가면 25일날 넘으면 갔다 준다 하더라고. 여기 이제 처음이야. (장애_지방1)

> (사회자: 그러면 앞으로 쌀은 어쨌든 거기서 계속 할 생각이시네요) 좀 얻어먹을 참이지. 내가 돈을 줘도 … 그거라도 만약에 여기서 한 포대 사려면 4만 몇 천 원 줄라 하는데 거기서는 1만 4000원, 1만 6000원 사면 그것도 1만 5000원, 20,000원 돈이 흐르니까 10원도 못 버는데 거기 가서 그렇게 사면 훨씬 좋지. (장애_지방1)

> (다른 반찬 등) 지원 받은 거 없어요. 쌀은 정부가 모르십니까. 한 포씩 20키로씩. … 헐값에 그걸 준다고 그래요. 싼 값에. 그걸 주는 모양이고 그걸로 이제.. (사회자: 그거는 생활에 도움이 되시는 거죠?)그거는 반값도 안 되는데. 도움 되고 말고. (학교밖_지방1)

쌀 이외에 반찬 등 다른 식료품을 지원받는 경우도 자주 있었다. 하지만 양곡 이외의 지원은 비정기적으로 제공되는 것이 일반적이었다. 그의 외로 도움이 되는 경우도 있었지만 도움이 되지 않는 경우도 있었다.

> 읍에 한 달에 한 번씩 물품 받는 거 있어요. 거기 가서 자기가 원하는 네 가지를 거기서 골라요. 자기가 원하는 식품 또 밖에 나오면 그분들이 주는 식품 따로 있어요. (노인_경기)

> 내가 부탁을 했어요. 빵 보니까 봉다리에 빵 있는 거 자주 가다 보니까 빵도 보이고 그러더라고요. 저것 좀 주시면 안 되냐고 저는 뻔뻔하게 얘기해요. 그래도 얻어 왔어요. 매주 가서 달라고 그랬어. (중장년_경기)

> 학교 아동 급식이라고 한 달에 한 번씩. 콩나물, 두부, 돼지고기 조금 햄 같은 거. 그런데 안 먹더라고. (노인_군)

> 드림센터 선생님이 8~9월에 저기 가면 푸드 그거 이용할 수 있는 것. 딱 한 달에 1번, 위기로 2번 해가지고 이 앞전에. 그것도 이용 1번 해봤어요. (한부모_지방1)

> 애들 동생들 급식 오는 거 빼고는 없는 것 같아요. … 한 달에 한 번씩 와요. (학교밖_군)

> 작년 추석 때 같은 경우는 애들인데 아빠 생각하게 차례상 차리려고 물어서 안 차린다 그랬더니 처음으로 그거 시행을 하는 거래요. 제사상 차리는 거. 그걸 과일이고 뭐고 다 포장해 갖고 나를 제일 선생님이 딱 해줬을 때 애들인데 이것도 필요하구나. 근데 사실 차례상 차려 나봐야 먹지도 안 하고 애들이 어려서 절하고 그런 것도 모르는데 그래도 딱 해 놓으니까 애들이 너무 좋아하는 거야. 우리도 아빠 생각을 할 수 있구나. (한부모_지방2)

> 마트에서 파는 거 한 달에 한 번씩 공짜로 받는 거 카드는 아니고 한 달에 한 번 가는 거 있더라고요. … 지정 마트가 있더라고. 후원해 가지고 물건 있더라고. 물건 많이 없지만 그래도 필요한 거는 돈이 없는 사람은. 그거 딱 두 번 갔어. (중장년_지방1)

> 주민센터에서. … 반찬은 좀 자주 받았어요. 겨울에 김장김치 한 번 받고. (중장년_지방1)

> 가끔 주민센터에서 라면 한 박스 그런 거 가끔씩. … 두 달에 (한 번 정도) (노인_지방1)

식품 이외에 생필품을 지원받는 부분도 중요한 지원 내용으로 꼽혔다. 사실상 통합사례관리의 경우 생필품 지원을 연계하는 것이 정기적인 방문 이외에 가장 많이 제공하는 서비스이기도 했다. 그래서 생필품을 지원받는 경우가 많았다. 하지만 이 역시 부정기적이고 일시적인 경우가 대부분이었고 필요한 물품을 욕구에 따라 지원받는다기보다는 후원받거나 확보된 물품이 있는 경우 이를 연계해 주는 경우가 많았다.

> 이사 오니까 아무것도 없는 거예요. 세탁기도 복지넷이라는 거기에서 해 주시고, 딸 공부하라고 책상, 침대, 소파, 복지넷에서 다 왔어요. 가재도구, 살림살이들 챙겨 주시고. 그렇게 해서 조금씩 일어나게 됐어요. … 프리마켓(플리마켓)인가 뭐 해서 있을 때마다 챙겨주시고. 신경 많이 써 주셨어요. … 프리마켓(플리마켓)에서 가끔 샴푸, 휴지. 그러니까 생필품 이게 나와요. 먹는 데 쓰는 거는 별로 없고요. (한부모_경기)

> 전기텐트, 한전에서 주는 텐트도 받도록 해 주시고, 애들 어디 놀러가는 것, 애들 서비스 받을 수 있는 것 다 알아서 전화해서 해 주시고, 있으면 얘기해 주시고. (한부모_지방1)

> 내가 그런 게 있는지 없는지 그런 분이 있는지 없는지도 몰랐거든요. 그런데 그 분이 먼저 전화해 가지고. 자기가 찾아오고 몇 번 찾아오고 그게 뭐 독지가들이 내놓는 게 더러 있으면 그런 것도 갖다 주고 그렇게 하더라고 … 알아서 복지관에서 나오는 거 있으면 꼭 챙겨서 갖다 주고. (노인_지방2)

> 동사무소 안에는 지금 옷도 이불 저거 패드하고 여름 이불도 주고 선풍기도 주고 모기장 같은 거. 나오면. … 복지관에서 애들 생리대 같은 거 또 뭐가 이제 지원물품이 나오면 항상 전화해서 우선적으로 챙겨줘요. 그래서 너무 고맙죠. … 여름에 여름 다 갔는데 애들 들고 다니는 손선풍기 그것도 나왔다고. 그것도 나왔다고 전화하고 가져가라고. (한부모_지방2)

> 그분이 자체적으로 하면 모를까. 세탁기도 해줬지. 신경을 많이 쓰는데 내 자신은 전혀 얘기 같은 거. 미안하니까. 너무 미안하고. (노인_지방1)

> 선풍기하고 쌀 주고 갔는데. 그것만 주고 갔어. 이것도 거기서 주고 갔는데. … (장애_군)

현물지원뿐 아니라 현금 지원을 연계받는 경우도 종종 있었다. 이러한 민간 자원에 의한 현금 지원 역시 통합사례관리를 통해 연계된 경우가 많았다. 복지관이나 공공기관, 심지어는 후원자 모집을 통해서 현금 지원을 연결해 주는 것이다. 물론 이러한 지원 금액은 소규모이거나 일시적인 성격이 대부분이었다.

녹십자 거기서 긴급생활자금 (받았어요). (발달_경기)

저희가 지금 ○○이 앞으로 학교 이런 거 지원 학원이나 이런 거 지원받기 위해서 사랑의 열매 같은 거하고 복지관에서 받는 거 하고 해서 저희가 돈을 받고 있거든요. … 한 달에 한 번씩 10만원 10만원 이렇게 해 가지고. …

(사회자: 통합사례관리자 분이?) 네, 연결해 주셨어요. (발달_지방1)

(통합사례관리사)선생님이 지원하는 데에다가 후원 같은 데에다가 신청을 해 주신다고 하셨어요. (학교밖_지방1)

지금 복지센터인가 어디서 10만 원씩 주고 있거든요. … 복지사 양반이 신경 써가지고 어떻게 해가지고 저번달까지는 들어온다고 하더라고요. (노인_군)

생활에 필요한 게 있으면 도와줄 거 있으면 도와주고. … 10월 달부터 다음 달 이번 달까지 15만원씩 주지. 난방비도 주고 겨울에 … (장애_지방2)

몇 달 전부터 ○○이 거기 식대가 7만 원씩이에요, 한 달에. 한 달에 7만 원이야, 식대. 교통비도 있잖아요. 버스 타고 가니까. 그런데 이제 식대를 식대비 지원을 10만 원씩 ○○ 우체국에서 주더라고. … ○○○ 씨(사례관리사)가 얘기해 가지고. (장애_서울)

(사회자: 통합사례관리사 말씀하시는 거죠?) 예. 그래서 저한테 전에 지역신문에도 내주셔서 후원금 받게끔 해 주시고, 후원할 수 있는 그런 데 연결해 주시고, 금전적으로 많이 지원해 줄 수 있는 그런 걸 많이 해 주셨어요. (발달_서울)

물론 반드시 사례관리사를 통하지 않더라도 복지관 등을 통하여 현금 지원이 연결되는 경우도 있었다.

저기 복지관 ○○복지관 거기서 일단 ○○이 앞으로 10만 원 ○○이 아빠 앞으로 10만 원 받고 있어요. … 제가 연락해 가지고. … 제가 저희 집이 이렇다 해 가지고 ○○이 교복도 거기서 그렇게 해 가지고 (발달_지방1)

복지관 거기서 학습지 갖다 주는 거 있고. 거기서 돈도 몇 번 지원받았었고. (학교밖_지방2)

복지관에서 애들 후원금 10만 원. … 불교계에서 거기서는 ○○이한테 10만 원 들어오고, ○○동 월드비전에서 이제 애들 7만 원씩 14만 원 이렇게 들어오고. 그러니까 그거는 이제 애들한테 다 가는 거죠. (한부모_지방2)

나. 질병 치료를 위한 지원

의료급여와 기타 의료비 지원 혜택을 받았다고 진술하는 사례는 19사례였으며, 의료비 부담이 있다고 진술한 8사례 중 의료비 지원 경험이 있는 사례는 6사례가 있었다. 이는 의료비 부담 문제를 경험하고 있는 가구가 대체적으로 지원을 받고 있다는 의미이기도 하지만 반대로 의료비 지원을 받고 있음에도 부담이 여전하다는 말로 지원이 충분히 이뤄지지 않는다는 의미도 될 수 있다. 하지만 의료비 지원 자체에 대해서는 큰 도움이 되었다고 진술하는 경우가 많았다. 절박한 상황에서 이러한 지원을 통해 치료를 받을 수 있게 되었기 때문인 것으로 보인다.

> 이거 하자면 35만 원 정도 돼요. 양쪽 다 백내장이라 이거 다 지급받았죠. 이거 내가 큰 혜택 받은 거야. (노인_경기)

> 그때도 그래 가지고 한 번 돈 100만 원을 받은 적이 있어요. … 통합관리자한테. … 그래 가지고 저희가 서울까지 가서 검사도 받고 깔창까지 새로 하고 그래 가지고 했었어요. (발달_지방1)

> (사회자: 그 수술을 받고 계시고, 그때 의료적인 지원을 받으신 거죠?) 예. (사회자: 이쪽 귀 수술하신 것도 의료지원 다 되는 건가요?) 예. 귀도 2012년도인가 13년도에 맞은 거예요. (한부모_경기)

> 예방접종은 무료로 되는 것도 있고. ○○보건소에 예방진료하는데 무료입니다. (학교밖_지방1)

> 일단은 병원비 애들이 아팠을 때 병원비가 많이 안 드는 거. 저희한테는 그게 제일 컸어요. (발달_지방2)

> (사회자: 그때 병원비는 어떻게 하셨어요?) 내가 십 몇 만원인가 내고 나머지는 의료보험에서 내주고. (그런 것들이 도움이) 엄청나게 됐죠. 아까도 얘기했지만 그때 당시에는 아무것도 없었어요. (중장년_지방1)

> 내가 동에 가서 이렇게 검사를 몇 개를 하라는데 이거 이거 하는데 10만 원 돈 된다 그러더라고. 그런데 내가 그때 돈이 없어 예약을 못하고 왔어요… 그랬더니 동에서 67만 원 지원해 주더라고. (장애_서울)

> 당뇨를 해서 인슐린을 아침에 38인가 맞고 저녁에 28인가, 32 맞아요…. 거기서 지원받아요. ○○병원에서. ○○병원에서 그걸 해줘요 (장애_서울)

> 저는 지원받고 있어요. 희귀병 난치라고 해서 그것으로 해서 지원을 받고 있어요. 병원비를 안 내요. (아이들 의료비는) 지금 병원비 차상위로 지원받으니까 괜찮아요. (한부모_군)

인터뷰 대상 사례 중 기초생활보장제도 수급자가 적지 않은 만큼 의료비 지원에 있어서도 별도의 지원보다는 의료급여를 통해 지원을 받은 경우가 적지 않았다. 이들은 대체적으로 이러한 지원이 많은 도움이 됐다고 진술했다.

> 약 4가지를 주더라고. 그것이 1만 2000원인가 그렇게 돼. 그거를 이제는 무상이에요. 이제 내가 수급자가 된 게 실감이 나 가지고. (노인_경기)

> 생활이 안 된다고 해서 조사가 들어가기 시작해서 생계비를 그때부터 받은 거죠. 그래가지고 얘가 1급 의료급여를 받게 된 거죠. (장애_경기)

> 병원 현재 수급자니까 1종으로 해서 의료보호 1종으로 해서 돈이 안 드니까 이제. 그래도 또 보험이 안 되는 것은 본인부담이래요. 보험 되는 거 이제 정부지원으로 되는데. (학교밖_지방1)

> 이제 맨 처음에 의료수급 되긴 했는데 아버지 병원비 때문에 그것 때문에 걱정하셨는데 지금은 의료 수급자 되셔 가지고 병원비를 안 낸다고 하시더라고요. (학교밖_군)

> 의료비는 차상위로 많이 받죠. 차상위로 받으니까 영세민보다는 적어도 그래도 차상위니까 병원 혜택을 좀 많이 봐요. (노인_지방2)

> 병원비는 환자가 내가 낼 거는 조금씩 내도 정부에서 그냥 지원해 주고. … 그런 게 나라에서 안 해 주면 내가 병원 다니겠어요? 무슨 돈이 있어서. (노인_지방1)

> 큰 병원에는 개인병원에서 뭐 떼어가지고 가야 돈 조금 나와. 안 떼어가지고 가면 돈 120만 원 이상 나와야 돼. (장애_군)

다. 아동 양육에 대한 지원

아동 양육 문제와 관련된 지원에서는 자녀의 학습이나 학업에 대한 지원이 가장 많았다. 특히 학교 밖 청소년의 경우에는 검정고시를 준비할 수 있도록 지원하거나 방송통신 고등학교로 진학을 연계하는 등 고등학교 학력을 마치도록 하기 위한 지원이 일반적으로 나타났다.

> (사회자: 검정고시 부분은 지금 … 학원을 등록을 해서 다니는 건가요?) 예, 지원 받아서. …. 그래도 공부 쪽으로 지원받는 게 제일 (도움이 되었어요.) (학교밖_경기)

> 내년에 입학할 방통고등학교 그거 때문에 상담한다고 그랬어요. … 내년에 입학하기로 했어요. 방통고등학교로. (학교밖_군)

> 이제는 얘가 검정고시 본다고 말씀을 들으셨는지 몰라도 문제집을 가져오라고 해서 지금은 문제집을 풀고 있어요.(학교밖_서울)

그 외에도 방과 후 교육을 연결시켜 주거나 장학금이나 수업료 등 학비를 지원해 주는 등의 기초적인 학업을 지원해 주는 사례들이 있었다.

> (사회자: 선생님이 받고 계신 사회복지 서비스는 어떤 거 받고 계세요?) … 둘째 공부 가르치는 거 있었어요. 방과 후 수학, 국어. 집에 와서 그것도 했었고 지원 나오면 전화 오시더라고요. (학교밖_지방2)

> 선생님이 많이 도와주셨고요. 제가 애들 못 돌봐줬을 때도 챙겨 주시고, 애들 장학금 받는 문제부터 시작해서 모든 것을 선생님이 …. (한부모_지방1)

> 아이는 돈 별로 안 들어요. 다 혜택이 되니까. … 밥값도 되고 방학 때 보충수업은 안되고. 수업료도 되고. (노인_군)

서울의 한부모이자 다문화 가정의 자녀에게서 재능을 발견한 뒤 장학금을 제공해 미술 분야의 전문교육을 받게 한 사례는 두드러져 보였다. 그리고 다문화 가정의 아동에 대해 방문교육 또는 학교에서 일대일 교육이 이루어지거나 발달장애 아동을 위하여 별도의 교육 프로그램이 진행되는 사례도 있었다.

> 사례관리사: 작년에 제가 학교랑 상담을 하다 보니까 아이가 미술 방과 후에서 굉장히 재능을 보였다고 얘기를 하더라고요. … 그래서 홍대 앞에 있는 입시전문학원 원장님한테 부탁을 드려서 이 아이가 정말 재능이 있는지 확인을 해 주십사 해서 저희가 추천서를 그쪽에서 하나 받고 학교 담임 선생님한테 추천서를 같이 받고 이렇게 해서 제가 재단에 재능장학생 추천을 했었고 …, 다행히 합격을 했어요. 그래서 지금 그때 그 추천서 받은 입시전문학원에 6월부터 다니고 있어요. … 지금 사실 ○○가 4학년 과정을 따라가진 못해요. … 저희가 이제 올해

저희 구청하고 연계되어 있는 학원에 무료학습지원 선정이 돼서 영어는 지난달 부터 진행이 되고 있고 수학은 저희 드림스타트센터에서 주일에 방문수업을 해 주고 계세요. … 저쪽 학교에서도 이해가 되어 있으시다 보니까 지금 돌봄하시면서 일대일로 거의 학습을 조금 해주고 계세요, 둘 다. … 방과 후 재료비 같은 경우에는 … 생계가 어려운 가정에 대해서 재료비나 이런 거 부담을 줄여 주시는 거 자체 예산으로 활용을 하고 계시더라고요. (한부모_서울)

센터에서도 저런 애들 골고루 챙겨 줘요. 저희도 두 분씩 모아 가지고 자기 나름 대로 시스템 과정을 공부를 시키거든 구청에서. … 직업 비슷한 거 하는 거부터 듣기부터 말하기 쓰기 공부를 제대로 못 하니까 … (장애_지방2)

군 지역에서는 자녀들이 지역아동센터를 이용하는 경우가 있었다.

아동센터. … 애기들 거기서 가르치잖아요. … 애기 다닌 지는. 걔네들 조금만 했을 때부터 다녔어. (발달_군)

(사회자: 예, 여기 지역아동센터 있더라고요. 아, 아이들 거기에 다니고 있고. 그것도 무상으로 다니죠?) 예, 둘 다 다니더라고요. (중장년_군)

○○ 아동보호센터인가 거기 학교 끝나고 애들 공부하러 갔다 왔었어요. (학교 밖_군)

지역아동센터 가요. 그것도 알아봐서. … 아이들한테 도움이 되죠. (한부모_군)

라. 주거 환경에 대한 지원

주거의 경우에는 주로 도배나 보수, 청소 등의 환경 개선을 위한 지원을 받은 경우가 6사례 있었다. 그중 두 사례에서는 이러한 지원이 결정적인 도움이 되었다는 진술도 있었다.

(사회자: …실제로 제일 도움이 됐다 하시는 거 꼽아 보신다면 뭐가 있을까요?)

응답자: 자원봉사자들 와 갖고 (치워 주신 것이 도움이 됐어요.) … 마음은 치워야 된다 하는데 몸은 까짓 거 그냥 내버려두고 그랬는데 환경을 바꿔 주니까 … 환경이 변하니까 마음도 변하고 …그냥 그게 최고(였어요.) (한부모_지방2)

(사회자: 받으셨던 도움들 중에서 제일 현재 도움이 되고 있는 것 혹시 있을까요?) 지금 사는 집이죠. …. 뱀이 밖에서 여기까지도 들어왔었어요. 애들 위험하니까 집 좀 어떻게 해달라고 해서…. 그래서 지원을 좀 받았어요. (한부모_군)

주거 환경에 대한 욕구가 있는 경우에 이에 대한 지원을 받은 게 4사례가 있었는데 지원이 만족스러운 수준으로 이루어지지 않아 여전히 이에 대한 욕구를 가지고 있는 상황이었다. 일부 도배나 수리가 끝난 후에도 여전히 파손된 부분이나 난방 등에 문제가 있지만 더 이상 지원이 되지 않는 것이다.

공공임대주택에서 거주하고 있는 사례도 7사례가 있었다. 임대주택에 거주한다는 것은 안정적인 주거를 보장받는다는 의미뿐 아니라 생활비에 있어서도 큰 차이가 있는 것으로 나타났다.

> (사회자 지금 주거하는데 있어서 부담이나 그런 것은 없어요?) 많이 없죠. 전에는 30만 원, 30만 원, 겨울 되면 거의 50만 원 가까이 나갔거든요. … 여기 많이 나와봤자 20만 원 정도. (한부모_지방1)

마. 정신건강에 대한 지원

심리치료와 같은 정신건강에 대한 지원은 통합사례관리를 통하여 연계가 되어 받게 되는 경우가 많았다. 사례관리사가 필요하다고 판단하는 경우 받을 수 있는 서비스를 연계해 주어 치료를 받게 되는 것이다.

> (사회자: 심리 지원 같은 거 혹시 받아 보신 경험 있으세요?) 예. 정신과도 해 주셔서 … 다 연계해 주셔서 … 미술치료 그것도 받았어요. (한부모_경기)

> ○○○ 씨(사례관리사)가 그러더라고요. 조금 계시다가 조금이라도 희한한 어떤 다른 생각을 가지고 그런 생각이 막 밀려올 때는 바로 병원으로 가세요. … 그래가지고 또 짤막짤막 2번 입원했다 퇴원하고. (중장년_지방2)

> 선생님 만나고는 사실상 많은 도움이 됐죠. 우울증도 많이 개선이 돼서 약 먹는 것도 있지만 심리치료하시는 분이 월요일마다 오셔 갖고 한두 시간씩 얘기하고 가니까 마음이 그게 1년을 했어요. (한부모_지방2)

> (응답자1) 심리치료 지금 받고 있는데. … 추천이 있었어요. (응답자2) 선생님 추천을 해주고, 군에서 오시는 분한테 우리 ○○이가 그렇게 상처가 깊다고 얘기를 했지요. (한부모_군)

반드시 사례관리에 의하지 않더라도 알코올 중독이나 우울증, 성폭력 피해자에 대한 심리상담 등을 받는 경우가 있었다. 이러한 경우에도 다른 복지기관이나 병원, 학교 등에 의해서 연계되고 있었다.

복지단체에서 알선을 해줬어요. 알코올상담센터를. (중장년_서울)

병원 원장님한테 전화를 해 보니까 아이고 알코올이 엄청 세대요. 그래 알코올 의존증이 걸려가지고 술 안 먹으면. … 그래 가지고 나도 병원에 들어가요. 들어가 가지고 나도 한 2년 있었어요. (장애_지방2)

약 떨어지면 (병원에) 가야 돼요. 안 그러면 잠을 못 자니까. … 지금 우울증 약. 우울증 또 불면증, 어지러움증. 아마 그렇게 들어갈 거예요, (중장년_지방2)

(사회자: 성폭력상담지원센터에서 어떤 교육을 받았어요? 심리상담 받고.) … 그렇지 심리상담 받았겠죠.

(사회자: 학교에서 심리치료 받는 것은 도움이 많이 돼요?) … 많이 좋아졌어요. … 선생님 와서 상담할 때 금요일 와서 상담을 해 주시는데, … (한부모_군)

바. 아동 장애에 대한 지원

앞서 발달장애의 문제를 가지고 있는 사례가 9건이 있었는데 그중에서 이에 대응하는 서비스를 사례관리사를 통해 연계받았다고 진술하는 사례는 3건에 불과하였다. 그 내용은 진단을 받게 해 주거나 직업재활서비스에 연계해 주는 것이었다.

(사회자: 언제 진단 받았어요?) ○○군청에서 데려가서 검사 다 했대요. … 그 전에는 그냥 살았죠 그 전에는. (발달_군)

내가 여기 센터를 ○○○ 씨(사례관리사)가 와 가지고 (장애인 재활) 센터를 소개해 줬어요. (장애_서울)

○○군청에서 여자 두 명 와 가지고 신청해 줘 가지고 (직업재활센터) 다닌 거예요. (장애_군)

복지관의 서비스를 이용하는 경우도 1건 있었는데 이 경우에는 보호자가 직접 찾아서 이용하게 된 경우였다.

서울에 ○○복지관이라고 ○○동에 있더라고요. 그래서 거기를 아이 4세 때부터 계속 업고 교육을 시켰어요. (장애_경기)

그 외에 아동 장애와 관련해서 장애인 택시를 이용하고, 1주일에 한 번 아이를 돌봐 주는 돌보미서비스를 이용하거나(경기도 발달장애인 가구), 활동보조서비스를 이용하거나(경기도 청년중증장애인 가구), 장애인 특수학교를 이용하거나(군 지역 발달장애인 가구) 하는 경우가 있었다.

제3절 전달체계의 문제

1. 접근성의 문제

가. 정보 접근성

접근성에 있어서 가장 보편적으로 나타나는 문제는 정보 부족의 문제였다. 총 30사례 중 13사례에서 이러한 문제를 호소하였는데 우리나라의 사회보장급여는 그동안 신청주의에 기반하고 있었고, 지금까지도 대부분은 대상자가 알아서 신청을 하지 않으면 받을 수 없는 경우가 많아 이런 정보 부족 문제를 가장 자주 느끼고 있는 것이다. 위기의 상황에 닥치거나 욕구나 문제를 느껴도 무엇을 어느 정도까지 도움 받을 수 있고, 어디서 어떻게 그러한 지원을 신청할 수 있는지에 대한 사전 정보가 없다 보니 답답함을 느끼는 경우가 많았다.

근데 솔직히 말해 가지고 어디 어디까지 지원이 되는지를 솔직히 잘 모르거든요. … 아무래도 저희가 아까 말씀 드렸다시피 괜히 긁어 부스럼 만드는 것처럼 괜히 얘기했다가 그 혜택이라도 못 받을까 싶어서 말 못하는 그게 많으니까. … (발달_부산)

저보다 더 어렵게 사시는 분도 계시더라고요. 혼자 사시는 분도 많이 봤는데 … 스스로 포기하신 분들이 너무 많다는 거예요. 다시 말하면 한국의 복지제도에 대해서 정부가 전혀 알려지지 않았다 … 내가 직접 찾아다니면서 확인하기 전에는 국민들의 거의가 모르고 있다는 사실이에요. (중장년_경기)

(사회자: 어떻게 요청을 해야 되는지도 몰랐고, 자격이 어떤지도 모르고, 그래서 망설여지고.) 검색을 해도 막막했어요. (한부모_경기)

정말 안 돼 있어요. 모르면 정말 찾을 수가 없는 거예요. 그러니까 내 발로 뛰어서 하는 것보다 주변에서 이렇다 하는 홍보라든지, 우리나라는 정말 그런 게 안 돼 있어요. 솔직히. 알 수가 없어요. 안내도 안해줘요. (장애_경기)

말을 더디게 하고 아무것도 몰라서 1년 늦게 내가 보냈어. …(사회자: 누가 한 번 받아보면 어때 말씀하신 분 없으셨어요?) 없죠. (발달_군)

이런 게 찾아봐도 뭔 내용인지 이해를 (못해요.) … 대충 보건소 같은 데 가면 종이 있잖아요. 지원받을 수 있는. 그런 거 읽어 보긴 했었어요. (학교밖_지방1)

내가 모르니까. 그런 게 있는 것도 전혀 모르니까 알아볼 생각도 못한 거고. (학교밖_지방2)

옛날에는 억울하고 답답했던 게 지금처럼 그냥 최저생계비는 아니더라도 지원이 있었으면 아마 그렇게까지, 한 열 몇 시간 그렇게 근무하고 이렇게 하지 않았을 수도 있었을 정도거든요. 그 당시에는 정보도 부족했지만, 정보 자체가 없었어요. … 받을 것 못 받을 데가 많고요. 모르는 게 더 많고 … (한부모_지방1)

누가 아는 사람이 있어서 전화를 많이 해 본 것도 아니고, 할 수도 없고. 누구한테 물어봐도 다 모른다고 할 거고 … 내가 정보가 없으니까 답답해요. (학교밖_서울)

몰라. 그런 거에 대해서 전혀 모르고 … 도움 받는 다는 거 한두 번이라도 받아봤어도 이런 게 있다 저런 게 있다 알 수 있을 건데 그런 게 전혀 (알 수가 없었어요.) (중장년_지방1)

정보의 문제가 컸던 만큼 직접 정보를 수집하여 급여를 신청하게 되는 경우가 자주 있었다. 인터넷을 찾거나, 주민센터나 복지관 또는 주변에서 정보를 수집하여 급여를 신청하거나 서비스를 이용하는 것이다. 이러한 사례는 특히 자녀를 돌보는 어머니들에게 집중적으로 나타났다.

근데 올 초에 어떤 일이 있었냐면 장애인 애들 뭐더라 병원비 많이 들어가는 것들 나라에서 병원비를 지원해 주기로 했어요 입원비. 입원비 몇 프로 해 가지고. 그걸 제가 올해 알았어요. (발달_경기)

근데 저도 제가 동사무소를 자주 가거든요. … 거기 가면 자료들이 싹 나오거든요. 사람들 혜택 볼 수 있는 자료들을요. 그리고 게시판에도 붙여 놓거든요. … 그러면 제가 그거를 보고 가지고 와서 신청할 수 있는 거는 신청하고 저희한테 도움이 될 수 있는 거. … 지금 복지관에서도 제가 서비스를 신청해 놓으니까 그거 한 거 있으면 문자가 오거든요. 그러면 이런 게 있으니까 신청하실 분들 신청하세요. … 카페 같은 데 저희가 이런 거 수급자카페 이런 것도 다 있거든요. 가입이 되어 있고. 그래 가지고 거기 들어가가지고 제가 혜택 받을 수 있는 거는 웬만하면 알아보고 … (발달_지방1)

어디에서부터 시작을 해야 되고. 제가 처음에는 읍사무소 찾아가기 전에 인터넷을 검색을 해서 여성부 뭐 해서 네 글자인데 몇 번으로 전화를 하니까 집에 방문을 오시더라고요. (한부모_경기)

제가 여기저기 다 알아봤죠. … (사회자: 병원에서 이런 얘기 안 해 줘요?) 안 해 줘요. 전혀 모르죠. … 그래서 제가 여기저기 다 찾아봤어요. … 장애진단 받을 수 있는 병원이 지정돼 있어요. 그래서 거기 가서 장애진단을 받으면서 거기서 교육할 수 있는 곳을 물어본 거죠. 그러니까 ○○ 복지관이 나오더라고요. 한 번 알게 되니까 여기저기 다 알게 되더라고요. (장애_경기)

엄마가 복지 관련된 걸로 많이 알아보셨나 봐요. 제가 학교도 안 다니고 그래 가지고. 학교 밖 청소년 센터가 있다 그래서 한번 가보라 해 가지고 갔는데 그 선생님도 만나고 얘네도 만난 거죠. … 주로 인터넷으로 찾아봐요. 그게 더 정확한 것 같아서. (학교밖_경기)

(사회자: 처음 도움 요청은 어떻게 하셨나요?) 일단 인터넷 같은 데 병원비 같은 거 알아보려고 했었는데 청소년산모의료지원비 된다고 해서 보건소 가서 신청을 했어요. (학교밖_지방1)

이래저래 여기도 알아보고, 저기도 알아보고, 누구한테 물어보기라도 하는데 그 당시에는 무조건 일만 다니면 되는 줄 알고 막 다녔다가 막상 둘째 아이는 너무 혜택 없이 커버리니까 지금 와서 조금 미안하기도 하고, 답답하기도 하고 그렇더라고요. 애가 너무 폭 좁게 혼자 바둥바둥거리는 게 보이니까 지금 와서 해줄 게 아무 것도 없는 거예요. 알아봐도 없고, 할 수 있는 것도 없고. (한부모_지방1)

지역아동센터 가요. 그것도 알아봐서. (사회자: 그것도 직접 알아보셨어요?) 네. (한부모_군)

나. 체감적 접근성

사회보장급여에 대한 접근 과정에 있어 가장 보편적으로 나타나는 것은 주민센터 방문이었다. 자신이 경험하고 있는 어려움에 대해서 공공에 도움을 청하고자 할 때 일차적으로 찾아가는 곳이 읍·면·동 주민센터인 것이다. 어떠한 특별한 정보가 없는 경우에도 일단 무언가를 알아보기 위하여 가기도 하고, 절박한 경우에 뭐라도 붙잡고 싶어서 가기도 하고, 누군가의 권유에 의해서 찾아가기도 하였다. 총 30사례 중에서 23사례에서 이렇게 어느 한 시점에서는 주민센터를 찾아갔던 것으로 나타났다.

> 읍사무소에 보면 민원창구 같은 게 있어요. 장애인 민원창구에 가면 주차딱지나 이런 거 발급해 주는 사람이 있어요. 그 사람한테 가가지고 우리가 받을 수 있는 건 최대한 받아야 되니까 전화를 했으니까. 이런저런 얘기를 했어요. (발달_경기)
>
> 갈 데가 없는 상태니까 마지막으로 다시 읍사무소를 찾아갔습니다. 읍사무소를 찾아가서 복지담당 쪽에 또 얘기를 했는데 … 그러다가 ○○○이라는 이분 선생님을 소개시켜 줬어요. 제 담당으로. (중장년_경기)
>
> 정말 여기까지 숨이 차니까 돈에 대한 압박감. 그때 원룸에 살아서 딸이랑 살았으니까. 이대로 내가 죽을 것 같다는 생각이 들어서 읍사무소 찾아간 거죠. (한부모_경기)
>
> 내가 하도 답답해서 작년인가? 작년 재작년인가 면사무소 가서 거기 우리는 도와줄 수 없냐고. … (발달_군)
>
> 내 사는 게 난치하니까 지금도 받는 게 아무것도 없는데 주민센터 가서는 쌀이라도 좀 줄 수 없나 이러니까 (장애_지방1)
>
> 3년 동안 애들 혼자 못 키우겠더라고요. 애기가 너무 어리고, 우리 쌍둥이가 몸도 약하고, 병원도 너무 자주 다니고, 돈 버는 것도 힘들어서 제가 알아서 알아서 동사무소에 전화해서 모자원 들어가서 . … 이 집 문제도 그랬거든요. 그 전에도 주택공사에서 대출받는 문제를 했을 때도 제가 다 일일이 동사무소에 물어봤어요. (한부모_지방1)
>
> 5년도인가. 그 당시에 제가 사업하다 집안이 좀 안 좋아져 가지고 ○○동에 생활이 어려워졌어요. … 어렵게 살다가 아버님이 동사무소 ○○동 동사무소요. 거기다가 얘기를 했어요. (중장년_서울)
>
> (사회자: 도움을 받을 수 있는 정보를 누구한테 주로 들으세요?)

(사례관리사): 주민센터를 가장 많이. 왜냐하면 굉장히 근거리세요. (한부모_서울)

(사회자: 제일 첫 번째로 정보를 주신 분이 누구인지?) 애기 봐 주시던 분이 주민센터에 문의해 봐라. 그러면 방법이 있지 않겠냐? 라고 해서 제가 주민센터에 가서 주민센터 주무관님하고 상담을 했어요. 그때부터 다 연계가 된 거예요. (발달_서울)

(사회자: 혹시 그 선생님을 만나게 된 계기가 있으신가요?) …면사무소로 먼저 갔죠. … 면사무소 계장님이요. … 그 계장님 통해서 (사례관리사를) 알게 됐어요. (한부모_군)

하지만 이렇게 스스로 주민센터를 찾아간 결과가 항상 좋은 것은 아니었다. 자신은 절박한 마음에 찾아갔지만 별다른 고려 없이 부정적인 응답만 듣게 되는 경우가 많았던 것이다. 이 과정에서 대상자들은 자신의 절박한 사정을 이해받기보다는 무시를 당하거나, 커다란 장벽을 경험하고 있었다. 이러한 경험은 국가의 지원에 대한 불신감을 가지게 하고, 좌절감으로 이어지는 것으로 나타났다.

우리 한국 복지제도가 어떤 사람을 만나냐에 따라서 달라지는 정말 그 일에 마음을 갖고 계신 분하고 근데 그런 분을 만나기가 너무 힘들다는 사실 제가 체험한 거는 그렇습니다. 그냥 월급 받고 이분 오셨으니까 상담하고 그냥 의무적으로 … 아까도 말씀 드렸지만 복지의 대상의 70%가 나이 드신 분들이에요. 상위 아니면 다 연로하신 분들이고. 이분들한테 몇 조 몇 항 책 펴서 보여 준다면 두 번 다시 가고 싶지 않죠 이분들은. 옛날 분들 한글도 모르는 분들도 많고… (중장년_경기)

(사회자: 상황에 대해서 말씀하셨을 거 아니에요. 구타당하고 있고, 지금 생계가 조금.) … 예. 그런데도 이혼이 안 되고 이런 상태에서 어떻게 해 드릴 수 있는 게 없다고. 도움이 안 됐어요. … (한부모_경기)

긴급지원 받기 전에 다 떨어져서 차상위로 되고 나서 긴급지원도 몰랐어요. 제가 차상위로 되면서 이렇게 혜택 없냐고 했더니 단순히 그냥 거절해요. … 들어주려고도 안 해요. 동사무소에서. … (장애_경기)

뭐. 그런데 이게 이런 말 드려본들 무슨 소용이 있겠습니까? 정부의 정책이 시책이 이렇게 딱 돼 있는데 … 이런 애로사항 없이 이런 정책에 대해서 불만이 있고 뭐가 어떻고 뭐가 잘 됐고 못됐다는 거를 담당부서에 가서 그 담당 얘기를 하면 이 사람들 이쪽 귀로 듣고 이쪽으로 흘려버리는 거야. 그 자리에서. (학교밖_지방1)

> 저는 ○○구 있을 때 그분은 저한테 대놓고 돈 벌으랬어요. 식당 가서 벌어도 180 번다고 했어요. 그래가지고. … 그때는 쌍둥이가 유치원생이었어요. 오죽 했으면 제가 직장 다니다가 애들 둘만 밤 늦게까지 못 놔둬서 모자원 들어간 거 거든요. … 주민센터 가 가지고 부탁을 했죠. 애들 야간에 맡길 데 없는지. … 직장 그만두고, 애를 봐야 될 정도라 "도와주실 것 없나요?" 했더니 없대요. 그냥 돈 벌으래요. 안 되겠다 해서. (한부모_지방1)

> 병무청에서 한다는 말이 지금 당장에 수술할 거 아니지 않나요? 수술 안 할 거 아니냐고? 군대 가야 된다고. 다 이렇게 말을 하더라고요. 그게 충격을 받아 가지고 부모님께서 그것 때문에 사회생활을 하기가 꺼려해요. (사회자: 그거하고 사회생활하고 연계되는 건 어떤 점 때문에 꺼려져요?) (다들) 똑같이 대할 거예요. 병무청이랑 똑같이. (사회자: 나는 조심해야 되는 분명한 어려움이 있는데? 배려가 전혀 없을 것 같아서?) 네. (학교밖_군)

> 제 생각으로 아쉬웠던 부분이 내가 정확히 그 분야에서 알면 물어볼 필요가 없겠죠. … 쉽게 말해서 산 속에서 농사짓던 사람이 가족관계확인서하고 등기부등본하고 지적도하고 띄어서 서류 접수해서 법원에 소송 접수한 다음에 사무원한테 인지대 해 가지고 인지 붙여 가지고 인지 떼서 다시 접수하세요 하면 그 절차를 어디 가서 뭘 해야 되는지를 그 사람이 아냐 이거야. 모른다는 거지. 하지만 그거에 담당을 하고 있는 행정관공서 직원들은 알 거 아니에요. 근데 세부적인 어떤 공지나 명시가 안 해 주는 거죠. (발달_지방2)

> 구청에서 이렇게 살뜰히 해 준다고 말은 하지만 도움은 말만 앞세우는 거예요. 걔네들이 전부 정책만 내세우지 하는 게 뭐가 있어요? 구청직원 몰라요? … 보면 월급만 받으면 되네 시간만 가면 되네 니야 뭐 죽든지 살든지 내팽겨치는 이런 류가 많기 때문에 많아요. … 프로그램 이런 것도 있고 저런 것도 있고 다 가르쳐 줘요. 가르쳐 주는데 어떤 거 해 주면 좋겠습니까? 우리가 지적해 가지고 해 주세요. 이렇게 부탁을 했단 말이에요. 1년이 가도 응 그렇고 그렇죠. (장애_지방2)

> (사회자: 예전에 면사무소 가서 이것저것 시도 많이 해 보셨잖아요.) … 안 들어줘요. … 그냥 한마디로 안 된다고. (장애_군)

이러한 상황에서 통합사례관리의 사례관리사들은 상당히 다른 태도로 다가갔던 것으로 나타났다. 기존의 공무원처럼 규정이 되고 안 되고만 따지는 것이 아니라 대상자의 사정을 이해하려고 하고 방법을 찾아보려는 적극적인 모습을 보여 줬던 것이다. 대상자의 상황에 대해서 공감하고 관심을 가지고 대하는 것부터 대상자에게는 상당히 다른 경험으로 다가오고 있었다.

처음에는 방문할 때 아마 얼굴이 울상이었나 봐요. … 그 양반 ○○○씨(사례관리사)가 가슴이 철컹 내려앉았대요. 안 되겠다 싶어서 두고두고 단계적으로 이렇게 해 주신 거예요. (노인_경기)

상황을 이렇게 얘기해 가지고 했더니 이번에 그러면 그걸 얘기를 해 가지고 한 번 더 해보겠다 해 가지고 이번에 한 번 더 연결을 해 주신 거거든요. 그래도 이 분이요. ○○이 이거를 상황 안 좋은 걸 알고 해 주셔 가지고 그것도 고맙게 생각하고 있어요. (발달_지방1)

저도 여기 2년 동안 있으면서 제가 ○○○선생님(사례관리사) 좋아하는 게 저한테 적극적으로 관심을 보였던 거에요. … (중장년_경기)

요즘에는 ○○○ 선생님(사례관리사)이 여기에 오시고나서부터 저한테 해줘서 그렇게 아신 것이지, 그전에는 그냥 없었어요. (장애_경기)

(통합사례관리자분이) 많이 해 줬어요. 저도 뭐가 궁금하거나 힘들면, 그렇게 하면 저도 가끔 전화해요. 바쁘실 때는 잘 안 돼도, 나중에라도 전화 다시 해 주세요. “이렇게 하면 될 것 같은데 어머님 하실래요?” 이러면 “할 수 있으면 하겠습니다.” 이런 식으로. 그리고 저 보고 계속 아프니까 아픈 문제도 얘기하시고, (한부모_지방1)

○○○선생님(사례관리사)을 찾아갔는데 그때 처음 만난 게 ○○○ 선생님이에요. 근데 전반적으로 보통 제가 너무 감동했던 게 뭐냐면 민원사례 보면 궁금한 점에 대해서 묻잖아요. 그러면 그 부분만 해갈을 해 주거든. 차선책에 대해서 이야기를 해 주지 않아요. 근데 ○○○ 선생님은 차선책에 대한 거나 앞으로 어떻게 해야 될 거라든지 미리 예측이나 예상에 대해서 이러 이러한 경로도 있는데 해 보실래요? 라고 이야기를 항상 권했어요. … 그 권했던 세부상황을 정확히 설명을 해 줘요. 이해를 할 수 있게끔. (발달_지방2)

물론 반드시 사례관리사가 아니더라도 공무원이 적극성을 보이는 경우도 없지는 않았다.

몇 년 전에 과장님 한 분이 오셨더라고요. 그 양반이 엄청 잘했어요. 명절 때 꼭 상품권이라도 하나 주고. 어버이날 우리 해주고 잘 했어요. 그분 가니까. … 엄청 허전하죠. … (노인_군)

복지과 옛날에 우리 처음 만난 선생님 ○○○가 아주 훌륭한 분이야. 그분이 쟤를 끔찍이 거둬줬어요 몇 년을. 병원에도 데려다 주고 병원 수발도 해 주고 이래 가지고 … (장애_지방2)

지금 경제 문제 사회 담당은 지금 사회 담당 그분한테 긴급복지. 그분이 좋더라고요. (장애_서울)

하지만 이러한 사례관리사를 만난다고 하더라도 자신의 어려움을 모두 털어놓는 것은 아니었다. 스스로 이야기할 어려움과 이야기하지 않는 부분을 가리는 자기 검열이 존재하고 있었다. 도움을 받는 것을 기피하거나 필요한 부분이 있어도 요구하지 않는 자기 검열이 나타나는 경우가 18사례에서나 발견되었다. 이러한 부분은 인터뷰에서도 진술하지 않을 가능성이 높기 때문에 실제 자기 검열은 이보다도 더 보편적으로 나타나는 현상일 것이라고 추정된다. 이러한 자기 검열은 지원받고 있는 것에 대한 미안함에서 비롯된 경우가 많았으며 괜히 더 요구했다가 기존 급여도 잃을 수 있다는 불안감 또는 요구하는 것에 대한 수치심 등이 원인인 경우도 있었다.

> (사회자: 지금 힘든 상황을 복지사 선생님과 상담해서 좀 이겨내 보시는 건 어떠세요?) 말을 못하겠어요. 거기서 말을 하면 내가 할 수 있어도 … (학교밖_지방2)
>
> 이 길까지 지금 막혀 버리니까. 근데 내가 그 말이 차마 안 떨어져서 누군가 보증을 해 줘서 이 사람이 앞으로 뭐 하나 써 줬으면 하는 마음도 사실 있었거든요. 근데 ○선생님(사례관리사)은 내가 도움을 많이 받아서 그 말이 안 떨어지더라고요 (중장년_경기)
>
> 제가 그것까지 바라면 너무 욕심인 것 같아서 더 말씀을 못 드리겠어요. (한부모_경기)
>
> 그냥 이런 얘기 원래 동사무소에서도 제대로 안 하는 얘기가 많아요. 왜냐하면 지금 받고 있는 것도 충분히 받고 있다고 생각하시는 분도 많더라고요. 그냥 개개인으로 봤을 때는 저희보다 더 안 좋은 분도 많고, 저보다 더 어려운 분도 많다고 저는 (생각하거든요.) (한부모_지방1)
>
> … 미안해가지고 못했죠. … 어려운 점 있으면 얘기 다 하라고 하는데, 또 이것저것 얘기하기도 그렇고. 지금 지원도 애들 많이 받고 있는데. (한부모_군)
>
> 쌀은 달랑달랑하고 반찬도 달랑달랑하고 간장에 비벼 먹었어요, 내가. 일주일을. (사회자: 그때 그러면 혹시 동사무소 바로 연락해서 좀 그런 걸 미리 해결해 달라 말씀해 보실 생각은.) 저는 그런 거 하기 싫거든요. … , 국가에서 국민들 세금으로 나오는 건데. 나만 특별히 더 받자고 할 수도 없는 거고요. (중장년_지방2)
>
> (사회자: 혹시 통합사례관리사 분한테 얘기는 해 보셨습니까?) 아니요, 이런 거 가지고는 안 해 봤어요. 저희가 지금 혜택을 받고 있어서 … 저번에도 또 저희

> 딸이 화상을 심하게 큰딸이 화상을 심하게 입어 가지고. … 그때가 병원비가 많이 들어 가지고 좀 그때 했는데 괜히 얘기해 가지고 그거 할까 싶어 가지고 그때도. … 괜히 또 저희가 받고 있는 보조금도 있는데 그거 될까 싶어 가지고. 그런데 이렇게 말하는 게 솔직히 다른 사람들은 말을 해라 해라 하는데도 저희 당사자 입장에서는 말하는 게 쉽지가 않습니다. (발달_지방1)

> 저희보다 안 좋은 사람이 있어서 저희가 혜택을 못 받을까 싶어서 괜히 말해 가지고 … (발달_지방1)

> 당장 하고 싶은 거는 운전면허 따고 싶어요. … 이제 운전면허가 없어 가지고 카센터에서도 크게 우대를 못 받았어요. … (사회자: 그래서 시험 도전해 봤어요?) 아니요. 돈이 없어 가지고. … (사회자: 이런 바램을 복지사 선생님한테 같이 나눠 봤을까요?) 기회도 안 되고 말하기도 그렇고요. … 창피해서. (학교밖_군)

기본적으로 지원을 받는 대상자들은 이에 대한 죄의식이나 수치심을 가지고 있는 경우가 많았다. 앞서 살펴본 자기 검열이나 도움에 대한 기피, 그리고 이러한 죄의식이나 수치심 등을 모두 고려하면 지원에 대한 부정적 감정을 진술하는 경우가 총 30사례 중 25사례에 달했다. 자신이 아무리 절박한 상황이라고 하더라도 혜택을 받는 것 자체를 권리라고 생각하기보다는 받아서는 안 될 혜택을 받고 있다는 생각이 지배적이라고 할 수 있다. 그러한 것을 욕심이라고 표현하거나 나쁜 것이라고 생각하거나 강한 수치심을 표현하기도 하였다.

> 나라에서 이 많은 노인들 이렇게 하는데 거기다 무슨 욕심 부릴 게 뭐가 있어? 그렇잖아요. … 어떻게 더 바랍니까 사람이 욕심이. 안 돼요 그건 말이 안 돼요. (노인_경기)

> 미안한 감도 없지 않아 있었어요. 내가 가서 또 부탁하기가. 나보다 더 어려운 사람도 있겠지, 이러면서도 그 말 나오기가 정말 힘들었어요. 그래서 진짜 내가 힘들어도 살아갈 수 있는 그런 게 되나 싶어가지고 … (장애_경기)

> 더 이상 하라면 그게 도둑이지 나쁜 사람이지. 좋은 사람이에요? 자꾸 바라면 안 되지. 도와달라고 하는 것도 한계가 있지. (발달_군)

> 더 이상 바라면 나쁜 사람이죠. 나보다 더 울적한 사람도 있고 더 저기 한데. 더 이상 바라면. (한부모_지방2)

> 나한테는 엄청 큰 도움 되지만 지금 정상적으로 일을 하면서도 돈을 받고 있는

데 거기까지 돈 받아가지고 그건 나쁜 놈이지. (노인_지방1)

정부도 어려운데 진짜 이렇게 아닌 게 아니라 이렇게 폐가 돼서 항상 죄송해요. … 염치가 없다는 얘기지 제가. 염치가 한두 사람이 아닌데 염치가 없지 제가. (장애_서울)

정말 여기까지 숨이 차니까 돈에 대한 압박감. 그때 원룸에 살아서 딸이랑 살았으니까. 이대로 내가 죽을 것 같다는 생각이 들어서 읍사무소 찾아간 거죠. 자존심 좀 접자. 나 혼자 몸도 아니고 애도, … 읍사무소 가서 아닌 말로 너무 창피하고 ×팔리고. … 이대로 죽을 수 없으니까. 좀 도와달라고. 그거를 다 어떻게 지나왔는지 모르겠어요. … 진짜 몇 번을 그 입구에서 왔다 갔다 하고, 제일 인상 좋은 사람이 누구일까? 거절당하면 어떻게 하지? 별 생각을 다 하고. 너무 힘들었어요. (한부모_경기)

집안의 사정을 벌린다는 게 그런 게 너무 신경 쓰여요. … 어디 가서 쟤는 아빠가 없어 그런 소리도 너무 싫어서 일부러 티도 안 내고 다니고. (학교밖_경기)

어디 가서 내가 이리 없으니 도움 주세요. 그 말을 부끄러워서도 못 하겠어요. 늙은 거 얼마나 살려고 안 죽어져서 그렇지만 살다 죽어야지. 어서 데꾸 가입시더. 우리 엄마 내 어서 어서 데꾸가요. 그 말만 하지. (장애_지방1)

제가 할 말이 있어야죠. 말을 못해요. 얻어먹는 사람 같고 그런 식이잖아요. 바라는 거 싫어해요, … . 말도 그냥 내가 창피하고 그러니까 말을 못해요. (학교밖_지방2)

우리는 이런 것을 부끄럽다고 생각한 적이 없는데, 아이들은 부끄럽다고 생각하는 것 같아요. … 이 앞전에. 중학교 때는 수학여행비를 지원해 준다는 소리가 없어가지고 그냥 했었어요. 그런데 고등학교 때는 학교 재량으로 해 주더라고요. 그런데 아이가 그런 것을 부끄럽다 하더라고요. (한부모_지방1)

나도 다른 사람한테 그런 얘기를 안 하고. 내가 이렇게 도움 받고 산다. 젊은 ×이 도움 받고 산다 그러면 누가 (한부모_지방2)

(사회자: 구청에 연결되신 거에 대해서는 느낌이 어떠셨어요?) 처음에는 ×팔리지. … 아직까지 나는 젊은 나이에 도움 받아 생활한다는 게 처음에는 조금 그런 생각이 들었는데. (중장년_지방1)

도움을 요청하거나 지원을 신청하는 과정에서 겪은 부정적 경험으로 인하여 아예 공적인 지원에 대해서는 체념하고 있는 경우도 있었다. 무언가를 요청하고 말해 봤자 안 될 것이라고 단정해 놓은 것이다.

(장애등급을) 그냥 안 받았어요. 어떻게 하다 보니까 안 받았어. 근데 받는다고 도와주지도 않을 것인데 뭐. (발달_군)

이거 아마 헛얘기일 거예요. 이게 현재 이 국가 정책을 담당하기 힘들다는데 헛일이야. 알면서도 나만 분하지 공무원 생활하는 거 제가 볼 때도 그래요. … 슬퍼요. 가진 게 내가 없으니까 어떻게. 어디 요청하든 허공에 말하는 것밖에 안 되는 거거든. 소용없어요. 지금 이것저것 도움을 달라고 말씀하셨는데 소소한 거는 받는 것도 있겠지만 진짜 이거 꼭 필요한 거 돈 들어가는 거 돈 못 받는 거예요. (학교밖_지방1)

(사회자: 그러면 면사무소에서 혹시 그 복지사 선생님 말고 군청에서나, 좀 이분들이 나를 이렇게 도와줬어. 이렇게 딱 말할 수 있는 거 뭐가 있을까요?) 뭐 도와주려고 하겠어요. (중장년_군)

(사회자: … 지금 건강상의 문제 같은 것들이 두드러지게 나타나는데, 그런 것들에 대한 지원은 요청 안 해 보셨어요?) 작년에는 진단서도 끊고, 다 넣고 이랬는데 이제는 그것 갖고는 안 되고, … 이제는 혼자 버텨 보려고, (한부모_지방1)

내 자신이 그거를 어렵다고 신청할 만한 위치가 되나 그런 거지. 여기저기서 거절만 하니까. (노인_서울)

다. 물리적 접근성

체감적 접근성 이외에 실제 물리적 접근성이 문제가 되는 부분도 있었다. 특히 교통비용 때문에 부담을 느끼거나 서비스를 제대로 이용하지 못하는 경우가 있었다. 특히 장애가 있거나 장애가 있는 자녀를 돌보는 경우에는 다른 대중교통을 잘 이용하지 못하고 택시를 이용해야 하는데 이러한 부분에 대한 지원은 없거나 제대로 되지 않아 어려움을 겪는 경우가 있었다.

(사회자: 사회복지 선생님은 우리 ○○군을 자주 만나요?) 예전에는 자주 만났는데 요새는 자주 가면 돈도 쓰게 되니까 버스비도 나가니까. 그냥 일주일, 한 2주. 2주에 한 번. …: 갈 수만 있으면 매일 (갔으면 좋죠) (학교밖_경기)

○○보건소에 예방진료 하는데 무료입니다. 수급자. 무료인데 거기를 애 데리고 한번 갔다 오려면 비용이 3만 원이 들어요.. … 이걸 데리고 대중교통 타고 갈 수 없잖아요. 형편이 그렇습니다. 그게 구조가 아무리 무료로 접종을 해 주니 뭐니

한다고 정부에서 생색을 내는데 그 받는 사람은 그것도 그 외에 또 있어요. … 3만 원을 줘 버리면 그러면 어떻게 또 살라고 이런 실정이에요. (학교밖_지방1)

(사회자: 주변에서 자기개발 프로그램이라든가 문화체험 자립프로그램 같은 거 소개받은 적은 있어요?) 저번에 한 번 받았어요. … (그런데) 멀어서 못 갔어요. … 여기서 버스로 3~40분 걸려요. … 차 갈아타는 것도 힘들고. … 택시로 하면 비용도 많이 들고. (학교밖_군)

병원 가면 택시 타야 되고 그런 것 때문에 교통편이 사실 제일 힘들어요. (장애_경기)

장애인들이 기차 혼자 탈 수 있어요? 배 혼자 탈 수 있어요? 탈 수도 없는데 왜 할인을 해 주냐고? 그렇죠? 보호자가 있든가. 차라리 제일 많이 쓰는 게 택시인데 택시비는 일절 지원 없고 10%도 할인 안 해 주고 일반인 같이 똑같이 받아요 돈을. 제일 많이 쓰는 게 택시인데. (발달_경기)

병원비가 한 한 20,000원 못 되고요. 약값 돈 1만 원 들고. 차비가 더 들어가요. … 한 2만 원 돼요, 그래도. 전체 택시 타고 2번 왔다 갔다 한 게요. …

(택시를 탈 수밖에 없는 게) 모르니까. 잘 몰라서. 제가 정신이 좀 있어요. 기억도 상실했어요. (중장년_군)

(통합어린이집 가려면) 마을버스 타고. … 금방은 가는데 날씨가 좋을 때는 괜찮은데 비가 오면 첫째가 우산을 안 쓰니까 차도 다니고 하니까 저는 비를 다 맞아야 되니까 그게 조금 그래요. (통합어린이집은 셔틀버스를) 안 해요. (발달_서울)

물리적인 접근성은 지리적인 문제뿐 아니라 금전적인 부분에서도 발생하였다. 임대주택의 경우에는 수급을 한다고 하더라도 보증금 납부를 전제로 하기 때문에 이를 마련하기 어려운 경우에는 아예 지원조차 하지 않는 경우가 있었다.

이제 새집. LH공사 그거 당첨이 됐어요. 당첨되면 뭐하냐고요. 당첨되면. 보증금이 없는데 당첨이 돼야 (소용이 없습니다.) (중장년_지방2)

저번에 바우처로 무주택 임대주택 이런 거를 활성해 준다고 그러더라고. 선정해 가지고. 그런다 하는데 그거 말이나 그렇지 그거 들어갈라고 하니까 보증금이 2~300 자기 돈이 있어야 되고 말은 그렇지만 그 보증금도 자기가 만들어 내야 되고 이 부분부터 전부 힘들어요. 그래 가지고 은행상환에 해 준다고 한 2500만 원 정부 지원을 해 준다 그러는데 말만 그러고 말았어요. (장애_지방2)

2. 적절성의 문제

가. 급여 수준의 적절성

급여를 받게 되더라도 도움이 되기에 충분하지 못한 경우가 많았다. 상황이나 욕구에 맞추어서 지원되기보다는 제도적으로 정해진 부분이나 한계 내에서만 이루어지다 보니 욕구나 상황에 필요한 만큼 문제가 해결되지 않는 것이다. 가령 집을 지원해 줬는데 세간살이가 지원이 안 된다든가, 장애인 활동 지원이 욕구에 관계없이 일률적으로 제공된다든가, 택시 서비스가 되는데 편도만 되고 왕복이 안 된다든가, 보육료는 지원되지만 부가 비용은 지원이 안 된다든가, 임플란트 치료가 필요한데 정해진 금액이나 개수를 맞추다 보니 제대로 치료받지 못한다든가 하는 경우들이 있었다.

(사회자: 집을 지원받긴 했는데 안에 가구 같은 것들은 없는 상태시고요?) 그러니까 오갈 데 없는 사람한테 집 하나 달랑 주고 집 주면 감사하죠. 아주 너무 감사하죠. (그런데) 1차가 지원이 되면 그 말은 2차적인 받침이 뭔가가 있어야 되는데 … 기본적인 세간 그 능력이 됐다면 지원 얘기를 안 했겠죠. 근데 집만 덜렁 전혀 없는 상태. 주변에 도와줄 사람도 아무도 없다는 걸 분명히 아는 상황인데도. (중장년_경기)

거기다가 (장애인 활동지원) 활동 시간을 좀 늘렸으면 좋겠는데, … 저는 다른 것을 떠나서 다 똑같이 일률적으로 정해진 시간만 주는 게 아니라, 그 상태에 따라서 지원을 해 줬으면 좋겠는데 그게 아니고 다 일률적으로 똑같이 지원을 하고, 거기다가 직장을 다니거나 하면 추가되고, 직장을 안 다니면 엄마가 보는 관계로 안 된다는 거예요. 그러면 저 같은 경우는 지금 제 몸이 이런 상황이라도 딱 그 시간만 주니까 어떻게 할 수가 없어요. 거기다가 이런 상황이면 목욕이라도 시켜야 되는데, 얘 일주일밖에 한 번씩밖에 못 씻겨요. (장애_경기)

행정상의 문제가 규제가 되면 예를 들어서 바우처 지원이 80시간이다 그러면 이 사람은 아이의 상태에 따라서 85시간이 필요한 사람일 수도 있고 이 사람은 75시간이 필요한 사람일 수도 있잖아요. 아이의 상태나 이런 거를 보면. 근데 그게 딱 어느 틀을 잡고서 이거 안 되면 더 해요. (발달_지방2)

장애인 차가 복지부에서 하는 게 있고, ○○○ 희망케어에서 하는 게 있어요. 그래서 희망케어에서 하는 것은 왕복이 안 돼요. 편도만 돼요. 가기만 돼요. 그러니까 올 때가 그렇잖아요. 올 때 택시 타고 오려고 하면 또 서울 장애인 차가 있는데, 우리 집에는 안 오려고 해요. 여기는 또 멀어서. 그래서 택시 타고 오고. 그러니까 그런 식이에요. (장애_경기)

관공서의 신뢰도를 말하면 50% 미만이라고 봐요. 왜 그걸 내가 말하냐면 … 너희 아이의 심장병에 수술비가 얼마가 들어가냐 예를 들어 100만 원이 들어갑니다라고 이야기하면 그래 그러면 100만 원 지원해 주면 해결이 될 테니까 내가 도와주는 거다 이렇게 하고 끝나지만 사실 문제는 뭐냐면 수술해서 끝나는 게 아니라 수술하는 애들 비몽사몽 간에 똥 기저귀부터 식대부터 보호자부터 먹고 사는 그런 부분들이 그 실질적인 병원비에 더 많은 금액이 소비가 돼요. … 어린이집을 예를 들어서 보면 기초생활 수급자니까 어린이집 무료입니다. 어린이집 보내려면 없어. 가방비 8만 원 옷값 6만 원 뭔 값 20만 원. 그러니까 사실상 지원을 받았는데 지원을 받았다라는 느낌이 별로 없어요. (발달_지방2)

내가 몸이 안 좋은 상태에서 스트레스 받아서 그런지 모르지만 이가 싹 다 빠져버렸어요. … 이왕이면 완벽하게 틀니를 해 줬으면 좋겠는데 서울에서 돈을 관리하는 쪽에서 내려와서 하는데 될 수 있으면 깎으려고 하더라고. … 내가 220만 원인가 230만 원 지원받았어. … 이왕 최대 500만 원까지라면 내가 이빨이 없으니까 임플란트 심어 가지고 박아야 되는데 그거까지 하면 딱 500만 원. 그런데 임플란트까지는 혜택 주기가 좀 그런가 보더라고. 틀니만이 아니지. (중장년_지방1)

이걸 임플란트 그걸로 하면 좋은데 그걸 하면 아무래도 위에는 이가 하나도 없으니까 최소한 3개는 해야 된단 말이야. 아래도 앞에만 이가 있지 여기 없으니까 아래도 두 개는 해야 되고. 5개나 해야 되잖아 임플란트. … 지금 정부에서 2개까지는 해 준다고 그런데요. … 돈이 내가 거금인데 돈이 있나. 할 수가 없지. 그래서 이번에도 틀니로다가 내가 했는데 틀니라고 해 가지고 맘대로 먹는 거냐 하면 틀니는 맘대로 못 먹어요 잇몸이 아파서. 잇몸이 늘리고 해 가지고 굉장히 아프거든. (노인_지방2)

하지만 무엇보다도 급여 수준의 적절성에서 일반적으로 나타나는 문제는 현금 급여 수준이 생계를 유지하기에 충분하지 않다는 것이었다. 가장 보편적이면서 절박할 수밖에 없는 문제가 기초적인 생계유지 문제인데 이에 대해서 기초생활보장제도의 생계급여나 기초연금 등으로 지원을 받는다고 하더라도 급여액이 실질적으로 생계를 유지하는 데 충분하지 않아 만성적인 어려움을 겪고 있는 것이다.

5명이서 살았는데 너무 지원금도 빡빡한 것 같고 일을 한다고 하면 또 그 지원금에서 깎이니까. … 최소한 5명이서 살기에는 너무 턱없이 부족한데. (학교밖_경기)

20만 원 그거 받으면 ○○ 통장에 돈이 20만 원 오거든. 오는데 그것도 보니까 18만 원 들어오는데 그게 약값이 모자라. 워낙 쓸 돈 많이 하고 몸이 많이 아프기 때문에. 그래서 쌀이라도 좀 주려고 가니까 안 되는데 … (장애_지방1)

60만 원 가지고 혼자 살기도 어려워요. 아시죠? … 거기다가 현재 애가 하나 태어나서 생계비에서 현재 얘를 뭐 필요한 거 쓰고 있거든요. 지금 그런 게 지원이 안 돼. 기저귀도 분유 같은 것 좀 사서 쓰고 있는 형편인데 … 지금 현재 물가로는. 그런데 60만 원 갖고 현재 지금 우리 하나 돼 있지만 우리 수급자로 혜택을 받는 사람 말하자면 우리 넷이 혜택을 받는데 네 사람이 60만 원 갖고 사는 거예요. (학교밖_지방1)

40만 원 나오는데 40만 원 가지고 못 살잖아요 한 달. 무료라고 하더라도 맨날 (근로를) 돌리더라고. 그리고 일 안 한다고 그래서 제가 쓰레기 주으러 다녔죠. (노인_군)

60만 원 생계비 받아서 30만 원 공과금 나가고 30만 원 가지고 한 달 생활하는데 생활이 돼요? 밥을 먹어야 되는데. 용돈으로 쓰면 쓰죠. 30만 원 한 달에. 그런데 용돈이 아니고 생활비인데 말 그대로. 형편이 안 되니까 제가 임대료 그래서 밀렸었어요. 10만 원, 10만 원 이렇게 다달이 하다 보니까 1년이 되고. 1년 되니까 LH공사 연락이 오더라고요. 자꾸 불어나요. 감당이 안 되더라고. … (중장년_서울)

우리가 수급비 받으면 한 보름 안에 다 떨어져요. 지금 돈 없어요 집에. … 그 이후에는 말마따나 그냥 물만 먹고 살듯이 이래 얻어 먹고 살든지 이럴 수도 있고 … 방세 주고 물세 주고 전기세 주고 나면 20만 원 쑥 빠지고 나면 25만 원 가지고 살기 힘들어요. … 이게 사람을 진짜 진짜 그냥 계속 목숨은 죽만 이렇게 했지 그게 살려주는 자체는 없어. (장애_지방2)

우리나라에서 2인 가족 한 달 생활비가 얼마인지 아세요? 2인 가족 생활비. … 140 뭐 그렇더라고요. 그런데 이건 뭐 … 64만 원 지급받고 있는데요. … 그래서 최근에 진짜 곤혹스러운 게요. 밥은 내가 하겠는데 반찬은 못 만들겠어. … (중장년_지방2)

따지고 보면 생활이 안돼요. 집세도 내야지 전기세 내는 거 있고 그러니까. 전화기 얼마 나가지 그러니까. … 빠듯한 게 아니라 제대로 못살죠. 30만 원 가지고 못 살아. (노인_지방1)

저희 지금 120만 원가량 지원을 받고 있거든요. 솔직히 작게 받는 편은 아니거든요. 왜냐하면 국가에서 주는 돈이니까 그게 저희가 사실로 얘기하면 공짜로 받는 돈이니까요. … (하지만) 최소한 200은 넘어야 될 것 같다고 생각해요. …

솔직히 지금 너무 밖에 나가서 마트를 한 번 가든지 뭘 한 번 가더라도 이게 물가가 너무 비싸졌어요. … 그나마 저는 애들 옷이나 신발 이런 것도 다 얻어 가지고 다른 사람한테 물려 받고 다 얻어 입히고 그러거든요. 그나마 그래서 생필품은 많이 안 나가는 편이거든요. (발달_지방1)

저는 워낙 없던 상태에서 시작해서 요즘에 그나마 조금 받아 보니까 없는 것보다 낫다는 생각이 드는데, 그래도 많이 부족한 거예요. 돈을 떠나서 한부모로서 정말 아이들을 키우고 싶은 사람들이 있어요. 그런데 여자들은 그 마음을 갖기 너무 힘들어요. 일단 우리 페이가 너무 작아요. … 지속적이고 꾸준한 것보다는. 그리고 언제 또 바뀔지 모르는 것도 많고, (발달_지방2)

물론 기초생활보장 생계급여 때문에 위기가 완화된 경우도 있었다. 기존에 아무런 도움도 받지 못하다가 수급자로 선정된 경우에는 더욱 그러하였다. 적은 금액이라도 안정적인 수입이 있다는 것은 어느 정도 생존에 숨통이 트인다는 것을 의미했다. 그리고 자녀가 있는 경우에는 생계급여를 받는 것이 수입에서 큰 차이가 없다고 하더라도 자녀를 돌볼 수 있는 시간이 확보되었다는 것을 의미하기도 하였다.

… 얼굴이 환경의 지배라는 게 그래요. 얼굴이 활짝 핀 걸 보였나 봐요. 내가 이제 마음이 놓인다고. … 이제 수급자가 되니까 이제 활짝 핀 거죠. 이것 가지고 내가 이제는 어디 아쉬운 소리도 없고 마음이 편해요. (노인_경기)

급여비 때문에, 그것이 작년부터인가 됐죠. 그것부터 숨통이 트여요. … 그때부터 제가 조금씩 밥이라도 먹고 이런 상황이 됐는데. 풍족하지는 않았지만 … (장애_경기)

(사회자: 수급권 그 수급 급여를 받고 있는 건데 … 얼마나 도움이 되시는 것 같으세요?) 어느 정도는 도움이 되죠. 이거 아예 없었으면 생활을 못하니까. (학교밖_지방1)

(사회자: 수급권 얻어서 도움 받으시니까 생활에 도움이 되셨어요?)

그렇죠. … 40만 원이든 50만 원이든 꾸준하니까. (노인_군)

저한테는 지금 최저생계비 갖고 생활이 겨우 겨우 사는 거예요. 한 140만 원 나오는 걸로 생활이 되는 거예요. 옛날에는 잔업하고 와서 170, 180만 벌어가지고 다 빼고 나면 100만 원 갖고 한 달에 생활해야 됐거든요. 똑같은 생활이에요. 이거랑 이거랑 똑같은 생활이에요. 그런데 그때보다는 지금이 더 나은 거예요. 그때는 정말 힘들었거든요. 애들도 제대로 못 돌보고. 왜냐하면 아침에 일찍 나가서 밤 늦게까지 일을 계속 해야 됐거든요. (한부모_지방1)

하지만 많은 경우는 여전히 만성적인 빈곤으로 인한 어려움을 호소하였다. 다른 지원이나 도움을 받는다고 하더라도 생계 부분에서는 충분하지 않아 여전히 빈곤 상태로 남아 있는 것이다.

> 아직까지도 돈이 제일 힘들어요. … 저는 지금 제일 힘든 게 여전히 돈 때문에 힘들어요. 그것만 해결되면 제가 웃고 싶어요. 많이 웃고 살고 싶고. 처녀 때는 성격이 되게 명랑했거든요. … 전기세, 수도세. 지원이 끊겼거든요. … 전기세, 수도세, LH에 다달이 10만원씩 내고, 의료보험료. 그 밖에 소소히 나가잖아요. 아무리 아껴 써도. 또 반찬거리라도 먹고 살아야 되고. 어쨌든 아무리 아껴 써도 부족해요. (한부모_경기)
>
> 경제적으로 말고는 그렇게 없는 것 같아요. 다른 건 다 도움이 되는데 경제적으로 좀 이게 너무 (힘들어요.) (학교밖_경기)
>
> 푼돈이니까 모아 지지도 않고 … 애들 뭐 사서 밥해 먹여야 되니까 시켜 줘야 하고 뭐 해 줘야 되고. (학교밖_지방2)
>
> (사회자: 지금 현재는 제일 어렵다 라고 느껴지시는 것도 있을 것 같아요?)
>
> 현재 어려운 거는 어찌됐든 간에 물질적인 부분이죠. (발달_지방2)
>
> 집주인 주고 십 몇 만 원 집세로 주거든. 35만 원 안에서 그러면 한 19만 원 남잖아요. 그걸로다가 한 달 생활하는 거야. (노인_지방2)
>
> (사회자: 제일 힘드신 점이 뭐세요? 현 시점에서.) 개인적으로 생활하는 게 힘들죠. 경제적으로도 힘들고. (중장년_서울)
>
> (사회자: 이거 좀 더 좋아졌으면 좋겠다. 받았으면 좋겠다. 하는 거 있으세요?) 문제는 돈이죠, 뭐. 딱 잘라 얘기해서 수급자들 다 돈이 모자라서 그렇지 뭐. … 돈이 없어서 빌빌거리지. (중장년_지방2)

나. 질적 적절성

양적 측면 뿐만 아니라 질적인 측면에서의 적절성의 문제들도 다수 발견되었다. 서비스가 제공된다고 하더라도 욕구에 맞지 않아 효용성이 떨어지는 경우들이었다. 급여의 내용적 측면에서 적절성의 문제가 가장 흔하게 나타나는 것은 반찬 지원과 같은 식료품 지원이었다. 사실 이와같은 식료품 지원은 기초적인 생계 보조를 위한 현물 지원의 성격이 있는데 사람에 따라가 선호가 다른 식료품을 현물로 지원하다 보니 입맛이나 필요에 안 맞는 경우들이 있었다.

> 쌀은 지원이 안 되더라고요. 반찬만 하다가 반찬도 애들이 맞는 걸 안 갖다 주니까 계속 묵혔다가 버리게 되고 그러더라고요. … 애들 입맛에 맞으면 반찬 걱정은 안 했었는데 우리들이 먹는 반찬으로 갖다 주니까 애들이 안 먹잖아요. (학교밖_지방2)

> 학교 아동 급식이라고 한 달에 한 번씩. … 콩나물, 두부, 돼지고기 조금 햄 같은 거. 그런데 안 먹더라고. … 까탈스러워요. 햄도 맨날 먹으면 그렇고 햄이나 돈가스나 그런 거지. (노인_군)

> (사회자: 반찬 배달 이야기 있었어요?) 있었지. (그런데) 가져와 봐야 입에 안 맞고 또 병원에서 지켜야 할 음식 있잖아요. 그렇기 때문에 그렇지. (노인_지방1)

그 밖에도 급여의 내용이 욕구나 상황에 맞지 않아 아예 이용하지 않게 되는 경우들이 있었다. 임대주택이 저소득 가구가 살기 힘든 환경이거나, 정신보건서비스가 이용하기에는 지나치게 폐쇄적인 환경이거나, 필요한 서비스 제공 시간이 맞지 않거나, 아예 이용할 수 있는 만큼 제공되지 않거나, 이용 대상에 제한이 있어 이용이 어려운 사례들인 것이다. 이러한 이유로 대상자들이 서비스 이용을 포기하게 되는 것이었다.

> 몇 집 간 놈도 있긴 있는데 임대주택 얻어 가지고 갔는데 막상 거기 가서 살아 보니까 아 이거는 개판이다. 왜 그러니까 관리비 한 돈 10만 원 날아가지요. 형님 거기 사는 게 낫다고. 시장 좀 멀지요. … 또 마트가 있어서 사 먹으려고 해도 몇 배가 비싸고 여기보다. … 첫째 생활하기 힘들어. 없는 놈이 살아가기 힘들어. (장애_지방2)

> (사회자: 저기서도 찾아오셨었네요. 정신건강증진센터에서도.) 오셨어요. 내가 퇴원하고 며칠 있으니까 두 분이 또 오셨어요 … 고 말이 정신병원이지 그렇게 험한 데는 아니다. 받아 보는 게 어떻냐.. … 나는 갔는데, 온통 철창이에요. 이리 봐도 철창. 철창밖에 안 보이는 거야. … 일반 환자하고 위탁 환자하고 다르거든요. … 그래서 나와 버렸어요. 아니 무슨 병원이. 내 시계도 못 차요? 내 휴대폰도 못 써? 이게 무슨 흉기냐고. (중장년_지방2)

> (사례관리사 응답) 저희 다문화지원센터를 가시게 하려고 했는데 도저히 시간대가 맞아지지가 않는 거예요. (한부모_서울)

> 장애인 콜택시 정말 그거 왜 있는지 잘 모르겠어요. … 기본으로 1시간 기다려야 돼. 안 되면 2시간도 기다리고, 주말에는 아예 정말 잡기 힘들어요. (발달_서울)

> 처음에 얘 나와서 얼마 안 돼서 군에서 여성들만 사는 집이 있다고 하더라고요. … 애들하고 셋밖에 들어가서 살 수가 없다고 하더라고요. … (사회자: 어머님만 여기 계셔야 되는 상황이 돼서 못 들어가시고.) 그렇죠. 나온 상태여서 얼마 안 됐는데, 저녁에 잠도 제대로 못 자고, 때리고, 칼 갖고 찔러 죽이려고 하고 상처가 힘들었었어요. 눈만 감고 있으면 남편이 칼 갖고 오는 것 같아서. 애들은 애들대로 할머니는 화장실도 마음대로 못 갔어요. 어디 가냐고, 따라다니고. (한부모_군)

서비스의 질과 관련된 문제는 특히 발달장애에 대한 서비스에서 많이 발견되었다. 발달장애 아동을 돌보는 데에는 세심하고 민감한 배려가 필요하지만 그러한 점이 잘 충족되고 있지 않은 것이다. 통합 어린이집이나 활동보조 같은 경우에도 욕구의 정도가 높은 아동에 대해서는 제대로 서비스를 제공하지 않으려고 하거나 기피하는 경향도 있었다. 필요한 시간에 서비스를 이용하고 싶어도 제공 인력의 사정 때문에 어려운 것이다. 특수교육 같은 경우에도 장애 유형에 적합한 교육을 제공하는 기관이 해당 지역에 없는 경우도 있었다.

> 제가 어디든 나가서 하고 싶은 말이 통합이라고 잡혀 있는 데잖아요. 일반 어린이집이 아니잖아요. 정상아만 받는 데가 아니라 장애를 받는다고 딱 정해졌으면 일반 아이들이 주가 아니잖아요. 특수 서비스도 계시고. 그런데 너무 일반 아이들 기준에 장애아를 맞춰야 되더라고요. 저는 그게 너무 화가 났었어요. … 그 얘기를 하시더라고요. 어머니들이 많이 참으시고 계시는데 ○○ 때문에 많이 참으시고 계시는데 이렇게 되면 ○○가 여기 다닐 수 없게 될지도 모른다고 그렇게 얘기하세요. … 오히려 정상 아이들은 이십 얼마를 정부에서 지원받고 장애아는 사십 얼마를 지원받아요. 그 2배를 받는데도 왜 나만 장애아라는 이유로 아이가 힘들게 한다는 이유로 그렇게 내가 양보를 해야 되나? (발달_서울)

> 활동보조 쓰면 되기는 하지만 제가 주위에서 본 활동보조 분들은 정말 아니었거든요. 그래서 쉽게 맡길 수 없겠더라고요. … 지금 이제 등급을 받았고 신청을 하면 되는데 두렵더라고요. 전에 제가 일을 할 때 활동보조는 아니지만 양육하시는 돌보미분들을 계속 썼거든요. 그런데 정말 안 좋은 거를 많이 봐서. 그리고 또 주위에서 장애인 활동보조 하시는 분들 있잖아요. 제가 첫째를 치료하러 갈 때 보면 진짜 맡기고 싶지 않다는 그런 인상을 너무 많이 받았어요. (발달_서울)

> 선생님들도 일을 하시다 보면 그런 것도 있어요. 선생님들이 시간을 예를 들어 저는 하루에 5, 6시간을 쓰는 거예요. 거의 6시간도 못써요. 6시간 몇 번 쓰다가 5시간 이렇게밖에 안 써요. 왜냐하면 18시간을 가지고 한 달을 쓰다 보니까. 그러니까 선생님들도 자기도 사람마다 다 틀린데, 수급이 얼마 안 되니까 다른 집도 가야 돼서 보려면 물론 우리한테 5, 6시간 맞춰 주는데 다른 집에 가려면 막 촉박해서 가고 그러면. 제가 오후에도 잠깐 병원에 가려면 쓸 일이 있는데, 그게 또 안 맞아요. … 저는 저대로. 그리고 우리 아들 보는 게 너무 힘들다고 활동보조 선생님이 안 와요. 저는 사람 한 번 바뀌면. 이번 1월에도 사람 바뀌고 한 달 동안 애 먹었어요. 안 와가지고. … 우리 아들 힘들다고 안 오려고 해요. 자기네들끼리 공유해요, 저 집에는 가지 말라고. … 너무 너무 이게. 이것은 완전히 제가 도움을 받는 것도 도움 받아서 좋긴 하지만, 오히려 제가 그 사람들의 눈치를 봐가면서 해야 돼요. (장애_경기)

> 장애인학교 그거는 지금 문제가 되고 있을 거예요. 자폐성 장애는요, 강남 쪽에 하나밖에 없더라고요. … 몸이 안 좋고 거동이 불편한 애들이 갈 수 있는 학교는 많지만, 또는 다운증후군. 자폐보다는 더 의사표현도 되고, 몸도 움직이기 편한 애들, 그런 애들은 갈 데가 많은 거는 아니지만 그래도 갈 데는 있지만 자폐는 갈 데가 없어요. 너무 제가 알아봤는데 주위 몇 km 반경 안에만 입학이 가능하더라고요. 그렇다고 해서 제가 강남으로 이사를 갈 수는 없잖아요. 집값이 너무 끝내주더라고요. (발달_서울)

다. 지속성의 문제

급여의 지속성에서는 대상자들이 현재 받고 있는 급여가 중단되거나 삭감될까 불안감을 표현하는 경우가 있었다. 기초생활보장 수급자는 1년 단위로 정기적인 조사를 하기 때문에 근로 능력 등을 이유로 다음에 탈락될 수 있다는 불안감을 가지고 있는 경우도 있었다.

> 혹시나 얘기했는데 그것마저도 못 받을까 싶어서. 그런 것도 있거든요. 저희가 받는 입장에서. … 왜냐면 제가 지금 일할 수 있는 능력이 근로 능력이 있는데 일을 못하니까 괜히. … 지금 이게 1년 단위 1년 단위로 끊어지거든요. (발달_지방1)

> 그거 있죠. 돈 떨어질까. 생계비. 이대로만 나오면 좋은데. … 40만 원 조금 더 나와요. 그런데 더 떨어지면 어떡하나 그게 걱정이죠. (노인_군)

> 저는 내년 상반기 3월 되면 전체적으로 수급자들 조사를 다시 하거든요. 저는 조건부라서 커트라인 수준이고요. 제가 나이도 젊고요. 아이도 컸고요. 아마 제가 닥치는 것은 수급비, 지금 조건부로 해서 받는 것, 그것 못 받을 수 있다는 생각

제일 많이 들어요. … 지금 아프지도 않고, 아프기는 아파요. 지금 우울증이 심해서, 1년간 약 먹고 치료 받았고요. 그렇다고 그것으로는 그분들이 안 된다고 하더라고요. (한부모_지방1)

이 집도 원래는 중증장애인 전세, 저희가 원래 월세로 살다가 집주인한테 부탁 부탁을 해서 중증장애인 전세 임대를 해 주셨어요. 그런데 그걸 2년만 해 주신다고 하셨어요, 맨 처음에 해 주실 때. 조건이 연장이 가능하지만 이 집은 나가야 되는 거예요. … 그러니까 저는 또 이사를 가야 되고. 제가 여기에 있는 게 다 풀옵션으로 있는 데니까 다른 데 가게 되면 또 냉장고, 세탁기, 에어컨도 안 바라고 선풍기는 조그만 거밖에 없고 그런 것들 등등 이런 것도 있고 하니까 내년이 더 무서운 거예요. 점점 다가오는 현실이. … (발달_서울)

그리고 실제로 갑자기 급여가 중단되거나 삭감된 경험들도 자주 발견되었다. 서비스가 아예 없어지거나, 대상에서 제외되거나, 급여가 큰 폭으로 삭감되는 경우들이 있는 것이다. 이러한 상황 자체도 문제지만 더 큰 문제는 이러한 일이 대체적으로 사전에 충분한 설명이나 통지 없이 이루어지고, 사후에도 제대로 설명받은 적이 없는 경우가 많다는 것이다.

옛날에는 활동보조한테 했는데 지금은 힘들다고 안 씻기려 그래요. 전에는 또 요양이라고, 목욕하는 게 있었어요. … 그런데 그분이 지금 없어졌어요. … 지금 그분들도 타산이 안 맞으니까 안 하는 거예요. 그러니까 얘를 더 씻길 수가 없는 거예요. 어디 씻길 수 있는 그런 게 없어요. 정말 힘들어요. (장애_경기)

서류 떼러 가면서 큰애 지원받으려고 서류 떼러 가면서 알게 되니까 차상위계층이 아니라고 바로 연락이 오더라고요. 문자로 들어오더라고요. 차상위 계층 해지 된다고 전화 받고 알았어요. (학교밖_지방2)

… 그런데 ○○ 생리대가 나왔는데 왜 안 나와요? … 3개월에 한 번씩 (나왔었거든요.) … 새로 신청을 했거든. 그런데 안 나오더라고요. 그거 돈이 많이 들어요. … 뭐 잘못해서 안 나오나. (노인_군)

(사회자: 지금 당장 12살 쌍둥이 따님들은 중학교 올라가면 그것을 문의했더니 교복지원사업이 지금 없다고 이야기하신?) 교복지원사업이 어떻게 될지 모른다는 얘기를 들었어요. (한부모_지방1)

반찬은 줬었는데 … 그래서 한 몇 번 3~4번 가지고 오더니 구청에서 영세민만 주라고 한다고 그러면서 나는 차상위거든요. 차상위는 해당이 안 돼서 미안해서 못 드리겠다고 그러더라고. (사회자: 서운하시겠어요 받으시던 거를 갑자기 그러니까?) 근데 조금 서운한 건 있지. 나 혼자 내가 반찬을 엄청 먹기를 해 뭘 해? (노인_지방2)

(사회자: 자활후견기관에서 10년 동안 근무를 하셨고 그거 끝나신 지가 언제죠? 관두신 지가?) 한 4년 정도. 왜냐하면 그때는 그래서 일당이 한 2만 7000원 8000원 됐었거든요. 한 달에 수입이 후견기관에서 70~80 정도 이렇게 수입이 됐었는데. 제도가 바뀌면서 자활센터에서 3개월밖에 기간을 안 주더라고요. (중장년_서울)

(사회자: 쌀이나 김치가 배달된다든지, 반찬 서비스 이런 것은?) 없어요. 애들 간식도 나오다가 그것마저도 끊겼어요. … 어느 순간부터 끊겨서 안 오더라고요. … 아예 대상에서 빠졌다고만 얘기하더라고요. (한부모_군)

(사회자: … 그렇게 내려갈 때 통보는 따로 받으셨어요?) 안 받았어요. 제가 전화해서 물어봤어요. 50만 원씩 나오다가 왜 10만 원 나오냐고. (발달_경기)

3. 제도의 문제

가. 제도 설계의 문제

사회보장급여의 제도적 문제에서 가장 치명적인 문제로 자주 지적되는 것은 기초생활보장제도 생계급여가 소득에 따라서 삭감되는 보충급여라는 점이었다. 이러한 제도 설계에 대해 대상자들은 기초적인 생계를 어렵게 하는 원인일 뿐 아니라 자립 욕구를 억제하는 요인이라고 기술하였다. 이러한 문제를 지적한 사례는 7건이 있었는데 기초생활보장제도 수급자로 파악된 12사례 중 5사례가 이에 해당하였다. 앞서 살펴본 바와 같이 생계급여가 생계유지에 충분치 않은 상황에서 소득이 조금이라도 늘어나면 그만큼 생계급여를 삭감해 버리기 때문에 기초생활보장제도를 '일을 하지 못하게' 하는 제도로 받아들이는 경우도 있었다.

지원을 받아도 최소한 5명이서 살기에는 너무 턱없이 부족한데 그렇다고 일도 못하게 되면 너무 손가락만 빨고 있는 건 아닌가 해서. 어느 정도 일은 하게 해줬으면 하는 그런 바람이. (학교밖_경기)

제가 만약에 수입이 발생이 되면 이거를 했을 경우에 그러면 제가 지금 주거비하고 해서 한 60만 원 나오거든요. … 몇 백만 원 번다면 포기하고 내가 또 상태가 좋으면 2년 다녀 보고 재평가해서 이 사람은 근로 능력이 있구나. 포기하겠어요. 그렇게 된다면 모든 거를. 그런데 80만 원, 100만 원 벌려고 차비 들여서 왔다 갔다 하고 밥 먹고 밥 사먹고 그렇게 할 바에야 집에서 밥 해먹고 60만 원이면 적은 돈은 아니잖아요. 그걸 포기하기에는 솔직히 아깝더라고요. … 지금 편의점에서 알바를 하더라도 그게 다 삭감. 생계비에서 삭감이 되니까 6000원 파트타임 6,000원 해봤자 3~4시간 일한다 그러면 하루에 2만 원 번다고 생각하면 수입 증가가 자료가 남잖아요. 그러면 생계비 5~60만 원 한 달에 번다 그러면 그러면 생계비에서 5~60만 원 삭감이 돼서 10만 원 나오고 그러는데 누가 그렇게 하겠어요. 바보 아닌 이상. 혜택을 줄 건 주고 좀 그렇다고 큰돈 벌어서 쓰는 것도 아닌데 그런 혜택을 좀 줬으면 싶어요. (중장년_서울)

우리도 사실 수급을 받으면 취업을 또 할 수 없어요 욕해요. 그래서 애매한 그런 유혹이 있어요 기준이. 이게 이거를 안 받으면 사실 어디 경비로 다만 몇 푼이라도 벌을 수도 있는데 이게 나가지고 뭐 죽자 사자 이것 딱 그게 전산망이 보이니까 이거 안 돼요. … 대부분 최저생계비가 참 정부서 어느 놈이 대가리를 짜 가지고 잘 만들어놨는지 진짜 칼날을 세워 놓고 있는 사람이 저울질을 하고 있는데 … (장애_지방2)

더욱이 취업을 통해 자립하려고 해도 빈곤한 상태에서는 안정적이거나 장기적인 일자리를 얻기가 어려운데 수급비 삭감은 즉각적으로 이루어진다. 이러한 집행 행태 자체가 자립을 어렵게 만드는 구조인 것이다. 한 번 취업이 되어서 급여가 삭감되거나 탈수급을 하게 되면 얼마 안되어 실업을 하게 되더라도 이를 회복시키는 게 간단치가 않기 때문에 처음부터 시도하는 것이 쉽지 않게 되는 것이다. 그러다 보니 소득이 공식적으로 잡히지 않는 구조적으로 안정적이지 않은 일자리를 전전하게 되는 상황도 있었다.

검정고시를 통과하고 나면 제가 통과하고 나면 저는 이제 일을 할 수 있는 능력이 되니까 지원을 또 못 받게 된다 하더라고요. 절반이 좀 깎인다고 하더라고요. 그래서 그거 때문에 아쉬운 것 같아요. … 못해도 한 달 동안만 취직해는 되는 준비 기간인 거잖아요. 그 기간 동안만이라도 조금 지원을 해주면 어떨까. (학교밖_경기)

이력서 몇 번 뛰어다녔더니 안 되더라고요. 그래가지고 이것을 내세우기도 뭐하고, 일주일 일해도 전화 와요. "일주일 일하셨죠?", "네", "생계비 좀 줄이겠습니다." 이러면서. … 내가 그냥 거기서 입사했다, 증거 남기고 일주일 뒤에 퇴사를 해도 무조건 소득내역서 끊어 갖다 주고 이렇게 했으니까. 그리고 제발 좀 당장 생계비를 끊는 게 아니라, 월급 자체를 한 달 있다가 주거든요. 제조업 쪽은 1번 딜레이를 시켰다가 주거든요. 그런데 여기는 무조건 끊어요. 취업과 동시에 끊어요. 제발 그렇게 안 했으면 좋겠어요. 줄이는 것까지 이해는 되는데, 한두 달 이 사람이 수습기간이라는 게 있고, 잘릴 수도 있는데 그것 다시 서류 집어넣기 힘들거든요. 퇴사했다는 것부터 시작해서 다시 하기 힘든데, 제발 보류 좀 시켜줬으면 좋겠어요. 최소 두 달만이라도 보류. 그리고 이 사람이 한 달 있다가 온전한 월급이 나오는데, 대뜸 취직했다고 확 끊어버리는 것은 좀 아닌 것 같아요. 왜냐하면 그것은 문제가 좀 있는 것 같아요. 제가 몇 번 취직하고, 해봤는데. (한부모_지방1)

(사례관리사 응답) 이렇게 아르바이트를 하면 안 된다는 걸 아시면서도 간헐적인 아르바이트의 유혹을 뿌리치실 수가 없는 거예요. 저는 그거에 대해서 공감은 하거든요. 사실 저희가 5월달에 이렇게 할 거면 차라리 나중에 조사 과정에 문제가 되느니 차라리 소득신고를 하자. 소득신고를 한 적도 있었어요. 한 26만원 정도. 얼마 안 되시거든요. 사실. 신고를 하자 했었는데 그게 또 여름 가니까 일이 하나도 없어서 그것도 다시 취소하고 이러는 과정이 또 있었거든요. (한부모_서울)

남들 수급 기준이 100이 넘어가면 안 돼요. 지원을 받으려고 하면. 그런데 100이 넘어가면 지원이 그냥 끊겨요. 만약에 150이 되고, 180이 되면 차상위도 떨어진다는 거죠. 그런데 정말 대출비 내고, 이것저것 내고, 그런 것 떼고 나면 필요한 건데 100만 원 가지고 어떻게 생활을 해요. … 4대 보험이 들어가면 지원이 끊기고, 이렇기 때문에. 수급자 분들이 4대 보험 안 넣고 일 다니시는 분들 되게 많잖아요. … 4대 보험 들어가면 지원 끊기고, 애들 키우기 힘들어지니까. (사회자: 아이들에 대한 지원도 다 끊기게 되는 거죠?) 네. (한부모_군)

또한 자산도 소득으로 환산되는 소득 인정액을 기준으로 하기 때문에 자산 형성 프로그램과 같은 자립을 위한 지원을 기피하거나 장애 아동을 돌보면서 필요한 차량을 구입하지 못하는 경우도 있었다.

(사회자: 혹시 자산형성프로그램 있는 거 아세요? 통장 있잖아요. 희망통장.)

(알기는 하지만) 안 하고 있어요. … 그거 들어서 금액이 생기면 수급자가 끝난다고 알고 있어요. 그것도 말이 안 되는 게 진짜 월세보증금 값도 안 되는 그 조그만 금액을 가졌다고 수급자 탈락되면 어떻게 해요. 말도 안 되는 거죠. 그거는 전혀 현실성이 없는 것 같아요. (발달_서울)

자동차를 제가 그때 면허를 따보려고 생각을 했는데 포기를 한 게 차가 10년 이상 된 1600cc 이하라고 하더라고요. … 차 수리비가 더 나갈 거라고 얘기를 하더라고요. 그러면 뭐하러. 저는 특히 한 부모를 떠나서 제가 그냥 정상아 둘이었으면 안 따도 돼요. 그런데 자폐가 있기 때문에 솔직히 버스를 타고 가거나 지하철 타다가 소리를 지르면 사람들이, 소리가 아니라 진짜 비명을 질러요. 너무 너무 당황스럽고 사람들이 쳐다보면 제가 어떻게 해야 될지도 모르겠고, 차의 필요성을 느끼고 있거든요, 점점 크면 클수록. 그런데 그런 차를 하면 제가 수리비가 더 나가는데 어떻게 그 차를 몰고 다녀요. (발달_서울)

이러한 점들 때문에 대상자 중에는 소득 증대를 통한 자립과 공공 부조의 지원을 받는 것을 양자택일의 문제로 직면하게 되는 상황들이 있었고 이러한 이유로 처음부터 공공 부조의 수급을 포기하는 경우가 있었다.

기초수급자는 처음 듣는 거라서 그게 어떤 겁니까? 물어봤더니 47만 원인가 49만 원인가 준다고 그러더라고요 한 달에. 그럼 그걸 지원해 줍니까? 그러니까 그걸 받는 대신에 다른 일을 하면 안 됩니다 그러더라고요. 제가 완전 화가 나죠. 그럼 얘기하시는 게 저보고 페인처럼 살라는 거 아니냐 … 돈 49만 원 받고 폐인처럼 살겠다는 게 아니라 젊은 사람들처럼 다시 일어나서 살아보려고 노력하는 겁니다. 거기에 해 줄 수 있는 게 뭐냐고 묻고 있지 않느냐? 없다고 했어요. 없다했어요. 그때는 너무 화가 났어요. 진짜 이 나라가 싫었고 한동안 좌절감이 있었고. (중장년_경기)

차상위계급을 정하는 기준 자체가 통장에 나오는 총 수익을 가지고 차상위를 나누더라고요. … 애기가 아파서 야근까지 해 가면서 직장에서 일하면서 애 병원비를 벌려고 하는 건데 차상위가 되려면 야근을 하지 말라는 소리가 되는데 다른 말로 풀어서 얘기하면 낮 시간에 다른 일을 하고 저녁시간에 다른 일을 할 수도 있는 건데 싸잡아서 너는 한 달에 얼마를 버니까 너는 차상위가 될 수 없다 이런 얘기밖에 안 되는 건데 그거에 대해서는 조금 불만이 있어요. 왜냐면 애 생활비는 벌어야 될 거 아니에요. … 아니면 막말로 하면 그 소리밖에 안 되는 거에요. 차상위 계급이 돼서 지자체에 지원을 받고 싶으면 야근을 하지 마라 아니면 직장을 한 군데밖에 다니지 마라. 이것 밖에 안 되는 거예요. 그거 밖에 안 되는 거에요. (발달_경기)

근로 능력에 대한 부분들이 불합리하게 작용하는 경우들도 있었다.

직장 그만두고, 애를 봐야 될 정도라 “도와주실 것 없나요?” 했더니 없대요. 그냥 돈 벌으래요. … 저 나름대로 어렵게 얘기했더니 “장애인들도 일하고 있고요. 이것 갖고는 근로 능력이 없다고 판단하기에는 너무 미흡하다”는 식인 거예요. 근로할 수는 있어요. 그런데 근로할 수 있는 곳을 만들어 주면 하겠다고 해서 일단은 몸이 성하지 않으니까 자활 갔더니 자활도 (아이들에 대한) 케어가 없대요. (한부모_지방1)

(사례관리사 응답) 뭔가 자활을 하셨으면 좋긴 하겠는데 저는 사실 이번에 자활

상담을 가면서도 공공서비스에 대한 불만 이런 게 너무 컸거든요. 왜냐하면 정말 질의응답을 받을 수 있는 곳에 다 전화를 돌렸는데 도저히 안 된다는 답변밖에 못 얻었어요. 제가 한글이 어느 정도까지밖에 안 되시는지 말씀을 드렸는데 방법이 없다는 결론밖에 못 받았거든요. 그래서 그 대신에 유예기간을 늘려 줄 테니까 한글 공부를 일주일에 16시간 한다는 증명서를 떼오래요. 제가 그 증명서를 받으려면 어쨌든 어머니가 한글 공부를 받으셔야 되니까. 그러니까 이런 말씀 드리기 애매하긴 한데 어머니께서 접근하실 수 있는 지역까지의 범위에 있는 한글공부 공공기관을 다 찾았어요. 그런데 가장 큰 문제는 시간이. 왜냐하면 기관 사정 내로 일단은 그런 언어교육이 진행이 되다 보니까 시간도 굉장히 많이 겹치고 그게 아니면 비인가 시설에서 하기 때문에 그거에 대한 확인이 어렵고. 사실 자활상담을 저랑 어머니나 그때도 얘기를 했는데 해야 되는 거니까 울며 겨자 먹기로 하지만. 저희 자활선생님도 똑같이 얘기하시더라고요. 자활선생님도 상담을 해 보니까 한글이 어머니가 너무 어려우시니까 이분은 이렇게 정말 자활상담만 하시다 끝나지 않을까요라는 우려도 하셨어요. (한부모_서울)

나. 불합리한 수급 기준의 문제

제도의 문제로서 그다음으로 많이 언급되는 것이 불합리한 수급 기준이었다. 그중에서도 가장 많았던 것이 바로 기초생활보장제도에서 대표적인 사각지대 발생원인으로 지적되고 있는 부양의무자 문제였다. 총 9사례에서 이에 대한 문제를 언급하였는데 기초 생계의 문제를 경험하고 있다고 진술한 사례 중에서도 부양의무자 기준으로 인해서 기초생활보장제도의 보호를 받지 못한 경우가 5사례였다. 부양의무자의 부양 능력을 따지고 실질적인 부양 여부도 고려한다고는 하지만 당사자들의 진술에 따르면 사정이 안 되거나, 연락이 끊겼거나, 심지어 장애가 있는 경우에도 여전히 부양의무자 존재로 인해서 수급에 어려움을 겪는 경우가 많았다. 현재는 수급 대상자가 된 사례도 2건이 있었는데 이 경우에도 부양의무자의 문제 때문에 오랜 기간 어려움을 겪었던 것으로 나타났다.

(사회자: 4년 힘드시다가 이렇게 지정을 받으셨잖아요.) 그러니까 나라 법이 내가 아무리 어려워도 자식이 있는 한 안 줘어. 근데 법이 바뀌었더만요. 자식이 있어도 부양 못 할 그게 이번에 해당된 것 같아. (그전에는) 날고뛰고 해도 안 된다 그럽디다. (노인_경기)

제가 앞으로 살려면 딸도 키우고 해야 되니까 묶여 있으면 제가 또 앞으로 임대 아파트라도 하나 받고 뭐 하나 하려고 해도 이혼을 해야 … 그런데도 이혼이 안 되고 이런 상태에서 어떻게 해 드릴 수 있는 게 없다고. 도움이 안 됐어요. (한부모_경기)

물론 우리 딸이 부양이 있다고 해도 이것은 부양이 아닌 거예요. 솔직히 말해서 자기도 살아가야 되는. 대출 받은 것도 많잖아요. 학자금 대출, … 정말 말이 부양의무자라고 해서 하는 거지, 부양의무 할 수 있는 게 없어요. (장애_경기)

기초생활수급자가 안 되는가 봐요. 아들이 있으니까. 그러니까 안 되니까 아래께 우리 손자가 40만 원인가 50만 원 타거든. 장애 그거 타거든. … 없다고 보면 내가 수급자라도 되면 사는 생활은 좀 편안하겠는데 아들 있으니까 아들이 걸려서 아무것도 얻어먹지도 못하고 장애 돈 얻어오는 그거 … 어떤 때는 참말로 차라리 아들이 없었으면 좋겠다. … 아들이 있다는 것만 가졌지 아무 혜택 받는 게 없어. 그리고 내가 어디 나가면 우리 아들이 있는데 장가 갔나 안 갔나 물으면 그거 뭐하려고 묻노. 그렇게 답하고 무슨 수급자 신청을 해봐라 그러면 아들 때문에 안 된대요. (장애_지방1)

(사회자: 구청에서 직접적으로 도와드리는 건 없고.) 없어요. 안 된대 해당이. … 큰딸이 있는데 큰딸이 이혼해 가지고 실업자예요, 실업자. 그러니까 노동력은 받을 수가 있지만 금전적인 혜택은 받을 수가 없어요. (노인_서울)

돈이 하나도 안 나와요 지금. … 큰아들놈 때문에 안 나와. … 누가 했는가 모르는데 다달이 20만 원 25만 원 부친다고 그래 면접을 전해 들어가지고 안 나와버려. 25만 원 부쳐주기는 나한테 갖다 뜯어다 갖다 쓸 정도인데 … 하나도 안 받는다고 해도 믿지를 않아. … 한 번 그렇게 컴퓨터에 올라가 버리니까 없어지질 않아. (장애_군)

아마 이번까지 6번째 꽝 돼가지고 자식 있는 거로 그게 안 되는 거라. 그래서 이번에 자식들이 조사 다 하고 해서 자식이 있으면 뭐합니까? (노인_경기)

제가 ○○리에 살았을 때 그때도 읍사무소에 가서 한번 부탁을 드린 적이 있어요, 지원을. 애들 아빠가 돈벌이를 안 하니까 제가 그때 당시에는 한의원에 다니고 있었어요. 한의원 월급이 130인가? 4대 보험 되고. 그거를 받아서 4인이 먹고 살기에는 아파트도 전세대출 받았고, 그때 당시에. 너무 힘든 거예요. 읍사무소에 도움을 청하러 갔거든요. 쌀만 3번인가 주시고 안 해 주시더라고요, 그때 당시에는. 그때 당시에는 남편이 몸이 어디 장애가 있는 것도 아니고 돈 벌 수 있는 능력이 돼서 안 된다는 거였어요. 그때도 너무 힘들었는데 몸이 그때는 그래도 망가지는 증상이 없었으니까. (한부모_경기)

(기초수급) 그건 안 받아요. …(사회자: 그거 받으시면 훨씬 도움이 많이 되실 텐데 왜 안 받으셨어요?) 여자랑 혼인신고 안 했는데 애들만 지금 둘 있어요. (중장년_군)

지방대도시1의 한부모 가정의 경우 전남편과 친정 부모로부터 실질적으로 도움을 받고 있지 않다는 사실을 입증하기 위해 이들과의 관계가 단절되는 20~30년 동안의 과정을 모두 서술해야 했던 경험을 진술하고 있었다. 또한 서울의 발달장애인 가구의 사례에서는 이혼한 상태에서 전 남편에게 찾아가 사정하여 소득조회 동의를 받아야 했던 상황을 진술하고 있다. 이러한 진술들은 부양의무자란 제도적인 기준이 현실에서 어떻게 작용하고 있는가를 잘 보여 주고 있다.

> 저는 이런 도움을 받을 생각을 안 했던 게 일단은 애기 아빠가 걸리더라고요. 법이 많이 바뀌면서 양육비를 받아야 된대요. 양육비 소송도 지금 바뀌었잖아요. 양육비를 받으라는 거예요. 저는 도움을 줄 사람이 있다고 생각하더라고요. (사회자: 죄송하지만, 남편분하고 연락은 되십니까?) 10년째 연락 한 번도 안 했어요. … 그것을 제가 매년마다 서류를 다 썼어요. 이게 앞전에도 서류가 제대로 안 됐다고 해서 우리 부모님하고 연락 끊긴 게 30년째다 사유서, A4 용지에 5장, 6장 쓴 종이부터 시작해서 계좌, 모든 것 다 해가지고 앞전에 새로 다시 했어요. 그게 제일 힘들더라고요. 1998년부터 여지껏 그 사람과의 관계를 다 수기로 다 써가지고 컴퓨터 작업을 못하니까 다 써야 되고, 그 기억도 가물가물하고, 모든 얘기를 다 써야 되고, 우리 부모님 30년 전 얘기인데, 왜 나갔는지도 기억 못 하는 내가 그것도 그분과의 관계도 다 적어야 돼서 앞전에 새로 했거든요. 이게 말이 없기는 없는데, 안 되면 전화 온다고 하더라고요. 저는 정말 놀랐던 게 2008년부터 법이 바뀌고, 호주제 바뀌고 나서부터 아버지가 제 부양 의무자래요. 엄마가 저의 부양 의무자라네요. 그리고 저는 이혼하면서 친정한테 간다는 말을 안 했더니 이게 자동으로 친정 쪽으로 호적이 넘어간 상태라 호주가 우리 아버지인 거예요. … 저희 아버지가 갑자기 말소 상태에 있다가 4년 전에 뜬금없이 살려가지고 우리 아버지 재산이 모든 게 잡히니까 그 당시에는 저한테 불리한 쪽으로 작용을 했어요. 우리 엄마는 더더욱 문제인 게, 우리 엄마는 아예 모르는데 그분들한테 일일이 전화를 다 했대요. 그분들이 저를 모르니까, 돌본 적이 없으니까 “나는 그 아이 안 본 지가 30년 넘는다” 해서 넘어갔거든요. 그런데 아이들이 많이 걸렸어요. 아이들 아버지 쪽을 자꾸 “양육비를 받으면 되고, 양육비 소송을 해드릴까요?” 이런 말도 하니까. … 첫째는 이 사람 재산이라는 자체가 아예 없어요. 노동력 자체도 없는 것 같아요. … 그것을 얘기를 구구절절하기에도 조금 그렇고, 못받는 과정이 돼 버리니까. 저도 받고 싶죠. 너무 힘이 드니까. 한두 명도 아니고, 지금 4명을 키워야 하는데. 저 나름대로 되게 힘들거든요. (한부모_지방1)

> 저는 이해가 안 가는 게 수급자 될 때도 이해가 안 가는 게 이혼해서 신랑하고 안 좋은 상태에서 끝났는데 신랑 소득도 봐야 되고 서류도 필요하고. … 저는 이해가 안 갔어요. 진짜 울면서 그 사람한테 부탁을 했어요. 네 새끼 내가 키우니까 내가 너한테 돈 달라는 것도 아니고 내 빚도 갚아달라는 것도 아니고 하니까. (발달_서울)

그 ㄴ다음으로 기초생활보장제도 사각지대 원인으로 꼽히는 자산 기준으로 인한 기초생활보장 대상자 탈락 사례 역시 7사례 있었다. 기초적인 생계의 문제를 경험한 사례 중에서 자산 기준이 문제가 되어 수급자가 되지 못한 사례가 5사례가 있었고, 그중 3사례는 부양의무자 기준 문제와 중복되어 있었다. 자산 역시 당장 소득이 될 수 없는 상황이거나 차량과 같은 사소한 부분 때문에 문제가 되었다고 진술하고 있었다.

> 기초수급이 그때 당시에는 안 돼 있어요.. … 집이 있어도 제가 대출을 많이 받은 상태에서 있었는데도 집 때문에 그 당시에는 안 됐고. … 너무 힘들어서 모든 게 다 파산나고 그래서 그때부터 경제적인 지원을 받으면서 얘를 차상위 같은 것으로 그때 당시에는 하다가. (장애_경기)

> 내가 하도 답답해서 작년인가? 작년 재작년인가 면사무소 가서 거기 우리는 도와줄 수 없냐고 그러니까 안 된다고 그러더라고. 왜냐하면 지 아빠가 차를 가지고 있어서 안 되고 직업도 어디 공장인가 다니니까. 그런데 이제 자기 아버지 때문에 아무것도 못 하는 거야. … 우리는 또 할아버지가 땅이 조금 있다고 안 되고. 집도 있고 그래 가지고 안 되고. 그래서 내가 한마디 했다고 말 했다가 추접스러워서 그냥 와 버렸어. 내가 벌어서 먹고살면 되지. (발달_군)

> (사회자: 기초생활 수급자로 등록이 되어 있나요?) 그런 건 없어요. 그전에 차상위계층 되다가 차 있는 바람에 안 된다고 하더라고요. … 작년까지 했다가 올해 차 있어 가지고 없어졌거든요. 조그만 경차. 그것도 cc도 낮은데 일단 재산으로 잡힌다고 하더라고요. … 일이 멀리 다니니까 일도 그렇고 명절날 같은 때도 집에 가려면 차도 렌트해서 가고 그러니까 돈이 많이 들어가잖아요. 아이들도 있고 하니까. 이걸로 하게 되면 경차를 산 이유는 세금이 일단 싸고 모든 게 반값이잖아요. (학교밖_지방2)

> 집이 없어서, 우리 신랑이 차가 2000cc예요. 차가 있어서 부자래요. 재산이 많대요. 재산은 있어도 그건 차를 팔면 2000만 원도 안 되고, 3000만 원도 안 되고 1000만 원밖에 안 되는데 어차피 그건 차를 샀을 때나 얘기이고, 필요했으니까 샀죠. 그런데 재산이 많대요. 지금 제가 재산이 별로 없는데. (학교밖_서울)

수급자는 아니에요. 안 돼요. 왜 그러냐면 집이 있고 그렇다 그래 가지고 수급이 안 돼요. … 집 있다고 팔 수도 없는 건데 무슨 생계 어렵잖아. 그러면 그 집에 소득이 없으면 집이 있더라도. 집도 무슨 5억 이상이랄지 그런 집을 가진 집은 몰라도 2, 3억 이런 집 가진 사람이 당장 먹고살 게 없잖아. 그러면 집을 팔 수도 없고. (노인_서울)

다. 행정 절차의 문제

사회보장급여 신청 과정에서 서류 문제로 인하여 어려움을 겪는 경우도 있었다. 그런데 경우에 따라서는 문제가 안 되기도 하였다. 제도상으로는는 서류를 많이 요구할 수 있어도 행정적으로 해결될 수 있는 부분이 있는 것으로 보였다. 가령 행정 절차에 대해서 잘 아는 공무원이 대부분의 서류 작성을 도와주고 서명만 당사자가 직접 하도록 하는 것이다. 지방대도시2의 중장년 1인 가구는 복잡한 서류에 대해 단체장에게 항의하자 바로 해결되었다고 진술했다. 이러한 문제가 쉽게 해결될 수도 있다는 것을 보여 주고 있다.

(사회자: 서류 써야 되는 것도 많고 떼어야 되는 것도 많잖아요? 그런 건 같이 해 주셨어요?) 내가 쓸 줄 모르니까 직원이 다 해 주셨고 친필만 사인만 그걸 다 해 주셨어요. (노인_경기)

(사회자: 경험하신 서비스들 중에서 좀 아쉬웠던 거 뭐 있을까요?) 개인적으로 서류였던 것 같아요. 뭔 하나 서비스를 받으려고 하면 뭔 서류가 그렇게 많이 들어가는지 서류 떼려면 하루 걸려야 되요. … 최하 기본 7개. (발달_경기)

집 문제가 그렇더라고요. 그리고 주택공사를 끼고 일반주택에 계약하러 하니까 그것도 서류가 복잡하고, 그런데 우리 같이 돈 버는 사람들 하루만에 못할 것 같아요. (한부모_지방1)

맨 처음에 대전 와 가지고 뇌출혈 제출하고 진단서요. 진단서 제출하라니까. 지금 말고 앞 전. 육아휴직 하신 분이. 서류를 이만큼 줘요. 눈도 어지럽고 왔다 갔다 이걸 어떻게 하란 말입니까? 그러니까 간편하게 하면 안 되냐고. 그러니까 다 하셔야 돼요. … 그래서 제가 구청으로 바로 갔어요. 구청장님 좀 봅시다. 그래 가지고. 무슨 일로 오셨냐고 그러니까 이러이러한 문제로 찾아왔다. 그러니까 그러세요? 똘마니들 있더라고요. 이분하고 같이 가서 서류 같이 좀 해결해주라

> 고. 서류작성도 안 했어요. 말로만 몇 마디하고 나서는 됐답니다. 진짜 됐어요? 예. 황당할 일 아닙니까. (사회자: 그러면 그분이 선생님한테 구두로 질문하시고 들어서 그분이 기입하셨나 봐요. 도와주신 거 아니에요? 그런 거 같은데.) 그런 거 같아요. (중장년_지방2)

급여를 신청하고 지급을 받는다고 하더라도 그 시기가 문제인 경우들도 있었다. 지원을 받는다고 하더라도 필요할 때 바로 받을 수 있는 것이 아니라 시일이 걸리다 보니 결국 부채를 안게 되거나 정작 필요한 때에 이용을 하지 못하는 경우가 발생하게 되는 것이다. 또 임대주택의 경우 신청을 해도 언제 기회가 올지 모르기 때문에 통보를 받으면 짧은 기간 안에 보증금을 마련하고, 손해를 보더라도 기존에 살던 집의 계약 문제 등을 처리해야 하는 상황이 발생하였다. 기회를 놓치지 않기 위해서는 여유 있는 사람들도 해결하기 쉽지 않은 문제를 단기간 안에 결정하고 처리해야 하는 것이다.

> 병원 쪽에서도 1주일에 한 번씩 돈 내라고 나와요. … 딜레이를 줘 가지고 나라에서 지원해서 돈을 낼 수 있게끔 (하는 게 아니라) … 1주일에 한 번씩 진료비 계산서 딱딱 나오면. 얼마 나올지 몰라요. 병원에 손들어 버렸어요. … 생돈 다 썼죠. 다 쓰고 빌렸죠. (발달_경기)

> 지원을 해 주셔서 제가 월세도 밀리고 보증금 까먹고 병원비에 들어가고 실비 그거를 받아도 카드대금 빠져나가고 바로 그게 또 나오는 게 아니에요. 신청하면 시간이 걸렸다가 나오고. 그게 예를 들어서 한 달 있다가 나오고 이런 식이니까 생활비를 쓰고 이렇게 하다 보니까 그게 또 없어져버리는 거예요. 빚이 나가고. … 뭐 하나 신청을 하면 법적으로 그 기일이 있다고 그래요. 한 달, 두 달, 3개월 … 당장 어린아이가 뭐가 필요한데 신청을 하면 그 기일이 있답니다. 그러니까 오늘 당장 필요한데 2달 기다려야 돼. 그거 말이 되는 말입니까. (한부모_경기)

> 나중에 이 집도 제가 계속 동사무소에 이름 올려놨어요. 연락 기다리고, 기다리고, 기다리다가 한 5년 되니까 그때서야 "몇 군데 자리가 있으니까 보고 결정하십시오" 그것도 갑자기 와가지고 일주일 안에 결정을 하래요. 회사 다니는 사람이 일주일 안에 결정 못해요. 그리고 그 돈이 오늘 딱히 가지고 있는 돈이 아니라, 어느 정도 시간이 있어야 되고, 지금 살고 있는 집과의 계약기간도 있는데, 만약 오늘 이 집이 생겨서 이 집이 마음에 들면 일주일 안에 계약금을 걸으래요. 그리고 이사를 언제까지 오래요. 이게 또 짧아요. 이 집 올 때 그랬거든요. 저는

8개월 계약기간 남았다고 손해를 많이 보고 나왔거든요. 집주인한테요. … 나라에서 몇 군데 안 되니까 오늘 안 하면 다른 사람 줘야 합니다. 왜냐하면 밑에 대기자들이 워낙 많으니까. (한부모_지방1)

4. 통합사례관리의 과정

가. 통합사례관리의 개입 과정

통합사례관리로 대상자들이 의뢰된 과정을 보면 주민센터나 공적인 조사, 데이터 등을 통하여 연결된 경우들이 가장 많았다. 독거노인 조사를 통해서 파악이 되거나 기존에 다른 급여 신청 등을 통해 주민센터에서 인지되어 연결되거나 드림스타트센터를 통해 연결되는 등 지자체 내부의 공적 체계를 통해서 연결되어 개입하게 된 경우가 전체 사례에서 절반에 가까운 14사례였다.

어느 날 오셨더라고요. 내가 독거노인이라는 게 어디 기재되어 있는 그러니까 이게 내가 수급자 받으려고 몇 년 전부터 시도한 게 올해. 다 기록되어 있는 것 같아요. (노인_경기)

복지 이런 걸로 해 가지고 연락하고 1년에 한 번씩 이렇게 조사를 한다고 나오신 것 같더라고요. 그래가지고. 이 집 환경하고 아이들하고 그렇게 그런 거에 대해서. (예전에) 처음에는 저희가 신청을 했죠. (발달_지방1)

구청에서 ○○○이라 하는 그분이 전에 우리 딸 우리 장애 그거 때문에 왔다. … 이래 가지고 나한테 전화를 와요. (장애_지방1)

여기 와서 혼자 사는데 지금 주민등록 옮기고 독거노인으로 됐잖아요 혼자 사니까. 그때 ○○○씨(사례관리사)가 먼저 전화했어. 내가 그런 게 있는지 없는지 그런 분이 있는지 없는지도 몰랐거든요. (노인_지방2)

처음하고 올해 했는데요. 그때 그 남편 아파서 많이 도와줬어요. … (사례관리사 응답) 돌아가시기 전엔 사실 이런 도두미센터에서 뭔가 처리하고 이런 과정 아버님이 대부분 하셨기 때문에 동에서도. 특별하게 대해서 통합사례관리라든지 이런 서비스 사회서비스가 많이 필요하지 않겠구나 판단을 하셨었대요. … 어머님이 아이들하고 혼자 남아 있다 보니까 한국 사회에 익숙하지 못하시고 특히 언어적인 장벽이 있으신데 그런 부분에 대한 해결 부분이 미진할 수 있을 것 같다고 하셔서 올해 아버님 돌아가신 그 달 3월 말 정도에 저희한테 의뢰를 주셨던 상황이세요. (한부모_서울)

(주민센터에서) 그냥 하소연을 했어요. 그러니까 그거를 창구에 있는 사람은 그래도 내가 가고 나서 두 분이서 했나 봐요. 그러니까 이게 맞춤형 직원 분 남자분하고 민원창구에 계시는 분하고 얘기했나 봐요. (그래서) 전화가 먼저 왔어요. (발달_경기)

갈 데가 없는 상태니까 마지막으로 다시 읍사무소를 찾아갔습니다. …. 거기도 싫은 소리도 하고 그러다가 ○○○이라는 이분 선생님(사례관리사)을 소개시켜 줬어요. 제 담당으로. (중장년_경기)

이사 오게 되면서 원래 살던 집에서 이사 올 때 엄마가 복지 관련된 걸로 많이 알아보셨나 봐요. 제가 학교도 안 다니고 그래 가지고. 학교 밖 청소년 센터가 있다 그래서 한번 가보라 해 가지고 갔는데 그 선생님도 만나고 얘네도 만난 거죠. (학교밖_경기)

(사회자: 통합사례관리사는 ○○○님 되시잖아요. 그분 만났던 시점을 좀 알 수 있을까요?) 작년쯤 됐었어요. 그전부터 아이들이 드림센터, 이용하고 있었거든요. 그쪽에서 선생님하고 연계해 주셔서 그때부터 알게 된. (한부모_지방1)

(사회자: (사례관리사를) 무슨 일로 처음에 만나게 되셨어요?) 집 수리하면서 만났어요. … 집 리모델링하면서 ○○ ○○로타리인가 그쪽에서 수리를 해 주셨거든요. 거기서 얘기가 된 것 같아요. 이게. 그렇게만 알고 있어요. (학교밖_군)

그러니까 여기서 와서 ○○동으로 이사 왔는데 애기가 아프니까 그거를 상담하려고 와이프랑 저랑 ○○○선생님을 찾아갔는데 그때 처음 만난 게 ○○○ 선생님이에요. (발달_지방2)

애기 봐주시던 분이 주민센터에 문의해 봐라. 그러면 방법이 있지 않겠냐? 라고 해서 제가 주민센터에 가서 주민센터 주무관님하고 상담을 했어요. 그때부터 다 연계가 된 거예요. (발달_서울)

면사무소로 먼저 갔죠. … 면사무소 계장님이요. 여자 분이 있었거든요. 그 계장님 통해서 (사례관리사를) 알게 됐어요. (한부모_군)

지자체 내에서 연결된 것 이외에 학교로부터 연결된 사례도 2사례가 있었다.

집이 엉망이 돼 갖고 그러니까 이제 애들도 조금 탈선을 하고 그러니까 선생님 찾아오셨더라고요. …제가 우리 4학년 때. 4학년 때 제가 기초수급자를 만들려고 엄청 노력했었거든요. 그런데 혼자 힘으로 안 되더라고요. 안 돼서 우리 작은 애가 4학년 때 담임 선생님 있는가 봐요. 우리 엄마가 다리도 많이 아프고 그런데 좀 힘들다고 선생님이 좀 도와주세요. 이러니까 그 작은 애 담임 선생님이 기초수급자로 처음에 만들어 줬어요. (한부모_지방2)

○○구청도 어떻게 알게 됐냐 하면 ○○이 담임 선생님한테 말을 했더니 '담임 선생님이 ○○구청에 연락하면 어떨까요? 한번 하시겠어요?', '그러면 해 주세요. 연계 좀 해 주세요'라고 해서 그때부터 그분하고 알게 돼서 이렇게 한 거거든요. (학교밖_서울)

병원을 통해서 통합사례관리로 연결되어 개입이 시작된 사례도 3건이 있었다.

집에 생활도 안 되고 그래 넣어 가지고 그래 어째 병원비 떨어져 가는 순간에 병원에 원장님이 ○○이를 보더니만 아우 나 형편도 힘들고 그러니까. 그러니까 병원에서 야를 이제 수급으로 보내준 거야. (장애_지방2)

(사회자: 직접 부르신 거예요? 선생님께서 좀 와 달라고 얘기를 하신 거예요?) 누나 얘기해서 부른 거예요, 그냥. 죽겠다고 해서. 피를 너무 많이 토해서 … 1년. 요양원 갔다 왔어요. (사회자: 1년 후에 그러고 퇴원하시면서 이 복지사 선생님을 만나게 되셨네요.) (중장년_군)

○○○병원에서 치료 받으면서 연결을 해서 … 병원에 있는 사회복지사 거기로 얘기해서 성폭력상담사에 사회복지사. 그런 게 있더라고. (사회자: 그러면 정리하겠습니다. 사고 이후에 ○○○병원에 있었고, 그게 의료사회사업가가 성폭력상담지원센터에 연결한 거고 이쪽에서 이제 구청에 ○○○ 씨(사례관리사)를 얘기한 거고. 시스템이.) (장애_서울)

공식적인 기관을 통해서 연결된 것이 아니라 지역의 이웃에 의해서 통합사례관리로 연결되어 개입된 경우도 3건이 있었다.

(사회자: 수급자 처음 신청할 때 복지사 선생님이 오셔서 해줬어요?) 아뇨, 여기 이장님이라고 있었어요. 그 양반이 대학병원 같이 가서 목으로 진단 떼 가지고 했어요. (노인_군)

누가 소개를 시켜 줘서 연락이 왔어요. 그래가지고 집에 찾아와서 면담 한번 하고. (사회자: 아시는 지인이요?) 애들 때문에 누가 동사무소에다가 얘기를 해가지고 연락이 왔더라고요, … 주위 사람이 했나 누가 했나 그건 모르겠어요. 어떻게 연락이 왔어요. (학교밖_지방2)

내가 몸이 안 좋은 상태에서 집에 드러누운 상태에서 위에 3층에 집 주인 아저씨가 있는데 그 양반이 연락도 안 되고 집세도 안 주고 하니까 계속 문을 두드려봤

> 다 말입니다. 그 상태에서 제가 못 듣다가 어느 순간 제가 정신 차린 상태에서 들어가지고 문을 열어줬거든. 그때 알아 가지고 놀라 가지고 병원 가야 되는데 내가 지금 돈도 없고 아무것도 없으니까 그렇게 얘기하니까 그분이 연락을 한 게. (중장년_지방1)

나. 통합사례관리의 개입 내용

통합사례관리사가 보여 주는 적극적이고 능동적인 태도는 기존에 수동적이기만 했던 공무원들의 태도와는 다른 것이었다. 이러한 사례관리사들의 적극적 태도에 대해서는 이미 체감적 접근성을 살펴보면서 확인해 본 바 있다. 하지만 간혹 사례관리 과정의 문제가 지적되기도 하였다. 사례관리에 관여하는 기관들이 각자 욕구를 사정하다 보니 같은 이야기를 반복하게 되거나 많은 진단에 비해서 정작 실행은 안 되는 경우도 있다는 것이다.

> (사례관리사 응답) 어머님이 조금 불편해하셨어요. 새로운 사람이 와서 내 얘기를 또 묻고. 이게 통합사례관리 사실 비슷하게 진행이 되잖아요. 이 사람하고 초기 상담을 해서 이 사람의 욕구를 파악해서. 이런 과정들을 또 가져가야 되다 보니까. 그러니까 이 문제는 저희뿐만 아니라 동 사례를 하시든 민간에서 민간사례관리 하시든 다 너무 많은 기관들이 들어가면 같은 과정을 또 진행해야 된다는 게. (한부모_서울)

> 제가 ○○구청이든, 어디든 뭘 해 달라고 하면 해 주잖아요. 그런데 실행은 안 돼요. 종이에 그냥 갖다 놓고 자기들 일이니까 이렇게 해 놓고 잘 보관해 놓고 그런 거고 실행은 안 되는데, 내가 그래서 "이런 거 얘기한다고 다 실행하는 것도 아닌데 또 이걸 해야 되나?" … 보면 심리상담은 공짜로 좀 해 주시고, 우리 애에 대해서 알아야 되니까. 매일 알아야 된대요, 무조건. 계속 알아야 돼. 모르니까. 나만 알죠. 그 사람들은 모른다 이거야. 계속 알아야 된다고 심리검사만 하고, 뭐하고. (학교밖_서울)

사례관리사들의 개입 중에 가장 많은 것이 방문과 점검이었다. 대체적으로 일주일이나 한 달 단위로 대상자를 방문하여 상태를 점검하고 욕구를 확인하고 있다고 진술한 경우가 10사례가 있었다. 방문해서 필요한 경우에는 병원에 동행하기도 하였다.

(사회자: 그러면 통합사례관리사 분 전화는 오시나요?) 예, 전화 (해서) … 몸은 괜찮냐고 아기는 잘 크고 있냐고. (학교밖_지방1)

그때 목요일이던가 전하시더라고요. 목요일 날 저녁 8시쯤. 전화 와가지고 온다고 그러더라고. 토요일 날 오신다고 그랬어. … 그냥 저번에 한번 갔다 오고. … 등본, 늦둥이가 있어요 고2가. 한번씩 애 필요한 거 떼다 주고. (노인_군)

(사회자: 지금 복지사 선생님 집으로 자주 찾아오시나요?) 1주일에 한 번씩 와요. … 꼭 1주일마다 한 번씩 월요일마다 오고 와서 시간 나는 대로 금방 와서 나 확인하고 가는 때도 있고 한참 앉아서 이것저것 몸 건강한가 이런 거 얘기 뭐 10분 할 때도 있고 20분 30분 하는 때도 있고 얘기 안 할 때도 있고 대중없어요. (노인_지방2)

그분(사례관리사)은 자주 와요. 한 달에 2번씩 와요 정기적으로. … 이사 오면 방문을 해야지 가정방문 와 가지고 내용을 싹 보고 사진 찍어 가고. (장애_지방2)

(사례관리사가) 지금도 한 달에 한 번씩 꼭 전화를 하고 몸이 어떠냐고 물어보지. 오시기도 하고. (노인_지방1)

병원에 데리고 가야 한다고 그러더라고요. (사회자: 복지사님이 계속 데리고 다니시고?) 네, (발달_군)

그 외에 사례관리사의 개입을 통해 이루어지는 것을 살펴보면 생필품 지원 연계, 학습지원 연계, 민간 현금 지원 연계, 정신보건서비스 연계 등이었는데 사례 수로 살펴보면 민간 현금 지원 연계 8사례, 생필품 지원 연계 7사례, 학습지원 연계 6사례, 정신보건서비스 연계가 4사례 있었다.또한 다양한 급여나 서비스 연계가 있었는데 병원치료 연계(4사례), 의료비지원 연계(4사례), 발달장애 진단 및 서비스 연계(3사례), 주거지원 연계(3사례), 식료품 지원 연계(3사례), 취업지원(2사례), 기초생활보장 신청(2사례), 아동 돌봄 연계(2사례), 가사간병서비스(1사례), 기초연금 신청(1사례), 난방비 지원 연계(1사례), 민간서비스 연계(1사례), 산모지원서비스 연계(1사례) 등 다양한 급여와 지원 연계가 있었다.

이러한 사례들은 직접적으로 사례관리사가 연계해 주었다는 언급이 있는 경우와 대상자가 인터뷰 당시 기억하고 언급한 내용만을 포함하므로 실제 개입이 이루어진 내용은 훨씬 다양할 수 있다. 하지만 특징적인 것은 모두 지원이나 자원 연계이고 직접적인 상담이나 관계 등에 대한 개입은 발견되지 않는다는 점이다. 또한 일부 공공 급여나 바우처서비스 등에 대한 신청이나 연계를 제외하고는 민간 자원 위주로 연계가 이루어지고 있었다.

다. 통합사례관리의 결과

통합사례관리 개입의 결과 실제로 생명을 구한 경우도 있었다. 주로 독거 가구에서 극단적인 위기 상황에 있던 대상자가 사례관리사에게 연결이 되어서 적절한 치료와 지원이 이루어져 이 같은 상황에서 벗어나게 된 사례들이었다. 사례관리사들이 필요한 조치를 취해 방치되어 생명을 잃을 수 있는 상황을 해결하는 데에 결정적인 역할을 수행한 것으로 보인다.

> 우연의 연속인데. 갑자기 확 바뀌어 버린. 내가 진짜 며칠만 늦었어도 죽었는가 모르지 생각이 들어요. … 하루 종일 24시간 잠만 잤으니까. 깬 상태에서 문을 열고 사하 구청 아줌마(사례관리사)가 와주셔서 상태를 보니까 영 안 좋으니까 바로 병원에 연락해 가지고 병원에서 내가 크게 몸이 상한 게 아니라는 생각이 들었는데 두 달 만에 거의 다 낫고 다리만 조금 절뚝거리면서 퇴원을 했어요. (중장년_지방1)

> 내가 진짜로 죽을 뻔했어요. 이웃 간에서도 얼마 못 간다고 했다고. 왜 그러냐면 그때 내가 62키로거든. 62키로 나갔던 게 46키로 나갔어요. 그 당시에. 내 자신도 내일 죽을지 모레 죽을지도 모른다고 이렇게 하고 있을 때라고. 생각을 해 봐요. … (사회자: 아프셨을)때 그분(사례관리사)이 집으로 직접 오신 거예요?) 오셨지. 왔더라고 동사무소 직원하고 같이. … 돈도 문제지만 그 당시에는 사망 신고가 되어 있어 가지고 의료보험뿐만 아니라 병원에서도 안 받아 준다니까. 무슨 일이 있으면 자기들이 책임이 크다고 안 받아줘. 그러니까 이 양반이 말하자면 쉽게 말하자면 보증 선 거야. 그리고 병원에 가서. … 나를 살린 사람이죠. 놔뒀으면 지금 살아 있겠나요. 완전히 송장이었다고 솔직히. (노인_지방1)

이렇게 직접적인 경우가 아니더라도 사례관리사들은 감사와 신뢰의 대상이 되는 경우가 많았다. 가족 이상이나 생명의 은인으로 표현되기도 하였다. 이렇게 사례관리사에게 감사를 표현하는 사례는 7사례가 있었는데 대부분의 사례에서 감사의 표현이 반복적으로 강조되었다. 도움을 어느 정도 이상 받은 대상자들은 사례관리사를 감사한 존재로 인식하고 있었다.

> 평생을 그냥 자식이 열 있으면 뭐 합니까? 이렇게 자식 아닌 외에서 이렇게 보살펴 줍니다. 이렇게 많이 받았으니 이거 어떻게 감당이 안 돼요. (노인_경기)

> (사례관리사 선생님은) 저를 살려주신 분이에요. … 저 그분 아니었으면 아마 제가 읍사무소 갔을 때 … 만약에 여기에서 퇴짜를 맞으면 죽어야 되겠다고 생각하고 번개탄이랑 준비하고 간 거예요. … 그런데 너무도 감사하게 갔는데 얘기 잘 들어주시고. 그래서 그때도 여전히 우울하기는 했어요. 너무 심하게. 하나씩 하나씩 다 챙겨주시고, … 저한테는 진짜 신이신 거예요. 아니었으면 저는 죽었을 것 같아요. … 죽을 때까지 감사하면서 살아야 돼요. … 저 울었어요. 진짜 너무 많이 울었어요. 감동해서 울고, 진짜 슬퍼서 울고. 진짜 죽을 때까지 너무 흘릴 눈물 다 흘린 것 같아요. 사람 하나 살리신 거예요. 제가 뭐라고. (한부모_경기)

> 제가 개인적으로 관공서에 대해서 ○○○ 선생님(사례관리사)에 대해서 ○○○ 선생님을 절대적으로 믿어요. (발달_지방2)

> 걱정해 주고 전화해 주는 거 그게 고맙지 뭐. 그리고 꼭 걱정해줘. 그거 그게 고맙죠. 내가 그분한테 바라는 건 없어요. (노인_지방2)

> 선생님 만나고는 사실상 많은 도움이 됐죠. 우울증도 많이 개선이 돼서 약 먹는 것도 있지만 심리치료하시는 분이 월요일마다 오셔 갖고 한두 시간씩 얘기하고 가니까 마음이 그게 1년을 했어요. 그 선생님이 추천해줘 갖고. 했는데 굉장히 좀 처음에는 대인기피증이라 그래야 되나. 있잖아요. 자괴감. … 그런데 그 선생님 만나 갖고 심리치료하니까 생각이 바뀌니까 좀 모든 걸 바라보는 시각이 틀려지죠. … 이제 그 어려움을 극복하실 수 있는 계기가 된 게 이 선생님 만나신 거. 통합사례관리자를 ○○○ 선생님을 만난 거고 그리고 또 그게 이제 좀 더 나아지실 수 있는 기회가 되신 것 같아요. (한부모_지방2)

> 자식이 그런 자식이 어디 있어. 너무 고맙거든. 그런데 어떻게 해야 식사라도 대접해야 할지. 절대 안 돼요. 일체 그런 사람 처음 봤어요. 나이 이렇게 먹었어도. … 저런 사람은 진짜로 상을 받아야 할 사람이에요. 공무원이잖아요. 전부 공무원이 저런 사람 같으면 우리나라가 못 사는 사람보다 외로운 사람이 하나도 없을 거 아니에요. (노인_지방1)

> 저하고 너무 얘기를 많이 해서 되게 많이 마음적으로도 의지도 많이 했고, 정말 많이 도와주셔서 저는 감사해요. 제가 그래서 나쁜 생각도 많이 했었는데 첫째랑 이렇게 살면 뭐하나? 평생 이렇게 살 건데. 나쁜 생각도 진짜 많이 했거든요. 그런데 그럴 때마다 잡아 주시고, 많이 도움 주시고 해서 제가 이렇게 사는 거는 저도 저 같이 어려운 사람들 나중에 도와주고 싶어서 진짜 힘내고 사는 거거든요. … 사회복지사님 진짜 잘 만난 거라고 저한테 그러더라고요. 주위에 한 부모 아는 분들이 있는데 자꾸 바뀌고 아니면 뭐를 물어봐도 모르고 자기보다 더 모르고 그랬다고 하더라고요. 저는 오히려 더 많이 알려주시고, 오히려 찾아서 알려주시고, (발달_서울)

하지만 이러한 표현에서 알 수 있듯이 특정 사례관리사 개인에 대한 감사의 성격이 강했다. 그 사람이 아니었다면 그만큼의 도움이 없었을 거란 반증이기도 했다. 다시 말해 통합사례관리에 대한 대상자들의 경험은 개인적인 수준으로 보였으며 그것은 개별적인 사례관리사의 역량이나 상황에 따라 경험의 차이가 클 수밖에 없다는 것을 의미했다. 앞서 살펴본 바와 같이 전달체계상의 많은 문제들에 대해서 통합사례관리가 일정한 해법을 제공하고는 있지만 현실에서는 전달체계가 체계를 통해 문제를 해결하는 대안이라기보다는 역량이나 사명감을 가진 개인이 사례관리사로서 활동할 수 있는 공간을 제공하고 있는 정도로 작동하고 있는 것이다. 이 때문에 통합사례관리는 결국 개별 사례관리사의 역량에 대한 의존이 매우 크고 그럴수록 통합사례관리가 효과적으로 운영되기 어렵다는 점들도 발견되고 있었다.

> 너무 선생님들이 없어요? … 우리 같은 애들이 많은가 봐요. 많이 전화 와서 혼자 발로 뛰시느냐고 바빠요. 한 분이 다 뛰시는 건지, 여러 명이 일을 하셔서 뛰시는 건지 모르겠어요. 예, 매일 옆에 있으면 계속 전화 와서 받고. "어머, 바빠. 어머님, 이거 하시고 가세요. 죄송합니다." 그러고 가시고 매일 혼자 바빠. … 나한테는 속상한 일이 있거나 궁금한 점이 있으시면 전화 달라고 하는데 … 말은 그렇게 하시는데 제가 전화를 어떻게 해요. 저도 늦게 끝나잖아요. 그러면 전화하면 안 받아요, 토요일 때는. 가족끼리 지내셔야지. 피곤하시고 힘드신데. 그러면 내가 전화를 토요일에 하소연하고 앉아 있어요? 못하잖아요. (학교밖_서울)

제4절 소결

1. 분석 내용 요약

통합사례관리 이용자의 경험을 중심으로 우리나라 사회보장 전달체계와 통합사례관리에 대해 살펴보기 위해 '발달장애인 가구', '노인 단독가구', '청년 중증장애인 가구', '중장년 1인 가구', '한부모 가구', '학교 밖 청소년 가구' 등 대표적인 6가지 복합적 욕구를 가진 사례 유형을 서울과 경기에서 한 지역, 지방 군 중에서 한 지역, 그리고 지방 대도시에서 두 지역을 선별하여 총 30사례 가구에 대한 인터뷰를 진행하였다. 인터뷰는 대상자 위기의 기원과 심화, 경험한 욕구, 당사자의 대응과 노력, 사회보장급여 수급 거부나 수급 과정, 통합사례관리 개입과 사회보장급여 수급 내용, 사회보장급여에서 나타난 문제, 급여 수급의 결과 등으로 분석되었다. 분석된 내용은 위기의 원인, 당사자의 대응, 수급 과정, 수급 내용 등은 기초생계, 신체건강, 고용 및 소득, 관계 단절 등 욕구 영역별로, 급여의 문제와 수급 결과는 접근성, 적절성, 제도, 통합사례관리 등 전달체계의 문제를 중심으로 살펴보았다.

가. 위기의 원인과 주요 욕구 및 대응 노력

먼저 주요한 위기의 원인에서는 소득 상실과 관계 단절이 핵심적이었다. 다른 욕구나 문제를 가지고 있더라도 위기는 회사 파산, 실직, 주소득자 사망, 불안정 고용 등의 소득 상실이 결합되면서 시작되었고, 이러한 위기 심화 과정에서 가족 관계의 파탄, 사회적 관계의 단절 경험이 동반되었다. 그러한 과정에서 질병까지 악화되는 경우가 많았고 종종 정신건강의 문제까지 발생하는 경우가 있었다. 자녀가 있는 경우에는 학교가 도움이 되기보다는 위기를 심화 시키는 원인이 되거나 그렇지 않더라도 적절한 지원이 부재하여 문제를 악화시키는 공간이 되는 경우가 많았다.

위기가 시작되고 심화되면서 기본적으로 나타나는 것이 기초적인 생계의 문제였다. 단순히 생활에 여유가 없는 정도가 아니라 기초적인 생활비가 부족하고 심지어는 식사를 제대로 못하거나 결식을 하는 등 극빈의 상황을 경험하는 경우도 적지 않았다. 그에 따라 자살 생각을 하거나 자살에 대한 구체적인 계획을 세우거나 실행하는 경우도 많이 발견되었다. 그 다음에는 질병과 그에 따른 의료비 문제가 많았다. 가구의 일부가 아니라 가구 구성원 여러 명이 모두 크고 작은 질병을 가지고 있거나, 한 사람이 복합적인 질병을 가지고 있는 경우 등이 있었으며 많은 경우 이러한 질병의 문제는 경제적인 문제로 이어지고 있었다. 신체적 건강뿐 아니라 정신적 건강도 자주 발견되는 문제였다. 우울증이 가장 많았지만 다른 정신보건 문제들도 있었다. 자녀가 있는 경우 양육에 필요한 경제적 비용 뿐만 아니라 비행과 범죄 등의 문제도 있었으며 많은 경우 학업이나 학습 지원을 필요로 하는 것으로 나타났다. 그리고 주거 환경과 관련된 문제나 장애의 문제가 있는 경우에는 발달장애를 가지고 있는 경우가 많았다.

이러한 욕구와 문제를 스스로 극복하기 위한 노력도 두드러졌다. 가장 일반적인 문제가 생계의 문제이다 보니 이에 대응하는 소득활동이나 고용을 위한 노력이 대부분의 사례에서 나타났다. 하지만 안정적인 일자리가 아니라 대부분 단순 일용직 수준의 일자리에 머무르고 있었다. 기초적인 생계 문제를 당장 해결하기 위해서는 사적으로 부채를 지는 경우가 많았다. 가족에게서 도움을 받는 경우도 있었지만 그보다는 이에 대한 부담을 느끼는 경우가 더 많았다. 자녀가 있는 젊은 여성의 경우에는 비슷한 상황에 처한 사람들끼리 네트워크를 구축하는 노력이 자주 보였지만 그

외에 관계 구축의 노력은 주로 신앙생활로 나타났다.

나. 주요 사회보장급여 수급 내용과 경험

사회보장급여 수급에서는 기초적인 생계를 위한 지원이 가장 많았다. 하지만 정작 이 부분에서 가장 대표적인 사회보장급여인 기초생활보장제도 생계급여의 수급자는 일부에 지나지 않았다. 통합사례관리의 대상자가 주로 비수급 빈곤층이라는 점이 이 연구에서도 다시 확인되었다. 그 외에는 긴급 급여만 받거나 차상위인 경우가 있었으며, 기초연금도 생계유지에 도움이 되는 급여로 인식되고 있었다. 이러한 현금 급여 이외에는 양곡 지원이 가장 보편적이었고, 그 외 반찬 등 식료품 지원이나 생필품을 지원 받는 등 현물 지원이 상당 부분을 차지하고 있었다. 민간 현금 지원에 연계되는 경우도 있었지만 소규모이거나 일시적인 지원에 머무는 경우가 대부분이었다.

그다음 많은 지원은 질병 치료를 위한 의료비 지원이었는데 지원을 받았어도 여전히 의료비에 대한 부담을 경험하고 있는 사례가 적지 않았다. 아동 양육과 관련해서는 학습이나 학업에 대한 지원이 많았고, 그 외 주거 환경 개선, 공공임대 연결, 정신건강에 대한 심리치료 등의 연계, 장애 아동에 대한 일부 직업재활서비스 연계, 부분적인 돌봄서비스 등이 있었다.

하지만 이러한 사회보장급여 수급과정에서 가장 많이 지적하는 것은 정보 부족의 문제였다. 어떤 문제에 대해서 어떤 지원을 어디서 받을 수 있는지에 대한 정보가 부족하여 답답함을 느끼는 경우가 많았다. 그래서 자녀를 돌보는 젊은 여성의 경우에는 활발하게 정보를 수집하는 경우가 자주 보였다. 그중에서도 대상자들은 공공의 도움을 요청하기 위해서 주민센터를 방문하는 것이 일반적이었다. 하지만 많은 경우에는 무시를 당하고, 부정적인 답변만 듣는 등 장벽을 경험하였다. 이에 비추어 통합사례관리는 긍정적으로 작용하고 있었다. 무엇보다 이해와 공감을 보여 주고 적극적인 해법을 모색하는 모습이 보였기 때문이다. 하지만 이 경우에도 자신의 욕구를 모두 드러내기보다는 들어줄 만한 욕구와 그렇지 않을 것 같은 욕구를 거르는 자기 검열이 있는 경우가 많았다. 일반적으로 이러한 도움을 요청하는 것에 대해서 수치심이나 죄의식을 강하게 느끼고 있었다. 이러한 체감적 접근성 이외의 서비스를 이용하는 데는 교통비 부담 등 물리적인 접근성 문제를 가지고 있는 경우들이 있었다.

급여를 받게 되더라도 충분한 도움이 되기보다는 부분적인 지원에 그치는 경우가 많았다. 대상자의 욕구나 문제에 맞추어 지원이 이루어지기보다는 제도적으로 정해진 지원이나 한계 내에서 이루어지다 보니 문제가 해결되기보다는 부분적인 도움에 그치고 있는 것이다. 그중에서도 현금 급여들이 가장 보편적으로 나타나는 기초적인 생계 문제 해결에도 충분치 못한 게 문제였다. 기초생활보장제도 생계급여로 인해서 위기가 완화되기도 하지만 많은 경우 현금 급여 수급에도 불구하고 만성적인 빈곤 문제를 여전히 안고 있었다. 생계지원의 보조적 수단으로 제공되는 식료품 지원 등 현물 급여는 욕구에 맞지 않는 경우가 많았으며, 다른 서비스들도 필요한 조건이 맞지 않아 이용하지 못하는 경우들이 종종 있었다. 특히 발달장애에 대한 서비스들은 욕구가 높은 아동일수록 제대로 서비스가 이루어지지 못하는 경우가 두드러지게 나타났다. 급여를 받고 있더라도 사전 통보나 설명도 없이 중단되거나 삭감되는 경우가 있어 불안감을 가지고 있는 대상자들도 있었다.

제도와 관련해서는 기초생활보장제도 생계급여의 보충 급여의 문제가 두드러졌다. 생계급여 자체가 기초적인 생계유지에 충분치 못함에도 추가 소득이 바로 급여 삭감으로 이어지고 있기 때문에 대상자들에게 기초생활보장제도는 소득 활동을 금지하는 제도로 받아들여지고 있었다. 취업을 하더라도 안정적인 일자리인 경우가 적은데도 급여 삭감이 즉각적으로 이루어지고, 회복이 쉽지 않기 때문에 자립 의지의 발목을 잡고 있는 것으로 나타났다. 이러한 이유 때문에 아예 공공부조 수급 자체를 기피하게 되는 경우도 있었다. 기초생활보장제도의 대표적인 사각지대 발생 원인인 부양의무자 기준이나 자산 기준 역시 대표적인 제도의 문제로 꼽혔다. 실질적으로 부양을 받고 있지 않다는 사실을 증명하기 위해서 수십 년간의 가정 파탄 과정을 모두 복기하고 기술해야 했던 사례도 있었다. 행정절차에서 서류가 문제 되는 경우도 있었지만 공무원의 도움을 통해서 쉽게 해결될 수 있는 경우도 있었다. 또 급여를 신청하더라도 급여 지급 기간이 있기 때문에 결국 빚을 지거나 필요할 때 도움이 되지 못하는 사례들이 있었다.

통합사례관리는 절반 가까이 공적 급여 신청이나 조사, 주민센터의 인지, 드림스타트 등 지자체 내부적인 과정을 통하여 연결된 경우가 전체 사례의 절반에 가까웠다. 학교, 병원 등 유관 기관을 통해 연결된 경우, 이웃에 의해 연결된 경우 등도 많았다. 개입이 되면 사례관리사들이 적극적으로 대상자들에게 다가가고 능동적으로 해법을 모색하는 경우가 많았다. 욕구 사정만 반복되는 듯한 경우가 없지는 않았지만, 많은 경우 사례관리사에게서 정기적인 방문과 점검을 받고 있었다. 지원에서는 급여와 자원에 대한 연계가 다양하게 나타났는데 대부분 생필품이나 현금 지원 등을 민간 자원을 통해 연계하는 경우였다. 직접적으로 사례에 개입하는 경우는 발견되지 않았다.

2. 분석 결과 함의 및 제언

가. 기초생활보장제도 개선의 시급성

다양하고 복합적인 욕구를 가진 사례 가구들을 선별하여 질적인 조사와 분석을 한 이 연구에서 두드러지는 것은 기초적인 생계의 문제와 이에 대한 현금 급여 제도의 문제였다. 다양한 욕구 유형의 사례라고 하더라도 가장 기본이 되는 문제의 원인과 현재의 문제는 소득과 생계였다. 이 문제들이 가족 관계의 단절과 사회적 고립으로 이어지고, 다른 욕구와 문제들도 소득과 생계의 문제와 결합되었을 때 위기의 상황으로 발전하고 있다는 것을 다시 확인할 수 있었다. 그리고 그 위기는 적지 않게 극빈의 상황이나 자살 생각으로 이어지고 있었다.

따라서 공공 급여 역시 기초적인 생계 부분에 가장 많이 집중되고 있었다. 하지만 이에 대한 핵심적인 급여인 기초생활보장 생계급여를 받는 경우는 적었고, 일시적이고 부분적인 급여나 민간 자원 연계가 많은 부분을 차지하고 있었다. 이 때문에 전달체계에서도 기초생활보장제도의 문제가 역시 두드러졌다. 생계급여를 수급하지 못하는 경우는 실제 상황과 관계없이 부양의무자와 자산기준에 의해서 배제되고 있었다. 생계급여를 수급하더라도 적절하다고 느끼는 경우는 많지 않았으며 여전히 만성적인 빈곤 수준을 벗어나지는 못하고 있었다.

문제에서 벗어나기 위한 대상자들의 노력 역시 기초적인 생계 문제 해결을 위한 소득 활동이나 고용을 위한 활동에서 가장 두드러졌다. 하지만 이는 단순 일용직 수준의 일자리에 그치는 경우가 대부분이었다. 기초생활보장제도는 이러한 대상자들의 노력을 촉진하거나 도움을 주기보다는 발목을 잡는 원인으로 작용하였다. 생계급여를 받는 경우에는 일을 하면 안 되는 것으로 인식하고 있었다. 급여도 충분하지 않으면서 소득을 얻는 즉시 급여를 삭감하기 때문에 만성적 빈곤 상태로 대상자를 잡아 두는 기제로 작동하고 있었다.

이러한 상태이기 때문에 소득 이외에 다양한 민관의 급여와 서비스를 통합적으로 제공하기 위한 통합사례관리라고 하더라도 기초적인 생계 문제가 여전히 지배적으로 나타나고 있었다. 그런 만큼 기초생활보장제도의 문제가 역시 결정적으로 작용하고 있었다. 노령이나 장애, 고용, 아동 양육, 정신보건, 주거 등 다양한 욕구와 문제가 있더라도 기초적인 생계 문제가 있으면 결국 이것이 가장 급하고 결정적인 문제가 될 수밖에 없다. 기초생활보장제도의 광범위한 사각지대 문제, 낮은 급여의 문제, 보충 급여 제도의 문제 등이 개선되지 않는다면 아무리 다양한 공공서비스의 통합적 접근을 모색하더라도 기초적 생계 문제가 여전히 지배적일 수밖에 없을 것이다.

나. 통합사례관리의 성과와 한계

희망복지지원단은 지역 단위의 통합서비스 제공에서 중추적 역할을 수행하고, 맞춤형 서비스 제공하여 지역 주민 복지 체감도 향상시키기 위한 조직이다(p. 8). 지원단은 통합사례관리를 통하여 “지역 주민의 삶을 안정적으로 지원·지지”하고 “탈빈곤과 빈곤 예방을 중점 목표”로 하고 있다(보건복지부, 2017, p. 23). 하지만 이용자의 경험에서 확인할 수 있는 것은 체감적인 접근성을 향상시키는 데에는 상당한 기여를 하고 있지만 맞춤형 서비스, 안정적인 지원, 탈빈곤이나 빈곤 예방을 비롯한 통합사례관리의 다양한 목표를 추구하는 데에는 한계를 지니고 있다.

통합사례관리 대상자들의 절반 가까이는 지자체 내부에서 연결되고 그

외의 경우에도 상당수가 학교, 병원과 같은 공적 기관이나 지역 주민에 의해서 의뢰되고 있다. 이는 통합사례관리 체계가 복합적인 욕구를 가지거나 위기에 직면한 대상자들이 의뢰되는 체계로서 원만하게 작동하고 있음을 보여 준다. 이 부분은 통합사례관리로 연결되지 못한 대상자에 대한 고찰이 필요하겠지만 의뢰된 사례만 놓고 본다면 통합사례관리가 지역사회의 복합적 욕구를 가지거나 위기 상황에 놓은 대상자를 연결하는 체계로 자리 잡아 가고 있다고 평가할 수 있다.

또한 통합사례관리는 체감적 접근성을 높이는 데 상당한 강점을 보여주고 있었다. 기존의 행정체계를 통해서는 무시당하고 거부당해 온 경험이 많은 대상자들은 사례관리사들의 적극적인 관심과 능동적인 접근에 상당한 차이를 느끼고 있었다. 기존 전달체계에서는 규정에 맞는가 안맞는가에 대한 통지만 받고, 공감이나 이해를 기대하기는 어려웠지만 사례관리사에게서는 대상자의 상황을 이해하고, 당장 무엇이 되지 않더라도 무언가 될 수 있는 방향을 모색하는 모습을 경험하게 된 것이다. 이러한 과정에서 생명까지도 위험했던 상황에서 벗어나기도 하고, 새롭게 희망을 얻기도 하고, 공공에 대한 신뢰가 회복되기도 하였다.

하지만 통합사례관리 역시 기존 제도의 한계를 넘어 통합적 접근이나 맞춤형 서비스를 하기는 어려웠다. 통합사례관리를 받은 대상자들이 적절한 서비스나 급여가 충족되거나 욕구에 맞는 지원을 받고 있는 것은 아니었다. 이러한 문제는 급여나 서비스 제도 자체가 가지고 있는 한계에 기인하고 있었다. 사례관리사들이 서비스를 다양하게 연계한다고 하더라도 기존의 제한적인 급여와 서비스의 범주를 넘어설 수는 없었다. 민간자원을 연계하는 경우가 많기는 하지만 민간 자원은 특성상 규모가 작고 일시적일 수밖에 없는 것이었다. 특히 서비스에 대한 욕구가 크고, 민감한 발달장애 아동에 대한 서비스는 그러한 한계가 두드러졌다. 서비스가 욕구에 제대로 대응하지 못해도 통합사례관리로 할 수 있는 역할은 제한적이었다.

상황이 이렇다 보니 현재의 통합사례관리 체계를 통해서 탈빈곤이나 빈곤 예방을 하기는 어려운 상황이며 안정적인 지원과 지지를 제공하기도 어렵다. 통합사례관리를 제공한다고 하더라도 자립의 발목을 잡는 보충 급여 제도에 예외를 줄 수 있는 것도 아니고, 빈곤예방을 위해 개입한다고 해도 제도적인 사각지대를 완화하거나 불충분한 급여를 보완해 줄 수도 없거니와 민간 자원을 연계하는 것도 한계가 있다.

이러한 통합사례관리의 효과는 개인적 역량에 전적으로 의존되고 있다. 사례관리사의 주요한 역할이 급여와 자원 연계이다 보니 연계를 적극적으로 하고 능력 있는 사례관리사는 그만큼 많은 연계를 제공할 수가 있겠지만 사례관리사도 적극적이지 않다면 효과를 얻기도 어렵기 때문이다. 같은 사례관리사라고 하더라도 쉽게 연계와 지원이 되는 경우에는 대상자가 많은 혜택을 받을 수 있지만 연계가 쉽지 않은 문제나 욕구를 가진 대상자의 경우에는 별 도움이 되지 않을 수 있다. 이 때문에 사례 중에서는 사례관리사를 가족 이상의 존재나 생명의 은인으로 생각하는 사례도 있었지만 별다른 도움이나 지원이 없었다는 경우도 많았다.

다. 통합적 맞춤형 지원을 위한 과제

통합사례관리 이용자에 대한 질적 조사와 분석은 단지 통합사례관리의 문제뿐 아니라 우리나라 공공복지 급여와 서비스의 전반적인 문제를 드러내고 있다. 우리나라 공공복지가 통합사례관리 이용자들을 보호하는데 어떻게 실패하고 있으며 그중에서도 기초 생계가 여전히 핵심적인 문제가 되고 있다는 것을 보여 주고 있다. 다양한 급여와 서비스가 발전했다고 하지만 여전히 기초적인 생계유지가 지배적인 문제로 나타나고 있으며 공공 급여와 서비스 역시 이 부분에 핵심적으로 집중되고 있었다. 다양한 욕구에 대한 서비스는 부분적이며 대상자의 욕구에 맞추어 제공되기보다는 개별적인 제도의 제약에 따라 욕구를 반영하지 못하는 경우가 대부분이었다.

대상자에게 통합적이고 맞춤형의 지원을 제공하기 위해서는 급여의 적절성을 확보하고, 제도적 개선을 이루어야 하는 과제를 피해 갈 수는 없다. 지원 수준이 적절하지 못하고, 제도의 한계 때문에 처음부터 대상자의 욕구에 대응하기 어려운 급여와 서비스를 가지고 통합적이고 맞춤형의 지원을 제공하는 것은 어불성설이라 할 수 있다. 기초생활보장제도의 개선은 물론이고 노인 돌봄, 장애인 활동 지원, 발달장애에 대한 교육과 지원, 정신보건서비스 등의 제도적 서비스에 대한 보완이 필수적이다.

이와 동시에 통합사례관리가 단순한 서비스 연계를 넘어 대상자에게 맞추어 급여와 서비스를 설계할 수 있도록 하는 방안이 모색되어야 할 것이다. 기존 급여나 서비스 수준이 적절하게 확보된다고 하더라도 분절적이고 대상자의 욕구에 맞춰 설계되지 않은 서비스들을 단순 연계하는 것만으로는 대상자의 다양한 욕구에 맞추어 효과적으로 대응할 수 없기 때문이다. 이를 위해서는 첫째, 이것을 허용할 수 있는 제도적 개선이 이루어져야 한다. 급여나 서비스가 개별적인 법률과 제도에 의해서 제한되기보다는 서로 융합하고 재설계하고, 예산을 공유하는 것이 허용되도록 해야 할 것이다.

둘째, 통합사례관리에 대한 권한과 책임의 재조정이 필요하다. 대상자에 대한 급여나 서비스 설계를 위해서는 그럴 수 있는 권한이 사례관리사에게 부여되어야 한다는 의미이다. 이러한 권한이 허용된다면 이에 대한 책임을 어떻게 감당하게 할 것인가에 대한 고려도 필요하다. 가령 지자체 단위에서 이러한 사례관리사의 대상자별 급여나 서비스 설계를 점검, 승인, 조정할 수 있는 거버넌스 체계가 필요할 것이다.

셋째, 이러한 개별적인 급여와 서비스 설계를 할 수 있는 사례관리사의 양성을 위한 교육훈련 체계가 개발되어야 한다. 이러한 권한과 책임을 수행하기 위해서는 대상자별 욕구를 사정하고 이에 효과적으로 대응할 수 있는 급여와 서비스를 조합시킬 수 있는 지식과 기술이 필요할 것이다.

급여나 서비스의 적절성이 개선되지 않는다면 다양한 급여와 서비스의 발전을 이야기해도 결국 우리나라의 사회복지는 기초적인 생계와 현금급여 중심에서 벗어나기 어려울 것이다. 이것이 어느 정도 해결되지 않은 상태에서는 다른 욕구나 서비스가 이보다 앞서기는 어렵기 때문이다. 또한 통합사례관리에서 대상자별로 급여와 서비스를 설계할 수 있도록 하는 방안이 모색되지 않는다면 결국 통합적인 접근이나 맞춤형 지원은 단순 연계를 포장하는 구호에 그칠 수밖에 없다. 사이즈가 맞지 않는 옷을 같이 걸쳐 놓았다고 해서 그것이 '맞춤'이 될 수는 없기 때문이다.

제 5 장

지역 단위 복지전달체계의 구조와 기능 분석

지역 단위 복지전달체계의 구조와 기능 분석

제1절 분석 방안 개요

본 장에서는 공공 부문과 민간 부문을 아우르는 복지전달체계를 보다 구체적으로 파악하기 위하여, 주요 복지 대상 영역, 복지 부문과의 연계·협력 필요성이 높은 것으로 인식되어 온 유관 영역별로 실태를 분석하고자 한다.

앞서 제시한 바와 같이 본 연구의 주요 대상 영역으로 설정한 5개 부문은 첫째, 아동·청소년복지 영역, 둘째, 노인복지 영역, 셋째, 장애인복지 영역, 넷째, 고용-복지 연계 영역, 다섯째, 보건-복지 연계 영역이다. 본 장에서는 이들 영역을 중심으로 지자체 복지행정부서를 비롯한 공공기관과 민간복지사업기관을 통해 형성된 복지 전달체계의 구조, 각각의 기능 수행, 기관 간의 연계-협력의 상황을 파악한다.

영역별 세부 연구 내용으로는 첫째, 해당 영역의 전반적인 사업을 개괄하고 전달체계의 구조를 파악하며, 사례조사가 이루어진 5개 지자체의 전달체계를 분석한다. 시군구 단위의 서비스기관 분포를 파악하여, 지역 간 차별성과 동질성을 확인하며 서비스 영역별 공급기관의 충족도를 확인한다.

둘째, 지역 단위 복지전달체계의 기능 분석을 두 가지 차원에 중점을 두고 실시한다. 하나는 지역별 주요 서비스기관의 기능 분석이고 다른 하나는 유관 영역 간 협력 필요 기능 분석이다.

서비스기관의 기능 분석을 위해서는 우선 주요 기관의 서비스 및 프로그램과 제공량, 부여된 과업(지침, 규정상)과 실행 과업의 편차, 문제 해결 수준(서비스의 지속성, 전문성, 이용자 충족도), 서비스 운영의 애로사항, 장애요인 등을 파악한다. 이를 통하여 사업 운영 현황 및 관련 쟁점, 서비스의 통합성 제고를 위한 노력(사례관리 등) 현황 및 관련 쟁점, 이용자 서비스 향상을 위한 노력 현황 및 관련 쟁점을 정리하고자 한다.

유관 영역 간 협력 필요 기능 분석에서는 기관 간 연계-협력이 필요한 업무, 연계-협력상의 애로사항, 장애요인을 파악하는데 이를 통해 연계·협력 필요 기능 현황 및 관련 쟁점, 연계·협력을 위한 노력(네트워킹 등) 현황 및 관련 쟁점을 확인하고자 한다.

연구 과정에서는 정부의 사업지침과 행정자료, 선행 연구를 활용하되 5개 지역 사례조사로서 방문인터뷰, FGI 등을 실시하였다.

이와 같은 과정을 통하여 복지 부문의 주요 대상 사업별 전달체계와 유관 부문의 전달체계, 그동안 주목되었던 공공 복지전달체계를 아울러 전달체계의 분절-사각-불충분성(통합성 검토), 기능 및 업무의 누락-편중-중복성(효율성, 전문성 검토)을 진단하고자 한다.

제2절 아동·청소년복지 전달체계

아동·청소년 복지는 아동과 청소년의 개념을 어떠한 기준으로 어떻게 정의하느냐에 따라 여러 범주로 구분될 수 있다. 일반적으로 복지 범주를 광의와 협의로 나눈다면 보편적 혹은 선별적 복지로 구분될 수 있으며 동일한 맥락에서 그 대상도 일반 아동과 청소년을 대상으로 하는 복지사업과 저소득 및 취약계층을 대상으로 하는 복지사업으로 구분될 수 있다.

즉 광의의 개념으로는 모든 아동과 청소년을 대상으로 하는 모든 국가정책의 의미가 될 것이며 이는 아동과 청소년의 주무부처인 보건복지부, 여성가족부 외에도 아동과 청소년과 관계된 중앙정부 각 부처의 모든 관련 정책과 사업들을 포괄해야 할 것이다. 대표적인 연관 부처로는 교육부, 고용노동부, 문화체육관광부 등이 해당된다.

반면에 협의의 범위에서 복지 정책은 보건복지부와 여성가족부에서 실시되는 발달상 문제 및 위험과 위기도가 높은 다양한 취약계층의 아동, 청소년 복지사업들이 해당될 것이다. 협의의 개념에서의 아동·청소년복지의 중앙행정부처는 이원체계라 할 수 있다. 아동은 아동복지법에 근거한 사업을 중심으로 보건복지부가 주관부처이며 청소년은 여성가족부가 주관부처이다. 본 연구에서는 보건복지부와 여성가족부의 아동·청소년 복지사업을 중심으로 지역사회 내 취약·위기 아동·청소년의 통합사례관리에 초점을 두어 아동과 청소년 복지 영역을 검토하고자 한다.

1. 주요 아동·청소년 복지사업과 전달체계의 구조

가. 국가사업 및 전달체계

보건복지부 주관으로 실시되고 있는 아동복지사업[23]은 요보호 아동의 보호서비스와 지역사회 단위의 취약·위기 아동 지원으로 구분할 수 있다. 첫째, 보호서비스에는 보호가 필요한 아동의 보호, 가정입양 지원, 가정위탁 지원, 소년소녀가정 지원, 결연사업 운영, 공동생활가정(그룹홈) 운영, 아동복지시설 운영, 보호아동 자립지원, 디딤씨앗통장(CDA)이 있다. 둘째, 취약·위기 아동 지원으로는 드림스타트, 아동복지교사지원, 지역아동센터 운영, 결식아동급식지원(지방이양), 아동학대 예방 및 피해아동 보호, 실종아동 등 보호 등이 있다. 여성가족부의 청소년복지사업[24]으로

23) 보건복지부 2017년 아동 분야 사업안내에서 제시하고 있는 목차의 명칭을 복지사업명으로 보고 제시하였다.

24) 여성가족부 2017 청소년 사업안내의 '제4편 청소년복지사업'에서 제시하고 있는 목차의 명칭을 복지사업명으로 보고 제시하였다.

는 청소년상담복지센터 운영, 지역사회 청소년통합지원체계(CYS-Net), 청소년동반자 프로그램 운영, 청소년쉼터 운영, 청소년회복지원시설 운영, 청소년특별지원사업 운영, 학교 밖 청소년 지원 사업이 있다.

보건복지부의 아동복지사업 전달체계를 살펴보면 중앙 단위에 아동자립지원사업단, 중앙가정위탁지원센터, 중앙아동보호전문기관, 디딤씨앗지원사업단, 드림스타트지원사업단, 지역아동센터중앙지원단, 실종아동전문기관 등의 전담기관이 지정·운영되고 있다. 그리고 지역 단위로는 드림스타트센터와 지역아동센터가 운영 중이다. 여성가족부의 청소년복지사업 전달체계에는 중앙 단위에 국립중앙청소년지원센터가 있으며 지역 단위로는 청소년상담복지센터와 두드림센터, 청소년 쉼터 등이 있다.

이 중에서도 취약계층을 대상으로, 통합사례관리를 중심으로 이루어지는 대표적인 복지사업은 보건복지부의 드림스타트와 여성가족부의 지역사회 통합지원체계(CYS-Net)라 볼 수 있다. 현재 아동·청소년복지사업 중에서 '사례관리'를 규정하거나 사업의 내용으로 포함한 사업을 정리하면 〈표 5-2-1〉과 같다.

〈표 5-2-1〉 아동·청소년 복지사업 현황과 사례 관리 수행 여부

구분	사업내용	사례관리규정	비고
요보호 아동 보호서비스	보호가 필요한 아동의 보호		
	가정입양 지원		
	가정위탁 지원	○	
	소년소녀가정 지원		
	결연사업 운영		
	공동생활가정(그룹홈) 운영		
	아동복지시설 운영		
	보호아동 자립지원	○	
	디딤씨앗통장(CDA)	○	
위기 아동 지원	드림스타트	○	통합사례관리
	아동복지교사 지원		
	결식아동급식 지원(지방이양)		
	아동학대예방 및 피해아동보호	○	
	실종아동 등 보호		
청소년	청소년상담복지센터 운영	○	
	지역사회 청소년통합지원체계(CYS-Net)	○	
	청소년동반자 프로그램 운영		
	청소년쉼터 운영	○	
	청소년사회복지지원시설 운영		
	청소년특별지원사업 운영	○	
	학교밖 청소년 지원 사업	○	

주: 보건복지부(2017b)의 「2017년 아동분야 사업안내」와 여성가족부(2017)의 「2017년 청소년 사업 안내」를 참고하여 연구자가 작성함.

1) 보건복지부 아동복지 사업

현재 우리나라 아동복지체계에서 드림스타트는 지역사회 내 (재가)아동에 대한 보호서비스의 핵심적 기능을 수행하는 기관이다. 드림스타트 외 관련 기관으로는 1980년대부터 시작되고 2004년에 합법화된 지역아동센터가 있다. 하지만 지역아동센터는 아동에 대한 방과 후 (직접)돌봄을 수행하는 기관이라는 특성상 지역사회 내 필요아동 중에서도 일부 아동만을 대상으로 서비스를 제공하며, 기존에 논의된 바와 같이 아동 가족의 사례관리를 감당하기에는 인력 부족 등의 현실적인 어려움이 많다. 또한, 아동보호전문기관은 빈곤 해결 등의 서비스가 필요한 아동 가족이 아

닌 학대 및 방임아동 가족만이 서비스 제공 대상이며, 공동생활가정을 포함한 아동양육시설은 가정 내 돌봄이 어려운 아동들을 위한 대안적 서비스 체계로 가족 단위의 서비스 제공 여력은 역시 부족하다. 이러한 아동복지서비스 스펙트럼에서 드림스타트는 지역 내 재가아동을 위한 포괄적인 사례관리 기능을 가지되 가족 중심의 통합적 서비스를 제공할 수 있는 유일한 아동가족 서비스기관이다(조용남, 2015).

(1) 드림스타트 사업

드림스타트는 취약계층 아동(만 0~12세)과 그 가족에게 보건·복지·보육·교육을 통합한 맞춤형 서비스를 지역사회 자원과 연계하여 제공하는 드림스타트센터를 지원하는 사업이다. 드림스타트 사업의 주체인 드림스타트센터는 구(군) 단위로 설치되어 있다는 점에서 중요한 아동복지사업 전달체계이기도 한다.

최근 드림스타트 서비스 대상 지역을 취약계층 아동 밀집지역에서부터 전체 읍·면·동으로 확대하고 있다는 점에서 지역 간 서비스 수혜 형평성에 대한 문제점도 차츰 해결될 것으로 예상된다.

최근 학대 위험, 방임 등 위기아동 발굴 및 보호를 위한 가정방문을 확대하여 지역 내 사각지대 아동을 적극적으로 발굴 및 보호하고 있다. 무엇보다 지자체 재정 투입 확대를 통해 사례관리 대상을 적극적으로 발굴하고 사업 효과를 극대화하고자 하여 드림스타트 서비스의 질을 계속해서 개선해 나가고 있다.

[그림 5-2-1] 드림스타트 지역 단위 아동보호사업 추진체계 및 서비스 흐름도

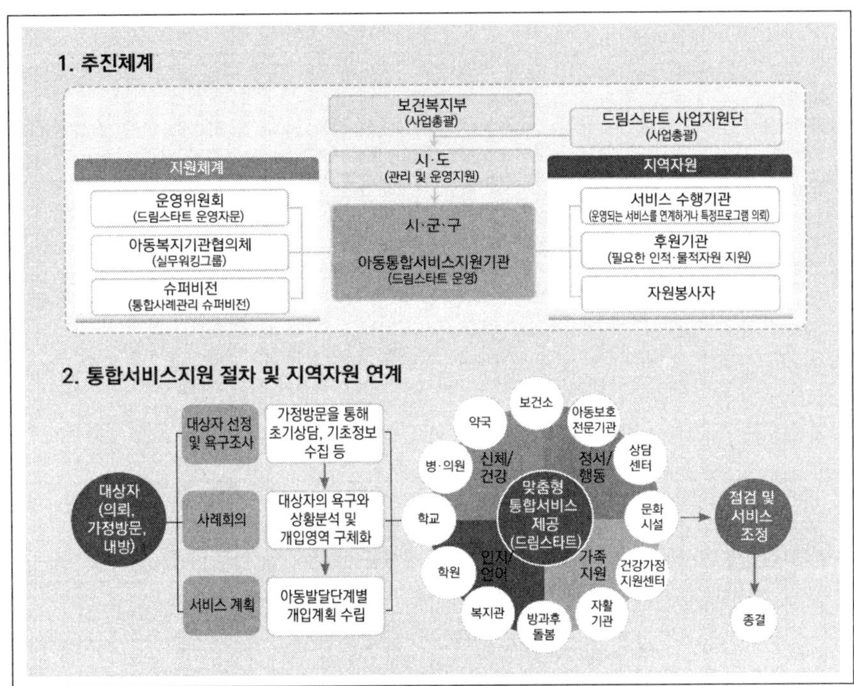

자료: 보건복지부(2016a), 2015 보건복지백서, p.313에서 재인용.

시군구 드림스타트 지원기구 구성 및 운영 내용 등을 소개하면 다음과 같다. 최근 드림스타트는 대상자에게 서비스를 직접 제공하는 것을 지양하고, 지역사회 내 다양한 자원을 발굴하여 연계하며, 통합사례관리를 제공하는 것에 초점을 두고 있다. 드림스타트는 아동복지기관협의체를 운영하고 있으며 지역아동센터, 아동보호전문기관, 희망복지지원단, 읍면동 맞춤형 복지팀 등과 사례관리 연계협력을 하도록 강조하고 있다.

〈표 5-2-2〉 시·군·구 드림스타트 지원 기구 구성 및 운영 내용

	내용
지원기구 구성 및 운영	- 시·군·구 드림스타트 지원기구 구성·운영을 통해 사업 운영 자문 및 지원 - 운영위원회: 드림스타트 사업 전반 운영 관련 자문(연 1회 이상) - 아동복지기관협의체: 아동복지기관 간 정보 공유 및 서비스 연계·조정을 통해 지역 내 아동복지서비스 통합 조정 역할 수행(분기별 1회 이상) - 슈퍼비전: 실무자의 사례관리, 업무능력 향상을 위한 자문 및 지원(연 4회 이상)
통합 사례관리	- 아동의 건강한 성장과 발달을 위해 지역사회 내 자원 연계를 통해 아동의 문제 및 욕구별 맞춤형 통합서비스 제공 - 가정방문 상담을 통한 사례관리 대상 아동(위기아동 등) 발굴 - 취약계층 아동(가구)에 대한 문제 및 욕구 파악을 통한 서비스 계획 수립 - 아동별 맞춤형 통합서비스 제공(서비스 연계) 및 점검 - 사례관리 기초기록 관리 및 아동별 데이터베이스 구축
자원관리	- 대상자에게 필요한 서비스 제공을 위해 주기적 자원 현황 파악 및 신규 자원 발굴 - 사회보장정보시스템(행복e음) 내 등록된 해당 지역 자원에 대한 승인, 반려, 종료처리 및 수정 등 등록자원 총괄 관리
아동복지 서비스 통합 및 조정	- 타 사업 간(지역아동센터, 희망복지지원단, 아동보호전문기관 등) 사례관리 협력체계 구축을 통한 서비스 통합 및 조정 - 아동복지서비스 연계 및 조정 강화를 위한 기타 업무 수행

자료: 보건복지부(2017b), 2017 아동복지사업안내서를 참고하여 작성하였음.

드림스타트 사업은 사례관리전문요원(민간) 3명과 공무원 3명의 인력의 배치규정이 있다. 이러한 배치규정으로 인해 아동복지 분야에서 거의 유일하게 사업소의 형태로 조직을 갖춘 공공전달체계가 될 수 있었다.

드림스타트가 전국적으로 확대 실시됨에 따라 전국이 각 지역의 면적, 인구아동취약성, 자원요소, 재원 등에 따라 대도시 자치구, 대도시 기초단체, 중소도시 기초단체, 농산어촌 기초단체 등 4개 유형으로 구분되었다[25]. 지역별 주요 특성은 〈표 5-2-3〉과 같다.

25) 정익중, 남기철(2009)에 의해 구분하였으며, 지역유형별 분류 기준은 법적·행정적 지위 및 드림스타트 사업 운영 관련 요소를 동시에 고려하고 대도시 지역(특별시 및 광역시의 자치구)과 촌락지역(군 단위 이하)은 사업 운영 관련 요소의 특성이 뚜렷하게 구분되므로 법적·행정적 분류체계를 그대로 적용하였으며, 이 외 일반 시와 중소도시 지역은 지역적 특성이 혼재되어 있어 면적, 인구, 빈곤, 자원 등을 고려하여 유형화하였다.

〈표 5-2-3〉 드림스타트 지역 유형 특성

구분	내용
대도시 자치구	인구는 많고 면적은 좁음. 지역자원은 많음
대도시형 기초단체	지역범위가 넓어 인구 및 빈곤아동수, 지역자원이 상대적으로 많음
중소도시형 기초단체	인구, 면접, 가용자원 정도가 평균적 수준임
농산어촌 기초단체	면적에 비해 인구는 적으며, 지역자원이 적음

2015년 12월 말 기준으로 0세부터 만 12세의 전체 취약계층(기초생활수급, 차상위, 한부모) 대상자 수는 36만 3896명, 가구 수는 26만 2094가구로 집계되었는데 이 중 2015 드림스타트 사례관리 대상자 수는 총 8만 6401명(23.7% 수준)으로 아동이 8만 5939명, 임산부가 462명이었다(보건복지부, 드림스타트, 2015).

〈표 5-2-4〉 드림스타트 사업 대상자 수

(단위: 명)

아동	임산부	소계	가구유형			
			기초생활 수급	차상위계층	한부모가족	기타 (저소득)
85,939	462	86,401	52,486	14,186	5,949	13,318

자료: 보건복지부, 드림스타트. (2015). 내부자료.

2) 여성가족부의 취약계층 청소년복지사업

(1) 지역사회 청소년통합지원체계(CYS-Net)

지역사회 청소년통합지원체계(CYS-Net)는 지역사회 내 청소년 관련 자원을 연계하여 위기청소년에 대한 상담·보호·교육·자립 등 맞춤형 서비스를 제공하는 사업으로 가정과 사회로 복귀·자립할 수 있도록 지원하는 데 목적을 두고 있다. 지역사회 청소년통합지원체계 및 다양한 청소년

상담 채널을 통해 위기청소년 맞춤형 서비스가 제공되었다. 지역사회 청소년통합지원체계는 전국에 225개(2017년 기준)가 설치·운영되고 있다.

[그림 5-2-2] 지역사회 청소년통합지원체계(CYS-net) 구성

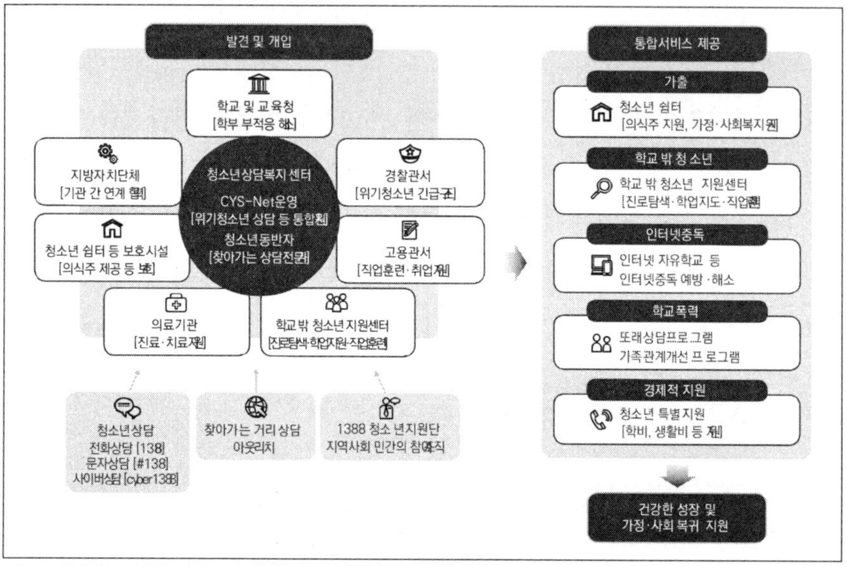

자료: 한국청소년상담복지개발원. (2015). CYS-Net 필수연계기관 안내서 .

CYS-Net는 2012년부터는 정부 부처 간 협의를 통해 지역의 기관 간 연계를 강화하고, 보다 효율적으로 위기청소년을 지원하기 위해 필수연계기관을 지정하여 운영하고 있다. CYS-Net의 필수연계기관은 위기 상황에 처한 청소년을 발견, 지원, 보호하기 위해 연계망의 필수적인 구성기관이 되는 공공기관을 의미한다. 필수연계기관은 청소년상담복지센터, 지방자치단체, 청소년복지시설 및 지원시설, 시·도 및 지역교육청, 각급 학교, 공공보건의료기관, 지방경찰청 및 경찰서, 지방고용노동청 및 지청, 청소년비행예방센터, 학교 밖 청소년 지원센터를 포함한다. CYS-Net 운영상의 강점은 전국적인 네트워크를 구성하고 있으며 지역 내 자원을

확보하고 있다는 점이다. 주무부처인 여성가족부와 한국청소년상담복지개발원, 지역 청소년상담복지센터가 유기적으로 연계되어 있어 지역 간 정보의 교류가 원활하게 이뤄지고 있다.

CYS-Net 운영은 시·도 및 시·군·구 청소년상담복지센터를 기반으로 다양한 매체(전화, 문자, 사이버) 상담채널을 운영하여, 상담을 통해 위기청소년들의 문제를 해결하도록 지원하고 각종 필요한 서비스를 연계하며 지원한다. 이들 서비스는 상담 및 청소년동반자 지원, 긴급구조 및 일시보호, 학교 밖 청소년, 인터넷중독 개입, 가출, 청소년 특별지원 등의 서비스 연계를 포함한다.

(2) 청소년상담복지센터

청소년상담복지센터는 청소년의 건강한 성장과 복지 증진을 목적으로 청소년 상담, 긴급구조, 자활, 의료지원 등의 역할을 담당하고 있다. 청소년상담복지센터에서는 위기청소년을 지원하는 CYS-Net 사업을 핵심으로 하여 사업을 수행하고 있다.

2012년 청소년상담업무에 대한 법적 명시가 청소년기본법에서 청소년복지지원법으로 이관되었다. 청소년복지지원법은 기존 청소년상담사업과 위기청소년을 위한 다양한 지원을 통합하였고 '청소년상담'을 '청소년상담복지'라는 새로운 개념으로 가시화하는 출발점이 되었다. 또한 이와 함께 시도 및 시군구의 청소년지원기관을 '청소년상담복지센터'라는 명칭으로 변경하면서 위기청소년을 대상으로 다양한 사업을 중점적으로 수행하는 지역사회기반의 허브기관으로서 기능과 역할을 명시하게 되었다. 또한 이러한 기능의 변경과 함께 청소년복지지원법에 설치에 대한 법적 근거를 둔 기관으로서 지위를 되찾게 되었다(노성덕, 2013; 이은경, 손재환, 송인철, 2016, p. 2에서 재인용).

각 지방자치단체는 지역 특성과 여건에 따라 직영(별도의 법인 설립 포함) 또는 청소년 단체 등을 통한 위탁 운영의 방법으로 청소년상담복지센터를 지원한다. 주요 업무로는 청소년과 부모에 대한 상담·복지 지원, 상담·복지 프로그램의 개발 및 운영, 상담 자원봉사자와 청소년지도자 교육 및 연수, 청소년 상담 또는 긴급구조를 위한 전화 운영, 청소년 폭력·학대 등으로 피해를 입은 청소년의 긴급구조와 법률·의료 지원 및 일시보호 지원, 청소년의 자립 능력 향상을 위한 자활 및 재활지원 등이 있다.

청소년상담복지센터는 청소년복지지원법에 근거하여 17개 시·도를 비롯하여 시·군·구에 총 225개소(2017년 기준)가 설치돼 운영되고 있다.

(3) 학교 밖 청소년 지원: 꿈드림 센터

꿈드림은 학업을 중단한 청소년들이 당당하게 미래를 설계하도록 지원하는 곳으로 학업 및 직업준비 상담에서부터 특성과 적성을 고려한 전문 교육프로그램까지 맞춤형 서비스를 제공한다.

학교 밖 청소년 지원센터 지정·운영사업은 학교 밖 청소년의 개인적 특성과 수요를 고려한 상담지원, 교육지원, 직업체험 및 취업지원, 자립지원 등 학교 밖 청소년이 건강한 사회구성원으로 성장할 수 있도록 지원하기 위해 '학교 밖 청소년 지원에 관한 법률' 시행(2015. 5. 29.)에 맞춰 본격적으로 실시되고 있다. 2007년부터 일부 지역 청소년상담복지센터에서 운영해 온 학교 밖 청소년 지원프로그램을 2015년에 전국적으로 확장하여 학교 밖 청소년 지원센터(꿈드림)에서 운영하고 있다.

〈표 5-2-5〉 학교 밖 청소년 지원센터 현황

(단위: 개소)

계	서울	부산	대구	인천	광주	대전	울산	세종	경기	강원	충북	충남	전북	전남	경북	경남	제주
202	24	15	9	9	6	3	5	1	31	9	13	15	10	16	15	18	3

학교 밖 청소년 지원센터에서는 학업중단 예방 및 학교 밖 청소년의 자립 역량 강화를 목적으로 초기상담 및 욕구 파악에서부터 교육지원, 직업체험 및 취업지원, 자립지원에 대한 프로그램이 운영된다.

최근 학교 밖 청소년지원 사업은 유관기관의 협력망을 구축하여 서비스를 연계하는 것을 강조하고 있다. 주 사례관리는 학교 밖 청소년지원센터 꿈드림 소속 상담사가 주로 하며 그 외에 필요한 서비스를 제공하기 위하여 기관을 연계하도록 한다. 주요 연계기관은 학교, 경찰서, 아동보호전문기관, 보호관찰소, 청소년쉼터 등이다.

나. 사례지역 전달체계 분석

1) 동질성과 차별성

현재 시군구 수준의 아동·청소년 복지전달체계는 사례지역별로 큰 차이를 보이지 않았다. 대표적 아동청소년복지 공적전달체계인 드림스타트센터와 청소년상담복지센터는 대표적인 취약계층 아동과 청소년을 위한 사업기관으로 시군구 단위로 설치되어야 한다. 이를 살펴보면 모든 사례지역에 설치되어 있었다.

사례지역별 드림스타트사업을 중심으로 통합사례관리가 실시되고 있었다. 청소년상담복지센터에서도 위기청소년을 위한 상담 및 사례관리가 이루어지고 있었다. 또한 청소년상담복지센터에서는 학교 밖 청소년센터도 함께 운영되고 있었다.

기초자치단체 수준에서 설치되어야 할 전달체계에서 실제로 공공체계 서비스의 균질성은 중요하다. 따라서 모든 사례지역에서 드림스타트센터와 청소년상담복지센터를 통해 실시되고 있는 서비스는 어느 정도 균질하게 실시되고 있다고 보아도 무방할 것이다.

그러나 정부 직영으로 운영되는 드림스타트사업과 달리 청소년상담복지센터의 경우 위탁 운영의 방식을 취하고 있기 때문에 운영 주체에 따라 서비스의 성격이나 품질에 다소 차이를 보일 수 있다.

지역별로 공공전달체계는 유사하게 설치되어 있었다. 그러나 민간기관의 경우 지역별로 다소 차이를 보였다. 또한 시도 단위로 설치되거나 거점 형태로 운영되고 있는 아동복지기관 중에서 몇몇의 기관은 일부 지역에만 설치되어 있었다. 현재 아동보호전문기관 등은 시군구 단위로 설치되지 못하고 몇몇 지역의 거점 형태로 운영되고 있다는 점에서 아동보호전문기관이 설치된 사례지역인 서울 마포구와 경기 남양주시는 비설치 지역보다는 접근성 측면에서 서비스 이용과 지역사회 자원 연계 등에 긍정적 영향을 주고 있을 것이라 예상된다.

한편 각각의 사례지역별 복지 정책의 특성에 따라 아동·청소년복지정책의 추진 및 전달체계에도 영향을 미친 것으로 판단되며 이는 각각의 사례지역별로 서비스의 강점 및 품질의 차이를 만들었을 것이다.

예컨대 서울 마포구는 2016년부터 지역 내 다양한 기관과 협력적 네트워크를 구축해 현장밀착형 복지서비스를 지원하는'희망나눔벨트 사업'을 추진하고 있다. '희망나눔벨트 사업'은 지역사회 내 복지자원을 서로 벨트처럼 묶자는 의미로 어린이집, 초·중·고등학교, 경찰서, 소방서 등 공공기관의 연계 강화뿐만 아니라 아동보호전문기관, 복지관, 정신건강증진센터 등 민간기관과의 상시적인 협력체계 확대를 통해, 촘촘한 사회안전망을 구축하고자 마련한 현장 밀착형 통합사례관리 사업이다. 서울 마포구는 사업의 총괄부서인 복지행정과 희망복지지원단을 중심으로 통합사례관리를 강화하고 네트워크 강화를 위한 기관 간 정보(자원) 공유와 사례 진행 사항 공유 및 사례논의 등이 비교적 활발하게 이루어지고 있다. 실제 이 사업의 추진을 위하여 사례공유회의 성격의 희망벨트회의가 진행되고 있다. 또한 다른 지역과 차이를 보인 마포구의 특성은 미혼모시설이 집중되었다는 것이다. 사례지역 중에서 서울 마포구의 경우 우리나라 최초 미혼모시설이 있는 지역으로 미혼모와 관련된 복지사업과 전달체계가 다른 지역에 비해 촘촘하게 운영되고 있었다.

경기도 남양주시의 경우 경기도 자체의 복지정책 실시로 다른 지역과는 다른 복지연계의 특성을 갖고 있었다. 우선 민관협력이 적극적으로 추진되고 있다. 사회복지 관련 인프라가 한 장소에서 운영되어 복합적 문제를 가진 서비스 수혜자의 접근성을 높이고 서비스 공급자 간 연계 및 협력을 강화하고 있다. 예를 들어 남양주시 청사 내에 희망케어센터와 종합사회복지관 등 8개 센터가 함께 근무하고 있다. 즉 민과 관이 공공청사에서 함께 근무하며, 단순히 근무만 함께 하는 것이 아니라 중복대상자 방지를 위해 프로그램 등을 함께 개발한다.

아동·청소년복지 사업이 지역적으로 특화된 경우는 전북 완주군이다. 완주군은 아동친화도시 사업을 통해 아동과 관련된 사업을 적극적으로 실시하고 있었다. 완주군의 경우 '아동친화도시' 인증 지역으로 아동에 대한 관심이 높았으며 관련 제반시설을 갖추었다고 볼 수 있다. 예를 들어 완주군은 전국에서 유일하게 군 직영 지역아동센터를 운영하고 있었다. 또한 드림스타트 중심으로 아동복지 관련 기관을 연계하고 있다.

대전 서구의 경우 대전형 민관협력복지모델인 '복지만두레'로 복지사업의 민관협력을 중요시하고 있다. 대전 서구 복지만두레 운영협의회가 활발히 운영되어 민관협력을 추진하고 있다. 복지만두레를 통해 대전시는 취약계층의 복지안전망 구축에 집중해 왔다. 1만 가구 취약계층 발굴과 함께 대상 가구를 체계적으로 상담 조사하여 중점관리 및 단순관리 가구로 구분하였고, 77개 동에 조직된 복지만두레회를 통하여 연계된 다양한 지역 자원을 토대로 맞춤서비스를 제공하고 있다.

부산 사하구는 복지 관련 부서 칸막이 해소 및 인적 안전망 활용을 통한 복지사각지대 제로화 추진, 구·동 지역사회보장협의체 중심의 민간 주도형 지역복지활동을 강화해 지역 특성에 적합한 맞춤형 복지서비스를 제공한 점에서 높이 평가될 수 있다.

각각의 사례지역을 파악한 결과, 각 지역이 속한 광역시의 복지정책 특성의 영향을 받고 있었는데, 이러한 점이 실제로 복지전달체계에 어떠한 영향을 주었는지는 향후 분석되어야 할 것이다.

2) 충족도: 지역별 아동·청소년 복지기관 현황

중앙 혹은 지방 단위 수준에서 아동·청소년 복지 분야의 서비스 및 시설의 적정 수급량에 대한 연구는 이루어진 적이 없다. 따라서 현재 사례지역의 복지 수요에 적절한 공급이 이루어졌는지 평가하기는 힘들다. 다만, 이를 가늠할 수 있는 대리지표로서 각각의 사례지역별 아동·청소년 관련 기관 설치 현황을 살펴보면 〈표 5-2-6〉와 같다.

아동·청소년복지 전달체계 중에서 시·도 단위로 설치되어 있는 기관은 가정위탁지원센터, 아동보호치료시설, 아동일시호보시설 등이다. 아동보호전문기관은 몇 개의 시군구를 총괄하는 거점 형태로 설치되어 있다.

이 중에서도 주요 아동·청소년복지 사업의 공적전달체계의 역할을 하는 드림스타트와 청소년상담복지센터, 학교밖 청소년지원센터는 사례지역별로 모두 설치되어 있었다. 그러나 요보호 아동을 위한 보호시설인 아동양육시설, 공동생활가정, 일시보호시설의 설치는 지역별로 차이를 보이고 있었다. 이러한 차이가 지역별 수요의 차이인지는 알 수 없다.

지역별로 살펴보면 서울 마포구는 다른 지역에 비해 한부모 가족 복지시설이 많았으며 대전 서구와 경기 남양주시는 지역아동센터가 많이 설치되어 있었다. 대전 서구는 아동양육시설도 다른 지역에 비해 많이 설치되었으며 공동생활가정도 유일하게 설치되어 있었다. 전북 완주군은 지역 내 종합사회복지관이 설치되어 있지 않았다. 대전 서구와 경기도 남양주시에는 청소년쉼터가 설치되어 있었다.

〈표 5-2-6〉 사례지역별 아동·청소년 복지전달체계

구분		전국	서울 마포구	부산 사하구	대전 서구	경기 남양주시	전북 완주군
아동	드림스타트	225	1	1	1	1	1
	지역아동센터	4,262	13	17	28	22	12
	아동양육시설	303	1	-	5	-	-
	공동생활가정	519	-	-	1	-	-
	아동일시보호시설	17	1	-	-	-	-
	아동자립지원시설	12	-	-	-	-	-
	아동보호전문기관	56	1	-	-	1	-
	가정위탁지원센터	18	-	-	-	-	-
청소년	청소년상담복지센터(CYS-NET)	222	1	1	1	1	1
	학교밖청소년지원센터	202	1	1	1	1	1
	청소년쉼터	123	-	-	2	1	-
가족	건강가정지원센터	152	1	1	-	1	1
	다문화가족지원센터	217	1	1	1	1	1
	한부모가족복지시설	124	4	-	2	-	-
	종합사회복지관	446	2	5	6	4	-

주: 1) 지역별 기관 수는 연구자가 지자체 홈페이지, 복지로, 중앙부처, 한국사회복지관협회 자료 등 각종 문헌자료 및 인터넷 검색을 통해 파악한 것임.
2) 한부모가족복지시설: 모자가족복지시설(기본생활지원 41, 자립생활지원 3, 공동생활지원 4), 부가가족복지시설(기본생활지원 2) 미혼모자가족복지시설(기본생활지원 20, 공동생활지원 38), 일시지원복지시설(12), 한부모가족복지상담소(4) 등을 포함.

2. 지역단위 복지 전달체계의 기능 분석

가. 사례지역 주요 서비스기관의 기능 분석

1) 사업 운영 현황 및 관련 쟁점

사례지역 중에서 가장 먼저 드림스타트가 개설된 지역은 부산 사하구로, 드림스타트 사업이 시작된 원년부터 사업을 실시하였다. 경기 남양주시, 전북 완주군은 그 이듬해인 2008년, 대전 서구는 2009년 개소하였다. 마포구만 2011년으로 다른 지역에 비하여 다소 늦었다.

사례지역별 드림스타트의 대도시자치구 유형은 서울 마포구, 부산 사하구, 대전 서구이며 대도시기초단체 유형은 경기 남양주시, 농산어촌 유형은 전북 완주군이다.

현재 사례관리 대상자 수는 전북 완주군이 1,041명으로 가장 많았으며 경기 남양주시 968명, 부산 사하구 826명, 대전 서구 571명, 서울 마포구 563명으로 나타났다. 이러한 대상자 수의 차이는 지역에 따라서 선정기준을 충족하는 취약계층 아동 수가 적은 것도 이유가 될 수 있다.

〈표 5-2-7〉 지역별 드림스타트 사례관리 현황

구분	서울 마포구	부산 사하구	대전 서구	경기 남양주시	전북 완주군
개소 연도	2011년	2007년	2009년	2008년	2008년
지역 유형	대도시 자치구	대도시 자치구	대도시 자치구	대도시 기초단체	농산어촌
대상자 수(명)	563명	826명	571명	968명	1041명

자료: 드림스타트 중앙사업지원단. (2017). 내부 자료.

사례관리 대상자의 발굴 경로는 지역별로 다소 차이를 보였다. 아동학대와 같은 특정 문제의 사례 발굴은 경찰 등에 의해서 이루어졌으며 대부분 시군구 희망복지지원단, 시군구 사업팀, 읍면동 주민센터 등 특정 기관에 국한된 사례발굴의 통로가 있는 것은 아니었다. 실제로 대상자 의뢰를 주로 요청하는 기관은 읍면동 주민센터이다. 이러한 사례 발굴 경로 기관은 특별히 지역적으로 차이를 보이지 않았다.

2) 서비스의 통합성 제고를 위한 노력 현황 및 관련 쟁점

현재 아동복지에서 드림스타트 사업은 발달 위기에 적합한 서비스를 제공하기 위하여 아동통합사례관리를 중점적으로 실시하고 있다. 드림스타트는 현재 지역사회 내에서 아동복지 영역의 주도적인 사례관리 기관으로 자리 잡고 있다. 통합적 사례관리 서비스를 제공하기 위해 드림스타트가 주축이 되어 지역 내 아동복지기관이 모여 정보를 공유하는 '아동복지협의체'를 운영하고 있다.

드림스타트 사업의 경우 모든 사업소에 아동통합사례관리요원 3명을 채용해야 하는 인력배치기준을 가지고 있다. 현재 아동통합사례관리요원의 자질과 지역별로 다른 사례관리의 역량과 수준에 대하여 문제점이 계속 지적되고 있다. 한편 10년간의 드림스타트 사업 실시를 통한 통합사례관리에 숙련된 인력들이 계속 배출되고 있으며 통합사례관리에 대한 노하우도 축적되고 있다는 점에서 아동통합사례관리는 점차 시군구에 균일하게 제공될 수 있을 것으로 예상된다.

청소년복지 분야에서도 청소년기 위기 문제에 적극 대응하기 위한 CYS-Net이 작동하고 있으며, 위기청소년을 위한 통합적 사례관리를 위하여 과거 상담 위주의 서비스에서 탈피하여 사례관리를 강화하고 있다.

그러나 청소년상담복지센터와 학교밖청소년지원센터에서 수행하고 있는 사례관리와 드림스타트와 종합사회복지관 등 아동복지서비스 기관에서 수행하고 있는 사례관리의 성격은 다르다. 청소년상담복지센터와 학교밖청소년지원센터에서 실시하고 있는 사례관리는 상담의 기능이 발전되었다는 점에서 사례관리의 범위와 사례관리사의 역할에 차이가 있다. 드림스타트의 경우 아동 개인뿐 아니라 부모 등 아동가족 전체를 사례관리 대상의 범주로 보고 있다. 즉 사후관리 및 자원 연계 시에도 그 범위를 생태체계적 범주 안에서 확장해 나가는 범위가 청소년의 경우 청소년과 청소년의 위기 문제에 집중해 있다면 아동의 경우 아동과 가족의 복합적 문제로 다루어져 사례관리를 수행하고 있다.

나. 유관 영역 간 협력 필요 기능 분석

1) 연계 및 협력 필요 기능 현황과 관련 쟁점

아동청소년 분야의 사례관리 과정에서 타 기관의 협력 혹은 역할 분담은 모두 필요하다고 인식하고 있으며, 기관 간 역할 분담의 필요성에 대해서는 기관별 대상자 특성이 다르므로 기관별 대상에 대한 사례관리 수행이 필요하며 사례의 위기도 및 문제의 복합성에 따라 기관별 역할 분담이 필요하다고 인식하였다.

타 기관 사업과의 중복이 발생하는 분야에 대해서는 대부분의 사례지역 아동청소년기관은 중복의 문제가 발생한다고 응답하였다. 중복 분야로는 사례관리 분야 그리고 심리치료 및 상담관련 분야가 중복된다고 인식하고 있었다. 한편 사례지역 중에서는 경기도 남양주시가 유일하게 타 기관과 사업이 중복되지 않는다고 조사 참여자들은 인식하고 있었다. 이는 앞서 민관 협력에 특화된 남양주시만의 강점이라 볼 수 있다.

드림스타트센터는 타 기간과의 협력 혹은 역할 분담이 모두 필요하다고 인식하고 있다. 역할 분담이 필요한 이유로는 기관별 대상자 특성이 다르므로 기관별 대상에 대한 사례관리 수행이 필요하며 사례의 위기도 및 문제의 복합성에 따라 기관별 역할 분담의 필요성을 제기했다. 협력이 필요한 이유로는 기관별 전문서비스의 이용을 위한 연계, 다양한 자원 동원을 위한 협력을 들었다. 드림스타트센터와 협력 및 역할 분담이 필요한 기관으로 읍면동 주민센터가 우세하게 나타났다.

이러한 타 기관과의 협력과 역할 분담은 아동·청소년복지만의 문제가 아니라 전반적 사례관리사업의 문제이기도 하다. 정책의 중점 대상자가 아동은 아니지만 현재 드림스타트와 유사하게 통합사례관리를 실시하고 있는 희망복지지원단의 경우에도 사례관리 과정에서 타 기관과의 협력 혹은 역할 분담이 반드시 필요하다고 생각하였다. 역할 분담이 필요한 이유로는 사례의 위기도 및 문제의 복합성에 따라 기관별 역할 분담이 필요하다는 응답이 우세하였다. 또한 희망복지지원단이 정책 대상의 범위가 지역주민을 모두 포함한다는 점에서 기관별 대상자 특성이 다르므로 각 기관별 대상자에 대한 사례관리 수행이 필요하다는 의견도 제시하였다. 희망복지지원단도 협력이 필요한 이유로는 기관별 전문서비스의 이용을 위한 연계에 대한 응답이 높았다. 희망복지지원단과 협력 혹은 역할 분담이 필요한 기관으로는 아동보호전문기관이 우세하게 나타났다. 이러한 희망복지지원단 관계자들의 의견에서 유추해 볼 수 있는 것은, 아동과 같은 특정 대상 혹은 특정 문제(위기) 등에 특화된 독립적 사례관리 기관은 필요하며 이러한 기관과 긴밀하게 연계되어야 한다는 점이다.

2) 연계 및 협력을 위한 노력 현황과 관련 쟁점

아동과 청소년 복지사업은 연령의 중복으로 인한 유사사업의 중복성보다는 두 사업(체계)이 가진 고유 영역의 특성으로 인한 한계를 보이고 있다. 특히 드림스타트 사업 대상 아동의 연령[26]이 12세까지 국한되어 이후 청소년기의 문제에는 서비스가 이루어지지 못하고 있다. 드림스타트 사업의 연령 도달로 서비스가 종결된 아동을 청소년기관으로 연계하는 경우도 종종 있지만, 실제 이에 대한 강제 규정과 지침이 있는 것이 아니라 연계가 쉽지 않다. 또한 청소년기관에서도 반드시 드림스타트 대상 아동을 연계 받아 사례관리 대상자로 선정해야 할 의무규정도 없는 상태이다.

따라서 12세 이후의 드림스타트를 대체하거나 유사한 기관으로의 연계가 부족한 상황은 이후 다시금 청소년기의 문제를 갖게 될 확률을 높일 수 있다. 예를 들어 드림스타트에서 학교밖센터로 직접 연계된 적은 없지만, 학교밖센터 대상자 중에서 드림스타트 사업 수혜자였으나 2~3년이 지난 후 학교밖센터로 오는 경우도 발생한다[27]. 이러한 문제는 해당 사례 지역뿐 아니라 모든 아동·청소년복지 전달체계의 문제라 볼 수 있다.

26) 현재 드림스타트 사업 대상은 0세(임산부)~만 12세(초등학생 이하) 아동 및 가족에서 만 12세 이상 아동 중 초등학교 재학 아동까지 포함하고 있다. 만 12세 이상 아동 중 위기개입·집중사례관리 등급에 한해 지속적인 사례관리가 필요하다고 인정되는 경우 사례회의 및 자치단체장의 승인을 거쳐 사례관리 기간을 최대 15세까지 연장 가능하도록 하였다.

27) 마포구 학교밖청소년지원센터 실무자 인터뷰 중.

다. 소결

1) 통합성 제고를 위한 전달체계의 재구성

(1) 중앙 단위에서의 아동·청소년 전달체계의 연계 및 통합

아동은 그 발달단계에 따라 미취학 아동(영유아), 취학아동(학령기 아동), 청소년으로 구분된다. 아동과 청소년은 가정 혹은 가족 구성원의 문제가 복합적으로 연결된 정책 대상이므로 아동과 청소년의 문제에 대해서는 가족의 단위로 파악하거나 통합적인 접근이 중요하다. 그러나 실제로 정책 대상이 되는 목표인구집단이 아동과 청소년으로 분리되어 있고, 정책 대상 및 위기유형별 복지서비스의 전달과 집행의 사업 부처가 상이하다. 즉 아동·청소년 복지사업의 전달체계는 소관 부처에 따라 다르게 작동되고 있다.

실제로 지역사회에서는 아동·청소년복지 네트워킹은 보건복지부 중심의 아동복지사업 기관을 중심으로 하는 네트워크, 여성가족부 청소년사업을 중심으로 하는 네트워크로 두 개의 네트워크 트랙이 독립적으로 존재하였다. 즉 드림스타트를 주축으로 하는 아동복지기관 협의체와 같은 아동복지기관 네트워크와 CYS-Nets와 같은 청소년복지기관을 중심으로 하는 네트워크가 맞물려 동시에 거대한 아동·청소년복지 네트워크로 발전하지 못하고 있었다.

이러한 문제의 근본 원인으로는 아동과 청소년 각각의 네트워크를 다시 하나의 아동·청소년복지 네트워크로 통합하는 중심점이 구축되어 있지 못하기 때문이다. 대부분의 경우 이의 원인을 중앙정부 차원에서 취약계층 아동·청소년 정책을 조정·관리할 수 있는 컨트롤타워의 부재로 파악한다.

따라서 실질적으로 취약계층아동 정책이 이루어지는 지자체에서의 취약계층아동 정책의 통합을 이루기 위해서는 우선적으로 중앙정부 조직 단위에서 정책 조정 기구의 운영을 강화해야 한다. 이후 개별 지자체 단위 차원에서 취약계층아동 관련 복지서비스를 통합하는 전달체계를 구축할 필요가 있다.

(2) 지역사회(시군구) 내 아동·청소년복지 기관 연계 강화

지역 단위 아동·청소년 복지체계의 효과적 작동을 위해서는 서비스 수혜자인 아동과 청소년의 접근성을 증가시키고 이를 실질적으로 제공하는 지역 중심으로 전달체계를 변화시켜야 한다. 현재 미약하지만 지역 특성에 맞는 복지전달체계를 형성하려는 노력이 시군구별로 파악되었다.

아동청소년 분야 복지전달체계는 보건복지부와 여성가족부로 중앙단위에서는 이원화되어 있지만, 실제 지역 단위에서는 아동·청소년복지전달체계가 협력하고 있다. 오히려 지역사회에서는 '지역사회보장협의체' 등 각각의 연계의 기구 등이 작동되고 있었으며, 경기도 남양주시의 경우 지역사회 내 모든 사회복지기관이 연계하여 아동과 청소년의 단절 문제를 일부 해결하고 있었다.

복지사업의 대상인 아동·청소년과 중앙정부의 정책을 연결해 주는 중간체계적 역할은 지역사회가 수행해야 한다. 지역사회에서 아동청소년의 욕구에 부응한 복지사업을 제공하기 위해서는, 중앙정부 및 지역사회 아동청소년 복지사업의 유기적인 상호협력체계 구축을 통하여 보호가 필요한 아동청소년이 사업 대상에서 누락되지 않도록 여러 유형의 사회안전망을 제공해야 한다. 예를 들어 대전시와 경기도와 같이 복지네트워크 형성 시 드림스타트와 청소년상담복지센터의 협력에 대한 지침을 마련하는 등

대표적인 아동과 청소년 복지기관이 협력할 수 있는 발판을 지자체에서 제공해야 할 것이다. 또한 예방적 기능의 복지사업을 제공하여 아동청소년이 직면할 수 있는 다양한 문제의 발생 비율을 감소시켜야 한다.

또한 공공의 전달체계뿐 아니라 아동·청소년과 관련된 모든 복지기관이 지역사회 내에서 통합적으로 서비스 제공이 이루어지도록 연계되어야 한다. 고위험군 아동청소년이 경험하는 문제는 하나의 기관에서 제공되는 서비스만으로는 해결되지 않는 경향이 있다. 따라서 분절화된 지역사회의 다양한 기관과 자원들의 연계를 강화하고 공공과 민간기관의 협력을 증진시킬 수 있는 통합체계 구축을 위한 방안과 이를 지원할 수 있는 행정체계를 모색해야 하며, 다양한 욕구와 문제를 지닌 아동청소년들에게 정부의 정책과 서비스가 효과적으로 전달되기 위해서 실제 아동청소년들이 생활하고 있는 지역사회가 중요한 역할을 담당해야 한다(이은주, 김진석, 정은주, 2013).

(3) 드림스타트의 아동복지 통합전달체계 역할 강화

드림스타트는 지자체와 희망복지지원단, 학대아동 보호 체계를 포함하여 학교와 돌봄시설, 보건의 영역에 이르기까지 지역사회 내 아동복지 관련 기관 등과의 연계 및 협력을 전제로 설계된 전달체계라고 할 수 있다. 드림스타트는 현재 전국 시군구에 설치되어 작동하고 있으며, 지역사회 내에서 아동복지 영역의 주도적인 사례관리 기관으로 자리 잡아 가고 있는 상황이다. 예컨대 드림스타트센터의 운영이 5년을 넘어선 사례지역의 경우 희망복지지원단에서 아동 관련 사례가 드림스타트계로 연계되는 등 사안별 연계가 긴밀히 이루어지고 있었다. 또한 지역아동센터 등 아동복지 관련 기관의 담당자들에 대한 슈퍼비전 등 사례관리 역량 강화 지원이 이루어지고 있다. 즉 시·군·구 수준에서 통합적 전달체계의 역할에 가장 가까이 다가선 기관이라 할 수 있을 것이다. 뿐만 아니라 최근의 드림스타트는 상담, 방문조사, 심리검사, 개별아동보호관리계획 수립, 보호기간 중 양육상황 점검, 보호 종료 후 사후관리 등의 책임이 더욱 강화되었다.

그러나 여전히 지역사회 자원 부족, 지역 사회 내 일상적 연계 및 협의에 대한 경험 및 조직체계의 부족 등으로 위기아동에 대한 통합사례관리 기관으로서의 역할이 제한되어 있다는 평가를 받고 있는 것도 현실이다. 또한 아동복지전달체계 기능을 담당하기 위해서는 보호대상 아동을 12세까지로 제한한 현재의 운영 규정이 개정되어야 하며 업무의 범위와 기능에 맞는 인력 구성이 이루어진 조직으로 확대되어야 할 것이다.

(4) 아동·청소년 통합사례관리 수행의 지속성 확보

그동안 아동복지사업과 청소년복지사업은 각각 요보호 아동과 일반 청소년을 대상으로 관련 부처 간 분업이 어느 정도 유지되었지만, 최근 아동청소년을 대상으로 한 관련 부처의 복지사업이 확대되면서 사업의 중복 및 비효율성에 대한 우려가 높았다. 그러나 실제 아동복지서비스를 최종적으로 전달하는 기관에서는 사업의 중복성보다는 부처 간 분산으로 인한 사업 간 분절의 문제를 제기하고 있다. 실제로 2014년 사회보장정보시스템(행복e음)과 드림스타트 통합정보시스템(e-dreamstart)이 통합되면서 과거 계속 제기되어 왔던 아동과 청소년의 유사사업 중복의 문제는 어느 정도 해결되었다.

아동과 청소년은 연령적으로 중복되어 있으나 일부 연령은 사업 대상에서 배제되는 문제가 발생하고 있다. 또한 중앙부처 사업에서 연령으로 구분함에 있어서 그 대상이 중복되나, 중복된 사업일지라도 수행체계에 따라 특성과 사례관리의 성격, 수행역량이 다른 것으로 나타났다.

대상자 입장에서는 여러 사업의 혜택을 동시에 받는 경우는 드물다고 관련 실무진은 평가하기도 한다. 오히려 중복보다는 자원의 부족과 연계 부족으로 인한 서비스의 누락에 대한 우려가 높게 나타났다. 사업의 지속성 측면에서는 드림스타트 이후 대상 아동의 관리가 연계되지 못하는 경우가 발생하여, 누락되기도 하였다.

현재 저소득, 취약위기가정의 아동·청소년에 대해 중점적으로 통합사례관리를 제공하는 기관은 드림스타트가 유일하다. 청소년상담복지센터에서도 취약아동을 대상으로 다양한 프로그램을 실시하고 있지만, 통합적 사례관리가 실시되고 있는 것은 아니다. 따라서 12세 이후 청소년에게 적합한 통합사례관리 체계를 구축하는 것이 필요하다.

2) 효율성 및 전문성 제고

(1) 사례의 위기도 및 특수문제에 특화된 전문기관 연계

영유아기·학령기 아동과 청소년기의 아동이 갖는 발달적 위기와 욕구는 다르다. 예를 들어 위기임신 등의 문제는 청소년기에만 해당하는 문제이며 가출이나 학업 중단 등도 청소년기 발생 비중이 현저히 높은 문제라 볼 수 있다.

아동과 청소년이 겪는 위기 및 문제는 지역사회 내에서 개입하여 해결하는 것이 가장 바람직하나, 미혼모와 같은 극도의 위기 문제는 지역사회보다는 전문 영역의 특화된 체계에서 개입하는 것이 바람직할 수도 있다. 또한 가출청소년에 대한 개입도 보통 가출청소년을 발굴하고 직접 찾아가는 상담서비스 등이 먼저 이루어져야 한다는 점에서 재가를 기본으로 이루어지는 다른 아동·청소년복지 서비스 및 사례관리와는 다른 특성을 가지고 있다.

이처럼 위기도에 따라 전문성이 요구되는 사업들은 현재 전문화되거나 특화된 민간기관을 지원하여 전문화된 민간자원을 이용하는 것도 하나의 방안이다.

미혼모의 문제는 보건 영역인 임신 및 출산 문제 또한 중요하다. 이러한 점에서 그 어떠한 문제보다 통합적 사례관리가 필요하다. 그러나 미혼모와 같은 극심한 위기상황에 개입할 수 있는 기관 및 자원은 소수에 국한되어 있다. 또한 정책 대상자인 미혼모 집단만의 폐쇄성 등으로 기존 복지사업에서의 통합적 사례관리 시스템과는 다른 점이 존재한다.

예컨대, 사례지역 중에서 서울 마포구에 있는 미혼모자지원시설인 애란원의 경우 자체 네트워크시스템을 갖추고 있었다. 여기는 애란원을 주축으로 2개의 미혼모자 생활시설(애란원, 마포애란원), 2개의 미혼모자 공동생활가정(애란모자의집, 애란영스빌), 1개의 미혼모 공동생활가정(애란세움터), 2개의 지역사회 센터(나·너·우리한가족센터, 위기임신지원센터), 1개의 학생 미혼모 위탁형 대안학교(나래대안학교), 1개의 청소년 한부모 직업학교(나래취업사관학교)가 운영되고 있다(그림 5-2-3 참조). 그러나 이러한 특화된 전문체계일지라도 지역사회 통합사례관리 시스템과 얼마나 잘 연계되느냐가 중요한 부분일 것이다.

[그림 5-2-3] 애란원의 자체 네트워크시스템 개요

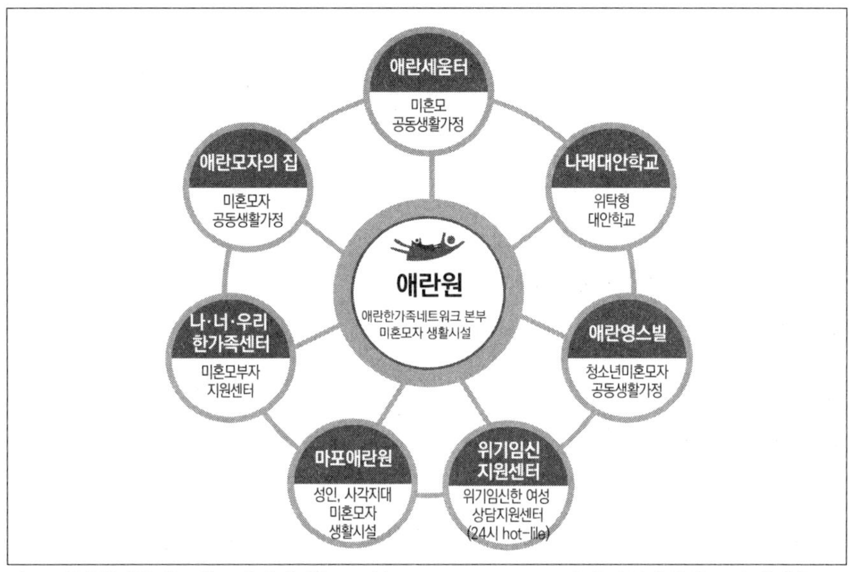

자료: 애란한가족네트워크 홈페이지(http://www.aeranwon.org)의 사업안내의 그림 재인용.

(2) 청소년복지의 사례관리 강화

청소년복지 허브 역할을 하는 청소년상담복지센터에서는 청소년 대상의 사례관리를 강조하고 있다. 청소년상담복지센터는 초기 상담의 기능에 '복지'의 기능이 추가된 기관으로 복합적 문제를 가진 청소년에게 상담 외에 사례관리 등 복지서비스를 제공한다는 측면에서는 긍정적이라 볼 수 있다.

무엇보다 청소년상담복지센터가 지역사회 내에서 위기청소년을 다루는 허브기관으로서 중심 역할을 수행하기 위해서 슈퍼비전이나 사례관리의 기능이 강화되어야 한다. 청소년상담복지센터의 차별화된 기능인 상담서비스가 실질적으로 타 기관과 차별화되고 질적으로 보장된 서비스를 제공하기 위해서는 슈퍼비전과 사례관리 역량이 필수적이기 때문이다.

그러나 청소년상담복지센터의 관계자들은 상담의 질적 수준 저하에 대해 우려하고 있는 것으로 나타났다. 최근 복지서비스의 증가로 인해 전문적 상담의 기능보다 사례관리나 자원 연계 등 복지서비스를 강조할 수밖에 없다는 점에서 기존의 상담기능이 약화될 것이라는 문제제기이다. 청소년상담복지센터의 주요 기능을 무엇으로 보아야 할지 그 정체성에 대한 논의가 필요하다.

또한 앞서 제기했던 것처럼 아동복지 영역에서 보는 '사례관리'와 청소년복지 영역에서 인식하는 '사례관리'의 성격과 범위에 차이를 보이고 있다. 현재 학교밖청소년센터와 청소년쉼터 등에서도 사례관리를 실시하고 있다. 아동복지와 청소년복지의 연계 시 이러한 사례관리에 대한 이해의 차이는 서비스 수혜자에게 혼란을 줄 수 있다. 따라서 아동복지 영역과 청소년복지 영역에서의 사례관리의 정의에 대한 합의가 필요하며 나아가 사례관리를 실시하고 있는 모든 사회복지기관에서도 일관성 있게 수행될 수 있도록 공통화 되고 일반화된 지침 마련이 필요하다.

제3절 노인복지 전달체계

1. 주요 노인복지사업과 전달체계의 구조

가. 국가사업 및 전달체계

보건복지부 노인보건복지사업안내(2017c)에 따르면 노인보건복지사업은 크게 장기요양보험으로 대표되는 노인요양사업, 치매 및 건강보장사업, 노인 사회활동 및 여가활동 지원사업, 소외된 노인보호사업으로 구분된다. 본 절에서는 이 중 노인복지사업에 초점을 맞춰 노인요양사업과 노인 사회활동 및 여가활동 지원, 소외된 노인보호사업을 중심으로 살펴보고자 한다.

1) 노인요양사업

노인요양사업은 노인장기요양보험제도에 초점을 맞춘 요양서비스 제공, 주거복지서비스를 위한 노인주거시설 운영, 기타 재가노인복지서비스를 위한 재가노인복지시설 운영으로 구분하여 살펴볼 수 있다.

노인장기요양보험제도 도입 이후 지역 내에서 돌봄서비스가 필요한 노인의 경우 1차적으로 노인장기요양보험제도의 대상자가 되고, 대상 요건이 되지 못할 경우 그 필요 정도에 따라 노인돌봄종합서비스의 대상자로 관련 서비스를 이용할 수 있다.

즉, 등급 인정자는 노인장기요양보험의 재가 및 시설급여를 이용할 수 있고 등급외자는 건강 상태와 가구 소득을 고려, 대상자를 선정하여 방문서비스나 주간보호서비스를 바우처 방식으로 제공하는 노인돌봄종합서비스를 이용할 수 있다. 2016년도 말 기준으로 노인장기요양보험의 등급자(1~5등급)는 51만 9850명, 등급외자는 32만 8979명이다.

재가노인지원서비스는 노인장기요양보험제도 도입 이전 '가정봉사원파견서비스'의 형태이며 지역에서 경제적, 정신적, 신체적인 이유로 독립적인 일상생활을 영위하기 어려운 노인과 복지사각지대 노인들에게 일상생활 지원(방문요양 제외)을 비롯한 각종 필요서비스를 제공하는 사업을 의미한다. 서비스 제공기관은 지역 내 재가서비스를 제공하는 기관으로, 지자체에서 자체적으로 운영비 지원을 결정하고 있으며 재가노인지원서비스를 제공하는 기관의 명칭은 '재가노인지원서비스센터'로 하지만, 명칭의 사용 여부는 기관의 선택 사항이다.

2) 노인주거복지서비스

노인주거복지서비스는 노인복지법에 설치 근거를 두는 노인주거복지시설로서 양로시설, 노인공동생활가정, 노인복지주택을 통해 제공된다. 양로시설과 공동생활가정의 경우 공동 급식을 하고 노인복지주택의 경우 단독 취사로 운영되고 있다.

노인주거복지시설은 주거서비스 제공을 주요 목적으로 하지만, 양로시설과 노인공동생활가정에서는 급식, 목욕 등의 일상생활 지원이 이루어지므로 일부 돌봄의 기능도 함께 갖고 있다. 노인복지주택은 노인에게 특화된 주거서비스를 제공하는 유료시설 형태로 급식 등의 돌봄서비스가 제공되지 않는 공동 주거를 목적으로 한다.

노인주거복지서비스의 이용 대상과 이용 절차는 무료, 실비, 유료시설에 따라 차이가 있는데 무료시설의 경우 일상생활에 지장이 없는 65세 이상의 자로서 국민기초생활보장법 제7조 제1항 제1호에 따른 생계급여 수급자 또는 같은 항 제3호에 따른 의료급여 수급자인 희망자가 해당 시·군·구에 입소신청→ (시군구) 입소 여부와 입소시설 결정→ (시군구) 신청인 및 당해 시설장에게 통보하는 절차를 거치게 된다.

실비시설의 경우는 일상생활에 지장이 없는 65세 이상의 자로서 월평균 소득액이 도시근로자 1인당 월평균 소득액 이하인 자가 그 대상이 되며 희망자는 시설장과 협의→ (시설장) 관할 시·군·구에 입소 심사 의뢰→ (시·군·구) 심사 결과 시설장에게 통보→ 입소 신청자와 시설 간 계약절차를 거쳐야 한다.

그 외 유료 및 노인복지주택은 60세 이상의 자이면 당사자 간의 계약으로 이용할 수 있다.

〈표 5-3-1〉 노인주거복지시설의 종류 및 입소 대상

구분	정의	입소대상
양로시설	노인을 입소시켜 급식과 그 밖의 일상생활에 필요한 편의를 제공함을 목적으로 하는 입소정원 10명 이상 시설	무료/실비/유료
노인공동생활가정	노인들에게 가정과 같은 주거여건과 급식, 그 밖의 일상생활에 필요한 편의를 제공함을 목적으로 하는 입소정원 5명 이상 9명 이하 시설	무료/실비/유료
노인복지주택	노인에게 주거시설을 분양 또는 임대하여 주거의 편의, 생활지도 상담 및 안전관리 등 일상생활에 필요한 편의를 제공함을 목적으로 하는 30가구 이상 시설	유료

자료: 노인복지법 시행규칙의 내용을 정리하여 제시.

3) 노인일자리 및 사회활동 지원 사업

노인 일자리 및 사회활동 지원 사업은 크게 노인일자리, 사회활동 지원 사업, 자원봉사 사업이 중심이 되며 여가활동 지원 사업은 노인복지관 운영 및 경로당 지원이 대표적이다.

노인 일자리 사업은 노인의 일을 통한 소득보장 및 사회 참여를 목적으로 하는 사업으로 공익활동, 재능나눔활동, 시장형 일자리(시장형사업단, 인력파견형사업단,시니어인턴십, 고령자친화기업)로 구분한다.

보건복지부와 시도, 시군구에 의해 사업이 계획되며 총괄 집행은 노인인력개발원에 의해 이루어진다. 노인일자리 사업의 수행기관은 시군구 직접 수행, 노인복지관, 사회복지관, 대한노인회 지회를 비롯하여 노인일자리 사업을 추진하기에 적합하다고 판단된 지역 내 기관으로 운영된다.

〔그림 5-3-1〕 노인일자리 사업 전달체계

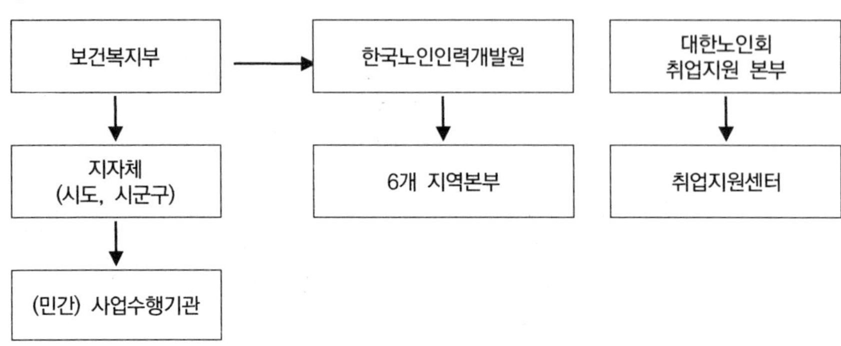

참여자 선발은 공개모집을 원칙으로 하며 유형별 선발기준에 의해 선발한다. 공익활동은 시군구별 통합 선발 형태로 운영되고 있는데 노인의 욕구가 가장 많은 공익활동은 시군구에서 통합 선발하고, 그 외의 재능나눔활동과 시장형은 일반적으로 기관별 선발이 이뤄지고 있다.

한국노인인력개발원의 2016년 노인일자리 및 사회활동 지원 사업 실태 조사 결과(2016)에 의하면 노인일자리 및 사회활동 지원 사업은 민간기관이 제공하는 고유 서비스 중 43.2%의 비중을 차지하고 있었다. 특히 시니어클럽이 75.6%, 대한노인회가 53.6%, 종합사회복지관과 노인복지관이 각각 26.3%, 26.4%의 업무비중으로 나타났다.

또한 지자체의 경우 담당 부서에서 차지하는 노인일자리 및 사회활동 지원 사업의 업무비중은 약 23.3%였다. 노인일자리 및 사회활동 지원 사업을 수행하는 기관의 전담인력은 기관 평균 4.8명이었으며, 사업추진단에서 확인된 노인일자리 및 사회활동 지원 사업의 수요처 수는 사업별로 기타 전문서비스형 사업이 평균 36개, 생활시설 이용자 지원 사업이 평균 35개, 지역사회 환경개선 사업이 평균 34개로 나타났다.

〈표 5-3-2〉 노인 일자리 및 사회활동 지원 사업 운영기관 현황

(단위 : 개소, %)

구분	지자체	노인 복지관	시니어 클럽	대한 노인회	종합 사회 복지관	노인 복지 센터	지역 문화원	기타*	전체
기관 수	169	239	131	188	184	143	17	134	1,205
비율	14.0	19.8	10.9	15.6	15.3	11.9	1.4	11.1	100.0

주: 기타 기관은 실버인력뱅크, 지역아동센터 등 다양한 유형이 포함.
자료: 윤기연 등. (2016). 2016년 노인 일자리 및 사회활동 지원사업 실태조사. 한국노인인력개발원.

이와 함께 사회활동 지원 사업은 노인자원봉사 활성화를 주요 목적으로 노인자원봉사클럽(봉사단)을 지원하며 경로당과 노인복지관을 중심으로 구성(20명 내외)하여 지속적으로 자원봉사 활동을 하도록 유도하고 있다.

그 외 노인여가복지시설로서 노인복지관 운영 사업이 있는데 시군구별로 지역 실정에 따라 최소 1개 이상의 노인복지관을 설치 및 운영하도록 유도하고 있으며 2017년 현재 전국의 350개 노인복지관에서는 여가 및 건강, 일자리, 자원봉사, 취약계층 지원 등의 통합적인 노인종합복지서비스를 제공하고 있다.

〈표 5-3-3〉 시도별 여가노인복지시설(노인복지관, 경로당) 현황

(단위: 명, 개소)

구분	65세 이상 노인인구*	노인복지관			경로당	
		시설 수	종사자 수	노인인구 1천명당 시설 수	시설 수	노인인구 1천명당 시설 수
합계	6,995,652	350	6,097	0.05	65,044	9.3
서울	1,295,899	76	1,440	0.06	3,369	2.6
부산	536,064	25	439	0.05	2,247	4.2
대구	328,901	15	164	0.05	1,450	4.4
인천	324,255	17	253	0.05	1,463	4.5
광주	172,572	8	150	0.05	1,300	7.5
대전	171,568	7	117	0.04	804	4.7
울산	108,768	12	154	0.11	787	7.2
세종	24,197	0	0	0.00	445	18.4
경기	1,374,475	56	1,538	0.04	9,315	6.8
강원	266,152	13	203	0.05	3,086	11.6
충북	240,690	16	378	0.07	4,080	17.0
충남	350,108	15	281	0.04	5,648	16.1
전북	341,203	23	328	0.07	6,608	19.4
전남	398,916	29	286	0.07	8,884	22.3
경북	492,417	17	144	0.03	7,854	15.9
경남	480,278	19	205	0.04	7,277	15.2
제주	89,189	2	17	0.02	427	4.8

주: 노인인구는 2016. 12. 31. 주민등록 인구 기준.
자료: 보건복지부. (2017a). 2017년 노인복지시설 현황.

경로당 운영 지원을 위해 경로당 운영비 지원, 경로당 광역지원센터 운영 등의 사업이 실시되고 있으며 경로당 운영비는 시군구 자체 사업으로 지원하고 있다.

4) 노인돌봄서비스

노인의 돌봄을 목적으로 하는 이 서비스는 취약 독거노인과 거동불편 노인에게 그 욕구 및 건강 상태에 따라 안전 확인, 생활교육, 서비스 연

계, 가사 및 활동 지원, 주간보호서비스 등 돌봄서비스를 제공하는 사업이다. 정부 지원 및 지자체 보조사업으로 지원되는 노인돌봄서비스는 노인돌봄기본서비스, 노인돌봄종합서비스, 단기가사서비스, 독거노인사회관계활성지원 서비스가 있다.

첫째, 노인돌봄기본서비스는 사회적 관계 등이 취약한 독거노인의 고독사 예방 및 정서 지원을 위해 주기적 안전 확인, 생활교육, 보건 및 복지서비스 연계 등을 제공하는 서비스로 대상자는 65세 이상 독거노인 중에서 현황 조사를 통해 파악된 소득, 건강, 주거, 사회적 접촉 등의 수준이 낮아 보호가 필요한 노인을 대상으로 한다. 노인돌봄기본서비스의 대상자가 되면 독거노인 생활관리사가 독거노인의 생활실태 및 복지 욕구를 파악하고 가정방문 및 유선 등을 통해 독거노인의 안전을 주기적으로 확인하며, 정서적 지원과 생활교육(건강 및 영양관리 등), 지역의 보건복지서비스 자원 연계 등의 서비스를 제공한다. 2016년 말 현재 25만 1607명이 관련 서비스를 이용하고 있으며 독거노인생활관리사와 서비스 관리자가 주요 인력으로 참여하고 있다.

둘째, 노인보건복지사업안내(2017)에 따르면 노인돌봄종합서비스는 혼자 힘으로 일상생활을 영위하기 어려운 노인에게 가사 및 활동지원 또는 주간보호서비스를 제공하여 안정된 노후생활 보장 및 가족의 사회·경제적 활동기반을 조성하는 데 목적을 두고 있다. 만 65세 이상 노인 중 가구소득(전국가구 평균소득의 150% 이하), 건강 상태(노인장기요양 등급외 A,B) 등을 고려하여 돌봄서비스가 필요한 대상자를 선정하고, 이들에게 방문서비스(월 27시간, 36시간)와 주간보호서비스(월 27시간, 36시간), 치매환자가족지원서비스(연 6일), 단기가사서비스(월 24시간)를 제공하고 있다. 이는 바우처 방식으로 정부지원금과 본인부담금으로 운영되며, 본인부담은 소득 수준에 따라 무료에서 월 6만 4000원까지로 차등 부담하고 있다. 2016년 말 현재 4만 4293명이 이용하고 있으며 732억 400만 원의 예산이 집행되었다.

셋째, 단기가사서비스는 골절 또는 수술로 일시적으로 신체활동이 불편한 노인에게 단기간(2개월) 동안 가사 및 일상생활 지원, 신변·활동 지원 서비스를 제공하는 것으로 노인돌봄종합서비스와 서비스 내용, 비용부담 방법 및 제공기관 등이 유사하다. 서비스 대상자는 만 65세 이상의 독거노인 또는 고령부부(부부 모두 만 75세 이상)의 노인가구로서 최근 2개월 이내 골절(관절증, 척추병증 포함) 진단 또는 중증질환 수술로 인하여 단기간 돌봄이 필요한 자로서 가구소득이 중위소득 160% 이하인 자로 제한된다. 서비스 내용은 월 서비스 시간 한도(월 24시간) 내에서 식사도움, 옷 갈아입히기, 외출 동행, 취사, 생활필수품 구매, 청소, 세탁 등의 가사 및 일상생활, 신변·활동 지원 서비스를 제공받을 수 있고 서비스 이용자의 소득 수준에 따라 부담액은 무료~4만 2000원까지 차등 적용된다. 2016년 말 기준 전국적으로 1306명이 이용 중이며 23억 6300만 원이 보건복지부가 지원하고 3억 5800만 원을 지자체가 부담했다.

넷째, 독거노인 사회관계활성화 지원 서비스(독거노인 친구 만들기)는 가족·친구·이웃과의 관계가 단절된 독거노인에게 사회관계를 촉진하는 프로그램(집단활동, 자조모임, 나들이, 봉사활동) 제공을 통해 사회 관계망 형성을 지원하는 것이다. 서비스 대상자는 사회 관계의 단절 내지 위축으로 고독사·우울증·자살의 위험이 높은 65세 이상 독거노인으로 그 위험성 정도에 따라 은둔형 고독사위험군, 활동제한형 자살위험군, 우울증 자살위험군의 3가지 유형[28]으로 구분하여 그룹별 특성에 따른 서비스를 제공

28) 은둔형 고독사위험군은 외부인과 사회적 관계를 전혀 맺지 않고 있는 은둔형 노인을 의미하며, 활동제한형 자살위험군은 제한적으로 사회적 관계는 유지되나 만성질환 또는 일상생활 능력 제한으로 외부 출입에 어려움을 겪고 있는 우울증 진단을 받은 노인, 우울증 자살위험군은 자살 시도 위험이 있는 노인과 의료기관에서 우울증으로 진단받은 노인 중에서 자살위험이 높은 노인을 의미함.

하고 있다. 서비스 내용은 개인상담, 집단활동 프로그램(자조모임, 나들이 등의 문화체험 등), 우울증 진단 및 투약, 집단(정신)치료, 사례관리서비스(긴급생활지원·질병치료·주거환경개선 등) 등을 제공하는데 2016년 말 기준으로 3469명이 관련 서비스를 제공받았으며 보건복지부가 26억 8000만 원을 지원했고 지자체가 22억 2500만 원을 집행했다.

5) 소외된 노인보호사업

소외된 노인보호사업의 주된 유형으로 노인 학대 예방사업과 결식 우려 노인 무료급식 지원 사업이 시행되고 있다. 노인 학대 예방사업은 노인보호전문기관을 통해 실시되며 중앙노인보호전문기관(보건복지부 위탁)과 지역노인보호전문기관(시도 위탁)에 의해 이뤄지고 있다.

노인 학대 예방사업은 예방을 위한 인식 개선과 교육사업, 노인 학대 신고 접수 및 상담과 개입 등의 서비스, 피학대노인 보호 등의 사업을 수행하는데 현재 중앙노인보호전문기관(1개소), 지역노인보호전문기관(29개소), 학대피해노인전용쉼터(16개소)가 운영되며, 2016년 말 총소요재정은 69억 700만 원 수준이다.

노인 학대 신고접수 및 상담과 보호사업의 수행은 지역노인보호전문기관과 학대 피해노인전용쉼터에서 이루어지는데 시·도 광역 단위에 1~2개소가 운영되고 있어 해당 지역의 노인 인구가 많고 담당해야 하는 지역이 넓어 한계점을 안고 있다.

다음으로, 결식 우려 노인 무료급식 지원 사업은 경로식당 및 거동 불편 저소득 재가노인 식사 배달로 시군·구청장(사업 주체)이 경로식당, 종합사회복지관, 노인복지관, 재가노인복지시설, 종교단체 등 비영리 단체 중 위탁사업자를 선정하여 사업을 추진하고 있다.

[그림 5-3-2] 노인복지 전달체계 구성도

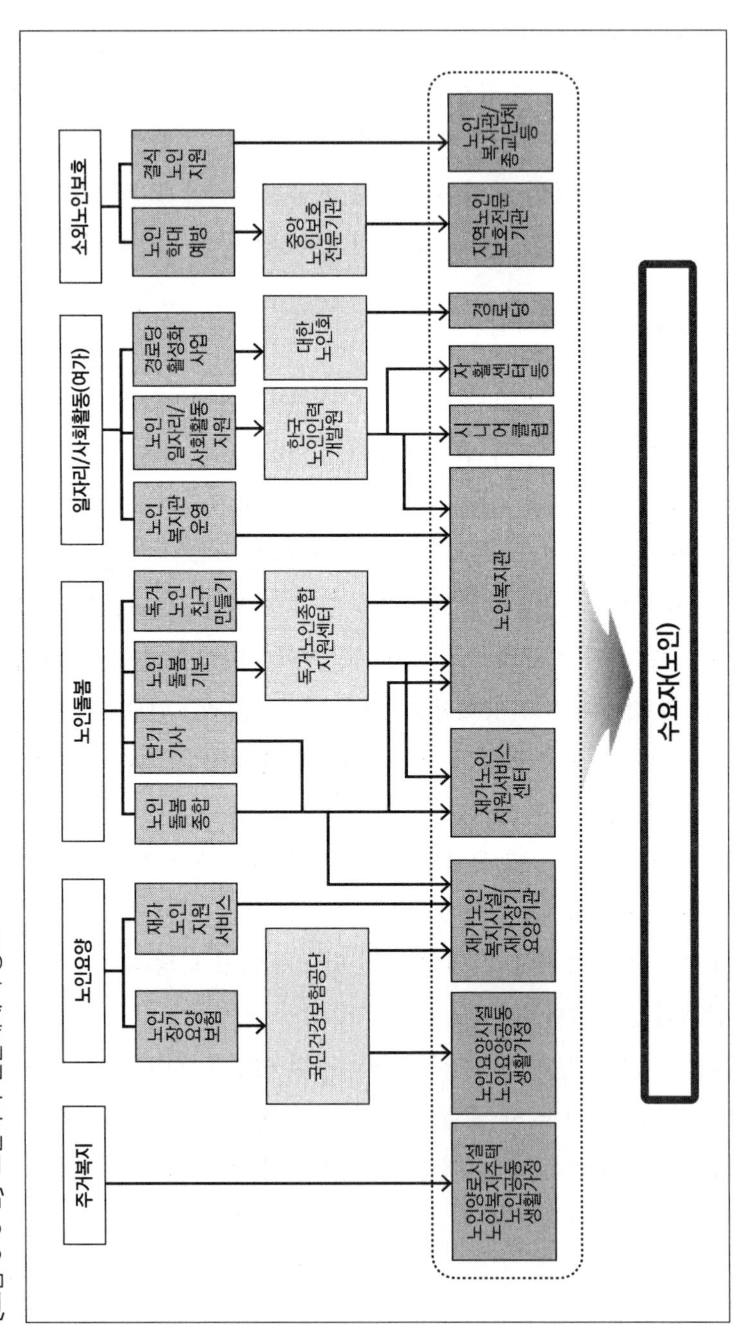

나. 사례지역 전달체계 분석

본 연구에서 설정한 사례연구 대상 지역(서울시 마포구, 부산시 사하구, 대전시 서구, 경기도 남양주시, 전북 완주군)의 2016년도 기준 고령화율은 마포구 12.7%, 부산시 사하구 14.0%, 대전시 서구 10.0%, 경기도 남양주시 11.5%, 전북 완주군 19.7%로 나타나 전국 평균 14%를 기준으로 살펴볼 때 완주군의 경우에 다소 높은 고령화율을 보였다.

이러한 노인 인구의 분포에 근거하여 5개 지자체의 노인복지 주요 관련기관(장기요양기관, 재가노인복지센터, 노인복지관, 독거노인지원센터, 시니어클럽, 노인보호전문기관)의 인프라 수를 살펴보았다. 〈표 5-2-3〉에서 제시한 바와 같이 지역별 인프라 수의 차이가 나타나고 있었는데, 이는 고령화율 즉 인구규모와의 연계성을 찾기 어려웠다. 서울 마포구의 노인복지관 설치 수가 상대적으로 매우 많았으며 독거노인지원센터도 4개 지역에는 설치되지 않았다. 남양주시의 경우 고령화율에 비해 매우 많은 장기요양기관이 운영되고 있었다.

〈표 5-3-4〉 사례연구 대상 지자체의 고령화율 및 주요 노인복지기관 현황

(단위: 개소)

구분	고령화율	주요 노인복지기관					
		장기요양기관	재가노인복지센터	노인복지관	독거노인지원센터	시니어클럽	노인보호전문기관
서울시 마포구	12.7%	22	2	4	1	0	0
부산시 사하구	14.0%	17	3	2	0	1	0
대전시 서구	10.0%	59	4	2	0	0	1
경기도 남양주시	11.5%	177	1	2	0	1	0
전북 완주군	19.7%	27	1	0	0	0	0

자료: 2017년 8월 현재 기준.

본 연구에서는 대표적인 노인복지사업 수행기관으로서 장기요양기관, 재가노인 복지센터, 노인복지관, 독거노인 지원센터, 시니어클럽, 노인보호 전문기관 등의 6개 유형을 살펴보았는데, 사례지역인 5개 지자체 중 이들 기관이 모두 있는 지역은 부재했다.

서울시 마포구의 경우 장기요양기관, 재가노인복지센터, 노인복지관, 독거노인지원센터와 같이 돌봄 및 여가서비스 제공을 위한 인프라는 갖추고 있었지만 일자리 지원과 인권옹호를 위한 인프라는 부재했다. 또한 마포구의 경우 타 지자체가 노인복지관 및 재가노인복지센터에서 주로 운영하고 있는 독거노인지원 등의 사업을 독거노인지원센터와 같이 특성화된 단독형 기관에서 수행하여 독거노인 지원을 위한 관련 사업주체를 일원화하는 특징적인 노력이 확인되었다.

부산시 사하구는 재가노인복지센터와 노인복지관이 적절히 분포되어 있고 시니어클럽이 지역 내에 운영되고 있어 일자리지원사업 등을 보다 용이하게 추진할 수 있는 인프라를 갖추고 있었다.

대전시 서구의 경우 노인보호전문기관이 운영되고 있다. 대전시 서구의 경우 타 지역에 비해 장기요양기관의 인프라가 충분히 확보된 특징도 있었다.

경기도 남양주시는 고령화율에 비해 장기요양기관 인프라 확충이 과잉되어 있음을 알 수 있다. 반면 재가노인복지센터와 노인복지관의 인프라는 타 지역에 비해 적은 편이다.

전북 완주군의 경우 군 지역의 지역적 특성을 반영하듯 장기요양기관과 재가노인복지센터 1개소를 제외한 관련 노인복지기관이 설치되어 있지 않았다. 특히 지역 내 노인복지사업 운영의 핵심적 역할을 담당할 노인복지관이 부재하여 지역 내 요보호 노인 및 독거노인, 일반노인을 대상으로 다양한 노인복지서비스를 제공하는 데 한계가 있을 것으로 파악되었다.

2. 지역단위 복지전달체계의 기능 분석

가. 사례지역 주요 서비스기관의 기능 분석

앞서 제시한 5개 영역의 주요 노인복지사업 운영에서 지역 내 주요 역할을 담당하는 곳은 국민건강보험공단, 노인복지관, 관련 장기요양기관, 재가노인서비스기관으로 살펴볼 수 있다. 본 연구에서는 사례지역의 주요 서비스기관으로 국민건강보험공단, 노인복지관을 대상으로 관련 서비스 제공 현황을 분석하였다.

1) 사업 운영 현황 및 관련 쟁점

지역 단위 노인복지 전달체계의 주요 핵심기관인 노인복지관에서는 이용 노인의 여가 욕구 사정 및 지역 특성을 반영하여 기본사업과 선택사업으로 구분하여 다양한 서비스를 제공하고 있다(보건복지부, 2017c).

즉, 기본사업은 종합복지센터로서의 기능과 역할을 수행하기 위해 평생교육 지원 사업, 취미여가 지원 사업, 상담 사업, 정서생활 지원 사업, 건강생활 지원 사업(기능회복 지원 사업, 치매예방프로그램), 사회참여 지원 사업, 위기 및 독거노인 자립 지원 사업(사례관리사업 등), 취약노인 보호 연계망 구축 사업 등으로 구성되어 있으며 선택사업은 지역 또는 노인복지관의 특성을 반영하여 건강생활 지원사업, 주거 지원 사업, 고용 및 소득 지원 사업, 가족기능 지원 사업, 가족통합 지원 사업, 지역자원개발 사업, 지역복지연계사업, 노인권익증진사업 등을 수행하고 있다.

위와 같은 사업을 추진함에 있어 노인복지관은 기본적으로 노인복지관의 정체성을 어디에 둘 것인가의 쟁점을 안고 있다. 즉, 노인복지관은 노인복지법상 노인여가복지시설로 그 기능이 정립되어 있지만 고령사회에

진입하면서 지역 내에서 요보호 노인을 위한 지원 기능이 강화되어야 한다는 문제 제기가 높아지고 있다.

본 연구의 사례지역 노인복지기관 종사자 조사에서는 '공공의 위탁기관으로서 공공성을 인식하여 관련 서비스를 제공하고 있는가'를 파악한 결과, 응답자의 87.5%가 긍정적으로 동의하였고 '프로그램 개발 및 운영 개선, 민간 공모사업을 통한 예산 확보가 필요하다'는 의견이 다수 제시되었다.

〈표 5-3-5〉 사례지역 노인복지기관의 향후 강화되어야 할 사업을 위한 노력

(단위: %)

구분	빈도
프로그램의 개발 및 운영 개선	75.0
민간 공모사업 지원을 통한 예산의 확보	62.5
민간의 자발적 자원 발굴을 통한 예산의 확보	43.8
지자체 등 정부지원을 통한 예산의 확보	31.3
인력 추가 배치	31.3
다른 사업의 축소(사업 간 구조 조정)	0.0
기타	6.3

주: 전체 응답 사례(16사례) 중 해당 의견을 제시한 사례가 차지하는 비율임.

이는 지자체의 노인복지서비스 제공 관련 예산이 다소 축소되면서 사업비 예산의 여유로운 확보가 어려워지고 있다는 점, 이에 따라 다양한 욕구에 맞춘 프로그램 개발 및 인력 확충 등이 가능하도록 지원 기반을 확충할 필요성이 높아지고 있다는 현실이 반영된 결과라고 볼 수 있다.

2) 이용자 서비스 향상을 위한 노력 현황 및 관련 쟁점

본 연구에서는 사례지역의 노인 복지 분야 서비스 제공기관 담당자가

이용자의 서비스 만족도를 향상하기 위해 어떠한 노력을 취하고 있으며, 이용자의 만족도를 결정하는 주요 요인들이 어떠한 부분인가를 파악하였다.

〈표 5-3-6〉에서 살펴보는 바와 같이 사례지역의 노인 복지 분야 서비스 제공기관 담당자를 대상으로 이용자에게 서비스를 제공함에 있어서 그들의 만족도에 가장 영향을 미치는 부분이 무엇인가를 설문한 결과, 응답자의 31.3%는 서비스 이용 과정에서 이용자 당사자의 의견을 반영하는 노력이 가장 큰 영향을 미친다는 의견을 제시하였다. 이와 함께 서비스 내용의 전문성이 이용자의 만족도에 영향을 미친다는 응답이 25.0%를 차지하였다.

〈표 5-3-6〉 사례지역 노인복지기관의 이용자 만족도에 가장 영향을 미치는 부분

(단위: %)

구분	빈도
서비스 이용 과정에서의 당사자 의견 반영	31.3
서비스 내용의 전문성	25.0
서비스 담당 인력의 친절도	6.3
서비스에 대한 물리적 접근성(기관과의 거리 등)	6.3
서비스 비용	6.3
서비스 제공 장소의 환경	6.3
서비스에 대한 정보 접근성	0.0
기타	6.3

주: 전체 응답사례(16사례) 중 해당 의견을 제시한 사례가 차지하는 비율임.

그리고, 사례지역의 노인복지 분야 서비스 제공기관 담당자에게 이용자들이 민감하게 반응하는 서비스 사항에 대해 파악한 결과는, 서비스 이용과정에서의 당사자 의견 반영, 서비스에 대한 물리적 접근성(기관과의 거리 등), 서비스 비용에 대한 지적이 각각 25.0%로 나타나 이용자들은

자신의 욕구가 얼마나 반영되었는지 그리고 서비스를 이용함에 있어서 물리적 접근성과 비용적 측면을 주요하게 고려한다는 것을 알 수 있었다.

〈표 5-3-7〉 사례지역 노인복지기관의 이용자들이 민감하게 반응하는 서비스 사항

(단위: %)

구분	빈도
서비스 이용과정에서의 당사자 의견 반영	25.0
서비스에 대한 물리적 접근성(기관과의 거리 등)	25.0
서비스 비용	25.0
서비스 내용의 전문성	6.3
서비스 담당 인력의 친절도	6.3
이용 절차의 편의성	0.0
서비스 제공 장소의 환경	0.0
서비스에 대한 정보 접근성	0.0
기타	12.5

주: 전체 응답사례(16사례) 중 해당 의견을 제시한 사례가 차지하는 비율임.

위의 내용에서 제시한 사례지역 노인복지관 이용자의 서비스 이용 시 고려사항들을 기반으로 서비스 제공기관의 담당자는 서비스 제공 과정에서 당사자 의견 반영에 중점을 둔다는 응답이 전체의 31.3%를 차지해 가장 높게 나타났다(표 5-3-8 참조). 또한, 서비스 제공기관 담당자들은 이용자의 만족도 향상을 위해 서비스 내용의 전문성 제고와 함께 담당인력의 친절도 제고를 위한 노력에 상대적으로 많은 노력을 기울이고 있음을 알 수 있었다. 그 밖에 이용 절차의 편의성, 서비스 비용, 서비스에 대한 정보 접근성 등도 서비스 제공 과정에서 주안점을 두는 사항으로 확인되었다.

〈표 5-3-8〉 사례지역 노인복지기관의 서비스 제공 과정에서 유의하는 부분

(단위: %)

구분	빈도
서비스 이용 과정에서의 당사자 의견 반영	31.3
서비스 내용의 전문성	18.8
서비스 담당 인력의 친절도	18.8
이용 절차의 편의성	12.5
서비스 비용	12.5
서비스에 대한 정보 접근성	6.3
서비스에 대한 물리적 접근성(기관과의 거리 등)	0.0
서비스 제공 장소의 환경	0.0
기타	0.0

주: 전체 응답사례(16사례) 중 해당 의견을 제시한 사례가 차지하는 비율임.

일부 사례지역의 경우 지역 내 독거 남성 노인의 비율이 타 지역에 비해 높아 독거 남성 노인을 위한 음식 만들기 프로그램 등을 다양하게 적용하고 있었으며, 타 지자체에 소재한 재가서비스제공기관과의 연계가 원활하여 이용자의 만족도 향상을 위해 타 기관 간 연계를 실시함과 동시에 관련 지역자원을 최대한 활용하여 맞춤형 서비스가 제공될 수 있도록 추진하고 있었다.

노인 관련 서비스 제공기관 담당자를 대상으로 이용자 서비스 체감도 향상을 위해 필요한 서비스를 묻는 질문에서는 담당 인력 확충이 10점 만점에 9.88점, 정부와 지자체의 책임 강화 9.25점, 담당 인력의 고용 안정성 확보 9.0점, 전문서비스 제공기관 확충과 서비스 제공 인력의 전문성 제고가 8점대를 기록해 무엇보다도 인력 확충의 욕구가 매우 높은 것으로 나타났다.

〈표 5-3-9〉 사례지역 노인복지기관의 서비스 질 향상을 위한 개선 과제

항목	정부/지자체 책임 강화	전문서비스 기관 확충	담당인력 확충	담당인력 고용 안정성 확보	인력 역량 향상 교육
평가 (10점)	9.25	8.31	9.88	9.00	8.19

나. 유관 영역 간 협력 필요 기능 분석

본 연구에서는 사례지역의 노인 복지 분야 서비스 제공기관이 복합적인 욕구를 갖고 있는 이용자(노인)의 다양한 욕구에 대응하기 위해 지역 내 다양한 기관과 연계협력하여 통합적 서비스 제공을 위해 노력하고 있는지, 향후 이러한 연계 협력이 좀 더 원활히 이뤄지기 위해서 추진해야 할 과제들은 무엇이 있는지 살펴보았다.

1) 연계 및 협력 필요 기능 현황 및 관련 쟁점

우선, 이를 위해 5개 사례지역의 노인 복지 분야 주요 서비스 제공기관 담당자를 대상으로 사례관리 업무 수행을 위한 현황 및 문제점, 향후 개선 방안들을 종합적으로 파악하였다.

먼저 서비스의 통합성 제고를 위한 사례관리 실시 여부에 관한 설문에서 16개 기관의 담당자 중 83.3%가 사례관리업무를 수행하고 있다고 응답하였다. 사례관리 담당자 1인당 평균 20건의 사례관리를 수행하고 있으며, 사례관리 대상자 1인당 평균 10개월 범위에서 사례관리가 운영되고 있는 것으로 나타났다.

또한 기관당 평균 3명의 담당자가 사례관리 업무를 수행하고 있었으며, 전임 담당자는 평균 1명 수준으로, 사례관리 업무의 필요성은 인식하

고 있지만 현재의 인력으로는 충분한 사례관리가 어렵고, 사례관리 전담 인력을 확충, 배치하기에는 한계가 있는 상황임을 시사하는 결과라 할 수 있다.

사례관리를 실시하면서 가장 어려움을 겪는 욕구 및 문제가 어떤 것인지 파악한 결과, 〈표 5-3-10〉에서 나타난 바와 같이 응답자의 40%는 경제적 지원에서 가장 어려움을 겪고 있었으며, 다음으로 학대/폭력/응급상황 대응에 어려움을 느끼고 있는 것으로 나타났다.

〈표 5-3-10〉 사례지역 노인복지기관의 사례관리 중 가장 어려움을 겪는 문제/욕구

(단위: %)

구분	빈도
경제(기초생계유지, 체납, 자산관리 등)	40.0
학대/폭력/응급상황 대응	20.0
정신적 건강 유지	10.0
신체적 건강 유지	10.0
일상생활(식사, 위생 등)	10.0
사회적 관계(친인척, 이웃, 소속집단구성원과의 관계 등	10.0
계	100.0(10)

이러한 응답 결과에서 알 수 있듯이 주요 이용자인 노인들에게는 노인복지 관련 서비스 제공기관의 단편적 노력보다는 관련 기관과의 연계 협력을 통해 해결 방안을 찾아야 하는 욕구들이 빈번히 발생하고 있다. 또한 〈표 5-3-11〉에서 제시된 바와 같이 서비스 제공기관의 담당자는 기관별 전문적 서비스를 이용자에게 연계 제공하고, 다양한 자원을 동원하기 위해 기관 간 협력이 필요하다고 인식하고 있음을 알 수 있었다.

〈표 5-3-11〉 사례지역 노인복지기관의 기관 간 협력이 필요한 이유

(단위: %)

구분	빈도
기관별 전문서비스의 이용을 위한 연계	50.0
다양한 자원(전문서비스를 제외한) 동원을 위한 협력	40.0
대상자 정보 파악(기존 서비스이력 등)	10.0
기관별 전문인력의 자문(공동사례회의 등)	0.0
계	100.0(10)

현재, 사례지역의 노인 복지 분야 서비스 제공기관에서 주로 연계 협력하고 있는 기관은 지자체 및 일반 기관 중 읍면동 주민센터가 66.7%로 가장 응답률이 높았으며 노인복지 관련 기관으로는 재가노인복지센터가 100.0%, 주야간보호센터가 80.0%, 노인복지관이 40.0%로 나타났다.

〈표 5-3-12〉 사례지역 노인복지기관이 주로 협력하고 있는 기관

(단위: %)

구분		빈도
지자체 및 일반	읍면동 주민센터	66.7
	시군구 희망복지지원팀	33.3
	지역사회보장협의체(읍면동)	33.3
	종합사회복지관	33.3
	지역사회보장협의체(시군구)	16.7
	주민(단체)	16.7
	건강가정지원센터	0.0
	경찰서	0.0
	기타	33.3
노인복지 관련 기관	노인복지관	40.0
	주야간보호센터	80.0
	재가노인복지센터	100.0
	국민건강보험공단(지사)	0.0
	기타	20.0

주: 중복응답 결과로서, 전체 응답사례(16사례) 중 해당 의견을 제시한 사례가 차지하는 비율임.

향후 협력 혹은 연계가 필요한 기관에 대해 파악한 결과, 노인 복지 분야 서비스 제공기관 담당의 60%가 지자체 관련 기관 중에서는 읍면동 주민센터와의 연계가 가장 요구된다고 응답하였으며, 시군구 희망복지지원단 40%, 종합사회복지관 40%의 순으로 나타났다. 시군구 단위 지역사회보장협의체와의 연계 협력이 필요하다는 의견도 30% 수준에서 제시되었다. 또한, 노인 복지 관련 서비스 제공기관 중에서는 노인복지관, 재가노인복지센터와의 연계가 필요하다는 응답이 각각 60%였다.

〈표 5-3-13〉 사례지역 노인복지기관의 협력 혹은 연계가 필요한 기관

(단위: %)

구분		빈도
지자체 및 공공 기관	읍면동 주민센터	60.0
	시군구 희망복지지원팀	40.0
	지역사회보장협의체(시군구)	30.0
	지역사회보장협의체(읍면동)	10.0
	국민건강보험공단	20.0
	경찰서	30.0
민간 기관	종합사회복지관	40.0
	건강가정지원센터	20.0
	노인복지관	60.0
	재가노인복지센터	60.0
	주야간보호센터	0.0
	주민(단체)	10.0
	기타	20.0

주: 중복응답 결과로서, 전체 응답사례(16사례) 중 해당 의견을 제시한 사례가 차지하는 비율임.

위의 결과를 종합적으로 분석해 보면, 사례지역의 노인 복지 분야 서비스 제공기관 담당자들은 읍면동 주민센터와의 연계가 가장 원활하면서도 중요도가 매우 높다고 강조하였으며, 시군구 단위 지역사회보장협의체와 희망복지지원팀과의 연계도 중요하게 제시하였다. 이와 함께 재가노인복지센터와의 연계가 가장 원활히 이뤄지고 있지만 향후 노인복지관과의 연계 필요성이 강조되었다.

2) 연계 및 협력을 위한 노력 현황 및 관련 쟁점

이처럼 사례지역의 노인 복지 분야 서비스 제공기관에서 이용자에게 사례관리를 통해 이용자 중심의 통합적 서비스를 제공하기 위해서는 관련 기관 간 연계 협력이 활성화되어야 하며, 〈표 5-3-14〉에서 제시된 바와 같이 좀 더 원활한 협력을 위해서는 정보시스템과 자원 공유 등 협력과 관련한 매뉴얼 제공이 필요하다는 응답이 50%를 차지했다. 기관 간 상호 이해 제고를 위한 상시적인 소통구조를 마련하거나 기관별·부서별 서비스 기준을 공유해 나갈 필요가 있다는 의견도 도출되었다.

〈표 5-3-14〉 사례지역 노인복지기관의 원활한 협력을 위해 해결되어야 할 사항

(단위: %)

구분	빈도
협력을 위한 정보시스템, 자원 공유 등 관련 매뉴얼 제공	50.0
기관 간 상호 이해 제고를 위한 상시적인 소통구조 마련(간담회 등)	20.0
기관별/부서별 서비스 기준 공유	20.0
협력을 위한 업무의 기관 간 공식화(각 기관 지침-규정 마련 등)	10.0
중요성에 대한 직원의 인식 제고(직원 교육 등)	10.0
협력을 위한 정보시스템 운영	0.0
기타	0.0

주: 중복응답 결과로서, 전체 응답사례(16사례) 중 해당 의견을 제시한 사례가 차지하는 비율임.

노인 복지 영역에서는 요보호 노인 증가의 위험 등을 고려하여 돌봄사업 수행과 관련한 다양한 주체가 움직이고 있다. 특히, 노인복지관과 재가노인복지센터, 장기요양기관 등은 돌봄(요양)서비스 제공에서 매우 주요한 역할을 수행하고 있다.

물론, 대상자 선정 요건에 따라 서비스 제공기관의 역할이 달라지지만 세 유형의 기관 모두 돌봄(요양)서비스를 제공하는 지역 내 거점기관들이

라고 볼 수 있다. 사례연구 대상 지역 중 남양주시의 경우에는 돌봄(요양) 서비스 제공기관의 역할 분담 및 기능 재조정 등의 필요성에 대해 노인복지 관련 서비스 제공기관 간 정보 공유가 이루어지고, 이를 통해 관련 문제점들을 해소해 나가고 있었다.

다. 소결

본 연구에서는 지역단위 노인 보건복지 사업 추진 현황 및 전달체계의 주요 내용을 살펴보고, 각각의 서비스를 제공하는 기관 간 연계 및 협력의 추진 현황과 문제점 그리고 향후 개선 방안을 도출하고자 하였다.

이를 위해 본 연구에서는 정책의 주요 현황을 파악함과 동시에 주요 5개 지자체(서울시 마포구, 부산시 사하구, 대전시 서구, 경기도 남양주시, 전북 완주군)를 사례지역으로 선정하고 각 지자체 담당자들의 의견을 심층적으로 분석하여 주요 현황을 검토하였다.

위의 내용들을 종합적으로 살펴볼 때, 현재 지역 단위 노인 보건복지 사업은 노인이 안고 있는 다양한 생활 문제에 대응하기 위해 각각의 제도들을 운영하고 있지만, 서비스를 제공과정에서 발생되는 대상자 중복 및 누락, 서비스 제공기관 간 정보 공유 부족에 따른 연계 및 협력의 어려움은 여전히 존재하고 있음을 알 수 있었다.

특히, 노인이 주로 안고 있는 경제적, 정서적 지원의 욕구 해소를 위해서는 민관 협력체계에 기반한 자원 동원이 중요하지만 주민센터와 노인복지관 등 주요 기관 간 대상자 정보 및 서비스 내용 공유 등에는 일부 사례지역을 제외하고는 대다수가 여전히 소극적이었다. 이는 향후 개선해야 할 우선 과제로 제시되었다.

노인의 주요 생활문제 및 욕구에 맞춘 서비스를 제공함에 있어 현재 읍면동 주민센터와 종합(노인)복지관, 재가노인복지센터가 중심이 되어 노인 관련 복지서비스를 제공하면서 대상자별 사례관리를 실시하고 있지만 여전히 관련 서비스 제공기관 간 연계 협력체계를 구축하는 데는 한계가 있다. 사례관리 업무 담당자 역시 전담인력이 부족하여 다소 많은 업무부담을 안고 있는 것으로 나타났다.

이러한 문제점들을 개선하기 위해서는 기관 내 전담인력 양성 및 교육실시 등 자체적인 노력도 필요하고, 우선 제도적으로 민관 협력의 기반을 마련할 수 있는 정보시스템 구축, 담당자 간 정기적인 업무협의를 추진할 수 있도록 지원체계를 구축할 필요가 있음이 강조되었다.

즉, 노인을 대상으로 지역 단위 통합적 서비스를 제공하기 위해서는 관련 기관 간 전문성 제고는 물론 각 서비스 제공기관에서 대상자별 심층적 관리 및 지원이 가능하도록 담당인력 확충이 필요하며 다양한 서비스 개발 및 제공 등이 가능하도록 적절한 예산 지원도 뒷받침되어야 할 것이다.

이용자에게 맞춘 질 높은 서비스를 제공하기 위한 방안으로 최근 '연계', '통합', '전문성'과 같은 다양한 키워드가 강조되고 있지만 본 연구결과에서 살펴볼 수 있는 바와 같이 서비스 제공기관별 적절한 예산 확보, 담당인력 확충 등 기본적인 요소가 전제되지 않으면 '연계'가 답이 될 수는 없다는 사실을 알 수 있었다.

결국 노인을 대상으로 한 통합적인 서비스를 제공하기 위해서는 기본적인 서비스 제공 인프라 확충이 우선되고 그 과정에서 관련 기관 간 인식 제고, 협력기반 구축이 이뤄져야 하는 것이다.

제4절 장애인복지 전달체계

1. 주요 장애인 복지사업과 전달체계의 구조

가. 국가사업 및 전달체계

1) 사업 대상 및 기능별 전달체계 현황

국내 장애인 복지사업은 크게 현금급여형 소득보장 사업(예: 장애인 연금)과 현물급여인 사회서비스 제공 사업으로 대별된다. 전달체계 측면에서 전자는 지자체 복지행정 부서에서 집행이 완결되는 형태를 취하며, 후자는 위탁 운영기관 지원을 통하여 서비스를 제공하는 방식(예: 주간보호시설)을 취하거나 바우처 등 이용자 직접 지원 방식(예: 활동지원서비스)을 통하여 이루어지고 있다.

장애인을 대상으로 한 사회서비스 지원 사업을 대상별로 살펴보면 연령(예: 장애아동), 장애유형(예: 발달장애인), 장애정도(예: 중증장애인) 등 다양한 방식으로 특정 대상을 한정하여 이루어지는 특성을 보이고 있으며, 해당 서비스별로 별도의 자격기준을 구체적으로 명시하고 있다. 또한 장애인 사회서비스 지원 사업은 기능적인 측면에서 돌봄 지원, 거주지원, 직업재활 및 자립생활 지원, 보조기구 지원, 가족 지원 등 다양한 영역으로 나누어져 있으며, 이를 담당하는 복지부 부처 및 총괄하는 중앙 단위의 사업기관이 달라 서비스 전달체계상 복잡한 양상을 보이거나 파편적인 문제점을 노출해 오고 있다.

재정 지원의 측면에서 국내 장애인 복지사업은 크게 국가보조로 이루어지는 중앙사업과 지자체 보조로 행해지는 지방이양사업으로 구분할 수 있다. 다음에서는 이 두 가지 차원으로 나누어 살펴보고자 한다.

(1) 중앙 사업 전달체계 현황

중앙정부에 의해 제공되는 장애인 복지사업은 법적 근거를 바탕으로 시행되고 있으나, 사업의 대상과 기능에 따라 매우 다양한 전달체계의 특성을 보이고 있다. 예를 들어 장애인 활동지원, 발달재활서비스 등 개인급여형 서비스는 지자체를 통한 신청 절차를 통하여 자격 기준이 충족될 경우에 이용자가 서비스를 직접적으로 제공하는 기관과의 계약을 통하여 해당 서비스를 이용하게 되는 방식을 취하고 있다. 이 경우에 장애아 양육지원 사업을 제외하고는 중앙 차원의 별도 사업 지원 혹은 관리 기관을 두고 있지는 않다. 반면, 거주시설 서비스는 장애 유형, 장애 정도, 연령에 따라 유형화되어 있는 지역 단위의 거주시설이 직접적인 서비스 전달체계를 구성하고 있다. 또한 장애인 직업 지원 사업의 경우에는 직접적인 서비스 제공이 다양한 주체에 의해서 수행되지만, 이에 대한 전체적인 사업총괄 및 관리를 중앙 차원에서 한국장애인개발원에 위임하여 진행하고 있다는 특성을 보이고 있다.

장애 일반이 아닌 특정 장애 유형을 대상으로 하여 제공되는 사업의 경우에는 크게 두 가지 전달체계의 형태를 보여 주고 있다. 발달장애인을 대상으로 하는 지원 사업의 경우에는 관련법에 의하여 설립되도록 되어 있는 지원센터를 주축으로 수행되는 양상을 보여 공적 전달체계의 한 축을 구성할 것으로 예상된다. 반면, 중증장애인 자립생활 지원 사업의 명목으로 시행되고 있는 장애 유형별 특화사업은 주로 장애인단체 또는 관련 기관에 대한 지원을 통하여 해당 서비스가 제공되도록 하고 있다. 영역별 주요 사업들과 전달체계 현황을 도표화하여 제시하면 다음과 같다.

[그림 5-4-1] 중앙정부 주요 장애인 복지사업 및 전달체계 현황

지원 사업(서비스)		중앙 단위	광역 단위	기초지자체 단위
장애아동 가족지원 사업	발달재활서비스	→	→	민간 사업수행기관 1,535개소(복지관, 치료실 등)
	언어발달지원	→	→	
	장애아가족양육지원	중앙발달장애인지원센터(장애인개발원)	→	민간 사업수행기관 18개소(장애인부모회, 건강가정지원센터 등)
장애인활동 지원사업	활동보조, 방문목욕, 방문간호서비스	(국민연금공단 - 등급판정 등)	→	민간 사업수행기관 984개소(장애인단체, 복지관, 자활센터 등)
발달장애인 지원사업	공공후견지원	중앙발달장애인지원센터(장애인개발원)	지역발달장애인지원센터	
	부모심리상담서비스	→	→	민간 사업수행기관 (치료실 등)
	가족휴식지원	→	→	공모사업 선정기관 (부모회, 복지관 등)

[그림 5-4-1] 중앙정부 주요 장애인 복지사업 및 전달체계 현황(계속)

지원 사업(서비스)		중앙 단위	광역 단위	기초지자체 단위
일자리 지원사업	일반형 일자리	→ 장애인개발원	→	시군구청
	복지 일자리	→ 장애인개발원	→	민간 위탁기관 (복지관, 장애인단체 등)
	특화형 일자리	→ 장애인개발원	→	민간 위탁기관 (복지관, 장애인단체 등)
중증장애인 직업재활 지원사업	중증장애인직업재활수행기관 지원	→ 장애인개발원	→	민간 직업재활사업 수행기관 185개소 (복지관, 직업재활시설)
중증장애인 자립생활 지원사업	중증장애인자립생활센터지원	→	→	장애인자립생활센터 56개소
	중도시각장애인재활훈련지원	→ 한국시각장애인협회	→ 6개 광역시도 협회 지부	
	척수장애인재활훈련지원	→ 한국척수장애인협회 (중앙센터)	→ 광역재활지원센터 7개소(협회)	
	시각장애인음악재활센터지원	→ 실로암시각장애인복지관		
	장애인보조견 전문훈련기관지원	→ 한국장애인도우미견협회		

[그림 5-4-1] 중앙정부 주요 장애인 복지사업 및 전달체계 현황(계속)

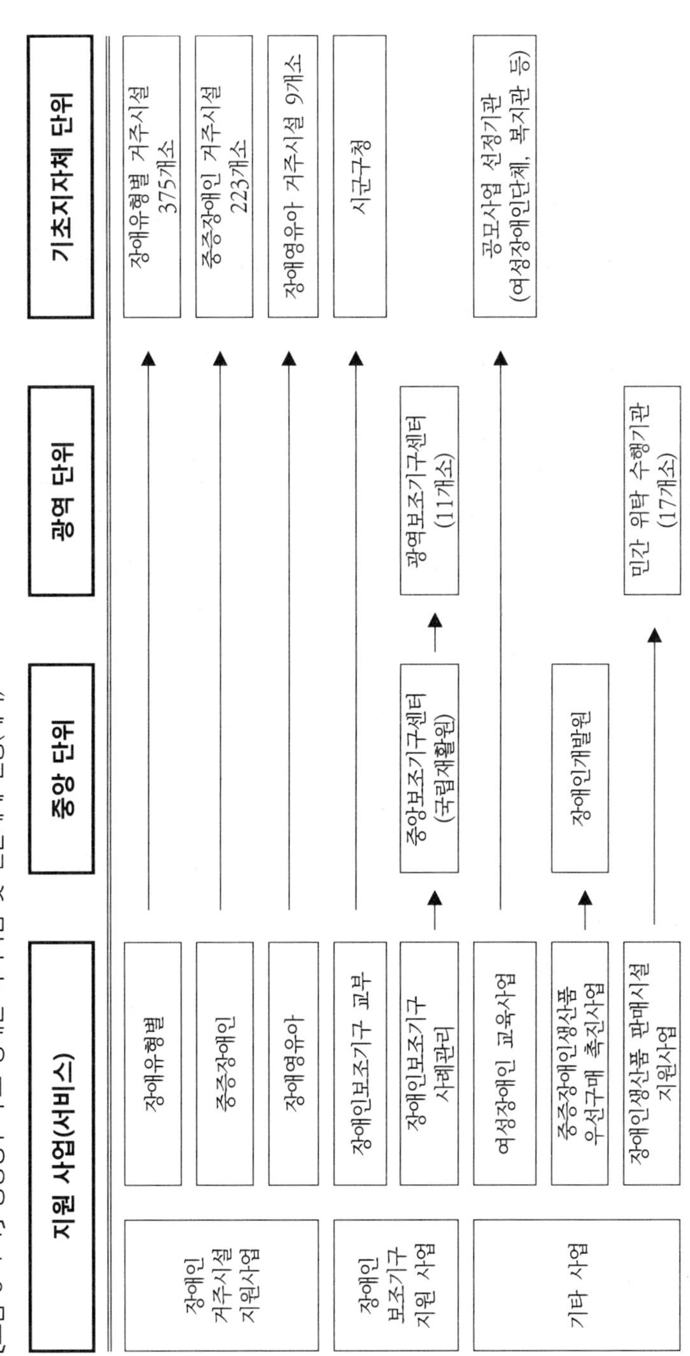

(2) 지방이양사업 전달체계 현황

장애인 복지사업 중 지방자치단체에 의하여 재정적 지원이 이루어지는 사업은 〔그림 5-4-2〕에 제시된 바와 같이 거주시설 지원, 지역사회재활시설, 직업재활시설, 의료재활시설 등이 중심을 이루고 있다. 지방이양사업의 경우 서비스 제공은 전반적으로 지자체에 의한 제공기관 위탁·운영 형태를 띠고 있다. 전달체계와 관련하여 몇 가지 주요 특징을 살펴보면, 첫째 장애인 거주시설 중 단기 거주시설과 공동생활가정은 지방이양사업으로, 앞서 살펴본 소규모 거주시설은 중앙사업으로 양분화되어 있는 현상이다. 둘째, 성인 장애인의 일자리 및 직업활동 지원은 직업재활시설을 거점으로 이루어지고 있으며, 직업재활시설은 현재 보호작업장과 근로사업장으로 대별되고 있다. 셋째, 지방이양사업 중 장애인심부름센터, 수화통역센터, 편의시설 지원센터, 지적장애인자립생활 지원 등은 장애 유형별 단체 중심으로 전달체계가 구현되고 있으며, 해당 서비스를 제공하는 기관의 수도 다른 영역의 서비스에 비하여 월등히 높은 비중을 차지하고 있다. 이는 장애 유형별 특수성을 반영한 것이라고 할 수 있지만 장애인이기도 하다. 지방이양사업의 영역별 주요 내용과 전달체계 현황을 도표화하면 다음과 같다.

[그림 5-4-2] 지방이양 주요 장애인 복지사업 및 전달체계 현황

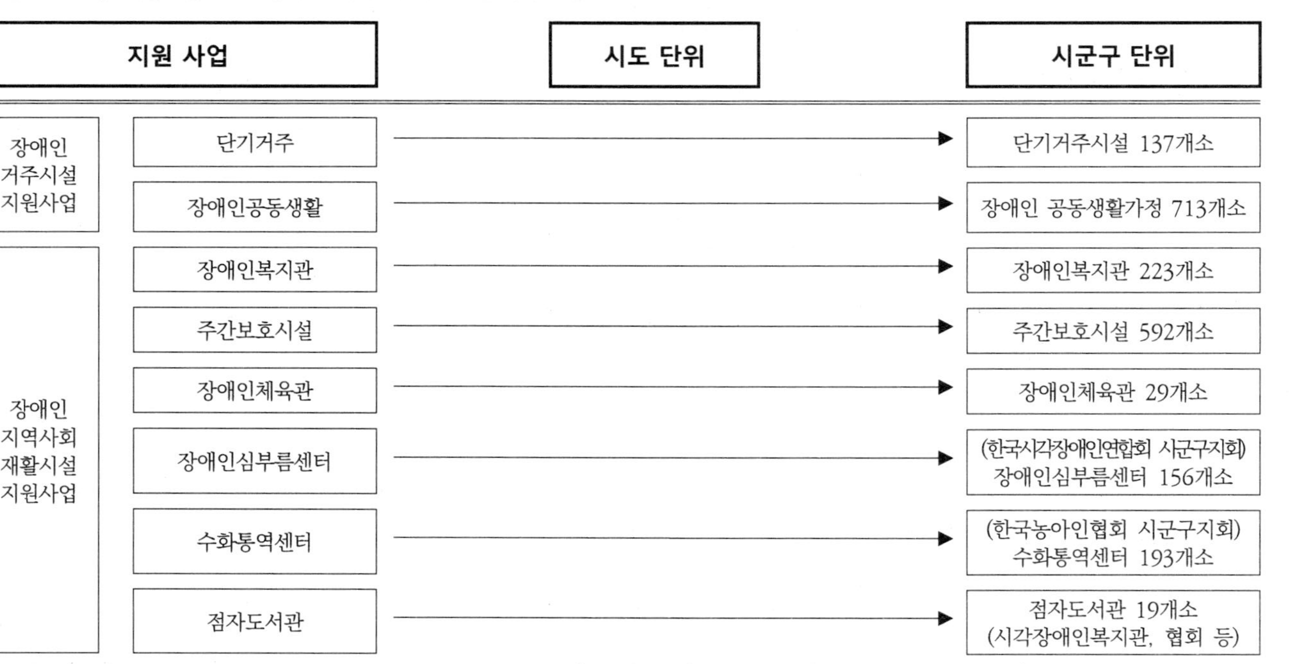

[그림 5-4-2] 지방이양 주요 장애인 복지 사업 및 전달체계 현황(계속)

지원 사업		시도 단위	시군구 단위
의료재활 지원사업	의료재활시설	재활병의원 18개소	
	지역사회중심재활(CBR) 사업		보건소 142개소(단독형 39개소/통합형74개소)
장애인 직업재활시설 지원사업	보호 작업		보호작업장 474개소
	근로 사업		근로사업장 64개소
편의시설 지원사업	지체장애인 편의시설 지원센터	광역센터 17개소 (한국지체장애인협회 시도협회)	기초센터 173개소 (한국지체장애인협회 시군구 지회)
	편의시설 설치 시민촉진단	선정된 장애인단체 (한국지체장애인협회)	
	시각보조시설 지원센터	시각보조시설지원 중앙센터 (한국시각장애인연합회)	
기타 지원	지적장애인자립지원		지적장애인자립지원센터 34개소 (한국지적발달장애인복지협회 시도협회)
	장애인재활지원센터	장애인재활지원센터 (한국장애인재활협회)	

나. 사례지역 전달체계 분석

등록장애인 수는 해마다 증가하여 2016년 등록장애인 수는 251만 1051명에 이른다. 우선 본 연구의 사례조사 지역이 포함된 광역시도를 기준으로 장애인복지 전달체계의 현황을 개괄적으로 살펴보고자 한다. 서울, 경기, 부산, 대전, 전북 지역 등록장애인 수는 경기 지역이 약 52만 2000명으로 가장 많고 서울 39만 1000명, 부산 16만 8000명, 전북 13만 명, 대전 7만 1000명 순이었다.

등록장애인 수가 증가하면서 장애인을 대상으로 일상생활, 여가활동, 사회참여활동 등을 지원하는 지역사회재활 시설인 장애인복지관도 꾸준히 증가하고 있는데, 서울이 46개소로 가장 많고, 그다음으로 경기 32개소, 부산 14개소, 전북 12개소, 대전 7개소 순이었다. 또한 장애인 주간보호시설도 증가하고 있는데 서울에 117개소, 경기도에 113개소로 가장 많은 시설이 설치되어 있다. 반면 부산에는 55개소, 대전 40개소, 전북에 29개소가 설치되어 있지만, 전체 등록장애인의 수를 고려하였을 때 대전은 그 수가 다른 지역에 비해 적지 않음을 알 수 있었다.

장애인 직업재활시설이란 일반 작업 환경에서 일하기 어려운 장애인이 특별히 준비된 직업 환경에서 직업훈련을 받거나 직업생활을 할 수 있는 시설로 시설 확충을 통해 매년 꾸준히 증가하고 있는데, 서울이 124개소로 가장 많고 그다음으로 경기도 98개소, 부산 32개소, 대전과 전북이 각각 19개소 순이었다.

직업재활시설을 유형별로 살펴보면 지역에 상관없이 보호작업장(257개소)이 가장 많았으며, 그다음으로 많은 것이 근로작업장(32개소)이었다. 반면 직업적응훈련 시설의 경우에는 서울, 경기, 대전에만 1개소씩이 설치되어 있으며 전북과 부산에는 설치되어 있지 않았다.

〈표 5-4-1〉 5개 시·도 지역 장애인복지시설 현황

(단위: 명, 시설 수)

구분	등록 장애인수	장애인 복지관	주간보호 시설	직업재활시설			
				근로 작업장	보호 작업장	직업 적응훈련	소계
서울	391,027	46	117	12	111	1	124
경기	522,437	32	113	13	84	1	98
부산	168,950	14	55	2	30	-	32
대전	71,425	7	40	3	15	1	19
전북	130,345	12	29	2	17	-	19
합계	1,284,184	111	354	32	257	3	292

본 연구의 사례조사 지역인 5개 시군구를 중심으로 장애인복지관, 주간보호시설의 현황을 살펴보면 다음과 같다. 장애인복지관의 경우는 각 지역 1개소가 설치되어 있으나 부산 사하구는 2개소가 설치되어 있었다. 하지만 등록장애인 수를 고려하면 부산 사하구와 전북 완주군의 경우 장애인 수 약 8000명에 장애인복지관 1개소가 설치된 반면, 경기 남양주시는 장애인 수 약 2만 8000명에 장애인복지관 1개소가 설치되어 있는 것으로 드러났다.

주간보호시설의 경우는 대전 서구가 10개소로 다른 지역에 비해 상당히 많이 설치되어 있었으며 이는 등록장애인 수를 고려하더라도 그 수가 상대적으로 많은 것이다. 이에 반해 전북 완주군은 5개 지역 중 가장 적은 1개소만 설치되어 있다.

〈표 5-4-2〉 5개 시군구 지역 장애인 지역사회재활시설 현황

(단위: 명, 시설 수)

구분	서울 마포구	경기 남양주시	부산 사하구	대전 서구	전북 완주군
등록장애인 수	13,392	28,859	16,799	20,738	7,813
장애인복지관	1	1	2	1	1
주간보호시설	3	4	4	10	1

직업재활 시설을 근로작업장과 보호작업장으로 나누어 살펴보면, 근로작업장의 경우 경기 남양주시와 전북 완주군에 각각 1개소가 설치되어 있으며 30명 정원에 현재 인원은 각각 29명과 34명으로 드러났다. 반면 서울 마포구, 부산 사하구, 대전 서구는 1개소도 설치되어 있지 않았다.

보호작업장의 경우는 부산 사하구를 제외한 4개 지역에 설치되어 있었는데, 대전 서구가 5개소로 가장 많이 설치되어 있었고, 서울 마포구와 경기 남양주시 각각 4개소, 전북 완주군이 3개소였다. 대전 서구의 경우 5개소에 정원이 144명인데 168명의 장애인이 이용하고 있어 정원 대비 이용자 수가 과잉되어 있음을 보여 주었다.

〈표 5-4-3〉 5개 시군구 지역 직업재활시설 현황

(단위: 명, 시설 수)

구분	직업재활시설					
	근로작업장			보호작업장		
	시설 수	정원	현원	시설 수	정원	현원
서울 마포구	-	-	-	4	99	90
경기 남양주시	1	30	29	4	121	118
부산 사하구	-	-	-	-	-	-
대전 서구	-	-	-	5	144	168
전북 완주군	1	30	34	3	60	52

2. 지역단위 복지 전달체계의 기능 분석

가. 사례지역 주요 서비스기관의 기능 분석

1) 사업 운영 현황 및 주요 특성

(1) 서비스 기관 조사 결과

사례지역 총 14개 서비스 제공기관을 대상으로 한 조사 결과, '공적으로 위임받은 기관의 고유 역할과 기능을 충분히 수행하고 있는가?'라는 자가 평가 질문에 대해서 대부분의 제공기관들은 '그렇다'고 응답하였다. 하지만 직업재활시설의 경우에는 전체 기관의 50%가 '그렇지 못하다'고 응답하였으며, 그 이유로는 '정부 예산 부족으로 인한 보조금 미수령', '인건비 부족으로 인한 전문 인력 확보 어려움' 등을 지적하였다.

〈표 5-4-4〉 사례지역 장애인복지기관의 기관 고유 역할 수행 여부에 대한 자가 평가

구분	장애인복지관	주간보호센터	직업재활시설
기관 고유 역할을 제대로 수행하고 있다고 응답한 기관 수(총기관 수)	7(7)	3(3)	2(4)

장애인복지관, 주간보호센터, 직업재활시설 등은 각 기관이 수행하는 기능과 역할에서 서로 상이할 뿐만 아니라 제공되는 서비스의 구체적인 내용과 방법에서도 뚜렷한 차이점을 보인다. 그럼에도 이들 기관이 중요하게 간주하는 서비스 품질의 구성 요소에서는 상당 부분 공통된 의견을 피력한 것으로 나타났다.

〈표 5-4-5〉에 제시된 바와 같이 이용자 만족도에 가장 큰 영향을 미치

는 요인으로는 '당사자의 의견 반영'(43.8%)과 '서비스 내용의 전문성'(31.3%)이 꼽혔다. 각 기관이 이용자 대응 서비스 품질을 향상시키기 위해 중점적으로 유의하는 사항 역시 '서비스 의견 반영'(56.3%)과 '서비스 내용의 전문성'(25.0%)으로 나타났다. 이는 이용자 참여 보장과 욕구 기반의 질 높은 서비스 제공을 강조하고 있는 최근 장애인복지서비스의 패러다임 변화가 반영된 것으로 보인다.

반면 이용자의 서비스 이용 시 불만족 요인으로 '서비스 제공 장소 환경'(31.3%)이 가장 높게 나타난 것은 주간보호센터 등 일부 서비스 제공 기관의 영세한 운영 상태를 간접적으로 시사하고 있어 이에 대한 지원을 강구할 필요가 있을 것이다.

〈표 5-4-5〉 사례지역 장애인복지기관의 이용자 대응 서비스 품질에 대한 의견

(단위: %)

	이용자 만족도 주된 영향 요인	서비스 이용 중단 및 불만 이유	기관의 중점 유의사항
정보 접근성	-	-	-
물리적 접근성	-	6.3	-
이용 절차 편의성	-	6.3	-
당사자 의견 반영	43.8	12.5	56.3
담당인력의 친절도	12.5	6.3	6.3
서비스 내용의 전문성	31.3	18.8	25.0
서비스 제공 장소 환경	-	31.3	6.3
서비스 비용	6.3	12.5	-
기타	6.3	6.3	6.3
계	100.0	100.0	100.0

한편, 기관의 고유 성격상 장애인복지관 및 주간보호센터의 경우에는 장애인과 그 가족의 복합적인 문제 해결을 위한 사례관리를 주요한 역할 중 하나로 간주하고 있었다.[29] 조사 결과 이들 기관이 수행하는 사례관리

대상자는 월평균 16명, 대상자에 대한 평균 사례관리 기간은 12.3개월로 나타났다. 사례관리 대상자 수가 타 복지 영역에 비하여 다소 적게 보고됨에도 불구하고, 개인당 사례관리 기간이 긴 것은 이들 기관들에서 사례관리 대상자로 삼는 장애인의 대다수가 지속적인 위기 상황 혹은 복합적인 문제점을 지니고 있는 경우가 많은 데에서 연유하는 것이라고 할 수 있다.

〈표 5-4-6〉 사례지역 장애인복지기관의 사례관리 수행 현황

대상자 수	진행 기간	담당인력	전담인력
16명	12.3개월	3.6명	0.8명

〈표 5-4-6〉에 제시된 바와 같이 사례관리를 담당하는 인력은 평균 3.6명이지만, 전담인력은 기관당 평균 1명도 되지 않는 것으로 나타났다. 이들 기관이 담당하는 대상자의 복합적 문제를 고려하여 볼 때, 전체적으로 인력 대비 담당 사례 수가 과중할 뿐 아니라 대부분 사례관리 외의 본연의 임무를 수행해야 하는 부담으로 인한 소진의 문제점을 드러내고 있었다. 이와 관련하여 조사에 참여한 응답자들은 다음과 같이 진술하기도 하였다.

29) 직업재활시설의 경우 기관의 고유 역할 및 사례관리에 대한 서로 다른 이해로 인하여 본 설문 조사에 대해서는 응답하지 않아 이를 제외한 서비스 제공기관의 응답 결과를 활용하였음을 밝혀두고자 한다. 더불어 본 조사에 참여한 장애인복지관과 주간보호센터의 경우 기관의 규모로 인하여 사례관리 대상자 수 및 시행 횟수에 있어 큰 차이가 있지만 사례관리 업무를 두 기관에서 모두 중요한 사업으로 간주하고 있고, 모든 기관들이 지속적으로 행해 오고 있다는 점에서 함께 결과를 제시하였음을 밝혀두고자 한다.

〈표 5-4-7〉 사례지역 장애인복지기관의 사례관리 수행의 어려움

	주요 의견 내용
전담인력의 부족	• 우리가 다루는 사례관리 대상자는 다른 기관에서 다루는 것과는 차이가 있어요. 정말 집중적이고 복합적인 케이스가 너무 많죠. 그렇게 보면 1명이 담당해야 할 사례 수가 너무 많은 상태입니다. • 전담할 인력이 부족해서 사실상 재가복지 담당 직원들이 겸직을 하고 있는 상태여서 소진이 너무 많아요.

사례관리 대상자의 발굴 경로에 대해서 조사한 결과, 대상자의 직접 방문 또는 기관의 가구 방문 등 해당 기관을 통하여 이루어지는 것이 전체 대상자의 58.2%를 차지하고 있었다. 하지만 주민센터 등 지자체 및 공공기관으로부터의 의뢰(27.7%), 관내 민간복지기관으로부터의 의뢰(11.6%)를 통하여 이루어지는 경우도 높은 비중을 차지하고 있는 것으로 나타났다.

〈표 5-4-8〉 사례지역 장애인복지기관의 사례관리 대상자 발굴 및 의뢰 경로

(단위: %)

발굴 및 의뢰 경로	비율	발굴 및 의뢰 경로	비율
기관 방문	41.1	읍면동 주민센터	8.9
가구 방문	17.1	관내 공공기관	3.5
시군구 희망복지단	10.8	관내 민간복지기관	11.6
시군구 사업팀	4.5	기타	4.3

한편, 대상자에 대한 사례관리를 행하는 데 있어서 가장 큰 어려움으로는 1순위가 경제적 지원, 2순위는 가족갈등 등에 대한 가족지원인 것으로 나타났다.

〈표 5-4-9〉 사례지역 장애인복지기관의 사례관리 대상자의 주된 어려움

(단위: %)

주된 어려움	1순위	2순위	주된 어려움	1순위	2순위
학대 및 폭력	8.3	-	사회적 관계	-	8.3
신체적 건강유지	-	8.3	경제적 문제	50.0	16.7
정신적 건강유지	16.7	-	고용	16.7	-
일상생활(식사 등)	8.3	8.3	교육	-	8.3
가족관계	-	41.7	생활환경(주거 등)	-	8,3

(2) 그룹인터뷰 결과

본 사례 조사에 포함된 각 기관들의 사업 내용은 큰 틀에서 중앙정부의 사업 지침에 따라 이루어지고 있지만 지역적인 욕구에 따라 이전과는 다른 새로운 서비스를 마련하거나 중점적인 사업에 있어서 변화의 움직임을 꾀하고 있는 것으로 나타났다. 먼저 지역 내 장애인복지서비스 제공에서 중추적인 역할을 수행하고 있는 장애인복지관의 경우 아래의 진술에서 알 수 있듯이 신체장애인 위주의 지원에서 벗어나 발달장애인에 대한 지원을 중점적으로 확대하고 있으며, 점차 고령화되는 성인 장애인을 대상으로 하는 신규 서비스를 강구하고 있는 것으로 나타났다. 또한 장애인 당사자뿐만 아니라 가족 전체적인 관점에서 장애인가족의 역량 강화를 도모할 수 있는 프로그램 확대를 강조하기도 하였다.

〈표 5-4-10〉 사례지역 장애인복지관의 주요 변화 특성

구분	주요 의견 내용
성인기 프로그램 확대	• 예전에는 치료프로그램, 아동청소년 비중이 높았다면, 지금은 성인기 발달장애인을 중심으로 학교 졸업 이후 돌봄과 훈련 프로그램에 대한 욕구가 커졌음. • 지역과 연계할 수 있는 프로그램을 모색하고 있으며, 성인 평생교육이 활성화되어 가고 있음.
가족지원 확대	• 장애인에 대한 해당 분야 지원뿐만 아니라 그 가족들이 함께 참여할 수 있는 프로그램도 중요하게 생각하고 있음. • 예전에는 장애인의 의식주 문제가 중점사업이었다면, 지금은 장애인 가족 기능 강화에 대한 관심이 커졌음. 대상자가 연령이 높아질수록 가족 기능 강화에 대한 욕구가 커지는 편임.

돌봄 지원을 중점적으로 행하고 있는 주간보호센터의 경우에도 이용자의 욕구를 반영하기 위해 일련의 노력을 행하고 있는 것으로 나타났는데 그 주요 특성은 중증장애인에 대한 지원 확대라고 할 수 있다. 일례로 본 사례조사에 참여한 A기관의 경우에는 그동안 주간보호센터에서 자칫 소외되어 왔던 도전적 행동을 가진 발달장애인에 대한 개별적 지원을 주간보호센터의 향후 중요 업무로 간주하고 있었으며, B기관의 경우에는 최중증 뇌병변 장애인을 위한 전문화된 주간 돌봄서비스를 제공하는 것을 주요 목적으로 삼고 있었다. 또한 연구참여자들은 점차 고령화되어 가는 주간보호센터 이용자들을 위하여 별도의 지원체계가 마련될 필요성이 있음을 강조하기도 하였다.

〈표 5-4-11〉 사례지역 장애인 주간보호센터의 주요 변화 특성

구분	주요 의견 내용
중증 및 고령 장애인 지원 필요성	• 성인기 최중증장애인들의 욕구가 강해 현재 이들을 대상으로 주간보호센터를 운영하고 있음. • 도전적 행동을 보이는 발달장애인의 경우에도 이전처럼 배제시키기보다는 개별 사례관리를 통해 포함시켜야 한다는 생각을 가지고 있음. • 우리 주간보호센터는 최중증 뇌병변 장애인을 대상으로 특화되어 있다는 점에서 차별점이 있으며, 이들이 학교 이후에 갈 곳이 없는 것이 현실임. 이에 이들이 낮 시간 동안 안전하게 보호받으면서 여가활동을 할 수 있도록 하는 데 초점을 맞추고 있음. • 대상자가 고령화되는 추세여서 앞으로 이들에 대한 지원이 고민 중임 • 중증장애인 보호자의 돌봄 부담을 줄일 수 있도록 하는 데에 초점을 두고 있음. 주말에는 센터를 운영하지 않지만, 주말 나들이나 캠프 같은 프로그램을 제공하기도 함.

반면 보호작업장 등 직업재활시설의 경우 기관의 고유 기능이 장애인들에 대한 직무 지원 및 직업 활동에 맞추어져 있다는 점에서는 차이가 없지만 예전에 비하여 근로하는 장애인들이 단순히 반복되는 업무에서 벗어나 다양한 여가활동을 공유할 수 있도록 하는 노력들을 꾀하고 있는 것으로 나타났다.

〈표 5-4-12〉 사례지역 직업재활시설의 주요 변화 특성

구분	주요 의견 내용
일터와 여가 프로그램 결합	• 장애인의 생산성에 중점을 두고 있고, 복지관처럼 프로그램이 활성화되지는 못하지만 지속 가능성이 있는 여가활동 프로그램을 개발·운영하고 있음. • 보호작업장이 복지관 내에 있으므로 난타, 댄스, 볼링 등 비장애인과 함께 어우러져서 이용할 수 있는 여가활동 프로그램을 개발하여 운영하고 있음. • 연초에 진행해야 할 여가활동이나 동아리 활동 프로그램을 정하고 매해 1~2개 정도는 중점적으로 진행하고 있음.

2) 사업 운영의 주된 어려움 및 관련 쟁점

사례조사에 참여한 기관들은 각 기관들에 부여된 고유 기능과 서로 다른 사업 내용으로 인하여 운영 과정에서 겪게 되는 어려움과 지원 욕구가 다양한 형태로 표출되었다. 그럼에도 이들 기관이 변화되어 가는 복지 환경과 이용자의 욕구를 충족시켜 나가고자 하는 노력들에서 부딪히게 되는 주요 문제점들은 몇 가지 측면에서 공통적인 모습을 보이기도 하였다.

비록 지난 몇 년에 걸쳐 장애인복지시설의 확대가 이루어진 것은 사실이지만 여전히 지역에 거주하는 장애인의 이용 욕구에 비하여 서비스 제공기관은 부족한 상태이며, 실질적으로 적절한 서비스를 제때 받지 못하고 대기자로 남아 있는 것이 현실이라는 점을 공통적으로 지적하였다.

또한 이용자의 변화된 욕구를 반영하여 보다 양질의 서비스를 제공하거나 그동안 상대적으로 소외되어 왔던 장애인들에 대해 집중적인 서비스를 구현하고자 할 때 부딪히는 현실적인 어려움을 토로하였다. 특히 중증장애인에 대한 지원 시 적절한 인력 배치나 전문성 강화를 위해서는 현실성 있는 예산이 지원돼야 함에도 이에 대한 개선이 이뤄지지 않는 상황에 대해 한계를 느끼고 있었다. 이에 대다수의 기관들은 이용자의 욕구를 충족하기 위한 대안으로 별도의 공모사업을 통한 예산 확보 노력을 강구하고 있는 것으로 나타났다.

〈표 5-4-13〉 사례지역 장애인복지기관 시설 운영의 주된 어려움

구분	주요 의견 내용
인프라의 확충	• 지역 사회마다 필요한 인프라는 모두 다를 것이므로, 그 지역의 특성과 서비스가 면밀히 파악되어 적절한 시설이 추가로 마련되어야 할 것임. • 우리 지역의 경우 주간보호센터는 3개소가 운영 중이지만 다른 구에 비하여 시설 수가 현저하게 적은 편이어서 추가 설치가 필요한 상황임. • 센터 이용 대기자가 굉장히 많은데, 현재 센터를 이용하고 있는 사람들이 다른 시설로 옮기는 것이 쉽지 않기 때문에 대기 인원을 감소시키는 것에는 한계가 있음. • 현재 대부분의 주간보호센터는 장애인의 서비스 종료 시기를 보통 45세로 규정하고 있는 것이 현실임. 지금의 고령 장애인 증가 추세를 고려하면 앞으로 이들의 개별 상황에 맞는 기관과 서비스 확대가 절대적으로 필요할 것임.
적절한 예산 지원의 확대	• 장애인복지관의 경우 사업이 추가로 진행되지만 사업비만 주고 인건비는 주지 않으므로 예산의 수반이 필요함. • 주간보호센터의 경우에는 중증장애인을 고려하여 볼 때 최소 1:3 비율의 인력이 필요하지만 이에 대한 적절한 인력 충원은 이루어지지 못하고 있음. • (예산이 부족하여) 여가활동 프로그램을 함께 운영해야 하는 경우 어쩔 수 없이 (근로)장애인에게 이용료를 별도로 받기도 하고, 공모사업을 통해서 확보해야 하는 상황임. • (직업재활시설의 경우) 생산성을 많이 낼수록 사업비를 많이 주는 형태여서 중증장애인이 많은 수를 차지할 경우에 운영상에 어려움이 많음. • 직업재활시설에 대한 관리운영의 정리가 필요하다고 봄. 시설에 대한 규정이나 예산 지원은 복지부 지침에 따라 이루어지지만, 근로장애인에 대한 임금이나 휴가 일수 등은 노동부 지침에 따라 이루어져야 하기 때문에, 장애인에 대한 최저임금 적용 등은 정부의 정책적 해결이 필요한 사항이며 이에 대한 예산 지원이 필요함.
전문 인력의 확보	• 직업재활시설 운영에 있어서 제한된 인력충원으로 시설 종사자분들의 업무 과중이 심각한 수준이라고 생각됨. 전문화되고 질 높은 복지 및 사업영역 확충을 위해서는 전문 인력 충원은 반드시 필요하며 장애인 수 대비 직원 비율을 낮추어야만 제대로 된 서비스를 제공할 수 있을 것임. • 주로 중증 혹은 최중증 장애인을 대상으로 돌봄서비스를 제공하려고 하여도 이를 수행할 수 있는 인력의 전문성이 부족한 것이 현실이기도 함. 특히, 도전적 행동을 보이는 발달장애인을 대상으로 하기 위해서는 이에 대한 충분한 지식을 갖추고 있는 전문 인력에 대한 지원이 필요함. • 시설이 확대되어도 양질의 서비스를 제공하지 않으면, 결국 특정 기관에 대한 이용자의 쏠림 현상은 해결되지 않을 것임. • 주간보호센터의 경우 소규모 시설이기 때문에 홍보나 대규모 행사 등을 진행하기에 여러모로 어려움이 많음. 이를 해소하기 위해서는 이들 소규모 시설을 지원하는 별도의 인력을 확충하거나 연합적으로 사업을 진행할 수 있도록 사무국을 설치하여 지원해 주는 것이 필요함.

그룹인터뷰를 통하여 제기된 이러한 문제점들은 서비스기관 조사 결과에서도 확인되었는데, 향후 해결해야 할 과제들에 대하여 단순한 서비스기관 확충보다는 '담당인력 확충'(9.6점), '인력 전문성 강화(역량 향상 교육)'(9.2점), '담당인력 고용안정성 확보'(9.1점) 순으로 강조되었다. 또한 전반적으로 서비스에 대한 국가 및 지자체의 공적 책임이 강화될 필요성(9.6점)이 높게 나타났다.

〈표 5-4-14〉 사례지역 장애인복지기관의 서비스 질 향상을 위한 개선 과제

항목	정부/지자체 책임 강화	전문서비스 기관 확충	담당인력 확충	담당인력 고용 안정성	인력 역량 향상 교육
평가(10점)	9.56점	7.63점	9.63점	9.06점	9.19점

나. 유관 영역 간 협력 필요 기능 분석

1) 타 기관과의 서비스 연계 및 협력

(1) 서비스기관 조사 결과

타 기관과의 연계 및 협력 내용을 가늠해 볼 수 있는 하나의 창구로 기관 간에 이루어지는 통합사례회의(혹은 공동사례회의)를 들 수 있을 것이다. 본 조사에 참여한 장애인서비스 제공기관의 경우에는 사례관리 대상자 중 약 18%에 해당하는 장애인이 통합사례회의를 통하여 사례관리가 이루어지는 것으로 나타났다. 이는 아래 〈표 5-4-15〉의 결과에서 유추해 볼 수 있듯이 각 기관 내의 한정된 자원으로 풀 수 없는 문제들에 대하여 자원을 극대화하기 위해서 또는 차별 및 학대 행위 등과 같은 문제를 전담하는 기관과의 긴밀한 협력이 요청될 때 타 기관과의 협력이 이루어지는 것으로 나타났다.

〈표 5-4-15〉 사례지역 장애인복지기관의 타 기관 연계·협력을 통한 문제해결 주된 영역

(단위: %)

주된 문제	1순위	2순위	주된 문제	1순위	2순위
학대 및 폭력	8.3	8.3	고용	16.7	-
일상생활(식사 등)	41.7	-	교육	-	16.7
가족 관계	16,7	8.3	권익보장	-	16.7
경제적 문제	16.7	41.7			

이러한 맥락에서 모든 기관들은 사례관리 과정에서 타 기관과의 협력이 필요하다는 것에서 공통된 인식을 가지고 있었으며, 특히 기관 간 협력이 필요한 이유로 '기관별 전문서비스 이용을 위한 연계'(75.0%)가 가장 높은 비중을 차지하였고, 그다음이 '다양한 자원 동원을 위한 협력'(16.7%)으로 나타났다.

〈표 5-4-16〉 사례지역 장애인복지기관의 기관 간 협력 필요성 이유

(단위: %)

구분	응답률
기관별 전문서비스 이용을 위한 연계	75.0
기관별 전문 인력의 자문(공동사례회의 등)	8.3
다양한 자원 동원을 위한 협력	16.7
계	100.0

한편, 사례관리를 행하는 과정에서 기관 간의 협력뿐 아니라 적절한 역할 분담이 이루어질 필요가 있다는 의견을 제시하기도 하였다. 〈표 5-4-17〉에 제시된 바와 같이 '대상자 특성'과 '문제의 복합성'에 따른 기관별 전문성이 요구된다는 점에서 기관 간의 역할 분담이 필요하다는 의견이 많은 부분을 차지하였다. 동일한 대상자에 대한 '중복 문제'를 해결하기 위해서도 일정 정도 그 역할이 분담되는 체계를 갖추는 것이 필요하다는 의견도 상당수를 차지하였다.

〈표 5-4-17〉 사례지역 장애인복지기관의 기관 간 역할 분담 필요성 이유

(단위: %)

구분	응답률
대상자 특성이 다르므로 기관별 대상에 대한 사례관리 수행 필요	25.0
사례의 위기도 및 문제의 복합성에 따라 기관의 역할 분담 필요	33.3
사례관리 절차(단계)에 따라 분담이 필요한 역할 존재	8.3
여러 기관이 사례관리를 담당하고 있으므로 중복적인 역할 축소 필요	33.3
계	99.9

현재 이루어지고 있는 기관 간의 협력을 보다 원활히 하기 위하여 해결되어야 할 사항으로는 ‘협력을 위한 관련 매뉴얼 제공’(41.7%)이 가장 높게 나타났고 ‘상시적인 소통구조 마련’(25,0%), ‘연계협력의 중요성 인식 제고’(8.3%) 등의 순으로 응답하였다.

〈표 5-4-18〉 사례지역 장애인복지기관의 기관 간 협력·연계체계 강화를 위하여 해결해야 할 사항

(단위: %)

구분	응답률
연계협력의 중요성에 대한 직원의 인식 제고	8.3
기관 간 상호 이해 제고를 위한 상시적인 소통구조 마련	25.0
협력을 위한 정보시스템 운영	8.3
협력을 위한 관련 매뉴얼 제공	41.7
협력을 위한 업무의 기관 간 공식화(규정 마련 등)	8.3
기타	8.3
계	99.9

(2) 그룹인터뷰 결과

장애인이 필요로 하는 복지서비스는 돌봄, 직업, 교육 등 다양한 영역에 걸쳐 있으며, 개별 장애 욕구를 충족하기 위해서는 각 서비스를 제공하는 관련 기관과의 연계 및 협력이 무엇보다 중요하다. 또한 장애인은 그 가족의 유형(예: 다문화가정)이나 발생되는 문제점(예: 아동학대)에 따라 장애인만을 대상으로 하는 기관뿐 아니라 일반 복지기관과의 연계 또한 중요하다. 하지만 본 사례조사에 참여한 현장 전문가들은 일반 민간기관들로부터 장애인 대상이라는 이유로 의뢰가 이루어지는 반면에 함께 문제를 풀어가는 데 있어 민간기관들 간의 협력체계가 제대로 이루어지지는 않는다는 점을 공통적으로 피력하였다. 이에 유관기관 간의 연계 및 협력 여부는 담당 실무자의 개인적 네트워크나 역량에 따라 좌우되는 것이 현실이라는 점을 지적하면서 보다 체계적인 연계 시스템이 구축될 필요성을 강조하였다.

〈표 5-4-19〉 사례지역 장애인복지기관의 타 기관 연계 및 협력에 대한 주요 의견

구분	주요 의견 내용
연계의 제한성	• 구청이나 동시무소 등 지자체가 요청하는 경우에는 적극적으로 임하겠지만 민간기관끼리는 사례를 공유하지는 않는 편임. • 경찰서(성문제), 아동보호전문기관(부모가 장애인이어서 아동방임), 학교 등에서 의뢰되고 있음. • 공식적인 의뢰 루트는 없고, 기관 내 재활교사와 특수학교 교사 간 개인적인 네트워크를 통해 기관으로 의뢰되는 경우가 다수임. • (직업재활시설의 경우) 공적 시스템을 통해서 대상자가 의뢰되는 경우는 거의 없음. 보통 특수학교나 대상자의 직접 연락 또는 보호자의 직접 연락을 통해 대상자가 의뢰됨.
기관의 개인별 노력	• 지역사회보장협의체의 장애인 분과 내 관계자들 간의 소통은 낮은 수위에서 이루어지며 1년에 한번 정도 공동사업 운영을 하는 정도라고 할 수 있음. 현실적인 문제는 상황에 따라 실무자 간 개별적인 네트워크를 통해 대응하고 있다고 할 수 있음. • 복합 욕구를 가진 대상자를 위한 별도의 체계적인 시스템이 구축되어 있는 것은 아니며, 보통 실무자가 발로 뛰어 찾는다고 보면 됨.

반면에, 지역 내 장애인 대상 관련 기관들 간에는 상대적으로 연계·협력체계를 강화하기 위한 다양한 모색들이 행해지고 있는 것으로 나타났다. 인터뷰 참가자들은 유관 기관 종사자 간의 정기적인 만남과 소통이 장애인 당사자의 문제점을 함께 해결해 가는 경험 축적의 바탕이 된다는 점을 강조하면서, 정기적인 통합사례 회의 진행, 상호 정보 교환 및 슈퍼비전, 공동 연계 사업 등의 다양한 노력들을 긍정적으로 평가하였다.

〈표 5-4-20〉 사례지역 장애인 대상 유관 기관들 간의 연계·협력을 위한 노력들

구분	주요 의견 내용
정기적 모임 및 네트워크 강화	• [연계·협력은] 쉬운 말로 하면 기관들끼리 네트워킹을 잘하자는 것이라고 할 수 있음. 그러기 위해서는 한번이라도 더 만나고 인사 나누는 것이 필요함. • 월 1회 정도 정기적으로 통합사례 회의를 진행하고 있는데, 이것이 단순히 회의 그 자체라기보다 협력을 하는 경험이 쌓여서 향후 같이 일할 때 도움이 되는 거라고 생각됨. • 우리 시에 있는 장애인복지관들은 전체적으로 한 달에 한 번씩 모여서 네트워크 모임을 꾸준하게 가지고 있음. 거기에서 정보, 상호의견을 교환하고, 슈퍼비전도 받고 있음. • 우리 지역에서는 직업재활시설 간의 정보 공유 및 연대 강화를 위해 실무자 간의 연대 프로그램을 진행하고 있음. • 함께 캠페인하고, 사업 안내나 홍보도 연계해서 하고 있음.

2) 공공전달체계와의 연계 및 협력

공공전달체계 개편이 각 기관의 복지서비스 제공, 특히 사례관리 실천에 미치는 영향에 대하여 연구 참여자들은 지역 내 공공-민간의 협조체계가 이전에 비하여 진일보한 측면이 있다고 긍정적으로 평가하면서도 현재 노출되고 있는 문제점에 대해서 다양한 의견을 피력하였다.

먼저 기관의 입장에서는 추가적인 인력이나 지원 없이 이루어지는 공공 사례관리 강화 추세는 담당자의 본 업무 이외에 회의 참석, 서류 작성

등 추가적인 업무 부담으로 이어진다는 점을 호소하기도 하였다. 또한 공공-민간 기관과의 역할이 제대로 정립되어 있지 못한 실정이며, 어떤 면에서는 사례관리를 둘러싼 혼란을 가중시키고 있다는 점을 지적하기도 하였다. 특히 장애인복지관의 경우 사례관리를 오랫동안 해 왔던 담당자들의 입장에서는 공공 사례관리가 복합적인 문제를 지니고 있는 클라이언트에 대한 예방적이고 적극적인 조치라기보다는 위기 발생에 대한 사후적이고, 단기적인 지원에 머무르고 있다는 점에 대해서 매우 비판적인 견해를 보이기도 하였다.

〈표 5-4-21〉 사례지역 장애인복지기관의 공공 전달체계와의 연계 및 협력에 대한 주요 의견 내용

구분	주요 의견 내용
기관의 서로 다른 사례관리 개념	• (보호작업장의 경우) 장애인에 대한 직무지도와 기관 내 다른 이용자들과의 관계 형성을 도와 작업장에 잘 적응할 수 있도록 돕고 있음. 작업장 환경을 중심으로 사례관리를 하고 있다고 볼 수 있을 것임. • (직업재활센터의 경우) 초기상담까지는 일반적인 사회복지 영역과 차이가 없으나, 기관 특성상 직업재활 계획에 서비스를 제공(직무개발을 위한 서비스, 직무능력 고려한 서비스 등)한다는 측면에서 차이가 있음.
추가 업무 부담	• 찾아가는 동주민센터가 확대되면서 기관에 영향을 미친 가장 큰 문제점은 공공에서 진행하는 사례회의에도 필수로 참석해야 하기 때문에 회의 참석과 서류 업무 등으로 인해 업무 부담이 굉장히 많은 편임. • 통합사례회의를 통해 기관별로 모아서 공공에서 회의를 개최하지만, 각 기관별로 관할하는 지역이 따로 있음. 그러나 인프라가 부족하다 보니 장애인복지관의 경우 관할 지역이 아니더라도 사례를 맡아야 하는 경우가 있어 업무 부담이 됨.
공공-민간의 사례관리 역할 정립 필요	• 장애인 대상의 사회복지기관에서 제공하는 사례관리와 공공에서 생각하는 사례관리의 개념이 다름. • 공공의 경우 솔루션회의나 타 기관과의 연계와 같이 최소 2개 이상의 기관이 협력하여 서비스를 제공하는 것을 사례관리로 보고 있으며, 장애인 쪽의 사례관리 개념은 사례회의로 보는 경향이 있음. • 사례관리의 경우 공공기관이 주체가 되다 보니 사례관리가 지속될 필요가 있어도 공공기관에서 서비스를 종결하면 종결됨. • 사례관리의 한 주체라기보다는 복지관이 주어진 사례관리 업무의 단순한 수행기관으로 여겨지고 있는 느낌을 많이 받음.

다. 소결

본 절에서는 지역 단위 복지전달체계 중 장애인서비스 전달체계의 현황과 기능적 특성을 5개 지역의 사례를 통하여 살펴보고자 하였다. 특히, 장애인에 대한 지역 단위 서비스 제공의 대표적인 기관이라 할 수 있는 장애인복지관, 주간보호센터, 장애인직업재활시설을 중심으로 사업 현황과 주요 변화 양상을 살펴보았다. 또한, 지역 내 타 민간기관과 공공전달체계와의 연계 및 협력 현황을 살펴보고 주요 특성과 문제점을 도출하고자 하였다. 본 조사의 주요 결과 및 함의를 제시하면 다음과 같다.

첫째, 지역 단위의 장애인서비스 제공기관들은 변화된 복지 환경과 욕구에 조응하기 위하여 중점 사업에서 다양한 변화를 꾀하고 있는 것으로 나타났다. 하지만 이에 대한 적절한 예산 지원이 이루어지지 않아 많은 서비스 제공기관이 운영상의 어려움을 겪는 것으로 나타났다. 또한 제대로 된 인력 충원 없이 이루어지는 신규 서비스 제공이나 사례관리는 기존 인력의 업무 과중으로 이어지는 문제점이 노출되고 있어 이에 대한 지원 방안이 마련될 필요가 있다.

둘째, 장애인복지시설의 확대에도 불구하고 지역 단위에서 서비스 제공기관의 부족 현상은 여전히 지속되고 있는 것으로 나타났다. 이로 인해 적절한 서비스를 제때 받지 못하고 일정 기간 대기해야 하는 상황이 노출되고 있다. 특히, 최중증 장애인, 중·장년기 발달장애인, 도전적 행동을 보이는 발달장애인에 대한 전문서비스 제공기관은 일부 지역을 제외하고는 거의 부재한 상황인 것으로 나타나 이에 대한 집중적인 지원책이 마련되어야 할 것이다.

셋째, 서비스 제공기관의 지역적 편차 문제는 여전히 나타나고 있었다. 예를 들어, 주간보호센터의 경우 대전시 서구는 장애인 2100명에 1개소가 설치되어 있는 반면 전북 완주군의 경우 7800명당 1개소에 불과해 지역적으로 큰 편차를 보이는 것으로 나타났다. 또한 동일한 서비스를 제공한다 할지라도 제공기관의 시설 환경, 인력의 전문성, 프로그램 질의 격차가 상당한 것으로 보고되었으며, 이로 인한 이용자의 쏠림 현상이 두드러지고 있어 이에 대한 보완 방안이 마련되어야 할 것이다.

넷째, 장애인의 개별 욕구를 충족하기 위해서는 서비스 제공기관 간 연계가 무엇보다 중요함에도 장애인 대상이 아닌 타 영역의 민간 기관과의 협력은 잘 이루어지지 않는 것으로 나타났다. 사실상 유관기관 간의 연계 및 협력 여부는 담당 실무자의 개인 네트워크나 역량에 의지하고 있는 실정이어서 지역 단위에서 서비스의 통합성을 높이기 위해 보다 체계적인 연계 시스템이 구축될 필요성을 시사하고 있었다.

마지막으로, 공공 전달체계 개편과 관련하여 기관 종사자들은 지역 내 공공-민간의 협조체계 마련에 일부 긍정적으로 기여한 바가 있지만 현장에서 노출되고 있는 문제점들에 대해서도 비판적 견해를 표출하였다. 특히 사례관리를 둘러싼 이해의 상충, 그동안 장애인 전담 기관들이 행해온 전문성에 대한 인정과 파트너십 관계의 부족, 공공-민간 기관 간 역할의 혼란 등은 향후 지역 단위에서 공공-민간기관 간의 통합적이고 효율적인 전달체계 마련을 위해서 해결해야 할 과제로 제기되었다.

제5절 고용-복지 전달체계

1. 고용서비스 사업과 일선 고용-복지서비스 연계

가. 고용서비스 사업과 전달체계

복지사업과 마찬가지로, 정부는 다양한 고용 관련 사업을 운영 중이다. 연구자가 확인한 범위에서 중앙정부와 지자체가 운영 중인 고용 관련 사업 전체를 정리한 자료는 존재하지 않는다. 다만, 몇몇 개별 자료들을 통해 대상층별 고용 관련 사업 규모 및 사업 내용 등을 확인해 볼 수 있는데, 고용노동부(2016a) 자료를 통해 청년 대상 정부 고용사업 규모(중앙정부 128개, 광역지자체 115개) 및 사업 내용을 확인해 볼 수 있는 게 그 예이다.

중앙정부에서 행하는 고용 관련 사업만으로 범위를 한정했을 경우에는 전체 고용사업에 대한 정보를 보다 명확하게 파악할 수 있다. 이는 정부가 재정지원일자리사업이라는 명칭으로 이들을 통합적으로 관리하고 있기 때문이다. 2016월 12월을 기준으로 본 재정지원일자리사업에는 총 185개의 고용 관련 사업이 포함되어 있다. 정부는 구체적 사업내용에 따라 1) 직접일자리창출, 2) 직업능력개발훈련, 3) 고용서비스, 4) 고용장려금, 5) 창업지원, 6) 실업소득 유지 및 지원사업으로 이들을 구분하고 있다(관계부처합동, 2016). 고용서비스를 "1) 궁극적으로 사람의 안녕을 증진시키기 위해, 2) 취업과 창업 혹은 그 유지라는 목표를 상정하고, 3) 정부 혹은 비영리 조직 등 사회적인 자원을 통해, 4) 취업이나 창업 혹은 이의 유지가 어려운 대상들을 그 핵심으로, 5) 지역 일선(street-level)에서, 6) 주로 개인이나 집단을 대면하거나 대화를 통해 제공하는, 7) 일련의 서비스"(길현종, 2016, p.64)로 폭넓게 정의할 수 있다면, 중앙정부 고용서비스사업의 핵심에는 본 재정지원일자리사업 중 직업능력개발훈련, 고용서비스, 창업지원 사업으로 분류된 일련의 사업들이 포함된다 할 수 있다.

<표 5-5-1>은 이들 세 분류에 속한 전체 106개 사업의 명칭 그리고 주무부처를 제시하고 있다. 추경을 제외하고 이들 사업에 투입되기 위해 책정된 예산은 2017년 기준 약 총 5조 2000억 원이다(직업능력개발훈련 2조 2000억 원, 고용서비스 8000억 원, 창업지원 2조 2000억 원, stat.nabo.go.kr).

<표 5-5-1> 중앙부처 시행 고용서비스 사업(2016년 12월 기준)

구분	부처	세부사업		부처	세부사업
고용 서비스 사업 32개	고용부	고객상담센터 지원	직업 능력 개발 훈련 53개	고용부	건설일용근로자 기능향상 지원
	고용부	고용동향조사 분석		고용부	전직실업자 등 능력개발 지원
	고용부	고용서비스 모니터링		고용부	국가인적자원 개발 컨소시엄 지원
	고용부	고용센터인력 지원		고용부	근로자 능력개발 지원
	고용부	고용전산망 관리(정보화)		고용부	기능인력 양성 및 장비 확충(폴리텍)
	고용부	고용센터 확충		고용부	사업주 직업훈련지원금
	고용부	보조공학기기 지원		고용부	산재근로자 재활복지 지원
	고용부	산재근로자 재활복지 지원		고용부	신규실업자등 직업훈련(지특)
	고용부	산재근로자 재활복지 지원		고용부	실업자 능력개발 지원
	고용부	일터혁신컨설팅 지원		고용부	일학습병행 운영 지원
	고용부	장애인 표준사업장 지원		고용부	자영업자 고용안정 · 직업능력개발 지원
	고용부	장애인취업 지원		고용부	자치단체 직업능력개발 지원(제주)
	고용부	중장년층취업 지원		고용부	전직실업자 등 능력개발 지원
	고용부	지역노사민정협력 활성화		고용부	중견 · 중소기업현장 훈련 지원
	고용부	직업안정기관운영		고용부	지역산업 맞춤형 일자리 창출 지원
	고용부	직업안정기관 운영(지특)		고용부	직업능력개발 인프라 구축

구분	부처	세부사업		부처	세부사업
	고용부	직업정보 제공 및 직업지도		고용부	장애인 직업능력 개발
	고용부	청년취업진로 및 일경험 지원		고용부	직업능력개발담당자 양성 및 훈련매체 개발(한기대)
	고용부	취약계층 취업 지원		고용부	청년 취업아카데미 운영 지원
	고용부	취업성공패키지 지원(일반)		농림부	귀농귀촌 활성화
	고용부	취업성공패키지 지원(일반)		농림부	농업농촌 교육훈련 지원(농업인교육훈련)
	고용부	취업성공패키지 지원(지특)		농림부	한식세계화 지원
	고용부	해외취업 지원		농진청	농업전문인력 양성(귀농귀촌교육)
	고용부	장애인 취업성공패키지 지원		농진청	농업전문인력 양성(농업인대학)
	국방부	취업활동 지원		문화부	MICE산업육성 지원
	농림부	귀농귀촌 활성화		문화부	관광전문인력 양성 및 단체 지원(관광전문인력 육성)
	보훈처	제대군인 사회복귀 지원		문화부	문화창조융합벨트 구축
	보훈처	취업 지원		문화부	예술인력 육성
	복지부	노인일자리 및 사회활동 지원		문화부	인적 자원육성 관리
	복지부	중증장애인 직업재활		문화부	한국문화예술교육진흥원 지원
	여가부	경력단절여성 취업 지원		미래부	방송콘텐츠 진흥
	중기청	벤처기업 경쟁력 강화		미래부	이공계 전문기술 인력 양성
창업 지원 21개	고용부	사회적기업진흥원 운영		미래부	정보통신 창의인재 양성
	고용부	산재근로자 생활안정자금 융자		미래부	지역신산업선도 인력 양성
	교육부	대학 창업펀드		미래부	SW전문인력 역량 강화
	농림부	귀농귀촌 활성화 지원		법무부	갱생보호활동
	농림부	농산업창업지원 시범사업		법무부	직업훈련
	문체부	관광사업 창업 지원 및 벤처육성		보훈처	취업 지원
	미래부	공공연구성과 기술사업화 지원		산자부	지역전문가 양성 및 공급
	미래부	6개월 챌린지 및 엑셀러레이터 연계 지원		산자부	에너지 인력 양성
	중기청	창업사업화 지원		산업부	산업전문인력 역량 강화
	중기청	벤처기업 경쟁력 강화		산업부	산업주도형 기술교육 혁신
	중기청	장애인기업 육성		안전처	재난관리전문인력양성

구분	부처	세부사업	부처	세부사업
	중기청	재도약지원자금(융자)	여가부	경력단절여성 취업지원
	중기청	중소기업 재기 지원	여가부	청소년 사회안전망 구축
	중기청	창업기업자금(융자)	중기청	중소기업 연수사업
	중기청	창업선도대학	통일부	북한이탈주민 교육훈련
	중기청	창업인프라 지원	특허청	수요자중심 지식재산 전문인력 양성
	중기청	창업 저변 확대	해수부	어업인 교육훈련 및 기술 지원
	중기청	창업성공패키지	행자부	북한이탈주민 지원
	특허청	지식재산기반 창업 촉진	환경부	생물자원보전종합대책(생물자원)
	해수부	수산산업 창업·투자지원	환경부	환경산업 육성 전문인력 인프라 구축(물산업)
	해수부	귀어귀촌 활성화	환경부	환경산업 육성 전문인력 인프라 구축(화학물질관리)

자료: 관계부처 합동. (2016). 2017년도 직접일자리사업 중앙부처-자치단체 합동지침. pp. 59-66.

이들 정부사업을 집행하는 일선 전달체계는 매우 다양한 편이다. 제공주체 기준만으로 확인해 보아도, 고용서비스는 고용센터와 같이 중앙정부가 직접 관할하는 기관에서 제공되기도 하고(고용노동부와 그 소속기관 직제, 고용노동부, 2017a), 한국장애인고용공단 및 소속직업능력개발원과 같이 중앙정부 산하 공공기관 및 해당 공공기관 소속기관에서 제공하기도 하며(www.moel.go.kr, www.kead.or.kr), 정부 인증 직업훈련기관이나 위탁 고용서비스제공기관과 같이 민간기관에서 제공되기도 하는 등(고용노동부, 2017a) 다양한 일선 서비스 제공기관들을 확인해 볼 수 있다.

이들에 더해 일선에서 고용서비스를 제공하는 모든 기관으로 그 범위를 넓혀 보면, 일선 고용서비스 기관 수 및 종류는 훨씬 더 많고 다양하다. 먼저, 일부 지자체는 자체 고용서비스기관을 운영하고 있다. 이들의 형태 역시 매우 다양한데, 예를 들어 마포고용복지지원센터(mapoworkfare.or.kr)와 같이 독립적인 자체 고용서비스 기관을 설치하는 경우도 있고, 관내 주민센터에 직업상담사를 배치한 예와 같이(경기도, 2014) 기존 사회서비스기관에 고용서비스 기능을 새로이 추가해 운영하기도 한다. 뿐만 아니라 정부의 재정지원 없이 고용서비스를 제공하는 기관도 존재한다. 대표적으로 건설, 파출, 가사, 간병 등의 일용직 취업알선을 담당하는 유료 직업소개소가 이에 해당된다(장신철, 2013). 이렇듯 우리나라의 고용서비스는 정부 고용서비스사업과 이의 집행 혹은 이와 별개로 고용서비스를 제공하기 위해 운영되는 다양한 일선 기관들을 통해 개인에게 제공되고 있는 실정이다.

이같이 다양한 고용서비스사업과 전달체계를 보유하고 있는 현 상황에서, 고용-복지서비스 연계 강화를 위한 전달체계 개편 방안을 모색하기 위해서는 전체 고용-복지서비스 전달체계, 특히 전체 일선 고용서비스기관에 대한 다면적인 고려가 필수적이라 할 수 있다. 하지만, 본 연구가 고용-복지 연계뿐 아니라 사회서비스 전반의 연계를 다루고 있다는 점에서, 본 연구에 포함된 다른 개별 사회서비스 분야와 마찬가지로 고용-복지 연계와 관련된 가장 핵심적인 정책 대안 도출에 보다 집중할 필요가 있다 판단된다. 이에 본고는 다음의 몇 가지를 고려해 본 연구에서 다루고자 하는 연구 대상을 초점화하고자 한다.

첫째, 단순하게 생각해 보면 지역 내 전체 사회서비스 제공기관 및 제공자들이 지역 내에서 제공되는 모든 고용 및 복지서비스에 대해 구체적으로 그리고 충분히 이해할 수 있는 새로운 체계를 구축하는 것을 효과적 고용-복지서비스 연계를 구현하기 위한 하나의 대안으로 상정해 볼 수 있을 것이다. 만약 이것이 실제로 구현될 수만 있다면, 이는 이용자들에게 필요한 고용 및 복지 혹은 고용-복지연계 서비스를 적재적소에 제공해 줄 수 있는 중요한 기반을 제공하는 것이라 할 수 있다. 하지만 적어도 현재의 사회서비스 전달구조에서는 이를 구현하는 것이 현실적으로 매우 어려울 가능성이 높다. 이는 고용과 복지서비스가 다양할 뿐만 아니라 세부 서비스별로 상당 수준의 전문적 개입이 이루어지고 있는 현 상황에서, 전체 기관 및 제공자들이 이종사회서비스 모두를 그것도 충분히 이해하는 체계를 구축하는 것은 쉽지 않은 과업일 것이기 때문이다. 뿐만 아니라 고용과 복지서비스 제공자들이 상당 수준의 업무 과중을 경험하고 있는 상황에서(김승택 등, 2015; 함영진, 2016) 현실적으로 기관이나 제공자들이 이러한 체계 구축 등을 위해 상당한 노력을 기울이기도 어려운 상황이다. 이에 더해 전달체계 또한 분절적으로 구성되어 있는 현재 상황에서(길현종, 2014; 문종열, 김기현, 2014) 이러한 과업이 모든 사회서비스기관에 추가될 수 있다고 가정하는 것 자체도 비현실적이며, 만약 새로운 과업으로 부여된다 해도 업무가 과중한 상황에서 기존에 제공하고 있던 사회서비스의 질적 감소에 대한 우려 또한 발생할 수밖에 없다. 이러한 다양한 한계를 고려한다면, 지역 내 활용 가능한 고용 및 복지서비스 전체를 이해하는 것을 주요 과업 중 하나로 하는 기관이나 개인을 따로 두는 방안을 이에 대한 차선책으로 고려해 볼 수 있을 것이다. 즉, 지역 내 모든 고용 및 복지서비스 기관이나 제공자들이 이들 모두를 이해하는 것이 현실적으로 불가능하다면, 이러한 다양한 서비스에 대한 이해를 주요 과업으로 하여 연계의 중심축이 되는 기관이나 제공자를 두는 방안을 그 대안으로 고려해 볼 수 있을 것이다.

둘째, 만약 앞서 언급한 일종의 이상적인 전제, 즉, 거의 모든 사회서비스 제공자들이 지역 내 활용 가능한 대부분의 고용 및 복지서비스를 충분히 이해한다고 해도, 이들이 해당 기관에서 제공하지 않는 사회서비스 욕구에 대해 사정하지 않거나, 이용자들을 다른 서비스기관으로 의뢰하지 않는다면, 유기적인 고용-복지서비스 연계는 불가능할 것이다. 하지만 앞의 경우와 동일한 관점에서, 즉, 고용 및 복지서비스가 일정 수준의 전문성을 지니고 있고, 전달체계가 분절적이며, 업무가 과중한 상황에서 이 같은 활동을 효과적·자발적으로 행할 수 있는 기관이나 제공자는 극히 드물 것이며, 이와 관련된 추가적 과업을 이들에게 부여하기도 어려울 것이고, 만약 부과된다 해도 이 과업이 기존 사회서비스의 질을 감소시킬 가능성 또한 존재할 수밖에 없을 것이다. 이에 동일한 맥락에서, 구체적인 고용 및 복지 욕구를 사정하고 특정기관에 연계시켜 주는 것을 주요 과업으로 하는 조직이나 개인을 따로 두는 방안을 그 대안으로 고려해 볼 필요가 있다고 판단된다. 즉, 고용-복지 연계 강화를 위한 현실적인 대안으로 본고는 지역 내 활용 가능한 고용 및 복지서비스를 충분히 이해하고, 이용자의 고용 및 복지서비스를 구체적으로 사정하며, 이를 특정 기관으로 연계해 주는 과업을 핵심 목표로 하는 지역 내 기관이나 개인, 일종의 연락담당자(liaison)나 연락담당기관(liaison organization) 혹은 허브(hub)의 가능성 및 역할을 탐색해 보는 것을 본 연구의 주목적으로 상정하고자 한다.

셋째, 이렇듯 고용-복지서비스 연계를 주요 과업 중 하나로 하는 지역 내 특정 개인이나 조직이 필요하다고 가정한다면, 현재 사회서비스 전달체계에서 이와 같은 역할을 부여받고 있는 기관이 있는지를 확인하는 과정을 다음 단계로 상정해 볼 수 있다. 앞서 본고에서 언급한 다양한 고용 및 복지서비스 기관 중, 이 같은 사회서비스 연계를 그 핵심 과업으로 부여받은 대표적 조직체가 바로 고용서비스 영역의 고용복지+센터(길현종 등, 2015; www.workplus.go.kr), 복지서비스 영역의 희망복지지원단(보건복지부, 2017d) 및 맞춤형 복지팀이다(보건복지부, 2017e).30)

30) 본고는 고용-복지 서비스 연계 강화라는 목적을 위해 현재 운영되고 있는 지역 내 핵심 사회서비스기관들의 운영 과정에서 어떤 구체적 개선이 필요한지에 대한 대안을 찾는 데 초점을 두어 논의를 전개하고자 한다. 본고는 지역사회에서 이들 기관들이 고용-복지서비스 연계를 위한 중심이 되어야 하는지, 만약 그렇지 않다면 대안적인 기관은 어떤 기관이 되어야 하는지 등과 관련한 논의는 이러한 핵심기관들의 운영을 평가한 이후

먼저, 고용복지+센터는 "국민들이 한 곳만 방문하면 다양한 고용·복지 서비스를 편리하게 받을 수 있도록 여러 서비스 기관이 한 공간에서 서비스를 제공하는 협업 모델"(고용노동부, 2017b, p.1)이다. 구체적으로 고용복지+센터는 고용센터, 일자리센터, 여성새로일하기센터, 중장년일자리센터 등 지역 내 대표적 고용서비스기관, 자립지원상담사 및 시군구 복지인력으로 구성된 복지지원팀, 서민금융서비스를 제공하는 서민금융센터, 이외에 지역 상황에 따라 문화 등 다양한 사회서비스를 제공하는 기관들이 한 장소에서 사회서비스를 제공하기 위해 구성된 조직체라 볼 수 있다(길현종, 2016; www. workplus.go.kr). 실제 인력 구성을 확인해 보면, 2016년을 기준으로 고용서비스 종사자 수가 전체 고용복지+센터 인원의 90% 이상을 차지하고 있는 반면 복지지원팀 인력은 4%에 불과해, 서비스 관점에서는 고용서비스 중심 기관으로 이해할 수 있다(길현종, 2016).

특히 전체 인력의 76%를 차지하는 고용센터는 고용복지+센터 내 가장 핵심적인 기관이라 할 수 있다(길현종, 2016). 본 센터는 고용복지+센터로 전환되기 이전부터 이미 지역 내 공공고용서비스 제공에서 주도적인 역할을 담당해 왔는데 〈표 5-5-2〉에서 확인할 수 있는 바와 같이, 본 센터는 고용노동부에서 시행하는 고용서비스를 포함한 다양한 대민업무를 직접 혹은 민간위탁 방식으로 수행해 왔다(김승택 등, 2015). 따라서 고용복지+센터는 기존 고용센터 기능에 지역 내 고용서비스 허브로서의 기능이 추가·강화된 것으로도 이해 가능하다.

논의되어야 한다 판단했다.

〈표 5-5-2〉 고용센터 담당 업무 중 구직자 혹은 근로자 대상 사업(2014년)

대분류	중분류	세분류	자체/위탁
구직자 지원	일반 구직자	- 워크넷:구직자 채용지원서비스	자체
		- 채용행사: 구인-구직 만남의 날, 동행면접	자체
		- 직업안정법: 직업소개 부조리, 거짓구인광고 신고 및 포상금 지급	자체
		- 취약계층 취업지원: 취업성공패키지 지원사업, 노숙인취업지원사업, 건설인력 취업지원사업, 산업단지 취업지원사업, 결혼이민자 취업지원사업, 전직지원사업, 경력단절여성 고용촉진지원사업, 중견인력 재취업지원사업, 중장년 일자리 희망센터, 고령자 인재은행, 심리안정지원 프로그램	자체/위탁
		- 취업보호: 북한이탈주민 취업보호	자체
		- 청년: 중소기업 청년취업인턴제, 청년창직인턴제, 청년직장체험프로그램	자체/위탁
		- 대학: 대학취업지원관, 대학청년고용센터, 청년취업아카데미	위탁
	취업 진로 지도	- 직업진로지도: 강소기업 탐방 프로그램, 직업체험, 취업캠프, 직업심리검사, 커리어 페스티벌, Good Job Project	자체/위탁
		- 프로그램: 집단상담프로그램, 단기집단상담프로그램, 일경험지원 프로그램, 취업특강, 토요직업탐색교실	자체/위탁
		- 실업자 직업능력향상: 실업자 내일배움카드제 훈련, 국가기간전략산업직종훈련	자체/위탁
		- 위기청소년 직업능력향상: 취업사관학교	위탁
	실업 급여	- 수급자 재취업지원: 실업급여 수급자 원스톱 서비스	자체
		- 구직급여: 구직급여, 자영업자 구직급여	자체
		- 연장급여: 훈련연장급여, 개별연장급여, 특별연장급여	자체
		- 취업촉진수당: 조기재취업수당, 직업능력개발수당, 광역구직활동비, 이주비	자체
		- 취업지원: FTA 피해 근로자 지원	자체
		- 취약계층 취업지원: 심층상담전담제	자체
근로자 지원	재직자 훈련	- 재직자 직업능력향상: 재직자 훈련	자체
		- 지원금: 근로자학자금 대부, 직업훈련 생계비 대부	자체
	피 보험자	- 신고: 자격확인청구	자체
		- 모성보호: 출산전후 휴가급여, 육아휴직급여, 육아기 근로시간 단축급여	자체
		- 부정수급: 부정수급 업무	자체

자료: 김승택 등(2015)의 '공공·민간 고용서비스 전달체계 개편방안' pp.32-35의 표 일부 재인용

〔그림 5-5-1〕 고용복지+센터 내부의 서비스 연계 프로세스

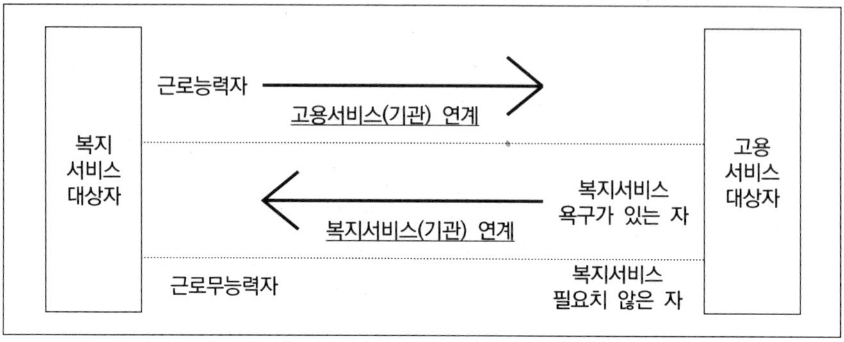

복지 서비스 대상자

근로능력자

고용서비스(기관) 연계

고용 서비스 대상자

복지서비스 욕구가 있는 자

복지서비스(기관) 연계

근로무능력자

복지서비스 필요치 않은 자

자료: 고용노동부(2017a)의 '한권으로 통하는 2017 고용노동정책' p.95의 그림 재인용

이와 같이 본 기관이 고용서비스를 핵심으로 하는 기관이긴 하나, 지역 내 고용서비스와 다른 사회서비스, 특히 복지서비스와의 연계를 강화하는 것이 본 기관의 핵심 목표 중 하나임에는 분명하다. 고용복지+센터 최초 제안문건을 확인해 보면 고용-복지서비스 연계가 설립의 핵심 문제의식 중 하나임을 분명히 확인할 수 있으며(국민경제자문회의, 2013), 이후 발간된 다수의 정부자료를 통해서도 이를 명확히 확인할 수 있다. 예를 들어 한 고용노동부 발간자료(2017a)를 살펴보면, 고용복지+센터에서 행하는 구체적인 고용-복지서비스 연계 방식을 〔그림 5-5-1〕과 같이 도식화하고 있는데, 이 또한 고용복지+센터가 고용-복지 연계를 주요 목적 중 하나로 하고 있음을 명확하게 보여 주는 자료라 할 수 있다.

다음으로 희망복지지원단은 "복합적 욕구를 가진 대상자에게 통합사례관리를 제공하고, 지역 내 자원 및 방문형서비스 사업 등을 총괄·관리함으로써 지역 단위 통합서비스 제공의 중추적 역할을 수행"하기 위한 목적으로 각 시군구에 설치, 운영되고 있는 공공조직체이다(보건복지부, 2017d, p.8). 조직 목표에서 알 수 있듯이, 본 기관은 통합사례관리, 자원관리, 읍면동 복지사업 지원 및 관리, 지역보호체계 운영 등의 다양한

활동을 통해 지역 내 활용 가능한 자원을 이해·발굴·관리하고, 복합적 욕구를 가진 지역 대상자에 이를 연결해 주는 것을 주요 업무로 하는 지역 내 공공 및 민간자원의 허브 기관이다(보건복지부, 2017d). 이들이 행하는 업무 중 통합사례관리의 활동 목적 및 내용만을 살펴보아도, 사업운영에 있어 고용-복지 연계를 그 핵심 기능의 하나로 하고 있음을 확인할 수 있다. 매뉴얼에 의하면, "복지·보건·고용·주거·교육·신용·법률 등 필요한 서비스를 통합적으로 연계"하는 것을 주목적으로 하고 있음을, 특히, 대상층의 탈빈곤이나 빈곤 예방을 위해 "고용-복지 연계에 중점"(보건복지부, 2017d, p. 23)을 두고 있음을 명확히 하고 있다.

마지막으로 맞춤형 복지팀은 최근 복지허브화사업의 일환으로 읍면동에 신설된 조직체이다(보건복지부, 2017e). 복지허브화 사업은 "읍면동에 맞춤형 복지 전담팀 설치 및 전담인력 배치를 통해 찾아가는 복지상담, 복지사각지대 발굴, 통합사례관리, 지역자원 발굴 및 지원 등의 서비스를 제공하고, 특히 복지 관련 공공 및 민간기관·법인·단체·시설 등과의 지역 네트워크를 기반으로 읍면동이 지역 복지의 중심기관이 되어 주민의 보건·복지·고용 등의 다양한 문제에 능동적으로 대응해 나가는 과정"을 통해 "국민의 복지 체감도를 제고하고 복지사각지대를 해소하기" 위한 목적으로 시작된 사업이다(보건복지부, 2017e, p. 3). 큰 틀에서는 지역 내 다양한 사회서비스를 확인·발굴하고 이를 통합적으로 제공하고자 하는 목표를 지닌다는 점에서 위 희망복지지원단과 궤를 같이한다. 뿐만 아니라 통합사례관리 사업을 통해 복지와 고용을 포함한 이종 사회서비스 간 연계, 특히 고용-복지를 강조하고 있다는 점 역시 위 희망복지지원단과 동일한 특징을 갖는 조직체라 할 수 있다.

이상의 논의를 종합해 보면, 본 연구는 고용-복지서비스 연계 강화를 위한 하나의 대안으로 이를 주요 과업으로 하는 지역 내 개인이나 기관을 두는 대안에 초점을 맞추어 논의를 전개해 보고자 한다. 그리고 현 시점에서 이러한 과업이 부여된 핵심적인 기관인 고용복지+센터, 희망복지지원단, 그리고 맞춤형 복지팀을 주요 연구 대상으로 삼아 고용-복지서비스 연계 관점에서 이들의 운영 실태, 그리고 개선 방향을 확인해 보고자 한다.

나. 사례지역 전달체계 특징 및 주요 연구논점

앞서 언급한 세 기관의 실태를 구체적으로 확인하기 전 한 가지 염두에 두어야 할 점은, 현 시점에서 이들 세 조직체가 모든 기초지자체에 설치되어 있는 것은 아니라는 점이다. 구체적으로 맞춤형 복지팀의 경우, 2018년까지 전국 읍면동에 점진적으로 확대하는 계획을 갖고 있어 현재는 일부 지역의 경우 운영되고 있지 않다(함영진, 2016). 다음으로 고용복지+센터의 경우 2017년까지 100개소 추진을 목표로 하고 있어 향후에도 이들 지역 이외의 지역에는 본 기관의 설치가 예정되어 있지 않은 실정이다(www.workplus.go.kr). 이를 감안한다면, 세 기관의 존재 유무를 기준으로 기초지자체를 총 네 가지 유형으로 구분해 볼 수 있을 것이다.

이 같은 기준으로 확인할 경우, 본 연구에서 연구 대상으로 포함된 5개 지역은 아래 〈표 5-5-3〉과 같이 구분해 볼 수 있다. 이 중 맞춤형 복지팀은 2018년 말까지 전국적으로 확산될 계획을 갖고 있기에, 지역별 차이와 관련해 본 절에서 우선적으로 고려해야 할 지점은 지역 내 고용복지+센터 존재 유무에 따른 세 기관의 기능 혹은 역할 차이라 판단된다. 연구 대상 지역에만 한정할 경우, 마포구를 제외하고는 해당 기초지자체 모두에 고용복지+센터가 존재하고 있는 상황이며, 마포구 역시 올해 안에 현재 지자체 내에 존재하는 고용센터를 고용복지+센터로 전환할 계획을 갖고 있다. 이에 본 연구에서는 고용복지+센터와 맞춤형 복지팀이 함께 존재하는 기초 지자체 형태를 기준으로 세 기관의 실태를 분석하고자 한다. 다만 개선 방안을 제안함에 있어서는 고용복지+센터가 부재한 경우 또한 염두에 두고 논의를 전개할 것이다.

〈표 5-5-3〉 고용-복지서비스 연계 관점에서의 대상지역 유형화

구분	고용복지+센터 존재	고용복지+센터 부재
맞춤형 복지팀 존재	경기 남양주시, 부산 사하구, 대전 서구, 전북 완주군	서울 마포구
맞춤형 복지팀 부재	-	-

한편 이와 같은 지역별 차이와 별개로 고용-복지 연계 강화를 위해 모든 지역에서 공통적으로 확인해야 할 필요가 있는 핵심 요소 혹은 분석기준 또한 실태 조사 이전 확정지을 필요가 있다. 이러한 분석 기준은 본고에 포함된 여러 개선 전략에서 확인할 수 있듯이 매우 다양할 수 있는데, 본 절에서는 특히 고용 및 복지서비스의 구체적 제공 과정(process)에 초점을 두어 세 기관의 운영 실태를 분석해 보고자 한다. 이는 본 연구가 일선 차원의 연계 강화 방안 마련을 주목적으로 하고 있다는 점, 구체적 서비스 제공 과정 전반을 확인할 경우 대인서비스에서 가장 중요한 요소인 일선 서비스 이용자 및 제공자의 관계를 그 핵심에 둘 수 있다는 점을 동시에 고려한 결정이었다(Hasenfeld, 1992). 구체적으로 본고에서 활용하게 될 서비스 제공 과정을 도식화하면 다음 〔그림 5-5-2〕와 같다(Hepworth et al., 2017; Perlman, 1975).

먼저, 고용이나 복지 혹은 고용-복지 연계서비스의 잠재적 수요자는 다양한 이유나 목적에서 고용 및 복지서비스 기관을 방문하게 된다. 구체

적으로 일부 개인들은 명확한 욕구를 지니고 또 이와 관련된 서비스를 충분히 인지한 채 방문하기도 하고, 또 다른 일부는 서비스를 받기 보다는 수급 의무 등을 다하기 위해 내방하기도 한다. 또 다른 이들은 다른 서비스를 받기 위해 기관에 내방했다가 우연한 기회에 자신의 욕구를 발견하거나 드러내기도 하고, 또 다른 사람들은 자신의 욕구가 명확지 않은 상태에서 기관의 연락 혹은 설득에 의해 내방하기도 한다. 서비스 제공자들은 어떤 이유에서든 이렇게 내방한 이들의 욕구를 사정(assessment)하게 되는데, 이 과정에서 내방자의 내방 목적을 재확인할 수도 있고, 보다 구체화·명확화할 수도 있으며, 때로는 내방자의 잠재적 욕구를 새로이 발견할 수도 있다.

[그림 5-5-2] 일선 고용-복지서비스 연계 과정

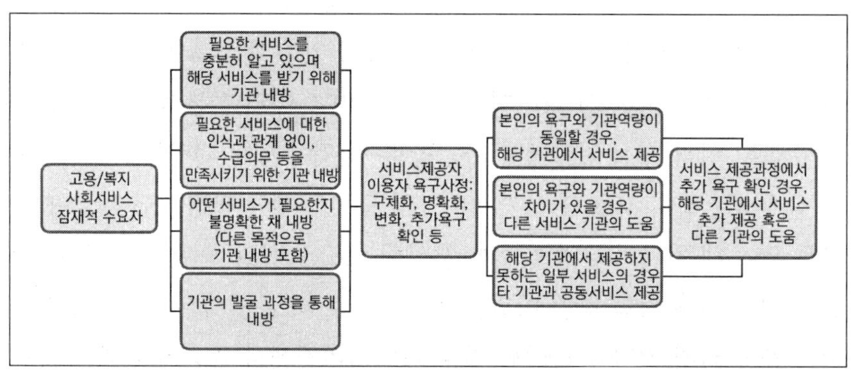

이러한 욕구사정 단계 이후, 내방자에게 필요한 서비스가 제공되게 되는데, 만약 서비스 이용자의 욕구를 해당 기관에서 제공하는 서비스를 통해 모두 만족시킬 수 있다면, 해당 기관에서만 서비스를 제공하게 될 것이다. 만약 어려울 경우 다른 기관으로 의뢰하거나 다른 기관의 자원을 확보하는 등 다른 기관과의 협력을 통해 해당 욕구에 부합하는 서비스를

제공하게 될 것이다. 그리고 복합적인 욕구를 지니고 있어 복수의 기관이 동시에 서비스를 제공할 필요가 있을 경우, 복수의 기관이 협력해 서비스를 제공할 수도 있을 것이다. 물론, 이와 같은 서비스 제공 과정에서 서비스 이용자에게 새로운 욕구가 발생되게 된다면, 이 욕구에 대한 추가적인 욕구사정을 통해 또 다른 서비스 제공 혹은 연계가 지속될 것이다.

이러한 일선 사회서비스 제공 과정 중 본 절에서는 특히 서비스 제공자의 개입이 필수적인 세 지점을 중심으로 실태를 확인해 보고자 한다. 이와 같이 제공자 개입에 초점을 둔 이유는 본고가 연계 강화를 위해 서비스 제공자 측면의 개선 방안을 마련하기 위한 목적을 지니고 있기 때문이다. 먼저, 고용·복지·고용-복지 서비스 잠재적 수요자의 발굴에 있어 고용-복지서비스 연계이다. 이는 앞서 〔그림 5-5-2〕의 네 가지 내방 유형 중 맨 아래 유형과 관련되어 있는데, 다른 유형과 달리 본 유형은 이용자의 내방을 위해 서비스 제공자의 개입이 일정 부분 필요하다는 특징을 갖는다. 특히 연계 관점에서는 각 기관에서 제공하지 못하는 서비스 욕구를 갖는 이용자를 발굴할 수 있는지, 예를 들면 복지서비스 기관에서 고용서비스 욕구를 가진 잠재적 서비스 이용자를 발굴하는 것이 가능한지를 탐색해 볼 필요가 있다.

둘째, 서비스 욕구사정 과정에서의 고용-복지서비스 연계이다. 이는 〔그림 5-5-2〕에서 내방 이후 이루어지는 욕구사정 단계를 의미하는데, 앞서 발굴내방의 경우와 마찬가지로 욕구사정에 있어 서비스 제공자가 일정 수준의 역할을 해야 할 필요가 있다. 연계와 관련해서는 해당 기관에서 제공하지 못하는 서비스 욕구를 사정하는지, 그리고 어느 정도 수준까지 사정할 것인지, 예를 들면 고용서비스 기관에서 복지서비스 욕구를 사정할 것인지 그리고 어느 정도 수준까지 사정할 것인지를 탐색해 볼 필요가 있다.

셋째, 잠재적 이용자의 욕구를 사정한 이후 다른 서비스 제공기관으로 의뢰하거나, 다른 기관의 자원을 활용하거나 혹은 다른 기관과 공동으로 서비스를 제공하게 될 경우의 고용-복지서비스 연계이다. 이 부분은 [그림 5-5-2]에서 욕구사정 이후 서비스 제공에 있어 두 번째, 세 번째 및 서비스 제공과정 중에 새로이 확인된 욕구에 있어 다른 기관과의 연계와 관련되어 있는데, 이 역시 제공자의 개입이 일정 정도 필요한 과정이라 할 수 있다. 연계와 관련해서는 일정 서비스기관에서 제공하지 못하는 서비스가 있을 경우 다른 기관과의 협업과정에서 어떤 역할을 해야 하는 것인지, 예를 들면 복지서비스기관에 내방한 개인이 고용서비스가 필요할 경우 해당 복지기관 담당자가 어느 고용서비스 기관의 담당자에게 연락해야 하며 이들 담당자의 역할은 어느 정도인지, 고용이나 복지서비스 기관이 해당 의뢰인에게 고용 및 복지서비스를 동시에 제공하게 될 경우, 개별기관의 담당자들은 어느 담당자에게 연락해야 하며, 이렇게 서비스를 제공하게 될 경우 각각 담당자는 어떤 역할을 해야 할지 등을 탐색해 볼 필요가 있다.

이상의 논의를 요약하면, 일선 고용-복지서비스 연계강화를 위해 1) 발굴 과정에서의 연계, 2) 욕구사정 과정에서의 연계, 3) 서비스 제공과정에서의 연계, 이 세 가지 연계 측면 전체를 탐색해 볼 필요가 있다고 판단된다. 보다 구체적으로 본 연구의 주요 대상인 고용복지+센터, 희망복지지원단, 맞춤형 복지팀의 경우, 1) 이들 기관이 이종 사회서비스 수요를 가진 대상자를 자체적으로 발굴하고 있으며, 또 지역 내 다른 기관의 이종 사회서비스 발굴 과정에서 어느 정도의 역할을 행하고 있는지, 2) 이종 사회서비스 욕구사정에 있어 자체적으로 어떤 욕구사정 절차를 지니고 있으며, 또 지역 내 다른 기관의 이종서비스 욕구사정 과정에서 어느 정도의 역할을 행하고 있는지, 3) 서비스 제공과정에서 자체적으로 어떤 연계 절차를 지니고 있으며, 또 지역 내 다른 기관과의 서비스 연계 과정에서 어느 정도 역할을 행하고 있는지에 대해서 확인해 볼 필요가 있다고 판단된다.

본 절에서는 이상의 주요 논점에 초점을 두어 이들의 기능을 구체적으로 분석해 보고자 한다. 이를 위해 앞서 언급한 5개 연구 대상 지역에 위치한 고용복지+센터, 희망복지지원단, 맞춤형 복지팀과의 면담 자료, 그리고 이들 기관과 관련한 문헌자료 및 본 연구의 실태 조사 자료를 포괄적으로 활용해 분석 결과를 제시하고자 한다.[31]

2. 지역 단위 고용-복지서비스 전달체계 기능 및 정책 대안

가. 사례지역 주요 고용-복지서비스 기관의 기능 분석

1) 대상자 발굴에서의 고용-복지서비스 연계

대상자 발굴에서 고려해야 할 핵심 논점은 기관에서 제공하지 않는 서비스 대상자를 얼마나 적극적으로 발굴하는지와 관련되어 있다. 자원이 제한된 상태에서 대인서비스 제공기관은 해당 기관이 담당해야 할 사회서비스 욕구를 가진 개인들에 초점을 맞추어 이들에게 적절한 서비스를 제공하는 것을 최우선 목표로 설정할 수밖에 없다. 비록 일정 정도 자원의 여유가 있어 재량적으로 자원을 활용할 여지가 있다 해도, 이종 사회서비스 욕구 대상자 발굴이 실제적인 기관의 생존이나 성공과 결부되어

31) 본 연구에서 자체적으로 시행한 면접 조사 및 실태 조사의 경우 앞서 제시한 5개 지역 전체에서 자료를 확보했으나 조사 범위의 포괄성, 면담·응답자 여건 등의 제한조건으로 인해 5개 지역 중 일부 고용복지+센터, 희망복지지원단, 맞춤형 복지팀 중 일부로부터는 자료를 확보하지 못했음을 밝힌다.

있지 않는 한 그 기관의 주대상층이 아니기에 이 업무는 상대적으로 후순위에 놓이게 될 가능성이 높다. 더군다나 사회서비스 전달체계 구조가 분절적이고 개별 영역별로 전문화된 상황에서 한 기관에서 다른 서비스 욕구를 지닌 대상자를 적극적으로 발굴하는 것 자체도 매우 어려운 과업일 가능성이 높다.

이 모든 상황을 고려한다면, 기관에서 제공하지 않는 사회서비스 대상자 발굴이라는 특정 과업을 부여받거나 기관에 특정한 혜택이 제공되는 경우가 아니라면 해당 조직에서 제공하지 못하는 다른 서비스 욕구가 있는 서비스 대상자를 발굴할 가능성은 높지 않다고 판단된다. 이를 고려한다면, 이종 서비스 대상자의 발굴을 통한 고용-복지서비스 연계를 촉진하기 위해서는 이에 대한 구체적 과업이 부여되어 있는지 혹은 이러한 활동에 대한 특정 혜택이 부여되어 있는지에 대해 우선적으로 확인해 볼 필요가 있다.

본 연구의 주요 대상기관들을 살펴보면, 먼저 고용복지+센터의 경우 읍면동 단위에서 발굴한 자원을 연계하는 것 이외에 이종 사회서비스 대상자를 자체적으로 발굴하는 것을 주요 과업으로 설정하고 있지는 않았다. 즉, 기존에 고용센터에서 행하던 과업인 고용서비스 관련 구인처 및 구직자 발굴에 대한 과업은 주요 과업 중 하나로 설정되어 있으나(고용센터 및 고용 관련 부서 운영규정) 다른 서비스 영역, 특히 복지서비스 잠재적 대상자 발굴에 대한 적극적 역할이 공식적으로 부여되어 있지는 않은 상황이었다(고용노동부, 2016b).

다음으로 복지서비스를 담당하는 두 기관 중에서는 맞춤형 복지팀이 실질적인 발굴 역할을 담당하고 있었는데, 본 맞춤형 복지팀에는 협의의 복지서비스를 넘어 고용을 포함한 다른 사회서비스 욕구를 갖는 대상층의 발굴 과업 또한 부여되어 있는 것으로 판단된다(보건복지부, 2017e).

구체적으로, 맞춤형 복지팀 매뉴얼에는 "사회복지 욕구가 존재함에도 불여러 가지 사유로 복지서비스를 제공받지 못하여 생활상의 어려움을 겪고 있는"(보건복지부, 2017e, p.23) 지역 주민이 주요 대상임을 언급하고 있다. 복지서비스는 일자리, 주거, 일상생활, 신체건강 및 보건의료, 정신건강 및 심리정서, 보호 및 돌봄·요양, 보육 및 교육, 문화 및 여가, 안전 및 권익보장이 모두 포괄되는 개념이기에(보건복지부, 2017e, p.244), 협의의 복지가 아닌 전체 사회서비스 욕구를 갖는 모든 계층을 포괄하는 것으로 해석이 가능하다.

한편, 이종 서비스 대상자 발굴에 있어 지역 내 다른 사회서비스 기관과의 협력의 경우, 고용복지+센터는 앞서 언급한 바와 같이 읍면동에서 발굴한 대상을 연계하는 정도의 과업, 즉, 읍면동과의 연계를 통해 잠재적 서비스 이용자를 발굴하는 정도가 기관의 과업으로 설정되어 있는 반면(고용노동부, 2016b), 맞춤형 복지팀의 경우 다양한 사회서비스 욕구를 지닌 대상자의 발굴을 위해 지역 내 이종 사회서비스 기관들과의 적극적 협력을 통해 잠재적 대상층의 발굴을 증진해야 하는(보건복지부, 2017e) 과업을 부여받고 있다. 특히, 고용복지+센터와의 관계에 관한 매뉴얼에는 내방자 가족의 고용서비스 욕구를 발굴해 이들을 고용복지+센터로 연계할 것을 명시하고 있다. 이 외에도 희망복지지원단과 맞춤형 복지팀의 경우 지역 내 자원개발 혹은 관리 등을 위해 지역 내 사회서비스 기관과의 협력을 강화하는 과업 또한 부여되어 있다(보건복지부, 2017d, 2017e).

지역 내 기관의 위상이나 조직의 구조를 종합해 고려한다면, 맞춤형 복지팀이 위치한 읍면동 주민센터가 이종 사회서비스 욕구를 지닌 잠재적 대상자를 발굴하는 데 있어 지역 내에서 주도적인 역할을 담당하는 것은 적절해 보인다. 이는 지역주민센터가 일선 공공행정서비스 중 가장 많은 국민이 이용하는(김흥주, 2016) 주민과 가장 근접한 단위에 위치해 있는 최일선 공공행정 기관일 뿐만 아니라, 다른 기관은 보유하고 있지 않은 최일선 단위의 촘촘한 인적 네트워크 자원 또한 보유하고 있기 때문이다. 즉, 지역 주민에게 가장 친숙한 공공기관인 동시에 서비스 욕구가 있는 개인을 발굴하는데 용이한 촘촘한 인적 네트워크를 지니고 있는 현재의 구조, 특히, 이 네트워크의 상당수는 단지 복지서비스를 넘어 대인 간의 관계 전반과 관련한 네트워크이기에, 맞춤형 복지팀이 다른 두 기관뿐 아니라 지역 내 대부분 사회서비스 기관에 비해 이종 서비스 발굴에 상대적으로 용이할 것으로 판단된다.

만약 맞춤형 복지팀 또는 지역 내 주민센터가 고용서비스 욕구를 가진 대상층을 발굴할 수만 있다면, 이는 기존에 고용서비스를 이용할 수 없었던 다수의 이용자들이 고용서비스를 받게 될 가능성이 높아진다는 점에서 긍정적 잠재력이 크다고 할 수 있다. 하지만 면담을 통해 확인한 바에 따르면, 맞춤형 복지팀 팀원들은 사회서비스 욕구의 범위와 관계없이 이용자 발굴 자체를 매우 어려운 과업으로 인식하고 있었다. 한 면담자는 기관에 내방하지 않거나 먼저 연락하지 않는 지역 주민을 발굴하는 것이 매우 어려운 과업임을 언급했다. 또 다른 면담자 역시 고용서비스 욕구가 있는 이용자의 발굴은 내방자를 대상으로 제한적으로만 이루어지고 있다고 진술, 엄밀한 의미에서 발굴이라고 보기는 어려웠다. 한 희망복지지원단 담당자 역시 복지허브화 사업을 통한 사례 발굴을 이와 유사한 관점에서 평가하고 있었다.

주민센터 담당자A: 주민들 신고 받은 것 외에 실질적으로 현실은 (발굴이) 없다. 한두 해 사각지대 발굴하는 것도 아니고, 오로지 주민신고에 의해서만 (사각지대 발굴) 할 수 있는 거지...(중략)...이 문제를 갖고 사회복지공무원끼리도 이야기하고, (지역 복지기관) 직원들과도 이야기하고, 지역사회보장협의체 위원님들과 이야기도 하는데, 계속 발굴하라고 계속 이야기가 위에서 내려오지만 더 이상은, 그 사람들이 써 붙이고 다니는 것도 아니고 더 이상 새로운 방안은 (없는 것 같습니다).

사회자: 어떻게 발굴하세요? 지역에 있는 구직 욕구가 있는 사람들?

주민센터 담당자B: 내방 민원이죠.

...(중략)...

사회자: 알겠습니다. 선생님은 어떠세요?

주민센터 담당자C: 저도 동일한 거예요. 내방하셔서 일자리 말씀하시는 분들의 경우 바로 그쪽(고용복지+센터)으로 안내해 드리고.

희망복지지원단 담당자: 이 취지는 굉장히 좋은데 자꾸 이런 걸 추진하면서 상부 기관에서 평가를 자주 해요 뭐 그래가지고 예를 들어서 복지 사각지대를 발굴하라는데 없는 사각지대 발굴을 (어떻게 할지) 모르는 거고.

만약, 이러한 상황이 상당수 맞춤형 복지팀의 현실을 반영하는 것이라면, 이들이 실제로 고용과 관련한 욕구를 갖는 이용자를 지역에서 발굴하는 것은 매우 어려울 것이라 판단된다. 다수의 주민센터 복지담당자는 고용의 욕구를 갖고 있는 내방자 자체도 그리 많지 않음을 언급했는데, 이는 현실적으로 맞춤형 복지팀에서 고용복지+센터로의 이용자 연계 자체가 빈번하지 않을 가능성을 보여 주는 것이기도 하다.

주민센터 담당자A: 오시는 분도 있으세요. 20명 중 1~2명 정도.

주민센터 담당자B: 저는 6개월 동안 2-3분 정도 본 것 같고요.

주민센터 담당자C: 저희 XX(지역)은 다 원투룸 지역이라 거의 청장년층이 많고 노인 인구가 많은데, 드물게 실직 상태로 생계의 어려움이라든지 이런 거 때문에 오시는 분들이 간혹 있는데 한 달에 한두 건 정도(요).

현재 읍면동 복지팀 개편이 진행된 지 얼마 지나지 않은 시점임을 고려한다면, 읍면동 복지팀을 통한 고용서비스 대상자 발굴은 향후 보다 많은 발굴 사례를 수집해 이를 전국적으로 확산하는 노력 등을 통해 지속적 개선이 이루어질 필요가 있을 것으로 판단된다. 이와 관련해 한 면담자는 사례발굴을 효과적으로 진행하기 위해 읍면동 복지팀이 보다 많은 개인자료에 접근할 수 있도록 그 권한을 확대해 줄 필요가 있음을 언급하기도 했다. 이는 고용서비스 사례발굴과 관련해서도 고려해 볼 만한 세부 정책 개선안이라 판단된다.

> 주민센터 담당자: 제가 그것 관련해서 사각지대 발굴하려고 자체 계획을 수립해서 청장년층. 그러니까 40대에서 50대 사이에 지역건강보험 가입자 1만원 미만 대상으로 자료를 건강보험공단에 요청했거든요. 거기서 자료제공을 거부했어요. 저희가 발굴 생각을 했어요. 지역가입자 1만원 미만이면 혼자 생활하는 실직자일 가능성이 높거든요. 사실 뒤지면 단독 가구라서 위기 가구로 발생될 사항이 많잖아요.

2) 서비스 욕구사정에 있어 고용-복지서비스 연계

연계 관점에서 서비스 욕구사정과 관련된 핵심 논점은 기관에서 제공하지 않는 서비스 욕구를 얼마나 적극적으로 사정하는지, 그리고 이들 서비스에 대해 얼마나 전문적이고 구체적으로 욕구를 사정할 수 있는지와 관련되어 있다. 앞서 사례발굴의 경우와 동일한 관점에서, 대인서비스 제공기관은 자신들이 제공할 수 있는 서비스와 관련된 욕구를 확인하는 데 자신의 역량을 집중하고자 할 것이다. 다만 해당기관에서 제공할 수 있는 서비스 욕구와 함께 복합적 욕구를 지니고 있는 내방자, 이 중에서도 특히 해당 기관에서 서비스를 제공하는 과정에서 다른 욕구의 해결이 반드시 필요한 이용자라면 기관에서 제공하지 않는 서비스 욕구를 사정하는 데에도 적극적일 필요가 있을 것이다. 욕구사정의 구체성과 관련해서는,

상당수의 서비스 제공자들이 자신의 전문 분야 이외의 영역에 대해 충분한 지식을 갖고 있기 못할 가능성이 높기에, 해당 분야 전문가에 비해 욕구사정의 구체성이 낮을 가능성이 높다. 즉, 포괄적 욕구사정의 과업이 부여되지 않는 한 대부분의 사회서비스 기관에서는 이를 위한 적극성을 발휘하기 어려울 가능성이 높으며, 욕구사정 담당자가 다른 서비스 영역에 대한 전문성을 지니고 있지 않는 한 구체적인 욕구사정 자체가 어려울 것이라 판단된다. 이를 고려한다면, 욕구사정과 관련해서는 기관별로 복합적 욕구를 가진 이용자들을 어떻게 사정하고 있는지, 복합적 욕구사정에 대한 과업이 부여되어 있는지, 그리고 다른 영역의 사회서비스에 대해 어느 정도의 전문성을 보유하고 있는지 등에 대해 확인해 볼 필요가 있다.

본 연구의 주요 대상으로 설정한 세 기관들은, 이러한 복합적 욕구에 대한 사정을 기관의 주요 과업 중 하나로 부여받고 있으며, 일부기관의 경우 일정 수준의 전문성도 구조적으로 확보하고 있다고 판단된다. 먼저 고용복지+센터는 설립 취지뿐 아니라 기관이 주로 제공하는 고용서비스의 속성을 고려한다면, 즉, 취창업이라는 궁극적 목표 달성을 위해서는 복지서비스 등 다른 서비스를 우선적으로 제공해야 할 경우가 빈번하기에, 복지서비스에 대한 욕구를 적극적으로 사정하고 이와 관련한 전문성을 담보할 수 있는 기관체계를 마련할 필요가 있다. 실제로 고용복지+센터 매뉴얼이나 기관 구조를 살펴보면 이러한 문제의식이 일정 부분 투영되어 있음을 확인해 볼 수 있다. 먼저 적극성과 관련해 고용복지+센터 매뉴얼은 대인서비스 종사자들의 경우 “방문자가 신청하지 않더라도 상담을 통해 방문자에게 필요한 서비스를 적극 발굴하여 제공”해야 할 책무가 있음을 명시하고 있다(고용노동부, 2016b, p. 10). 이 중에서도 특히 고용-복지 연계와 관련해서는 고용 및 복지 상담사들이 창구에서 이종 서비스 수요를 파악했을 경우 상호 의뢰해 대상자의 심층적 욕구를 파악해야 한다는 점을 재차 명시하고 있기도 하다(고용노동부, 2016b). 다음으로 전문성과 관련해서는 앞서 언급한 바와 같이 기관 내에 복지팀을 포함시켜 고용서비스뿐만 아니라 복지서비스의 구체적인 욕구사정까지도 기관 자체적으로 수행할 수 있는 체계를 갖추고 있으며, 사례관리협의체를 운영해 기관의 고용 및 복지 상담사 및 외부전문가가 한데 모여 이용자의 복합적 서비스 욕구를 사정할 수 있는 체계 또한 갖추고 있다(고용노동부, 2016b).

다음으로 맞춤형 복지팀의 경우에도 복지서비스 허브기관으로서의 설립 취지를 고려하면 보다 포괄적인, 적어도 복지서비스 제공과 관련한 폭넓고 전문적인 욕구사정을 수행해야 할 것으로 판단된다. 실제로 맞춤형 복지팀의 욕구사정, 즉, 초기 상담 과정을 매뉴얼을 통해 확인해 보면 잠재적 대상층의 다면적 욕구를 포괄적으로 사정하는 것을 주요 과업으로 설정하고 있음을 확인할 수 있다. 구체적으로 매뉴얼에는 “안전, 건강, 일상생활유지, 가족·사회적관계, 경제, 교육, 고용, 생활환경, 법률 및 권익보장”(보건복지부, 2017e, p.57)의 10개 영역에 대한 욕구를 사정하도록 규정되어 있다. 뿐만 아니라 보다 전문적인 욕구의 사정을 위해 지역에 따라 비공무원인 통합사례관리사, 방문간호사, 정신보건사회복지사, 직업상담사 등도 초기 상담 주체에 포함될 수 있음을 명시하고 있으며, 초기상담 이후 읍면동 통합사례회의라는 체계를 활용해 외부전문가와 함께 이종 사회서비스에 대한 추가적 욕구사정도 가능하게 하고 있다(보건복지부, 2017e). 희망복지지원단의 경우에도, 비록 맞춤형 복지팀으로 일선 대인서비스 업무가 많은 부분 이관되긴 했으나, 외부 전문가와 함께 대상층에 대한 복합적이고 전문적인 욕구사정이 가능한 솔루션회의나 통합사례회의 체계를 보유하고 있다(보건복지부, 2017d).

한편, 욕구사정 과정에서 다른 사회서비스 기관과의 협력은 앞서 언급한 바와 같이 사례관리협의체나 통합사례관리에 외부 전문가가 참여할 수 있도록 하거나 외부 전문가를 초기 상담에 포함하도록 하는 과정을 통해 이루어지고 있다(고용노동부, 2016b; 보건복지부, 2017d, 2017e). 이들 기관이 진행하는 사례관리협의체나 통합사례관리에는 연구대상 세 기관뿐 아니라 다른 지역 내 사회서비스 기관 또한 참석이 가능하다. 이에 더해, 앞서 발굴의 경우와 마찬가지로 읍면동 복지팀과 희망복지지원단의 경우 지역 내 자원개발 혹은 관리를 위해 지역 내 다른 사회서비스 기관과의 협력을 강화하는 과업 또한 수행하고 있는데, 이 역시 협력적 욕구사정과 간접적으로 관련되어 있다고 판단된다(보건복지부, 2017d, 2017e).

만약 매뉴얼에 언급된 바와 같이 이들 세 기관에서 다면적인 욕구사정이 적극적으로, 그리고 일정부분은 외부의 전문가 등의 지원을 통해 전문적으로 이루어진다면 이는 지역 내 고용-복지서비스 연계에 매우 긍정적으로 작용할 가능성이 높다. 이는 지역 내에서 실제적인 고용-복지 서비스 연계를 확대시킬 수 있는 기반을 마련해 주는 것이기 때문이다. 면담을 통해 확인한 바에 따르면, 고용-복지 간 다면적이면서 적극적인 욕구사정이 실제 일선에서 일부 구현되고 있음을 확인할 수 있었다. 예를 들어 고용복지+센터 면담에 참여한 직업상담사들의 경우 고용과 복지서비스 욕구를 동시에 갖는 이용자를 위해 서비스 제공자 간 빈번한 비공식 면담을 진행하고 있으며, 사례관리 협의체 회의 또한 정기적으로 진행하고 있음을 확인할 수 있었다.

사회자: 부인이 아프거나 남편이 아프거나 이런 케이스가 있을 것 같아요. 그런 케이스면 복지서비스를 제공하려고 찾아보실 거 아니에요? 어떤 방식으로 찾아보세요?

직업상담사A: 저희는 찾아보기보다는 복지선생님이 나와 계시니까 연계를 해서 귓속말로 이런 상황이다, 와이프가 아프다, 어머니가 지금 와상이라고 하시네요. 이런 정도로.

사회자: 복지팀, 그러니까 여기 나오신 자립지원상담사 말고 복지팀 말씀이시죠?

직업상담사B: 네네. 복지팀에다 하면 저 같은 경우는 연령대가 높으시니까 의료나 긴급지원으로 이런 걸로 많이 안내를 해드려요. 일단 어려움이 있으시면 저는 눈빛이나 말투에서 느껴지더라구요. 혹시 집안에 어려움이 없으세요? 복지혜택 받으시는 거 없으세요? 물어보면 받는 게 없는데요, 그거는 사실하고는 다르지만 그런 게 있냐고 그래서 연결해드리면 거기서 상담을 다 받고 가세요.

고용복지+센터 담당자: 일주일에 한 번씩 네 명 정도씩 회의를 진행했어요.

사회자: 4명이라고 하면 케이스가 네 개라는 의미인가요?

고용복지+센터 담당자: 네 그쵸. 회의를 진행하면 관련된 유관기관이 다 모여있거든요. 대상자가 와서 그 사람에게 얘기를 들어요, 하루에 4명을 들어요. 그래서 27회를 했어요.

사회자: 거의 100명이네요. 연인원으로 따지면 100명, 또 온 사람도 또 올 수 있고 그건 아니고요? 아니면 완전 다른 대상자들을요?

고용복지+센터 담당자: 다시 오진 않고 계속 새로운 사람이 오는 거고, 그중에는 정말 취업지원으로 갈 사람과 복지 쪽으로 갈 사람을 자체 내에서 구별을 해요. 자체적으로 취업지원에서 해결해야 할 문제들은 고용센터 자체 내에서 패키지사업이라든지 내일배움카드제라든지 또는 바로 취업지원업무를 하고, 복지 쪽으로 연계를 해야 되는 상황에서 그분이 기초생활수급자라고 하면 자립지원상담사하고 연계를 하고, 그게 아니라 일반적으로 그런 쪽으로 분류되지 않은 분들에 대해서는 여기 들어와 있는 복지담당팀으로 저희들이 연계를 하죠. 그렇게 해서 복지담당 선생님하고 이분에 대해서 상담내용에 대해서 이야기를 하고 그 이후에는 복지선생님이 각 주민자치센터의 담당공무원하고 연계를 하든지 전산시스템으로 연계를 하시더라고요.

다만 읍면동 복지팀의 경우, 일부 지역에서는 고용서비스와 관련된 적극적이고 전문적인 욕구사정이 실제로는 이루어지지 못하고 있을 가능성을 확인할 수 있었다. 복수의 면담자들은 시행 초기이거나 실적 혹은 인력 부족 등의 이유 등으로 사례관리의 초점을 협의의 복지서비스에 두고 있다거나, 사례관리를 수행함에 있어 고용서비스를 고려한 경우가 매우 드물었다는 점을 언급했다.

> 사회자: 사례관리 컨셉을 고용 쪽이 아니라 지금 있는 복지 쪽 문제에 초점을 두고 사례관리를 하고 계신 거지요?
>
> 주민센터 담당자A: 왜냐면은 사례관리 업무를 (읍면동에서) 주도적으로 하게 된지 얼마 안 됐잖아요. 그동안은 무조건 (시군구)에서…(중략)…그 동안은 저소득층이나 복지 수혜 대상자를 주로 하는 사례관리였기 때문에 그래서 고용 쪽으로 연계하는 케이스 같은 그 자체가 적기는 했어요. 근데 앞으로 더 문제는 고용연계라든지 이쪽이 강화가 되어야지 사례관리서비스의 질이 높아지고 할 것 같아요. 지금은 사례관리 처음 초기단계라서 나라에서 그런 고용 쪽 연계 이런 거는 많이 비중을 안 두고 있는데 이제 앞으로는 그렇게 될 것 같은데 일단은 저희한테 체계적으로도 고용에 대한 서비스를 알 수 있는 그런 체계 같은 게 아직 없으니까
>
> 사회자: 사례관리는 몇 케이스 정도 하세요? 정해져 있는 게 있어요?
>
> 주민센터 담당자B: 그것도 마찬가지로 각 (읍면동)별로 틀려요. 사실은 어디든지 저희가 조직사회다 보니 실적이 반드시 있어야 돼요. 그런 거를 실적을 세울 때는 항상 비율을 이렇게 줘요. 수급자 대비 몇 % 이렇게 하고 있는 실정이에요. 그것도 각 동별로 숫자가 많거나 이러면…(중략)
>
> 주민센터 담당자C: 이 사람이 수급자가 아니니까 안 된다는 제한은 없어요. 대신 저희가 우려하는 건 사례관리라고 해 놓고 적합한 서비스 연계가 안될까 봐. 그럼 괜히 사례관리만 해 놓고 서비스 연계도 안되고 서비스가 연계한 게 사례관리 한다든지 서비스 어떤 걸 연계했는지가 중요하거든요. 그런데 그걸 만약에 적합한 서비스를 연계할 것도 없으면서 사례관리로 하면 저희한테는 부담스러운 부분이 있는 것 같아요. 실적으로 평가가 되고 그걸 사후관리를 하는데 사례관리 되었던 가구들은 나중에 사후관리 어쨌든 형식적인 평가를 할지라도 사후관리가 되어야 하는데 만약에 저희가 고용요구가 있는 사람들이 와 가지고 사례관리를 했는데 이걸 적정한 걸로 연계를 못한다면 저희도 부담이에요.
>
> 주민센터 담당자D: 간혹이에요. 올해 사례관리 회의 들어가서 일자리 관련해서 의견을 듣거나 한 것이 다섯 손가락 안에 들어요.

다음으로 욕구사정의 전문성과 관련, 한 희망복지지원단 면담자는 맞춤형 복지팀의 이직이 전문적 욕구사정 등 사례관리에 있어 걸림돌로 작용할 가능성이 있음을 언급했다. 물론, 이러한 잦은 이직은 욕구사정뿐 아니라 고용-복지서비스 연계 전반에 영향을 미칠 수 있는 요인이라 판단된다.

> 희망복지지원단 담당자: 대상자 이용자를 기준으로 했을 때 다양한 복지정보들을 가지고 있는 사람들이 한 이용자에 대해서 여러 가지 계획이나 정보를 가지고 개입할 수 있다는 큰 장점이 있기는 한데 가장 중요한 것은 정책이라는 것이 정책을 만든 사람이 얼마나 그 자리를 유지하는 것이 문제잖아요…(중략)…저희가 걱정하고 제일 많이 고민하고 있는 부분은 공무원들도 잦은 보직변경이 있거든요 그러다 보니까 정말 잘 훈련되고 잘 교육이 되어서 어느 정도 **(욕구사정이 포함된 주민센터 프로그램)을 수행할 수 있는 전문 인력이라고 평가가 되면 다른 (읍면동으로) 간다던지 아니면 다른 역할을 하게 된다던지 이런 것 때문에…이건 뭐 사실 저희 (시군구)만의 고민은 아닌 거 같아요. 이런 부분에 대해서 픽스된 역할을 주지 않는 상태에서 약간 판만 깔아놨기 때문에 발생할 수 있는 문제에 대한 대책도 많이 필요한 게 아닌가.

한편 욕구사정 과정에서의 협업과 관련, 고용복지+센터와 희망복지지원단 담당자 간 일정 수준의 정기적 교류가 이루어지고 있는 복수의 지역을 확인할 수 있었다. 이들 지역의 경우 고용복지+센터 사례관리협의체에 희망복지지원단 팀원이 참석하거나, 고용복지+센터의 복지지원팀원이 희망복지지원단과의 정기적 네트워크에 참여하고 있었다. 반면, 고용복지+센터나 읍면동 복지팀에서 이루어지고 있는 사례관리회의체에 이들 두 기관 상담사들이 상호 정기적으로 참여하는 사례는 적어도 면담 지역 중에서는 찾기 어려웠다.

> 고용복지+센터 복지지원팀 담당자A: 저는 XX(시군구)에 희망복지지원단 소속으로 들어가 있어서 매달 정기적인 네트워크가 이루어지고 있어요. 그쪽으로 하면 이분에 대한 것들이 다 연결이 돼요. 제가 연결했던 것은 한부모 대상이 되는데 한부모로 지원을 안 받고 계시는 분이 한 분 계셔서 한부모로 지정해 달라고 했고 그리고 이 사람이 통합관리지원 대상자가 될 것 같아서 한 번 의뢰를 했고, 이 둘은 공문으로 의뢰를 했고요. 나머지는 담당자한테 물어봐요…(중략… 왜냐

면 희망복지지원단에 대부분의 복지체계가 다 들어와 있어요. 민간복지체계가. 그리고 저희 같은 경우는 제가 들어와서 벌써 5년 동안 그 팀하고 공부하고 사례할 때도 들어가서 하고 지금은 지역으로 허브화한다고 쪼개가지고, 5개로 쪼개져 나와서 교육만 같이 해요. 옛날에는 사례교육만 같이 했는데 지금은 교육만 같이 하는데 그게 좀 도움이 되는 것 같아요.

고용복지+센터 복지지원팀 담당자B: 사례관리협의체는 현재 공식적으로는 회의를 한 달에 1번 정도 하고요. 비공식적으로도 좀 더 케어가 필요하거나 모니터링이 필요한 대상자가 있을 경우에는 페이퍼나 단독 모니터링을 해서 1회를 더 하는 경우가 있어요. 한 달에 2번 또는 1번을 한다는 이야기죠. 공식적인 회의는 1회고요. 여기 있는 모든 기관에 각 상담하는 선생님들이 참여하고 계세요…(중략)…(추가적으로) 올해부터 오시기 시작한 통합사례 선생님이 있어요.

사회자: 통합사례라면 (시군구)청에서 나오신 분인가요?

고용복지+센터 복지지원팀 담당자B: 네.

…(중략)…

사회자: 통합사례 선생님이 여기도 오시니까 연락하기 쉬우시겠네요.

고용복지+센터 복지지원팀 담당자B: 서로 소통이 되니까 저희가 요청을 한 거고. 그 선생님도 사례관리하시는데 많이 도움이 된다고 하시니까. 왜냐하면 통합사례 대상 중에 고용서비스를 요구하는 분들이 계시잖아요. 그런 분들에 대한 정보도 얻고 여러 모로 도움이 된다고 같이 참여하고 계세요.

이상의 내용을 확인해 볼 때, 고용-복지 연계 관점에서 읍면동 맞춤형 복지팀의 경우 실제 일선에서 고용과 관련한 욕구를 사정할 수 있는 체계를 구축할 필요가 있다고 판단된다. 그뿐만 아니라, 읍면동 맞춤형 복지팀과 고용복지+센터 간 이용자 중심의 실질적인 교류가 이루어질 수 있는 체계 또한 구축될 필요가 있다고 판단된다.

3) 서비스 제공에서의 고용-복지서비스 연계

서비스 제공에서의 연계는 욕구사정 과정에서 서비스 이용자가 해당 기관에서 제공하지 않는 서비스 욕구를 지니고 있음이 확인될 경우 다른 서비스 제공자 혹은 기관을 연계해 서비스를 제공하는 것을 의미한다. 따라서 이와 관련한 핵심 논점은 필요한 서비스를 제공할 수 있는 지역 내 서비스 제공 주체를 명확히 확인할 수 있는지, 그리고 이들을 통해 이용자 욕구에 적절한 서비스를 제공할 수 있는지의 여부이다. 만약 복수의 기관이 한 대상자에게 여러 사회서비스를 동시에 제공하게 된다면, 그리고 해당 기관에는 주도적 사례관리 역할이 아닌 일부 서비스 제공 역할만이 부여 된다면, 본 기관이 이 연계 서비스 제공 과정에 참여하지 않을 이유는 없다. 이는 해당 기관이 제공 가능한 서비스를 제공하는 것은 해당 기관의 주목적 행위이기 때문이다. 이에 더해, 해당 기관에서 제공하는 서비스를 제공하기 위한 전제 조건으로 다른 서비스의 제공이 반드시 필요한 경우라면 연계 서비스 제공에 있어 주도적인 역할, 즉 사례관리의 역할도 담당할 가능성이 높다. 다만 이와 같은 경우가 아니라면 앞서 발굴이나 욕구사정의 경우와 마찬가지로 많은 사회서비스 기관들은 연계에 있어서 주도적인 역할을 하지 않을 가능성이 높다. 물론 이와 같은 논의는 기관 내적 연계의 경우에도 동일하게 적용될 수 있다(길현종, 2014).

즉, 서비스 연계 제공에 있어 다수의 사회서비스 기관 혹은 기관 내 특정 서비스 제공자는 본인의 기관 혹은 서비스 제공에서 반드시 필요한 경우가 아니라면, 다른 사회서비스를 제공함에 있어 주도적인 역할을 하지 않을 가능성이 높다. 이를 고려한다면, 서비스 제공과 관련해서는 기관별로 복합적 욕구를 가진 사례들을 어떻게 다루고 있는지, 복합적 서비스 제공 과정에서 주도적 혹은 적극적 역할이 과업으로 부여되어 있는지, 그리고 어떤 방식으로 다른 서비스 제공 주체를 찾고 연계서비스를 제공하는지 등을 확인해 볼 필요가 있다.

본 연구의 주요 대상으로 설정한 세 기관의 경우, 앞서 언급한 바와 같이 서비스 연계 시 주도적인 역할을 담당하는 것을 주요 과업 중 하나로 부여받고 있으며, 이를 위한 내적 연계 혹은 외부 서비스제공기관 탐색체계 또한 갖추어져 있다. 먼저 고용복지+센터의 경우 고용과 복지 서비스를 동시에 혹은 연이어 제공해야 하는 대상을 위해 사례관리협의체를 구축하고 있으며, 사례관리협의체에서 개별 사례를 담당할 주 사례관리자 또한 명확히 규정하고 있다(고용노동부, 2016b). 맞춤형 복지팀 및 희망복지지원단의 경우에도 앞서 언급한 통합사례회의를 통해 실제 연계서비스를 제공하고 있으며 일련의 과정에서 수행 주체 또한 명확히 적시하고 있다(보건복지부, 2017d, 2017e).

서비스 연계 시 세 기관의 역할 또한 매뉴얼에 규정되어 있다. 먼저 고용복지+센터의 경우, 매뉴얼에는 내적 연계만을 통해 자체적으로 서비스를 제공하기 어려운 이용자가 발생할 경우 이들을 희망복지지원단으로 연계할 것을 규정하고 있다. 다만, 읍면동 복지팀과의 서비스 연계와 관련해서는 구체적인 내용이 포함되어 있지 않다(고용노동부, 2016b). 반면 읍면동 복지팀 매뉴얼에는, 앞서 언급한 바와 같이 고용서비스 필요욕구를 적극적으로 사정하고 고용서비스가 필요한 대상에 대해 고용복지+센터로 연계할 것을 명시하고 있다. 이 외에 읍면동 복지팀과 희망복지지원단의 관계에서는 사례관리의 난이도를 기준으로 고난도 이용자를 희망복지지원단에 의뢰하도록 규정하고 있다.

물론 이들 세 기관 이외의 다른 사회서비스 기관들도 사례관리협의체나 사례관리회의에 참여할 수 있기에, 이들 세 기관은 지역 내 다양한 사회서비스 기관과의 협력을 통해 연계서비스를 제공할 수 있다. 이에 더

해, 읍면동 맞춤형 복지팀과 희망복지지원단의 경우 외부자원 개발 및 관리를 하나의 주요 과업으로 설정하고 있어, 이러한 지역 내 다양한 사회서비스 기관과 지속적인 관계를 유지하고 있다.

다른 사회서비스 기관들과 마찬가지로 고용복지+센터, 읍면동 복지팀 그리고 희망복지지원단은 기관 자체의 역량만으로 이용자가 필요로 하는 모든 서비스를 제공하는 데 일정 부분 한계가 있을 수밖에 없다. 고용복지+센터는 이용자들에게 고용서비스와 제한적 범위의 복지 및 금융서비스 정도만을 제공해 줄 수 있다. 희망복지지원단 및 읍면동 복지팀의 경우에도 연계를 통한 서비스 제공인 사례관리를 제외하면 자체적으로 제공할 수 있는 서비스는 제한적인 수준의 복지서비스 정도에 한정된다.

이를 고려한다면 이를 세 기관은, 이들이 고용-복지서비스 연계에서 적극적이고 주도적인 역할을 부여받은 기관들이기에, 이용자 그리고 이들에게 제공할 서비스를 중심으로 적극적인 서비스 연계 활동을 수행해야 한다. 이를 일선 단위로 구체화하면 고용복지+센터 사례관리협의체를 주도하는 복지지원팀 팀원, 희망복지지원단 및 읍면동 복지팀 통합사례관리를 주도하는 단원 혹은 팀원들은 이들 세 기관에서 제공하는 고용 및 복지서비스에 대해 충분히 이해한 뒤 이를 기반으로 적극적 서비스 연계를 구현할 필요가 있다. 물론 이러한 유기적인 서비스 연계가 일선에서 구현될 수 있다면, 이는 지역 내 고용-복지서비스의 효과적인 연계에 긍정적으로 작용할 수 있을 것이다.

하지만 이들 담당자 간의 교류 수준은 적어도 현재보다는 더 활발해질 필요가 있다 판단된다. 앞서 언급한 바와 같이, 면접에 참여한 복수의 지역에서 고용복지+센터와 읍면동 복지팀 담당자 간 공식적인 교류는 정기적이고 빈번하게 이루어지지 못하는 상황이었으며, 실제로 복지팀의 경우 고용서비스 연계를 제외한 협의의 복지 영역에 집중해 서비스를 제공하는 관행이 존재하고 있음을 확인할 수 있었다. 만약 이 같은 관행이 다수의 지역에 실재하고 또 지속된다면, 읍면동 복지팀은 고용복지+센터에서 제공하는 고용서비스를 충분히 이해하지 못하게 될 가능성이 높고, 이는 결국 고용-복지서비스 연계 증진에 부정적으로 작용할 수밖에 없을 것이다. 물론, 복수의 지역에서 확인한 바와 같이 읍면동 복지팀이 현재 협의의 복지서비스에 집중하는 사례관리를 하고 있을 경우 고용서비스와의 연계에 대한 욕구 자체가 존재하지 않거나 매우 미약할 가능성이 높다. 하지만 매뉴얼에 규정된 바와 같이 향후 고용서비스를 포함한 보다 포괄적인 욕구를 갖는 대상자에게까지 사례관리가 확대된다면, 고용서비스기관과의 연계서비스 제공은 반드시 필요한 과업의 일부분이 될 것으로 판단된다. 고용복지+센터의 경우 본 연구의 실태조사에 참여한 고용복지+센터 내 복지담당자 네 명 중 세 명이 읍면동 주민센터와의 협력 관계를 현재보다 더 강화해야 할 필요가 있다고 응답한 점에 비춰 볼 때 현재도 연계 강화와 관련해 상당히 높은 욕구를 지니고 있다고 판단된다. 이들 모두를 고려한다면, 현재의 한계를 극복하기 위해 이들 두 기관 간에 보다 정기적이고 강화된 네트워크를 구축할 수 있는 새로운 제도 혹은 체계가 마련될 필요가 있다고 판단된다.

고용복지+센터 복지지원팀 담당자: 읍면동에서는 아직까지 고용복지플러스센터에서 어떤 일을 체계적으로 하고 있는지 잘 모르는 경우가 대부분인 것 같아요.

사회자: 그래요? 사실 그 두 개가 유기적으로 연계가 돼야 할 것 같다는 생각이 들긴 하거든요.

고용복지+센터 복지지원팀 담당자: 읍면동 입장에서 제가 생각해 보면, 이 사람이 일자리를 원한다. 그래서 일자리센터로 연계를 해 줘야겠다는 생각을 해 보지 않았던 것 같아요. 그건 알아서 하셔야 된다. 일자리를 왜 여기서 이야기하시나, 하고 생각했던 것 같아요. 제가 여기에 있다 보니까 일자리센터에 이런 분이 계신다고 이야기할 수도 있고, 고용 쪽으로 많이 치중돼 있는데. 글쎄요. 조금 넓히면 그걸 감당할 수 있을지는.

사회자: 정보 자체가 없다는 말씀이시지요?

행정복지센터 담당자: 네. 그러니까 일선에서 일하는 저희 복지직원들도 보면 당연히 고용이나 여기서 할 일이지 저희가 할 일이 아니고. 막연한 정보도 없기 때문에 예전에는 그런 정보를 알고 있었으니까 이런 거 관련해서 여기를 해 보세요 라고 하지만 지금은 그런 게 없기 때문에 무조건 이 쪽으로 가세요 하고 전화번호 안내해 드리는 역할을 하는 거지(요).

다음으로 고용복지+센터와 희망복지지원단의 관계에 대해 매뉴얼에 상대기관을 적시하여 연계서비스를 제공할 것을 명시하고 있고(고용복지+센터→희망복지지원단), 실제로 일정 수준의 교류를 행하고 있는 지역도 있다는 점을 확인할 수 있었다. 하지만 실태 조사에 참여한 고용복지+센터 내 복지담당자 네 명 모두가 시군구 희망복지지원단과의 협력이 좀 더 강화될 필요가 있다고 응답했음을 고려한다면, 적어도 고용복지+센터 관점에서는 현재보다 강화된 기관 간 연계가 필요할 가능성이 높다. 다만, 희망복지지원단 관점에서는, 읍면동 복지팀 개편 이후 고난도 이용자, 즉 고용서비스조차 받지 못할 정도의 이용자들을 중심으로 통합사례관리를 운영하도록 되어 있어, 고용복지+센터와의 서비스 연계에 대한 욕구가 낮을 가능성이 높다. 따라서 이 두 주체간의 서비스 연계를 강화하기 위해서는 고용복지+센터 사례관리협의체 담당자가 좀 더 적극적인 활동을 전개하거나 제도적으로 희망복지지원단의 사례관리 대상 범위에 고용복지+센터 의뢰자까지 포함하는 방안을 고려해 볼 필요가 있을 것이다.

한편 고용복지+센터 복지지원팀의 경우, 제도 도입 초기부터 복지지원팀의 역할이나 과업이 명확하지 않아 복지팀원의 역량을 충분히 활용하지 못하고 있다는 점, 특히 고용서비스가 필요해 내방하는 개인이 복지서비스가 필요한 경우 이를 연계하는 정도의 제한적인 역할만 담당하고 있다는 문제제기가 지속되었다(길현종, 박찬임, 성지미, 김예슬, 2015). 실제로 면담에 참여한 복지지원팀 담당자는 다른 일선 복지서비스 제공자들에 비해 상대적으로 자신의 업무량이 많지 않다는 점을 언급했다. 이를 반대로 이야기하면, 고용-복지 연계 과정에서 복지팀원에게 실질적이고 적극적인 과업을 부여할 수도 있다는 의미이다. 예를 들어, 앞서 언급한 세 기관 간 정기적이고 강화된 네트워크를 구축할 수 있는 핵심적인 주체로서의 역할을 부여할 수도 있으며, 지역 내에서 고용서비스와 복지서비스 양측 모두의 전문성을 가진 핵심 연락 담당자 혹은 허브 역할을 부여할 수도 있을 것이다. 실제로 면담에 참여한 복지지원팀 담당자의 경우 이 같은 추가 역할의 일부를 담당할 수 있다고 언급했다. 즉, 향후 복지지원팀원이 희망복지지원단과 읍면동 복지팀의 사례회의체에 정기적이고 의무적으로 참여하게 된다면, 일선에서 고용-복지서비스 연계는 현재보다 더 강화될 수 있을 것이다.

고용복지+센터 복지지원팀 담당자: 실질적으로 읍면동에서는 저희 쪽보다 하는 일이 너무 많아서…(중략)…

사회자: (선생님께 고용서비스가 필요한 대상자 전화번호를 알려준다면) 선생님이 그 전화번호로 연락해서 오시라고 상담해서 설득해서 취업지원으로 연결시켜 주는 역할이 부여가 된다면, 그에 대해서는 감당할 의향이나 여력은 지금 현재 있으세요?

고용복지+센터 복지지원팀 담당자: 솔직히 여력은 있어요. 읍면동에 비해서.

사회자: 조금 여유 있으시죠?

고용복지+센터 복지지원팀 담당자: 네. 사실은 조금 많이.

나. 비용효과적 고용-복지서비스 연계를 위한 정책 대안

이상에서 확인할 수 있었던 내용 및 이를 바탕으로 현 시점에서 필요하다고 판단되는 개선 방향을 정리해 보면 다음과 같다. 첫째, 본 절에서는 사회서비스 연계의 경우 연계와 관련된 특정 과업이 일정 기관이나 서비스 제공자에게 부여되지 않는 한 지역 내에서 효과적·효율적으로 달성되기 어려울 가능성이 높다고 가정했다. 자원 제한의 관점에서, 그리고 기관의 전문성 측면에서 사회서비스기관들이 이종서비스와의 연계를 위해 적극적으로 활동할 가능성도 높지 않다고 가정했다. 즉, 본 연구에서는 기관 운영상 도움이 되는 서비스 연계가 아니라면 연계의 노력은 기관 운영 전략의 후순위에 위치할 가능성이 높다고 전제했다.

둘째, 이러한 전제하에 본고는, 일선 고용-복지서비스 연계 강화를 주목적으로 하는 세 종류의 공공사회서비스 조직체인 고용복지+센터, 읍면동 맞춤형 복지팀, 그리고 희망복지지원단을 주요 연구 대상으로 설정했다. 그리고 이들의 서비스 연계 과정을 발굴, 욕구사정, 그리고 연계서비스제공으로 구분해 운영 실태를 확인해 보았다.

셋째, 운영 실태를 확인한 결과, 이들 세 기관은 상당히 구체적인 수준의 서비스연계 과업을 부여받고 있으나, 실제 운영에서는 이 같은 과업이 일정 부분 구현되지 못하고 있음을 확인할 수 있었다. 먼저, 읍면동 복지팀은 이용자 발굴과 관련해 부여되어 있는 과업과 달리 고용과 관련한 잠재적 이용자 발굴에는 소극적인 편이었다. 이 같은 현실을 고려한다면, 정부는 맞춤형 복지팀이 잠재적 대상자를 발굴할 때 보다 포괄적인 대상자를 발굴할 수 있도록 하는 방안, 예를 들면 광범위한 욕구를 갖는 계층을 발굴할 수 있도록 법이 허용하는 범위에서 최대한 많은 정보를 활용할 수 있는 권한을 부여하는 등의 노력을 기울일 필요가 있다. 고용서비스 잠재적 이용자 발굴을 지원하는 노력, 예를 들면 우수 발굴 사례를 확인해 이를 전국적으로 확산하는 노력 등도 진행할 필요가 있을 것이다.

넷째, 전문적·포괄적 욕구사정이나 연계를 통한 서비스 제공을 위한 핵심 기반이라 할 수 있는 세 기관 서비스 제공자 간 정기적이고 적극적인 연계, 특히, 맞춤형 복지팀 도입 이후 중요성이 증대된 고용복지+센터와 읍면동 복지팀 간 정기적 교류는 매우 부족한 수준이었다. 이를 고려한다면 정부는 개별 기관 사례관리회의체의 핵심 주체인 맞춤형 복지팀원, 고용복지+센터 복지지원팀원, 그리고 희망복지지원단 팀원들 간 개별 사례회의체에 교차 참석을 의무화하거나 이들의 정기적 교류를 지원하는 방안을 적극적으로 고민해 볼 필요가 있을 것이다. 특히, 이 과정에서 고용복지+센터 복지지원팀원에게 좀 더 적극적인 역할 및 추가적인 과업을 부여하는 것도 고려해 볼 필요가 있다.

다섯째, 고용복지+센터에서 자체적으로 서비스 제공이 어려울 경우 희망복지지원단으로의 의뢰, 맞춤형 복지팀에서 담당하기 어려운 고난도 사례의 경우 희망복지지원단으로의 의뢰와 같이 희망복지지원단과 나머지 두 기관 간 사례관리서 일정 정도 역할 분담이 규정되어 있으나, 고용복지+센터와 읍면동 복지팀 간에는 명확한 역할 분담이 이루어지지 않고 있다. 물론, 읍면동 복지팀이 고용서비스가 필요한 대상을 많이 다루지 않고 있어 현재까지는 서비스 중복·경쟁과 관련한 문제는 발생하지 않고 있지만, 향후 규정된 바와 같이 읍면동 복지팀이 포괄적 욕구를 갖는 대상자의 발굴 또한 행하게 될 경우, 효율성 관점에서 이와 관련한 문제가 발생할 가능성을 완전히 배재하긴 어렵다. 이에 앞서 언급한 기관의 역량, 현재까지의 경험 및 전문성, 이들 기관에서 제공 가능한 서비스 기능 등을 전반적으로 고려해 복합적 서비스 제공이 필요한 대상자가 확인될 경우 어떤 기관에서 주도적 사례관리 주체가 될지에 대해 확정할 필요가 있을 것이다. 예를 들어 취업을 위해 일부 복지서비스만이 필요한 경우도 있지만 직업훈련부터 취업 알선 그리고 취업 유지까지 포괄적인 고용서비스가 필요한 경우에는 고용복지+센터에서 주도적 사례관리 역할을 담당하는 것 등이 그 예에 해당될 수 있을 것이다.

여섯째, 본문에서 언급한 바와 같이 복지허브화 사업이 본격적으로 시작된 지 상당 기간이 지났음에도 고용복지+센터 매뉴얼에는 맞춤형 복지팀과의 연계와 관련한 기준 및 구체적 내용이 포함되어 있지 않은 상황이다. 이는 고용 및 복지 정책의 제도적 변화, 그리고 이에 부합한 일선 사회서비스기관 과업의 변화가 분절적으로 이루어지고 있음을 보여 주는 일례라고 판단된다. 이에 정부는 일선 사회서비스 기관 운영의 기반이 되는 규정이나 매뉴얼을 개선할 때 특히 협업이나 서비스연계와 관련된 규정 개선의 경우, 유관 정부부처 간 공동 작업을 시도해 일선 사회서비스 기관들이 일관성 있고 통합적인 과업을 행할 수 있도록 지원할 필요가 있다고 판단된다.

일곱째, 비록 본고의 대상 지역 모두는 고용복지+센터가 지역 내에 존재하거나 존재할 예정인 지역이었지만, 앞서 언급한 바와 같이 고용복지+센터가 전국 기초지자체에 설치되는 것은 아니다. 물론 서울과 같은 도시 지역의 경우 타 지자체에 위치한 고용복지+센터를 이용하기 쉽기 때문에 서비스 연계와 관련해 상대적으로 큰 문제가 아닐 수 있다(성지미, 길현종, 안주엽, 김동태, 2016). 하지만 농어촌 지역과 같이 타 지자체로의 접근성이 용이하지 않은 지역, 즉 생활권 범위 밖에 고용복지+센터가 존재하는 경우는 본고에서 언급한 세 기관 간 연계 전략과는 다른 고용-복지서비스 연계 전략이 필요하다. 즉, 고용복지+센터가 존재하지 않는 일부 지역의 경우 고용복지+센터의 고용-복지서비스 연계 과업을 수행할 또 다른 주체가 필요할 수 있다.

이 경우, 각 지방자치단체의 자립지원 상담사 혹은 이와 유사한 과업을 부여받고 있는 지방 공무원을 고용 서비스와 관련된 핵심 연락 담당자로 활용해 볼 필요가 있다. 이는 이들이 공공 고용서비스 및 복지서비스를 직접 제공하거나 연계하는 것을 핵심 과업으로 부여받고 있으며 고용복지+센터와도 직접적으로 연관되어 있기 때문이다(고용노동부, 2017a). 혹은 지자체 차원에서 타 지자체에 존재하는 고용복지+센터와 유기적 관계를 유지하면서 동시에 관내 희망복지지원단이나 맞춤형 복지팀과도 협력적 관계를 유지할 수 있는 새로운 조직체를 구성해 보는 것도 또 다른 대안이 될 수 있을 것이다. 어떤 주체 혹은 조직체를 두든 한 가지 유념해야 할 점은 고용복지+센터 복지지원팀에 연계의 중심축으로서 명확한 과업이 부여될 필요가 있는 것처럼, 이들에게도 지역 내 고용-복지서비스 연계의 중심축으로서 명확하고 구체적인 과업이 부여될 필요가 있다는 것이다.

여덟째, 이렇게 현존 인프라를 활용해 고용-복지서비스 기관의 연락 담당 기관 혹은 연락 담당자의 역할을 구체적으로 설정하고 개선할 수 있다면, 향후 주어진 과제는 이들 기관의 고용-복지서비스 연계 과정이나 실적을 구체적으로 모니터링하거나 평가하는 방식에 대해서도 고려해야 할 필요가 있을 것이다. 그리고 이를 통해 확인된 평가 결과를 토대로 서비스 연계와 관련해 추가적인 연락 담당 기관 혹은 연락 담당자가 필요한 것인지 혹은 서비스 연계를 위한 또 다른 대안이 필요한 것인지 등에 대한 추가적인 연구 작업도 지속될 필요가 있다.

이상에서 고용-복지서비스 연계 증진을 위해 고용-복지 연계서비스 현황 및 몇 가지 정책적 제안을 제시했다. 앞서 본문에서 언급한 바와 같이, 본 연구는 지역사회 내 유기적 서비스 연계를 위해서는 연계 증진과 관련한 특정 과업이 부여된 기관이 반드시 필요할 것이라는 가정을 검증하지 않은 채 논의를 전개했다는 점, 연계의 과업을 부여받은 핵심 기관에만 초점을 두었다는 점, 일부 지역에 한정해 그 현황을 확인했다는 점 등 추후 연구에서 보완해야 할 다양한 학문적·정책적 한계를 지닌다. 만약 추후 연구를 통해 이와 같은 본 연구의 한계가 보완된다면 현재 혹은 본 제안에서 제시된 대안보다 한층 더 정교화된 고용-복지서비스 연계 인프라를 구축하는 데 기여할 수 있을 것이다.

제6절 보건-복지 전달체계

본 절에서는 지역 단위 서비스전달체계 중 보건서비스전달체계의 구조와 기능에 대해 분석하였으며, 특히 기초지자체 단위에서 제공되는 여러 보건서비스 중 방문건강관리 사업을 중심으로 검토하였다.

보건서비스전달체계의 구조와 기능을 분석하는 이유는 궁극적으로 복지 영역과의 접점을 찾아 연계 방향을 모색하기 위해서이다. 본 절의 후반부에서는 복지서비스와 보건서비스의 연계 방향에 대해 서술하였다.

1. 주요 보건 사업과 전달체계의 구조

가. 국가사업 및 전달체계

방문건강관리사업은 지역사회에서 주민들을 대상으로 제공하는 건강관리서비스 중 가장 대표적인 서비스로 지역의 건강 취약 계층 중 보건소 접근이 어려운 주민들을 대상으로 서비스를 제공하고 있다. 방문건강관리 사업은 찾아가는 서비스의 특성상 사업 대상자와의 교감이 매우 중요하며, 지역 주민들의 호응도가 가장 높은 사업 중의 하나이다.

특히 방문건강관리 사업은 사업 대상자와의 교감이 중요한 사업으로 담당제를 기본으로 하는데 지역 여건에 따라 지역별(읍면동 등), 생애주기별(영유아, 청소년, 임산부, 노인 등), 질환별(고혈압, 당뇨, 관절염, 류머티즘 등), 특성별(장애, 치매 등)로 담당 지정이 가능하다(보건복지부, 2015, p.11).

방문건강관리 사업의 법적 근거는 국민건강증진법 제3조,[32] 지역보건법 제9조,[33] 보건의료기본법 제31조,[34] 공공보건의료에관한법률 제5조[35] 등에 따른다(보건복지부, 2015, p.12).

방문건강관리 사업은 보건복지부, 광역자치단체, 기초자치단체를 중심으로 한국건강증진개발원, 시도 통합건강증진사업지원단, 한국보건복지인력개발원, 한국보건복지정보개발원 등이 관련되어 있다. 방문관리사업 수행 체계는 다음 〔그림 5-6-1〕과 같다.

---

32) 제3조(책임) ① 국가 및 지방자치단체는 건강에 관한 국민의 관심을 높이고 국민건강을 증진할 책임을 진다.
② 모든 국민은 자신 및 가족의 건강을 증진하도록 노력하여야 하며 타인의 건강에 해를 끼치는 행위를 하여서는 아니 된다.

33) 제9조(보건소의 업무) 보건소는 당해 지방자치단체의 관할 구역 안에서 행하여지는 다음 각 호의 사항을 관장한다.
12. 가정·사회복지시설 등을 방문하여 행하는 보건의료사업

34) 제31조(평생국민건강관리사업) ① 국가와 지방자치단체는 생애주기별 건강상 특성과 주요 건강위험요인을 고려한 평생 국민건강관리를 위한 사업을 시행하여야 한다.
② 국가와 지방자치단체는 공공보건의료기관이 평생국민건강관리사업에서 중심 역할을 할 수 있도록 필요한 시책을 강구하여야 한다.
③ 국가와 지방자치단체는 평생국민건강관리사업을 원활하게 수행하기 위하여 건강지도·보건교육 등을 담당할 전문 인력을 양성하고 건강관리정보체계를 구축하는 등 필요한 시책을 강구하여야 한다.

35) 제5조(보건의료의 우선 제공) 공공보건의료기관은 다음 각 호에 해당하는 보건의료를 우선적으로 제공하여야 한다.
1. 의료보호환자 등 취약계층에 대한 보건의료
2. 노인·장애인·정신질환자 등 타 분야와의 연계가 필수적인 보건의료
4. 아동과 모성에 대한 보건의료
6. 민간보건의료기관이 담당하기 어려운 예방보건의료
7. 기타 보건의료기본법 제15조의 보건의료발전계획에 따라 보건복지부장관이 정하는 보건의료

보건복지부는 방문건강관리 사업 매뉴얼 개발 및 사업 관리를 담당하고 있고 개별 사업 추진 과정 모니터링 및 관리를 담당하고 있다. 광역시·도는 통합건강증진 사업 예산 편성, 시·군·구 보건소 사업 수행 지도·관리 및 시·도 통합건강증진 사업 지원을 통한 교육 및 기술 지원, 광역단위 건강증진 사업 기획 및 보건소와 연계한 사업 실시, 관할 시·군·구 보건소 사업 평가, 시·군·구 보건소 사업 현황 점검, 사업 홍보를 담당하고 있다. 시·군·구 보건소에서는 지역의 건강 문제 등을 반영하여 사업의 우선순위 선정 등 사업 계획 수립 및 예산 편성, 사업 수행을 위한 조직·인력 정비, 지역사회 참여 유도, 인력 교육, 사업 수행 및 자체 평가, 보건지소, 보건진료소 지도 및 감독, 보건소(보건지소, 보건진료소 포함) 사업 현황·사업 결과 정기보고(시도)를 담당하고 있다(보건복지부, 2015, pp.14-15).

〔그림 5-6-1〕 방문건강관리 사업 수행체계

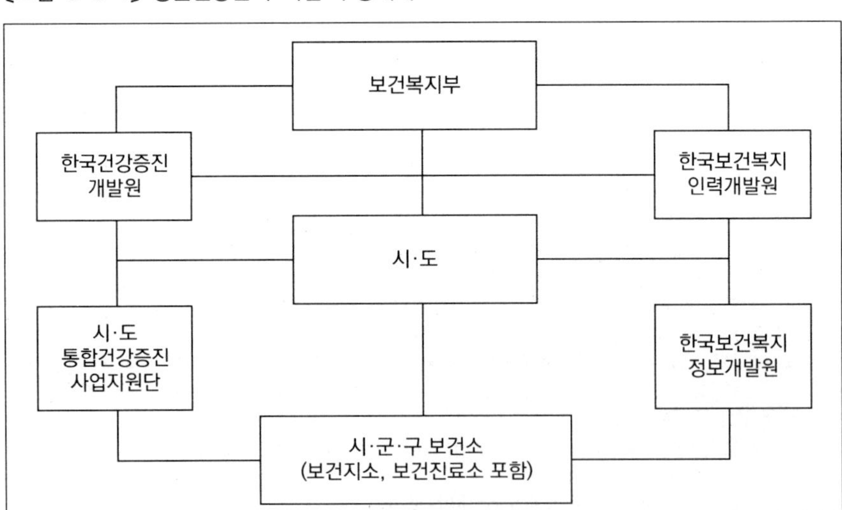

자료: 보건복지부. (2015). 2015년 지역사회통합건강증진사업안내-방문건강관리. p.14.

한국건강증진개발원은 근거 중심(evidence-based)의 건강증진 관리 프로그램 개발, 기존 연구 및 사례를 통한 건강증진프로그램 개발 및 DB 구축, 통합건강증진 사업 우수 사례 등 수집, 검증을 통한 확산, 보건소 건강증진·관리 사업 컨설팅, 성과관리 실시, 지역 여건에 기반한 건강증진 사업 추진 내용 컨설팅, 시·도 및 통합건강증진 사업 지원단과 함께 시·군·구 성과관리 실시 등을 담당하고 있다. 시·도 통합건강증진사업 지원단은 지역사회 여건 분석을 통한 시·도 정책 방향 설정 지원, 시·군구 직무과정 교육계획 수립 및 실시, 시·군·구 사업 성과관리 및 모니터링 실시 지원을 담당하고 있으며 한국보건복지인력개발원은 지자체 인력 교육 총괄, 시·도 및 지원단 교육 지원, 교육 성과관리 실시, 통합건강증진사업 교육협의체 운영, 보건소 직급별, 직무별 교육 및 사이버 교육 실시를 담당하고 있다. 끝으로 한국보건복지정보개발원은 통합건강증진 사업 효율적 수행 및 성과 관리를 위한 시스템 재정비를 담당하고 있다(보건복지부, 2015, p.16).

〈표 5-6-1〉 건강관리서비스 내용

구분	서비스 내용	대상
건강문제 스크리닝	건강 행태 및 건강위험요인 파악	사업 대상자 모두
건강관리 서비스	건강 행태 개선	일반검진 및 생애전환기 검진 결과 '정상B'인 대상자
	만성질환관리 및 합병증 예방	일반검진 및 생애전환기 검진 결과 건강 문제(질환의심, 유질환자)가 있는 대상자, 만성질환자(고혈압, 당뇨, 암, 심·뇌혈관질환 등)
	생애주기별 건강 문제 관리	신생아영유아, 임부, 산부, 성인, 노인
	다문화 가족 및 북한이탈주민 관리	다문화가족, 북한이탈주민
	장애인 재활 관리	재가 장애인
보건소 내·외 자원연계	보건·복지서비스 제공	사업 대상자 모두

자료: 보건복지부. (2015). 2015년 지역사회통합건강증진사업안내-방문건강관리. p. 21.

방문건강관리 사업은 건강 문제가 있는 취약계층을 대상으로 지역 특성을 반영한 사업을 시행하고 있다. 구체적으로는 건강 위험군, 질환군 중 방문이 필요한 기초생활보장수급자, 저소득계층, 다문화가족, 북한이탈주민, 독거노인, 지역아동센터(빈곤아동), 미인가시설, 보건소 내 타 부서 및 지역사회기관으로부터 건강 문제가 있어 의뢰된 자 등이며 그 밖에 방문이 필요한 건강 문제를 가진 취약계층이 사업 대상자가 된다. 다만 장기요양등급 판정자는 장기요양보험의 적용을 받아 사업 대상에서 제외되며 지역별로 서비스 공급 여건에 따라 차이가 있다(보건복지부, 2015, p.18).

방문건강관리서비스 내용은 보건소 내 간호사, 물리치료사, 치과위생사 등 서비스 제공 인력이 가정을 방문하여 개인, 2~4인의 소그룹, 집단을 대상으로 건강 문제 스크리닝, 건강관리서비스 제공, 보건소 내·외 자원 연계 등을 실시할 수 있는데(보건복지부, 2015, p.21), 간호사 2~3인이 한 팀을 구성하여 담당 가구를 순회하며 문진과 건강 스크리닝, 혈압 체크 등 기본적인 건강관리서비스를 제공하거나 필요시 복지자원 연계를 위한 조치를 취하는 것이 일반적이다.

방문건강관리서비스의 흐름은 대상자 발굴, 대상자 등록 및 군 분류, 군별 관리 내용 설정, 대상자 평가로 이어진다. 방문건강관리 대상 환자는 상태에 따라 집중관리군, 정기관리군, 자기역량지원군으로 구분하여 방문 주기를 정하게 된다.

〔그림 5-6-2〕 방문건강관리서비스 제공 흐름

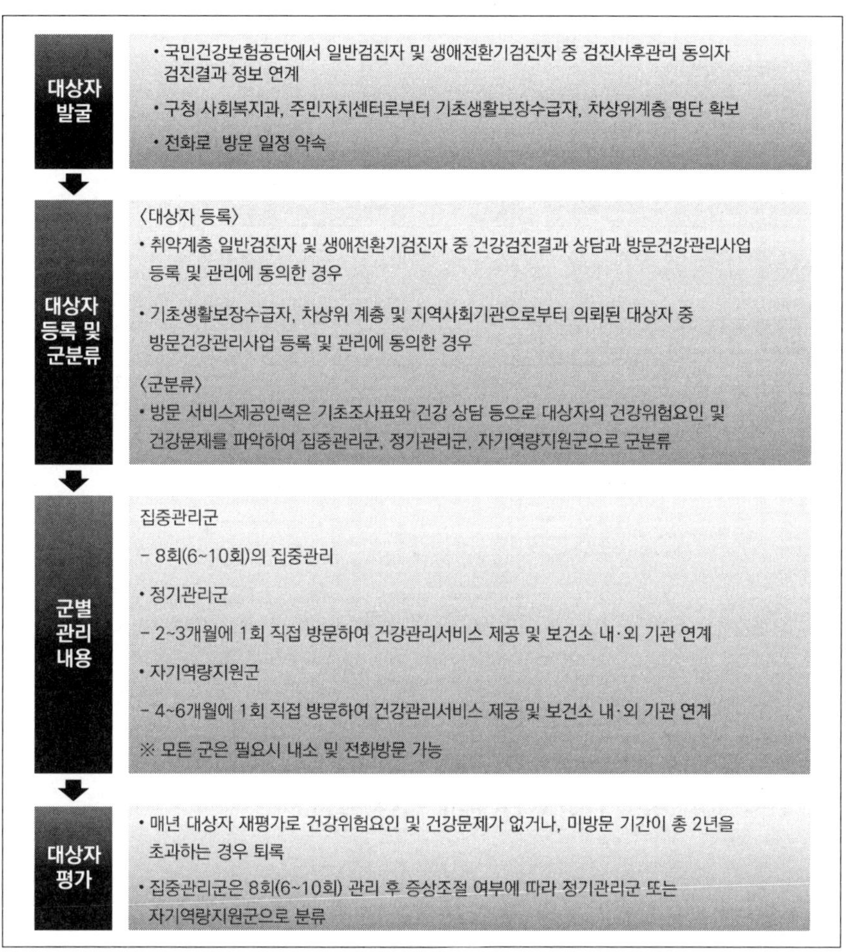

자료: 보건복지부. (2015). 2015년 지역사회통합건강증진사업안내-방문건강관리. p.22.

방문건강관리 대상자 중 건강 위험 요인이나 건강 문제가 있고 증상 조절이 안 될 경우 집중관리군에 속하게 되는데, 이 경우 증상이 완화되어 정기관리군이나 자기역량지원군에 포함될 때까지 우선순위로 관리된다.

〔그림 5-6-3〕 방문건강관리 대상 집중관리군 집중관리 흐름

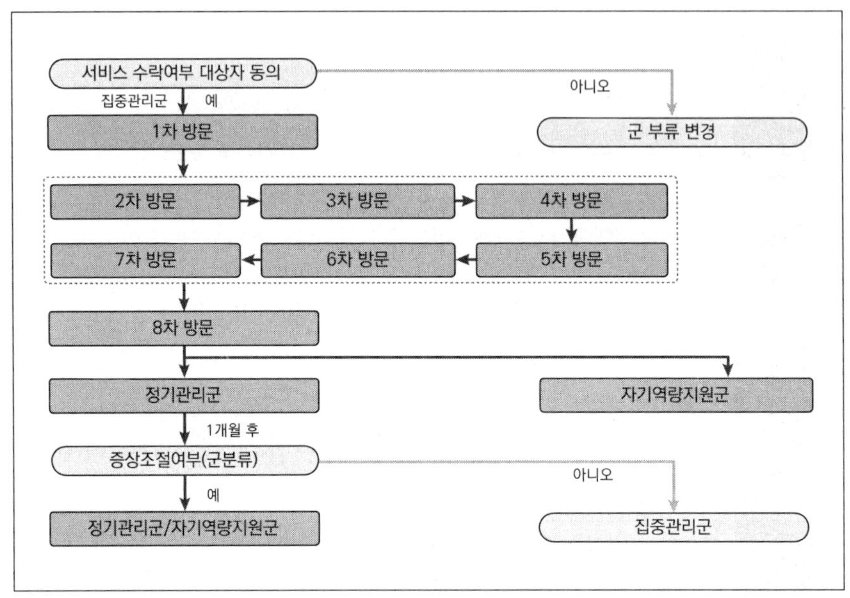

자료: 보건복지부. (2015). 2015년 지역사회통합건강증진사업안내-방문건강관리. p.25.

2. 지역단위 복지 전달체계의 기능 분석

가. 사례지역 주요 서비스 기관의 기능 분석

사례지역 서비스 기관의 기능 분석은 지자체 방문 인터뷰 결과와 서비스 기관 설문 조사 결과를 기초로 작성하였다.

지자체 방문 인터뷰는 전북 완주군과 대전 서구의 방문보건사업 담당자를 대상으로 진행되었다. 인터뷰를 위해 방문한 두 지역은 지역의 인구 구성, 경제적 여건, 도시화 정도 등의 특성 면에서 적지 않은 차이가 있었고, 이러한 차이는 보건소 조직과 사업 여건 등에 반영되어 있었다.

보건의료서비스 기관 설문 조사는 서울 마포구, 부산 사하구, 대전 서

구, 경기 남양주시에 소재한 보건소와 정신보건센터를 대상으로 사업 운영 현황과 이용자 대응 서비스 품질, 통합성과 지역 단위 복지협력 체계 등에 대해 설문조사한 결과를 제시하였다.

1) 사업 운영 현황 및 관련 쟁점

(1) 방문 인터뷰 결과

대전 서구와 전북 완주군의 보건소 조직은 보건소, 보건지소 외에 보건진료소를 보유하고 있다는 특징이 있었다. 대전 서구의 경우 읍이나 면이 없이 23개 동으로만 이루어져 있으나, 도심에서 떨어진 외곽에 아직 농촌지역이 남아 있고 의료기관에 대한 접근성이 낮아 보건진료소가 설치·운영되고 있었다.

인터뷰는 주로 방문건강관리사업의 수행 현황과 복지사업과의 협업에 대해 이루어졌는데, 두 지역 간에는 사업의 조직과 내용 측면에서 적지 않은 차이가 있었다.

방문건강관리서비스 제공 측면에서 전북 완주군의 경우 군 지역의 특성상 넓은 면적을 담당하여야 하므로, 보건지소 조직을 활용하여 지역 담당제로 운영하는 특징이 있었다. 일반적으로 농촌 지역에는 읍 단위에 보건소가 위치하고 있고, 면 단위에는 보건지소가 설치되어 보건사업을 분담하기는 하지만, 방문보건사업을 지역담당제로 실시하는 경우는 흔하지 않아 완주군의 차별화된 전략으로 볼 수 있었다. 농어촌 지역에는 노인 인구 비율이 높기 때문에 완주군의 방문건강관리사업의 대상 또한 주로 노인 인구 집단이었다.

대전 서구의 경우 적은 인원이 많은 대상자 수를 담당해야 하는 도시지역 방문건강관리 사업의 어려움을 호소하고 있었다. 더욱이 서구는 대전의 다른 지역에 비해 면적이 넓고 일부 농촌 지역이 남아 있어 사업 수행에 더욱 어려움이 있는 것으로 생각되었다.

〈표 5-6-2〉 보건 영역 사례지역의 현황 개요

구분	전북 완주군	대전 서구
지역현황	-(인구) 9만 6000명 - 노인인구비율이 높음	-(인구) 49만 명 -(지역특성) 대전 지역 중 비교적 경제 수준이 높으나, 일부 농촌 지역이 잔재함. 23개 동으로 구성
보건조직	-방문건강관리 조직이 보건소 조직과 지역 조직으로 이원화, 보건소는 방문간호팀 팀장 1명, 간호직 4명으로 구성, 지역은 5개 팀(1개 팀이 2-3개 읍면 담당)이며, 팀장 1명으로 구성 -보건진료소 16개	-방문건강관리팀 내 방문건강관리 업무 외에 암 관리, 희귀질환, 심뇌질환, 치매 업무를 맡고 있어 필요시 연계 가능 -방문간호인력 6명 - 보건지소 2개소, 보건진료소 1개소
수행업무	방문간호 외에 노인치매 관리 업무 수행	방문간호 업무를 수행하되 주로 수급자 가구를 대상으로 방문
방문간호 사업 대상자	-주로 노인 인구 · 완주군 노인 인구 비율 약 20% · 수급대상 노인, 독거노인, 만성질환 노인 중심	-주로 수급자 가구(2,200가구) · 상하반기별로 동주민센터로부터 수급자 명단을 제공받아 방문간호 대상 신규 가구 파악 · 방문간호 인력에 한계가 있어 수급자 가구 외에는 현실적으로 사업대상으로 포함하기 힘듦 · 방문간호 인력을 2명 충원하여 독거노인을 방문관리 할 계획

자료: 본 연구의 인터뷰 내용을 바탕으로 정리하였음.

대전 서구의 방문보건 조직은 방문건강관리사업 담당자와 치매, 심뇌혈관질환, 희귀난치성질환, 암 등 다른 만성 질환 담당자가 함께 속해 있어 중증 질환자에 대한 정보 교환과 연계는 비교적 활발하게 이루어지고 있었으나, 실제 현장에 투입되는 방문건강관리 인력의 부족으로 건강관리가 필요한 수급가구 외에는 사업 대상 확장이 용이하지 않다는 문제점을 안고 있었다.

대전 서구와 전북 완주군의 방문건강관리사업 담당자들은 주요 사업 대상인 수급자와 노인의 경우, 건강 서비스에 대한 욕구뿐 아니라 다른 복지서비스에 대한 욕구도 가지고 있는 경우가 많아 문제 해결을 위한 포괄적 접근 방식과 통합적인 서비스 제공이 필요하다는 데에 동의하였다.

(2) 서비스 기관 조사 결과

보건의료서비스 기관을 대상으로 한 설문 조사 결과에서도 통합적인 서비스 제공이 필요하다는 응답들이 많았다.

4개 지역 5개 보건의료서비스 제공기관을 대상으로 설문 조사한 결과 방문보건 사업은 관내 모든 계층을 서비스 대상자로 설정하고 있으나, 대체로 60세 이상 노인들과 저소득 취약계층을 우선으로 사업을 진행하고 있었다. 서비스 대상자들은 대체적으로 다양한 서비스에 대한 욕구를 가지고 있는 것으로 응답하였다. 5개 응답기관 모두 보건서비스 대상자 중 복지서비스가 필요한 대상자 비율이 최소 50% 이상이라고 응답하였고, 이들 중 3개 기관에서는 복지서비스를 동시에 제공하고 있다고 응답하였다. 제공되는 복지서비스는 의료비 지원, 가사간병서비스, 목욕서비스, 주거환경 개선 등이었다.

아울러 응답한 기관 모두 서비스 대상자뿐만 아니라 대상자 가족으로부터도 복지서비스 욕구를 발견하는 경우가 있다고 응답하였다. 대상자 가족들은 주로 의료비 지원이나 생필품지원 등을 필요로 하였다.

조사대상 기관이 서비스 이용자의 다양한 욕구를 반영하기 위해 현재 하고 있는 노력으로는 〈표 5-6-3〉에서 보는 바와 같이 정부 혹은 민간 예산 확보, 프로그램의 개발 및 운영 개선 노력 등이 있었다.

〈표 5-6-3〉 사례지역 보건기관의 서비스 수요자 욕구를 반영한 사업수행을 위한 노력

(단위: %)

강화해야 할 프로그램	응답률
프로그램의 개발 및 운영 개선	57.1
민간의 자발적 자원 발굴을 통한 예산의 확보	57.1
지자체 등 정부지원을 통한 예산의 확보	71.4
인력 추가 배치	42.9
다른 사업의 축소(사업 간 구조 조정)	14.3

주: 4개 지역 5개 보건의료서비스 기관을 대상으로 한 설문조사 결과임.

2) 서비스의 통합성 제고를 위한 노력(사례관리 등) 현황 및 관련 쟁점

(1) 방문 인터뷰 결과

보건 부문 외 서비스 제공 조직에서 방문건강관리팀으로 서비스 연계를 의뢰하는 사례와 방문건강관리팀에서 관리하던 환자를 보건 부문 외 서비스 제공 조직으로 연계를 의뢰하는 경우를 비교하면, 두 사례지역 모두 환자 연계를 의뢰받는 채널이 환자 연계를 의뢰하는 채널보다 더 다양한 것으로 나타났다.

대전 서구와 전북 완주군에서는 방문건강관리 대상자 중 타 서비스와의 연계가 필요한 대상자는 대부분 읍면동 맞춤형 복지팀으로 연계를 의뢰하거나 혹은 시군구 단위 희망복지지원팀으로 연계를 의뢰한다고 응답하였다.

그런데 보건 부문 외 서비스 제공 조직이나 기관에서 방문건강관리서비스 제공팀으로 환자 연계를 요청하는 경우는 보다 다양하였다. 예를 들어 시군구 희망복지지원팀, 노인복지팀, 장애인복지팀, 읍면동 맞춤형 복지팀, 경찰서, 마을 주민 등이 있었다.

〈표 5-6-4〉 보건영역 사례지역 유관영역 간 협력 필요 기능

구분	전북 완주군	대전 서구
환자연계 의뢰 기관	- 국민연금공단 장애인센터, 읍면 사무소 맞춤형 복지팀, 희망복지지원단, 구청 노인 복지팀, 구청 장애인 복지팀, 드림스타트(아토피), 장애인 복지관, 마을 주민 - 정신건강증진센터: 도립 마음사랑병원	- 희망복지지원단, 경찰서(치매환자) - 동사무소 맞춤형 복지팀
연계	- 기타 부문에서 보건 부문으로의 연계 · 희망복지지원단이나 읍면 맞춤형 복지팀에서 보건지소 혹은 보건소 방문보건담당자에게 연계 의뢰 - 보건 부문에서 기타 부문으로의 연계 · 방문건강관리 대상 환자에게 보건 의료 외에 다른 문제가 발견될 경우 읍면사무소 맞춤형 복지팀으로 연락해서 연계 요청 · 희망복지지원단에서 보건 문제에 대한 연계 의뢰가 올 경우 체크리스트를 이용한 욕구사정 이후 방문가구로 등록하여 정기 방문	- 기타 부문에서 보건 부문으로의 연계 · 희망복지지원단 등에서 주로 구두로 연계 의뢰(중증이 아닐 경우 대부분 구두 연계) · 연계 의뢰가 올 경우 체크리스트를 이용한 욕구사정 이후 방문가구로 등록하여 정기 방문 · 의료기관 방문이 필요할 경우 의료기관을 방문하도록 안내 - 보건 부문에서 기타 부문으로 연계 · 긴급의료비, 환자 가구 내 도배 장판 교체 등 주거환경개선 사업 등은 동사무소 맞춤형 복지팀으로 연락해서 연계 요청(동사무소에서 구청의 각 사업 담당자 연결) · 희망복지지원단에서 보건 문제에 대한 연계 의뢰가 올 경우 체크리스트를 이용한 욕구사정 이후 방문가구로 등록하여 정기 방문 · 연계 이후 사후관리는 이루어지지 않음.

자료: 본 연구의 인터뷰 내용을 바탕으로 정리하였음.

방문건강관리 대상 환자를 타 서비스 팀으로 의뢰한 경우 의뢰 이후 사후관리는 잘 이루어지지 않은 것으로 면담 결과 나타났는데 이는 무엇보다도 방문건강관리 인력은 부족한 데 반해 담당해야 할 가구 수는 많은 업무 과중의 이유가 큰 것으로 관련 담당자는 응답하였다.

그렇기 때문에 부문 간 서비스 연계가 보다 잘 이루어지기 위해서는 연

계를 위한 체계 개발도 중요하지만 인적 자원 강화 등 서비스 제공 환경을 개선하려는 노력이 수반되어야 할 필요가 있을 것으로 생각된다.

(2) 서비스 기관 조사 결과

서비스 기관 조사 결과 이용자를 대상으로 사례관리를 하고 있는 경우는 응답자의 50%였다. 월평균 사례관리 인원은 50명, 평균 사례관리 기간은 24개월, 사례관리 담당자는 8명이지만 전담자는 없는 것으로 응답하였다. 사례관리를 하고 있지 않은 기관이 사례관리를 하지 않은 이유에 대해서는 담당 인력 부족이라고 응답하였다.

사례관리 대상자 발굴 경로는 기관을 통한 이용자 상담, 기관 직원의 가구 방문, 시군구 희망복지지원단으로부터의 의뢰, 시군구 사업과 팀에서 의뢰, 읍면동 주민센터에서 의뢰, 관내 공공기관에서 의뢰, 관내 민간복지기관에서 의뢰 등이었다.

반대로 타 기관으로 대상자를 의뢰한 경로는 지자체 관련 기관인 경우 읍면동 주민센터나 시군구 희망복지팀, 노인 관련인 경우 노인복지관, 의료 문제인 경우 병의원, 고용과 관련해서는 지역자활센터 등으로 응답하였다.

사례관리에 가장 어려움을 겪는 문제는 정신건강 유지, 식사 등 일상생활 지원이라고 응답하였다.

3) 이용자 서비스 향상을 위한 노력 현황 및 관련 쟁점

서비스 기관 조사 결과, 이용자 만족도에 가장 큰 영향을 미치는 것으로 응답자의 40.0%는 서비스 내용의 전문성이라고 응답하였다. 이용 절차의 편의성, 서비스 담당 인력의 친절도는 각각 20.0%로 나타났다(표 5-6-5 참조).

〈표 5-6-5〉 사례지역 보건기관의 이용자 대응 서비스 품질 관련 사항

(단위: %)

이용자의 만족도에 영향을 미치는 요인	응답률
서비스 내용의 전문성	40.0
이용 절차의 편의성	40.0
서비스 담당 인력의 친절도	20.0
이용자들이 가장 민감하게 반응하는 사항	**응답률**
서비스에 대한 물리적 접근성	40
이용 절차의 편의성	20
서비스 담당 인력의 친절도	20
서비스 비용	20
이용자들이 민감하게 반응하는 사항에 대해 가장 유의하는 부분	**응답률**
서비스에 대한 물리적 접근성	20
이용 절차의 편의성	20
서비스 이용 과정에서의 당사자 의견 반영	20
서비스 담당 인력의 친절도	20
서비스 제공 장소의 환경	20

주: 4개 지역 5개 보건의료서비스 기관을 대상으로 한 설문조사 결과임.

이용자들이 민감하게 반응하는 서비스 내용에 대해서는 서비스에 대한 물리적 접근성(기관과의 거리 등)이 40.0%로 가장 높았고, 이용 절차의 편의성, 서비스 담당 인력의 친절도, 서비스 비용이 각각 20.0%로 동일하였다. 서비스 제공 과정에서 유의하는 부분에 대해서는 서비스에 대한 물리적 접근성, 이용 절차의 편의성, 서비스 이용 과정에서의 당사자 의견 반영, 서비스 담당 인력의 친절도, 서비스 제공 장소의 환경 등으로 응

답하였다.

조사 대상 보건의료서비스 기관에서는 이용자들의 서비스 체감도 향상을 위해 우선적으로 필요한 노력으로 담당 인력의 확충에 가장 높은 점수를 주었고, 다음으로 담당인력 고용 안정성 향상, 정부와 지자체의 책임 강화와 인력 역량 제고를 위한 교육 훈련 강화, 전문서비스 기관 확충 등의 순으로 응답하였다(표 5-6-6 참조).

〈표 5-6-6〉 이용자 서비스 체감도 향상을 위해 필요한 노력

(단위: 점)

이용자의 만족도에 영향을 미치는 요인	평균 점수 (1~11점)	최대값 (1~11점)	최소값 (1~11점)
정부와 지자체의 책임 강화	7.4	6	10
전문서비스 기관 확충	5.4	4	7
담당 인력 확충	9.6	8	11
담당 인력의 고용 안정성 향상	8.8	2	11
인력 역량 제고를 위한 교육 훈련 강화	7.4	3	11

주: 4개 지역 5개 보건의료서비스 기관을 대상으로 한 설문조사 결과임.

나. 유관영역 간 협력 필요 기능 분석

1) 연계 및 협력 필요 기능 현황 및 관련 쟁점

(1) 방문건강관리 사업 지침에 의한 연계 방안

방문건강관리 사업 지침(2015)에는 적절한 보건· 복지서비스 제공 및 서비스 중복과 사각 해소를 위해 지역사회협의체를 구성하여 보건 · 복지 등 관련 서비스가 통합적으로 제공될 수 있도록 연계 및 협력을 강화할 것을 권고하고 있다.

또한, 방문건강관리 사업에서 제공 가능한 서비스별로 보건소 내외 연계서비스 항목을 제안하고 있다. 보건소 내 서비스로는 금연, 절주, 신체활동, 영양 등 건강생활실천 사업과 비만, 구강, 심뇌혈관질환 예방, 한의약 건강 증진, 아토피·천식 예방 관리 등의 질환관리 사업, 그리고 여성어린이특화(모자보건), 치매 관리, 지역사회 중심재활 등이 있다.

방문건강관리 사업에서 연계 가능한 보건소 외 서비스로는 의료급여사례관리 사업, 노인장기요양보험(장기요양 등급외 판정자), 보건의료전문기관, 무료 수술 및 의료비 지원, 그리고 희망복지지원단의 통합사례관리사업 등이 있다.

〈표 5-6-7〉 보건기관의 세부 서비스별 연계 내용

방문서비스	연계 내용	
	보건소 내	보건소 외
건강 행태 개선	- 금연사업 또는 금연클리닉 연계 - 절주사업 또는 알코올 상담센터 연계 - 신체활동사업(건강생활실천사업, 건강증진보건소) 연계 - 영양사업 연계 - 비만사업 연계 - 구강사업 연계 - 한의약 건강증진사업 연계 - 지역정신보건센터 연계 등	- 광역치매센터 또는 광역정신보건센터 연계 - 통합사례관리사업 (희망복지지원단) 의뢰 및 연계 등
만성질환 관리 및 합병증 예방	- 심뇌혈관질환 예방관리사업 연계 - 한의약 건강증진사업 연계 등	- 통합사례관리사업 (희망복지지원단) 의뢰 및 연계 - 지역사회 보건의료전문기관 의뢰 및 연계 - 의료급여사례관리사업 연계 등
임산부· 신생아 및 영유아 관리	- 아토피, 천식 예방관리사업 연계 - 모자보건사업(철분제, 엽산제 지원, 모유수유 클리닉 운영 등) 연계 - 산모건강관리사업 연계 - 영양플러스사업 연계 - 미숙아, 선천성 이상아 의료비 지원사업 연계 등	- 통합사례관리사업 (희망복지지원단) 의뢰 및 연계 - 지역사회 보건의료전문기관 의뢰 및 연계 등

방문서비스	연계 내용	
	보건소 내	보건소 외
노인 허약 예방	- 심뇌혈관질환 예방관리사업팀 연계 - 치매관리사업팀 또는 치매상담센터 연계 - 노인 의치 · 보철사업, 불소도포 · 스케일링 지원사업 연계 - 노인 안검진 및 개안수술 지원 등	- 통합사례관리사업 (희망복지지원단) 의뢰 및 연계 등 - 지역사회 보건의료전문기관 의뢰 및 연계
다문화가족 및 북한이탈주민 관리	-	- 통합사례관리사업 (희망복지지원단 등) 의뢰 및 연계 등 - 지역사회 보건의료전문기관 의뢰 및 연계
장애인 재활 관리	- 지역사회중심재활사업 연계 등	- 통합사례관리사업 (희망복지지원단) 의뢰 및 연계 등 - 지역사회 보건의료전문기관 의뢰 및 연계 등

자료: 보건복지부(2015), 2015년 지역사회통합건강증진사업안내-방문건강관리, pp. 27-31 재정리.

(2) 보건-의료-복지 연계 필요성

지금까지의 보건복지 연계는 주로 보건소와 희망복지지원단 간의 연계를 전제로 설정하여 왔으나, 세부적으로는 보건과 의료를 구분할 필요가 있다. 보건복지연계의 대상자가 주로 (독거)노인, 수급가구 임을 감안하면 이들 대부분의 건강 상태는 재가 관리 수준을 넘어서 의료의 연계가 필요하기 때문이다.

보건-복지 연계에 의료의 영역을 추가하여 보건-의료-복지의 연계를 설정하는 경우 각각의 영역은 다음과 같다. 보건에서 의료를 구분하는 경우 '보건'은 '건강관리'로 용어를 대체할 수 있다.

- 보건(건강 관리): 방문 관리를 통한 환자 건강 관리
- 의료: 중증질환 퇴원 환자 혹은 재가 환자의 병원 진료·치료
- 복지: 등록관리 환자에 대한 복지서비스 제공

연계의 대상이 되는 환자는 각각 다음과 같다(그림 5-6-4 참조).

- A: 보건욕구와 의료욕구를 가진 환자
  - (예) 방문간호 대상자 중 증상 악화 등으로 의료기관 연계가 필요한 환자 혹은 의료기관에서 퇴원환자 중 지속적인 방문 관리가 필요한 중증 환자
- B: 보건 욕구와 복지 욕구를 가진 환자
  - (예) 방문간호 대상자 중 복지 분야 지원이 필요한 환자
- C: 의료 욕구와 복지 욕구를 가진 환자
  - (예) 희망복지지원단 등 사례관리자 중 의료기관 연계를 통한 진료·치료·입원 등이 필요한 환자
- D: 보건-의료-복지 욕구를 모두 가진 환자

〔그림 5-6-4〕 보건-의료-복지 연계 모형

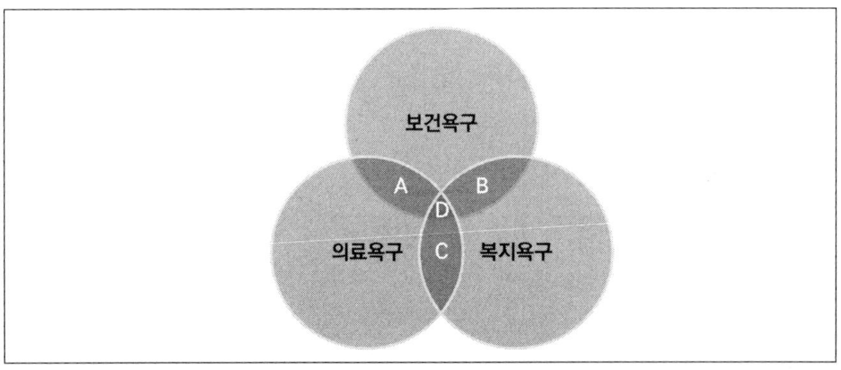

자료: 권용진. (2016). 301네트워크사업의 이해. 국립중앙의료원 공공의료복지연계서비스 홈페이지, www.301ness.kr에서 2017. 9. 15. 인출.

(3) 서비스 기관 조사 결과

보건의료서비스 기관 조사를 통해 연계가 필요한 상황이나 대상자의 특성에 대해 파악할 수 있었다.

먼저, 타 기관과의 연계, 협력을 통해 문제를 해결하는 사례로는 대상자의 기초 생계유지 등 경제적 문제가 가장 많은 것으로 나타났다. 다음으로는 학대, 폭력, 응급상황 대응, 주거 등 생활환경인 것으로 나타났다.

타 기관과의 협력이나 역할 분담 필요 여부를 묻는 질문에 응답자 전체가 협력이나 역할 분담의 필요성을 인정하였고, 기관 간 역할 분담이 필요한 이유에 대해서는 사례의 위기도 및 문제의 복합성에 따라 기관별 역할 분담이 필요하기 때문에, 그리고 기관 간 협력이 필요한 이유에 대해서는 기관별 전문인력의 자문(공동사례회의 등) 등으로 응답하였다.

협력 혹은 역할 분담이 필요한 기관으로는 읍면동 주민센터, 시군구 희망복지지원팀, 종합사회복지관, 아동보호전문기관, 노인복지관, 장애인복지관, 정신건강증진센터, 보건소, 지역자활센터라고 응답하였다.

타 기관의 협력이 이루어지는 경우는 타 기관으로부터 대상자를 의뢰받는 경우(월평균 17회), 사례관리 대상자를 타 기관으로 의뢰하기 위해(월평균 5회), 사례관리 대상자 개인사항 관련 문의(월평균 5.2회), 타 기관의 급여나 서비스 관련 문의(월평균 8.2회), 대상자 지원을 위한 자원 관련 문의(월평균 19회), 통합사례관리 회의 참여(월평균 4회), 지역사회보장협의체 등 네트워크 참여(월평균 1.2회) 등으로 나타났다.

연계와 협력이 전문적인 서비스 제공을 위해 꼭 필요하지만, 한편으로는 서비스 중복에 대한 우려도 있었다. 타 기관 사업과의 중복 문제 발생을 묻는 질문에 응답자의 57.1%가 그렇다라고 응답하여 적절한 역할 분담과 기능 조정이 이뤄져야 할 필요성이 있음을 시사하였다.

2) 연계 및 협력을 위한 노력(네트워킹 등) 현황 및 관련 쟁점

(1) 공식적인 보건-복지 연계 절차

보건서비스 민원인에게 복지서비스가 필요하다고 판단될 경우 공식적인 의뢰 절차는 다음과 같다. 우선 지역보건의료정보시스템에서 연계서비스 기록지 작성 후 의뢰 내용을 작성하면, 시군구청 및 읍면동 사무소 복지 담당자가 행복e음을 통해 의뢰된 대상자 정보 확인 후 적합한 복지서비스를 제공한다. 제공된 결과는 지역보건의료정보시스템에서 확인이 가능하다(보건복지부, 2015, p. 37).

〔그림 5-6-5〕 지역보건의료정보시스템의 서비스 연계 서식

<table>
<tr><td colspan="7">방문 00 – 00 호
의 뢰 · 회 신 서</td></tr>
<tr><td rowspan="2">의뢰일자</td><td colspan="2" rowspan="2"></td><td rowspan="2">결 재</td><td>서비스제공 인력</td><td>담 당</td><td>팀 장</td></tr>
<tr><td></td><td></td><td></td></tr>
<tr><td rowspan="3">대 상 자</td><td>성 명</td><td></td><td>주 소</td><td colspan="3"></td></tr>
<tr><td>주민등록번호</td><td></td><td>연 락 처</td><td colspan="3"></td></tr>
<tr><td>의뢰의견</td><td colspan="5"></td></tr>
<tr><td>수 신 처</td><td colspan="3">○○○과 ○○○ 팀</td><td>담 당 자</td><td colspan="2"></td></tr>
<tr><td colspan="7">상기 대상자를 의뢰하오니 ○월 ○일까지 처리 결과를 회신하여 주시기 바랍니다.
2014년 월 일
○○○보건소장</td></tr>
<tr><td>회신일자</td><td colspan="2"></td><td>담 당 자</td><td colspan="3"></td></tr>
<tr><td>회 신</td><td>처리결과</td><td colspan="5"></td></tr>
<tr><td colspan="7">의뢰한 대상자에 대한 처리 결과를 회신하오니 업무에 참고하시기 바랍니다.
2014년 월 일
○○○과</td></tr>
</table>

자료: 보건복지부. (2015). 2015년 지역사회통합건강증진사업안내-방문건강관리. p.36.

〔그림 5-6-6〕 복지서비스 의뢰 절차(보건소→시군구청 및 읍면동 사무소)

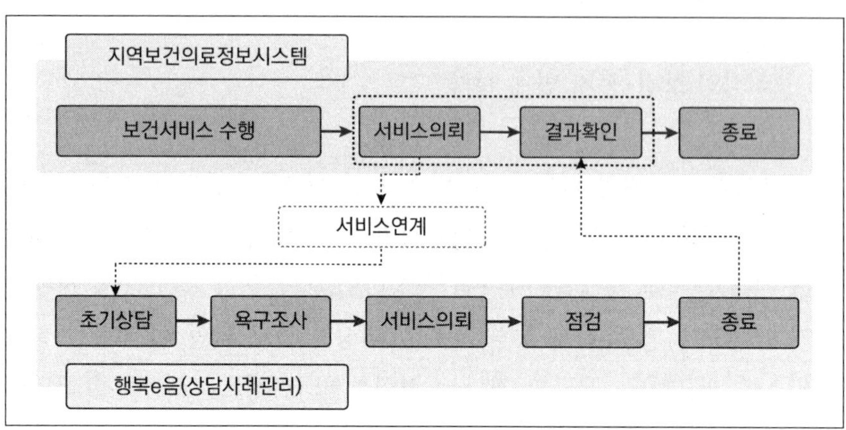

자료: 보건복지부. (2015). 2015년 지역사회통합건강증진사업안내-방문건강관리. p.37.

반대로 시군구청 및 읍면동 사무소 복지 대상자에게 보건서비스가 필요하다고 판단될 경우 행복e음을 통해 보건서비스 의뢰가 가능하며 의뢰받은 보건소에서는 의뢰자 정보 확인 및 접수한 후 담당부서로 이관하여 보건서비스를 제공한다(보건복지부, 2015, p.38).

〔그림 5-6-7〕 보건서비스 요청 절차(시군구청 및 읍면동 사무소→보건소)

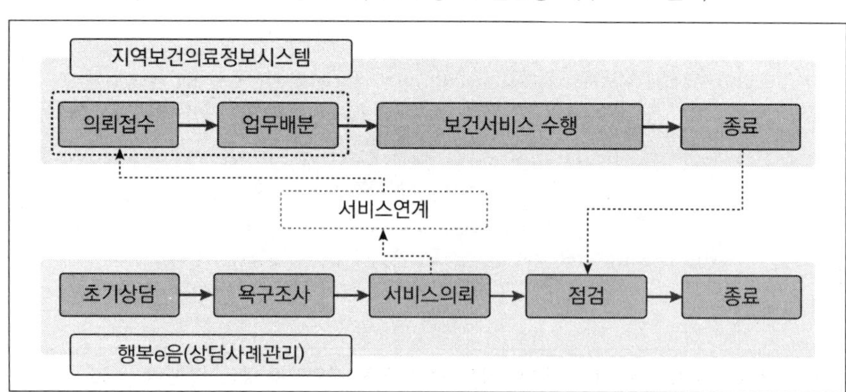

자료: 보건복지부. (2015). 2015년 지역사회통합건강증진사업안내-방문건강관리. p.38.

이상이 보건복지부에서 권고하는 방문건강관리 사업 수행 중 연계 절차 및 방법이다.

그러나 실제 현장에서의 연계 절차와 방법은 지침과는 다르게 이루어지고 있는 것으로 파악되었다. 우선 의뢰 대상자 발견 후 필요한 서비스로의 연계는 대부분 공식적인 의뢰보다는 구두를 통한 업무 협조 요청이 이루어지고, 필요시에는 공문을 통해 서비스 연계를 요청하고 있었다.

연계서비스 절차 또한 정보시스템을 통한 서비스 연계보다는 읍면동 희망복지팀으로 연락하는 것이 다수를 차지하고 있었고, 읍면동 희망복지팀에서 적절한 서비스 연계를 모색하는 것으로 파악되었다. 때문에 대다수의 경우 보건과 복지서비스 간 연계서비스는 읍면동 희망복지팀이 채널 역할을 하고 있는 것으로 보인다.

(2) 보건-의료-복지 연계 방안

보건-의료-복지 연계의 시점과 연계 서비스의 내용은 〔그림 5-6-8〕과 같이 방문건강관리서비스 제공 절차에 따라 생각해 볼 수 있다.

방문건강관리가 필요한 환자 발굴 시점에서부터 연계가 가능하다. 재가에 있는 새로운 환자를 발굴하거나 혹은 보건소 내외 조직으로부터 환자 의뢰를 받았을 때 건강 문제뿐만 아니라 복지 문제를 동시에 평가하여 통합적 서비스가 제공되도록 연계할 수 있다.

기존 방문건강관리사업 등록 환자에게 새로운 문제가 발생할 경우 보건-의료-복지 서비스 간 연계가 가능하다. 기존 방문건강관리 대상 환자에게 복지 지원이 필요함에도 희망복지지원단 사례관리 대상자가 아닌 경우 환자에 대한 정보를 공유하고 연계할 수 있다.

방문건강관리서비스 대상자의 증상 정도에 따라 보건-의료 서비스 연계가 가능하다. 또한 입원, 입소 등으로 방문건강관리가 종결되는 환자를 대상으로 추가적인 욕구를 파악하여 적절히 연계하고, 사후관리를 실시할 수 있다.

〔그림 5-6-8〕 보건-복지서비스 연계 시점과 내용

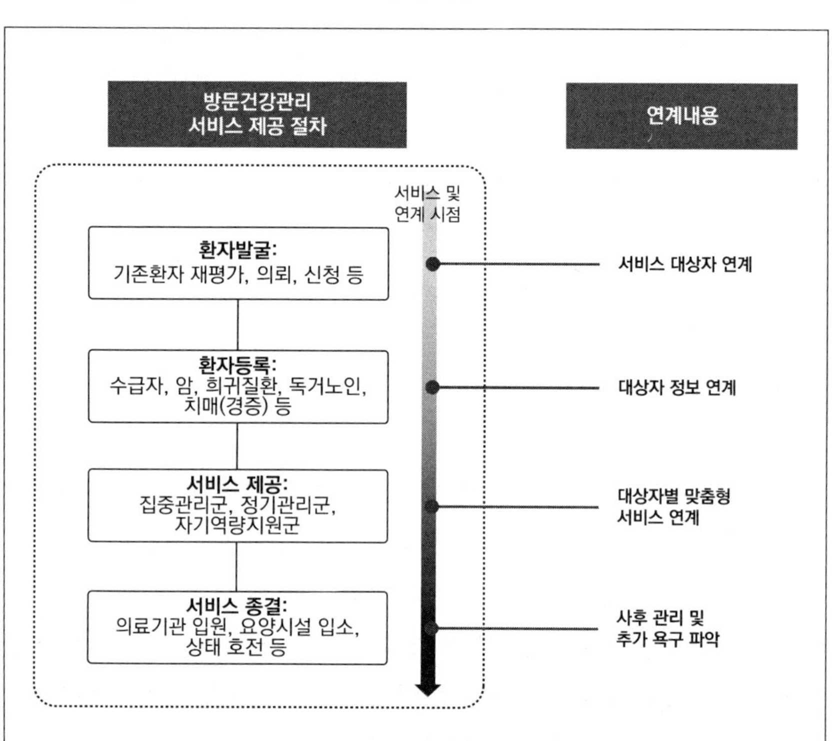

주: 본 연구의 내용을 도식화하였음.

방문건강관리 대상자에 대한 환자 연계, 서비스 연계, 정보 연계 등이 가능한 유관 기관은 구청 희망복지지원단 혹은 관련 유관 부서, 읍면동 주민센터 사회복지부서, 보건소 내 유관 부서, 공공 및 민간 사회복지시설, 공공 및 민간 의료기관, 민간 장기요양시설 등이다.

〔그림 5-6-9〕 연계 가능한 보건-복지 기관

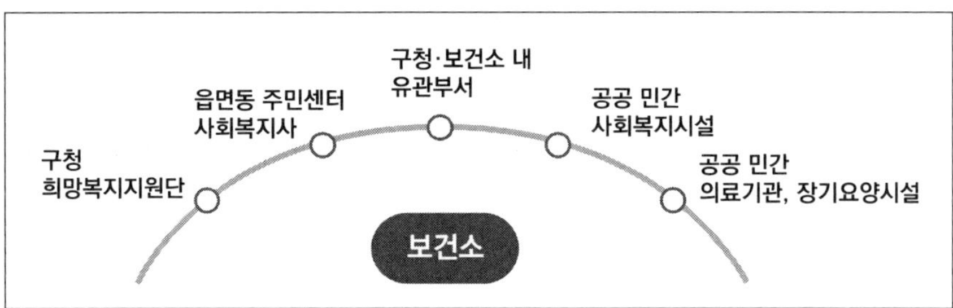

주: 본 연구의 내용을 도식화하였음.

(3) 서비스 기관 조사 결과

서비스 기관 조사 결과 서비스 제공기관 간 협력을 보다 원활히 하기 위해 해결되어야 할 사항으로는, 협력을 위한 정보시스템·자원 공유 등 관련 매뉴얼 제공, 기관 간 상호 이해 제고를 위한 상시적인 소통구조 마련(간담회 등), 협력을 위한 업무의 기관 간 공식화(각 기관 지침-규정 마련 등), 협력을 위한 정보시스템 운영, 중요성에 대한 직원의 인식 제고(직원 교육 등), 기관별/부서별 서비스 기준 공유 등의 필요성 등으로 응답하였다.

현재 주로 협력이 이루어지는 기관은 읍면동 주민센터가 가장 많았고, 다음으로 시군구 희망복지팀, 지역사회보장협의체, 건강가정지원센터, 경찰서 등으로 응답하였다. 사례관리 대상자 특성별 기관은 드림스타트, 청소년지원센터, 아동보호전문기관, 노인복지관, 주야간보호센터, 국민건강보험공단 지사, 장애인 복지관, 병의원 등으로 나타났다.

협력이 보다 강화될 필요가 있는 기관으로는 읍면동 주민센터, 종합사회복지관, 아동보호전문기관, 한부모가족복지시설, 노인복지관, 재가노인복지센터, 장애인복지관, 직업재활시설, 지역자활센터 등으로 응답하였다.

다. 소결

방문건강관리서비스는 서비스 제공 형태 측면에서 희망복지지원단의 사례관리서비스와 유사하며, 이러한 이유로 보건소에서 제공하는 서비스 중 복지 분야와의 접점이 가장 많다.

본 연구에서는 크게 보건-복지 연계를 위해 보건사업과 전달체계의 구조를 분석하고, 지역단위 서비스 전달체계의 기능을 분석하였다. 세부적으로는 지자체 사례조사와 서비스 기관 조사 결과를 포함하였다. 주요 결과 및 함의는 다음과 같다.

첫째, 지자체 단위에서 서비스 연계를 공식화하고 활성화하기 위해서는 가능한 수준까지 서비스 간 연계 모델의 절차와 내용을 표준화할 필요가 있다. 본 연구의 조사 결과에 따르면, 방문건강관리사업의 경우 서비스의 특성상 서비스 대상자와 서비스 제공자의 교감에 따라 서비스의 변이 가능성이 커서 정형화된 서비스를 제공하는 데 한계가 있다. 특히, 방문건강관리의 대상자와 서비스 제공 기간, 서비스 연계 방법 등이 지역별로 상이하였다. 그러나 서비스 간 연계모델 설정을 위해서는 표준적인 서비스를 전제로 할 필요가 있기 때문에 적어도 기본적인 사업체계만이라도 표준화할 필요가 있다.

둘째, 연계모델 개발을 위해서는 지역의 인구 구성 등 서비스 제공에 영향을 줄 수 있는 서비스 외적인 부분에 대한 고려도 필요하다. 특히 방문건강관리사업의 경우 지역적 특성이 반영되는 것이 상당히 중요하고, 지역 여건에 따라 사업의 편차가 크다. 특히, 대도시 보건소와 군 지역 보건소 간에는 연계 사업에 투입 가능한 서비스 제공 인력의 양적, 질적 수준에 편차가 있고, 연계 대상이 되는 서비스 대상자 선정 기준 또한 지역별 여건에 따라 상이한 경우가 많으므로 이에 대한 고려 또한 필요하다.

셋째, 서비스 대상자와 서비스 제공 인력의 지역별 편차는 연계 모델 표준화를 어렵게 하는 요인으로 작용하는데, 방문건강관리사업의 열악한 업무 환경에 대한 고려도 필요하다. 방문건강관리사업은 보건소 사업 중 대표적인 사업으로 수요자의 욕구가 높으나, 본 연구의 조사 결과에서 나타난 것과 같이 서비스 제공 인력이 많이 부족한 실정이다.

대전 서구와 전북 완주군 등 지자체 사업담당자 인터뷰 결과 해당 지역별로 방문건강관리사업에 대한 서비스 수요는 많지만 서비스 제공 인력의 부족으로 노인이나 수급자 위주로 서비스가 제공되는 만큼, 방문건강관리사업 담당자들에게 서비스 연계는 또 다른 업무의 추가로 인식될 가능성이 있다. 특히, 서비스 제공 인력의 대다수가 기간제 근로 형태로 고용되어 있어 사업의 연속성을 담보할 수 없는 문제가 있다. 이 경우 서비스 지속 관리나 환자와의 관계 형성이 어렵고 환자 정보 등 권한도 제한되어 있어 서비스 질 제고에 한계가 있다. 본 연구의 서비스 기관 조사 결과 서비스 이용자의 체감도 향상을 위해 서비스 제공 담당인력 확충과 서비스 제공 인력의 고용 안정성 확보가 가장 필요하다는 응답이 나온 것도 이러한 이유에서 비롯된 것으로 생각된다.

넷째, 방문건강관리사업 제공자들은 서비스 연계(복지 분야는 물론 의료 분야에 대한 연계도 포함하여)에 대한 개념이 아직 부족하다. 서비스 기관 조사 결과 대다수의 응답자들이 서비스 제공기관 간 협력이나 역할 분담의 필요성을 인정하면서도 연계나 협력이 잘 이루지지 않는 이유도 방문건강관리서비스 제공자들이 아직은 연계나 협력에 익숙하지 않기 때문인 것으로 짐작할 수 있다.

특히 방문건강관리서비스 제공자에 대한 인터뷰와 보건소 등 기관 조사 결과 보건서비스의 경우 사례관리 대상자를 의뢰받는 경로는 다양한 반면, 방문건강관리 등 서비스 대상자를 타 서비스로 의뢰하는 경로는 다양하지 못한 것을 알 수 있었는데, 이 또한 아직 연계 협력에 대한 이해나 교육이 부족하기 때문으로 이해할 수 있다.

이를 위해 서비스 제공자들을 대상으로 서비스 연계에 대해 다양한 사례 중심의 교육이 필요하며, 필요시 관련 매뉴얼을 제공하고 서비스 제공기관 간 상시적인 소통 기회를 마련할 필요가 있다.

다섯째, 본 연구에서는 보건과 복지의 연계를 위해 사업 구조와 기능을 분석하고 있으며, 보건-복지의 연계를 보건-의료-복지서비스 연계로 범위를 확장할 필요성에 대해 제안하고 있다. 지역주민의 건강 관리를 위한 보건서비스의 특성상 의료기관과의 연계는 고려될 필요가 있다. 다만, 어떤 수준에서 어떤 기관과의 연계가 가능할 것인가에 대해서는 좀 더 많은 고민이 필요해 보인다.

제7절 소결

본 장에서는 복지전달체계의 현실을 보다 입체적, 실증적으로 파악하기 위하여, 지역 단위 분석을 시도하였다. 그간의 전달체계 연구가 대체로 공공 복지전달체계에 집중되거나, 특정 대상 영역 범위에 한정되었는데, 본 연구에서는 복지 수요자의 서비스 이용 여건 전반을 고찰하기 위해서는 공공과 민간 부문의 전달체계를 아울러 검토하되, 특정 욕구 영역을 중심으로 상세한 분석을 수행하고자 하였다. 즉, 주요 세부 복지 영역별로 공공-민간 주체가 형성하는 복지전달체계를 아울러 검토하면서, 각 서비스기관이 지닌 기능과 기관간 연계·협력의 실태를 파악하였다.

5개 지역의 5개 영역(아동·청소년, 노인, 장애인, 고용-복지연계, 보건-복지연계)을 대상으로 한 사례연구의 시사점을 정리해보면 다음과 같다.

첫째, 5개 영역의 지역 단위 복지전달체계 구조 분석에서 공통적으로 확인된 사항은 시군구 희망복지지원단, 읍면동 맞춤형복지팀이 지역의 복지 대응 체계에서 구심점의 역할로 자리잡고 있다는 점이다. 즉, 대상자의 발굴과 상호 의뢰(민간 서비스기관에서 지자체로, 지자체에서 민간 서비스기관으로)의 중심축이 되고 있는 것으로 판단된다. 물론 시군구-읍면동을 주축으로 한 공공 복지전달체계는 국가의 사회보장급여를 집행하며, 공공정책의 책임성을 담보한 주체이자 복지수요자를 위한 다양한 자원의 원천으로 인식되어왔다. 그런데 지자체 복지행정의 공식 업무로 통합사례관리가 실시되면서 지역 단위 복지 수요에 공적 책임성을 지닌 일차적 대응 접점으로서의 위상, 그 역할에 대한 신뢰도를 확보하고 있는 것으로 보인다. 물론 대응가능한 욕구와 자원의 제한성, 문제해결의 수준, 적정 인력의 배치와 고용안정성, 전문분야별 역량 문제, 기관간 연계의 공식화 및 본격적인 연계·협력 방안은 대부분의 지역에서 공통적인 과제로 남아 있다.

둘째, 지역 단위 복지 전달체계의 편차가 상당한 것으로 확인되었다. 공공영역 즉, 지자체 복지행정부서에 설치되는 희망복지지원단, 드림스타트센터, 국민건강보험공단(장기요양센터) 등을 제외하면, 각종 서비스기관의 설치 규모는 지자체별로 차이가 있었고, 그 영향요인을 유추하기는 어려웠다. 시군구가 설치하도록 한 기관인데 설치되지 않은 경우, 광역단위 사업이어서 시군구 단위 접근이 어려운 경우 등 그 양상은 다양했다. 이와 관련하여, 위기도, 문제의 복합성 등에 따라 전문성이 요구되는 사업들은 전문화되거나 특화된 기관의 확충이 필요하다는 요구가 확인되었다.

셋째, 통합적 서비스의 필요성 인식은 대부분의 서비스 영역에서 높게 나타났다. 이는 기관별 전문서비스 이용 가능성을 전제 한 것이고 이를 위해서는 보다 명확한 기관간 역할 분담, 사례의 위기도, 문제의 복합성을 고려한 역할 부여를 요구하였다. 또한 모든 담당자들이 대상자들에게 필요한 서비스의 충족을 위해서는 고유한 보유 자원의 한계를 느끼고, 다양한 자원 동원을 위한 협력이 필요하다고 제시하였다. 그러나 여전히 통합적 서비스의 첫걸음이 되는 연계와 협력의 여건은 대체로 미비했고, 사례별로 협력이 원활한 경우는 사적 노력, 즉 지자체 고유의 지침 혹은 개별적 노력에 의한 것으로 확인되었다. 영역별로 주요 기관간 협력 지침을 마련한 지자체도 발견되었다. 이와 관련하여 상호 이해 제고를 위한 상시적인 소통구조, 기관별·부서별 서비스 기준을 공유해 나갈 필요가 제시되었다. 또한 주요 복지서비스 영역별 네트워크의 운영, 분야별 정책을 조정-관리할 수 있는 컨트롤타워의 존재감이 충족된 영역과 지역은 매우 드물었다.

넷째, 사업의 중복성에 대한 파악에서는 중앙부처별 사업 시행에 따른 사업간 분절의 문제가 더 강하게 제시되었고, 중복보다는 자원의 부족, 연계 부족으로 인한 서비스의 누락 지원의 지속성에 대한 우려가 높았다.

다섯째, 이용자 입장의 서비스 체감요소, 서비스 품질의 구성 요소를 파악한 결과, '당사자의 의견 반영', '서비스 내용의 전문성'이 주목되었다. 이는 이용자 참여 보장과 욕구 기반의 질 높은 서비스에 대한 고려의 필요성을 시사하는 결과이다. 또한 장애 분야에서는 서비스 이용 시 불만족 요인으로 서비스 제공 장소 환경이 높게 제시되어, 일부 서비스 제공기관의 영세한 운영 상태를 시사하는 결과가 나타났다.

제 6 장 결 론

결론

제1절 주요 연구 결과 및 함의

1. 연구의 개요 및 의의

본 연구는 사회복지 부문의 공공, 민간 핵심 사업기관들이 담당하고 있는 기능, 역할을 포괄적으로 검토하고 서비스·사업의 특성을 고려한 기관 간 분담 구조를 지역 단위로 진단하여, 통합적 조정의 필요성과 그 과제를 파악하는 데 목적을 두고 진행하였다.

그간의 전달체계 개선이 '수혜'로서의 복지서비스 제공 '대상'을 찾는 과정을 중심으로 적합성, 효율성을 높이는 데 주력했다면, 본 연구에서는 다종다양한 공공과 민간 부문의 복지사업(서비스 및 프로그램)이 '공공성을 지닌 서비스'로서 '선택, 이용'될 수 있는 운영 체계에 중점을 둔 접근이 요청된다는 점에 주목하였다.

복지 수요자의 공공서비스 이용 적정 요건을 마련하기 위해서는 우선 충분한 서비스의 공급(다양한 욕구-문제에 대응할 유형별 서비스 제공처 확보)이 필요하고, 서비스로의 접근성이 확보(이용자의 주도와 선택, 욕구의 적절한 진단-연계)되어야 하며, 서비스 이용의 편의적 절차가 확보되고, 이를 위해서는 서비스의 통합성 제고가 주요한 과제라는 점에 착안하여 연구를 진행하였다.

연구진행과정에서는 다음의 연구문제에 주목하였다. 첫째, 주요 복지욕구에 대응하는, 공공과 민간을 아우르는 복지전달체계는 어떻게 구성되어 있는가, 둘째, 복지 부문의 지역 단위 전달체계는 지역별로 어떤 차이가 존재하는가, 셋째, 공공과 민간의 복지기관들은 부여된 공적 기능들을 충분히 수행하고 있는가, 넷째, 분절적인 전달체계에서 통합적 서비스 제공 실태는 어떠하며, 이를 위한 기관별 노력은 어떤 양상으로 이루어지고 있는가, 다섯째, 복지 서비스 과정에서 최적의 여건을 조성하기 위해서는 어떤 고려가 필요한가?

연구는 주로 질적 조사 방법을 활용하였다. 이용자 사례조사(인터뷰), 지역 사례조사(시군구 단위 공공기관, 민간기관의 담당자 인터뷰, FGI), 사회복지 공공-민간기관의 공간 구조 분석을 실시하였다.

선행 연구와 비교할 때 본 연구가 갖는 차별성을 다음 두가지로 구분하여, 제1장에서 상세 제시하였다. 첫째, 연구범위와 관련하여, 공공 부문과 민간 부문을 포괄한다는 점이고, 둘째, 연구 방법과 관련하여, 보다 심층적인 지역 단위 사례연구를 활용했다는 점이다.

2. 주요 연구 결과

가. 국내·외 복지전달체계의 현황 및 운영 사례 분석 결과 및 함의

본 연구에서는 국내·외 복지전달체계의 현황 및 운영 사례를 연구하였다. 우선 지자체 복지전달체계 개편 추진경과, 개편의 필요성, 중점 개편 영역과 향후과제에 대해 논하고, 국내 복지전달체계 운영 사례 분석을 위해 서울특별시의 ‘찾아가는 동주민센터’, 부산광역시의 ‘다복동 사업’, 경기도의 ‘무한돌봄센터’, 대전광역시의 ‘희망티움센터’를 살펴보았다. 국외 지역 사례로는 미국의 뉴욕주 올버니 카운티와 영국의 달링턴 지역의 복지전달체계를 분석하였다.

1) 국내 복지전달체계 현황 및 운영 사례 분석

그간의 지자체 복지전달체계 개편 추진 정책의 특징은 다음과 같이 정리할 수 있다. 첫째, 잔여적·협의의 사회복지를 주민생활의 포괄적 지원과 사회보장 부문의 협력으로 확장, 둘째, 찾아가는 서비스와 맞춤형 서비스를 위한 주민과의 최일선 접점 강화, 셋째, 대응성이 높은 공공서비스 시스템 구축을 목표로 한 통합사례관리 운영, 넷째, 업무 효율화를 위한 자산조사 및 급여관리체계 운영 시도(행복e음-사회보장정보시스템에 기반한 통합조사관리팀 본청 운영 등) 등이다.

지자체에서는 이와 같은 중앙정부의 정책 방향과 병행하여 자체적으로 복지 전달체계 개선을 시도해왔으며, 지자체가 구축·운영하는 개별 복지 전달체계 사례 분석을 위해 광역자치단체로서 서울특별시, 부산광역시, 경기도, 대전광역시를 중심으로 검토하였다.

이들 지자체는 민관 협력을 통해 이용자 원스톱 통합서비스 제공을 도모하고자 복지전달체계 개편을 시도한 공통점을 지니고 있다. 서울특별시와 부산광역시의 경우 공공행정의 최일선 조직인 읍면동을 중심으로 개편하여 이에 수반되는 주요 인력인 공무원을 신규 채용하거나 우선 배치하는 방식으로 전달체계 개편을 수행하였다. 반면 경기도와 대전광역시의 경우 시군구 또는 복수의 동을 포괄하는 권역 단위의 민간거점기관을 중심으로 민간 전문인력을 적극적으로 활용하는 방식의 개편을 추진하였다. 또한 사업 내용 측면에서 서울특별시와 부산광역시의 경우 '찾아가는' 사각지대 발굴 수행이 중점이었다면, 경기도와 대전광역시의 경우 전문적인 사례관리의 효율성 증대를 위해 개편을 시도하였다는 점에서 차이를 확인할 수 있었다.

이와 같이 선도적인 시도를 통해 지역의 독자적인 복지 운영, 전달체계를 갖추고자 한 사례는, 지자체의 자체적인 실태 진단, 인력과 예산 배분이라는 별도의 준비와 투입이 이루어졌다는 점에서 의미가 있다. 또한 기존 지자체 행정체계와는 상충될 수 있는 '복지 권역'을 설정, 운영하여 규모의 경제, 효율적 운영이 가능한 체계를 마련했다는 점, 사례관리의 전문화를 위한 준비가 이루어졌다는 점, 민간 부문을 보다 적극적으로 활용하고 있다는 점에서 그 변화와 성과를 지속적으로 주목해볼 필요가 있다.

2) 국외 복지전달체계 현황 및 운영 사례 분석

국외 복지전달체계 현황과 운영 사례를 보다 상세하게 파악하고자 미국 뉴욕주 올버니 카운티와 영국의 달링턴 지역의 복지전달체계를 살펴보았다.

미국은 복지국가 황금기 이후에 나타난 연방 재정의 악화, 그에 따른 공공서비스 이양, 탈시설화 등으로 인한 지역복지 수요의 급증으로, 공공서비스 전달체계 내에서 관련 기관과의 연계와 협조를 강조하고 있었다. 특히 파편적으로 발달해온 공공서비스를 통합함으로써 운영과 관리 측면에서는 행정절차의 간소화와 유사중복 프로그램의 조정을 통한 효율성 제고를 도모하고, 공공서비스를 이용하는 대상자가 가진 복합적인 욕구와 문제를 일원화된 시스템 속에서 해결할 수 있게 하였다.

미국 뉴욕주 올버니 카운티를 사례를 통해 살펴본 미국의 공공서비스 통합의 노력이 우리에게 주는 시사점은 통합적 서비스 제공을 위해서는 중앙과 지방자치단체의 수직적 협력뿐만 아니라 해당 행정체계 내에서의 부서 간 수평적 협력, 민간기관과의 수평·수직적 협력 등 다양한 형태로 이루어질 협력을 고려하여 서비스가 제공되어야 한다는 점이다. 또한 올버니 카운티의 SOC(System of Care: 아동정신건강 통합지원 네트워크) 사례에서는 민간기관의 전문성과 책무성을 높이기 위한 노력, 미국의 성과기반 위탁계약 시스템의 시사점이 파악되어 국내 공공-민간 간 협력체계 구축에 참고할 수 있다. 더불어 이용자의 다양하고 복합적인 욕구에 대응하기 위한 '종합 포털' 시스템을 확장, 이용자의 접근경로를 단일화하여 전통적인 사회복지의 영역뿐만 아니라 보건의료 및 안전 등 유관 영역과의 협력 또한 강화시킬 필요가 있다.

영국에서는 복지 효율성의 증대와 효과적인 서비스 제공 보장을 위해 복지서비스의 지방화(localization)가 강조되었다. 이를 위해 민간자원을 적극적으로 활용하여 공공의 비용 부담을 줄이고 복지사각지대 및 중복영역을 해소하기 위해, 서비스 제공기관 간 파트너십, 공동계획, 공동투자, 의뢰 등의 방식을 도입한 협력조정 체계를 마련하였다. 영국의 달링턴 지역의 사례를 통해 지역 내 복지서비스 제공기관 간 네트워크 구조별로 그 유형을 구분해보면, ①정부-위탁기관-서비스공급자-지역사회로 이어지는 전통적인 계층형 모형, ②정부 직접 공급형, ③위탁기관 주도형, ④서비스 공급자 주도형으로 나눌 수 있다. 첫 번째 계층형 모형은 주로 성인정신장애 케어서비스 분야나 장애아동, 요보호 아동 지원·관리 서비스에서 나타나는 유형으로 주로 위탁기관이 직접 서비스를 제공한다. 정부 직접 공급형은 아동복지서비스 중에서도 입양과 가정위탁과 같은 서비스의 경우 지방정부가 직접 정보를 취득하고 서비스를 제공하는데, 실무적인 지원을 지방정부가 직접 제공하지만 조력 기관이 별도로 존재하여 상호 간의 연계를 강화하는 구조이다. 위탁기관 주도형은 지방정부와 직접적인 연계가 없는 위탁기관이 주도적으로 서비스를 제공하며, 서비스 제공기관의 품질관리와 모니터링은 품질관리기관(CQC)이 담당한다. 마지막으로 서비스 공급자 주도형은 제공기관의 전문성을 강조하는 유형으로 공급기관 주도로 서비스가 제공되며, 이용시설의 개인맞춤형 케어

서비스나 재가방문 돌봄서비스와 같은 서비스들이 해당된다. 이와 같은 달링턴 지역의 공공과 민간 간의 네트워크 유형들은 결국 지역의 수요와 특성에 맞는 서비스를 제공하기 위해 형성된 것으로써, 이용자에게 최적화된 서비스를 제공하기 위해서는 공공과 민간의 네트워크 형태가 하나로 통일되기보다는 다양한 협력 구도를 구축해야 함을 시사한다.

나. 지역복지 수요·공급 공간 구조 분석 결과 및 함의

지역 단위 복지 수요·공급 공간 구조 분석에서는 지역 인구 대비 복지공급의 비율과 공공기관 대비 민간복지기관의 비율을 분석함으로써 간접적으로 공공과 민간의 네트워킹을 위한 여건을 가늠해보고자 하였다.

분석을 진행하기 위해 통계청 지리정보통계시스템에서 제공하는 2015년도 10만 2219개 집계구별 '성별·연령별 인구수' 자료를 활용하여 지역별 복지 수요를 파악하였고, 행정안전부 공공기관 지리정보, 사회서비스 공급기관 속성정보와 통계청 9차 산업분류 데이터인 보건업 및 사회서비스 사업체와 종사자 정보를 활용하여 지역복지 공급을 확인하였다. 본 연구에서는 이러한 데이터를 활용하여 인구집단 거주지를 중심으로 복지공급 분석을 시도함으로써 그간의 지자체 행정구역 단위 밀도 분석이 지닌 한계를 극복하고자 했다는 점에 의의가 있다. 주요 결과는 다음과 같다.

먼저 지역복지 수요는 전체인구, 만0~4세 영유아 인구, 만65세 이상 노인 인구를 대상으로 전국, 서울·경기, 대구·경북, 광주·전남의 4개 카테고리로 나누어 분포현황을 확인하였다. 분석 결과, 전체 인구와 영유아 인구는 서울과 수도권 대도시 지역에 집중되어 있었다. 강원도 충청북도 등의 농산어촌 지역은 영유아 인구 밀도가 낮았고, 만65세 이상 노인인구는 밀집된 것으로 나타났다. 또한 경기도와 같은 도농복합 지역에는 경기 북부나 서부 외곽지역의 노인인구밀도가 높아 도심지역과 차이가 큰 것으로 확인되었다.

지역복지 공급 현황은 분석에 활용한 자료를 기준으로 ①시군구청, 읍면동 주민센터, 보건(지)소와 같은 공공기관, ②민간 보건업·사회복지서비스업 사업체 및 종사자, ③사회서비스 전자바우처시스템상에 최근 1년동안(2017년 8월 기준) 1회 이상 결제 이력이 있는 사회서비스 제공기관(가사간병, 노인돌봄, 산모신생아, 장애아가족지원, 장애인활동지원, 지사회서비스투자사업)으로 구분하여 분석을 진행하였다. 분석 결과 공공기관은 기초자치단체 행정단위를 기준으로 분석한 기존 연구결과들과 달리 임야지역과 농지를 제외하면 전국에 고르게 분포되어 있는 것으로 확인되었다. 특히 보건(지)소가 그러했다. 그러나 민간보건업과 사회복지서비스 사업체 및 종사자 수를 통해 살펴 본 민간부문 기관의 분포는, 서울특별시, 광역시 등의 대도시 지역에 사업체와 종사자가 밀집되어 있으며 농산어촌 지역에는 서비스 업체뿐만 아니라 종사자 수 역시 낮은 분포를 보였다. 이와 같은 결과는 사회서비스(바우처사업) 제공기관 공간 분석에서도 동일하게 나타났다. 다만 사회서비스 제공기관 공간 분석에서 눈에 띄는 점은 노인돌봄종합서비스 제공기관은 농산어촌까지 고르게 분포되어있다는 것이다.

마지막으로 지역복지 수요와 공급 현황을 교차하여 분석한 결과 지역복지 공급 기관은 대도시 지역에 집중되어있는데, 전체 인구와 영유아 인구는 그 비율이 높을수록 관련 공급기관의 밀도도 높게 나타난 반면, 노인인구는 농산어촌 지역의 밀도가 높았으나 노인 대상 복지 제공기관은 오히려 대도시에 밀집되어, 수요와 공급이 상충되는 모습이 확인되었다.

이러한 결과를 바탕으로 현재 국내 지역복지 수요·공급의 현황을 요약하면 인구 밀집 지역인 대도시 지역을 중심으로 서비스 제공기관도 밀집되어있고, 대도시 지역에 비해 농산어촌 지역은 서비스 제공기관의 분포가 적어 수요와 공급의 불일치 현상이 존재하는 것으로 확인되었다. 도시 지역에 비해 민간과 공공이 네트워킹을 활성화 할 수 있는 여건이 부족한 농어촌 지역은 결국 공공기관인 읍면동 주민센터나 보건(지)소를 중심으로 서비스 제공의 책임과 비중이 커질 수밖에 없는 것이다.

즉, 지역별 복지전달체계의 양상에서는 기본적인 구조와 양적 편차가 포착되는데, 이는 공공부문 보다 민간복지서비스 공급기반의 확연한 차이에 기인하므로, 기관의 충족도, 복지서비스 인력의 구인 여건 등을 어떻게 마련해갈 것인가의 문제로 귀결된다. 공공-민간의 공조를 통한 서비스 네트워크의 설계와 활성화 전략 마련에도 이와 같은 영역별, 지역별 차이가 반영된 차별적 접근이 요청된다.

다. 복지 욕구 특성과 공공서비스 이용 경험의 분석 결과 및 함의

본 연구에서는 이용자의 복지 욕구 특성과 공공서비스 이용 경험 분석을 위해 통합사례관리 이용자의 경험을 중심으로 질적 연구를 진행하였다. 서울과 경기, 지방 군(郡)에서 각 한 지역씩 그리고 지방 대도시에서 두 개 지역을 선정하여, 해당 지역 내의 통합사례관리 이용자 중 '발달장애인 가구', '노인 단독 가구', '청년 중증 장애인 가구', '중장년 1인 가구', '한부모 가구', '학교 밖 청소년 가구' 등 6가지의 대표적인 복합적 욕구를 지닌 사례를 선별하여 총 30가구에 대한 인터뷰를 진행하였다. 인터뷰는 이용자가 경험한 위기의 원인과 주요 욕구, 대응 노력, 주요 사회보장급여 수급 내용과 경험을 중심으로 이루어졌다.

인터뷰 진행 결과, 이용자가 겪는 위기의 주요한 원인은 소득 상실과 관계 단절이었다. 소득 상실이라는 위기가 발생하면서 가족 관계가 파탄

되고 사회적 관계의 단절이라는 경험이 동반되는 것이다. 이러한 과정 속에서 이용자는 신체건강의 문제뿐만 아니라 정신건강의 문제까지 경험하기도 하였다. 또한 자녀가 있는 경우에는 자녀에게 학교가 도움이 되기보다는 오히려 위기를 심화시키는 원인이 되거나, 학교 차원에서 적절한 지원이 이루어지지 않아 문제를 악화시키는 경우가 많았다.

이용자에게 발생한 위기가 심화됨에 따라 가장 기본적으로 발생하는 문제는 기초적인 생계의 문제였는데, 생활비의 부족뿐만 아니라 식사를 제대로 할 수 없는 등 극빈의 상황을 경험하는 경우도 적지 않았다. 이러한 상황 속에서 이용자는 자살생각이나 자살을 계획하는 등의 극단적인 경우에 처하기도 하였다. 또한 가구 구성원 여러명이 모두 크고 작은 질병을 가지고 있거나, 한 사람이 복합적인 질병을 갖고 있는 경우도 있어 질병의 문제 자체가 경제적인 문제로 이어지기도 하였다. 자녀가 있는 경우에는 양육 비용의 부족과 더불어 자녀의 비행이나 범죄 등의 문제를 안고 있는 경우도 있었으며, 학업과 학습의 지원을 필요로 하였다. 인터뷰에 응한 이용자들은 이와 같은 위기 상황을 타계하기 위해 위기의 주요한 원인인 소득상실을 해결하고자 소득활동이나 고용을 위한 노력을 하고 있는 것으로 나타났다. 그러나 대부분 안정적인 일자리가 아닌 단순 일용직 수준의 일자리에 머무르고 있어 소득상실이라는 위기상황 자체를 완전히 극복하기는 어려운 실정이었다.

연구의 대상인 통합사례관리 이용자들은 모두 경제적 어려움을 겪고 있었지만 가장 대표적인 사회보장급여인 기초생활보장제도 생계급여의 수급자는 일부였으며 대부분은 비수급 빈곤층이었다. 또한 현금급여 이외에도 생계지원의 보조적인 수단으로 식료품 지원 등의 현물지원을 받는 경우도 있었지만 이용자의 욕구에 맞지 않는 경우도 많았다. 민간 현금 지원에 연계되는 경우는 소규모이거나 일시적인 지원에 머무는 것이 대부분이었다. 이 외에도 질병 치료를 위한 의료비 지원을 사회보장급여를 통해 받고 있었지만 의료비 부담이 완전히 사라진 것은 아니었다. 아동 양육 관련 문제에서는 학습이나 학업에 대한 지원이 많았고, 주거 환경 개선이나 공공임대 연결, 정신건강 문제 해결을 위한 심리치료, 장애아동에 대한 직업재활서비스 연계 등의 서비스를 지원 받기도 했다. 그러나 이용자들이 이러한 지원을 받기까지는 어려움이 많은 것으로 호소했는데 이는 발생 문제별로 이용할 수 있는 지원과 지원 기관에 대한 정보가 부족하기 때문이었다. 또한 지원을 받게 되더라도 부분적인 도움에 그치고 있다고 지적하기도 했다. 특히 기초생활보장제도 생계급여는 이용자의 위기상황인 기초 생계 문제를 완전하게 해결하기에는 충분하지 않았으며, 소득활동을 한다고 해도 추가 소득은 바로 급여 삭감으로 이어지기 때문에 이용자의 경제적인 자립에 걸림돌이 되고 있었다. 이에 따라 이용자는 공공부조 수급 자체를 기피하는 경우도 있었다. 더불어 기초생활보장제도 사각지대의 대표적인 발생원인인 부양의무자 기준이나 자산기준도 사회보장급여의 문제로 지적되었다.

통합사례관리 이용자의 공공서비스 이용 경험에 대한 인터뷰를 통해 본 연구에서 얻은 함의와 정책적 제언은 다음과 같다.

첫째, 이용자의 기초적인 생계유지와 직결되는 기초생활보장 생계급여의 제도상 문제(부양의무자 기준, 자산기준, 낮은 급여수준 등)의 해결과 노인돌봄, 장애인활동지원, 정신보건서비스 등 제도적 서비스에 대한 보완이 필요하다. 이용자에게 제공되는 지원 수준 자체가 적절하지 못하고 제도 자체의 한계 때문에 처음부터 대상자의 욕구에 대응하기 어렵다면, 아무리 공공서비스를 통해 이용자에게 통합적이고 맞춤형인 지원을 시도한다고 하더라도 이용자가 경험하는 위기의 근본적인 원인을 해결하기는 역부족이기 때문이다.

둘째, 통합사례관리가 단순한 서비스 연계를 넘어 서비스를 이용하는 대상자 각각에 맞는 급여와 서비스를 설계할 수 있도록 하는 방안이 모색되어야 한다. 인터뷰 결과 통합사례관리는 공공서비스 이용의 체감적인 접근성을 향상시키는 데에는 상당한 기여를 하고 있었다. 그러나 맞춤형 서비스의 제공과 안정적인 지원 그리고 통합사례관리에는 한계를 갖고 있었다. 이는 이용자에게 제공되는 급여·서비스는 개별 법률과 제도에 따라 제한적으로 제공되고 있고, 통합사례관리사에게 급여·서비스를 설계, 점검, 조정 등을 할 수 있는 권한이 따로 부여되어있지 않아 이용자에게 맞춤형 서비스를 제공하기 어렵기 때문이다. 따라서 이용자에게 제공되는 급여·서비스를 융합하고 재설계할 수 있는 권한 부여와 예산 공유, 거버넌스 체계 마련이 필요하다. 더불어 이러한 역할을 수행할 수 있는 사례관리사 양성을 위한 교육훈련 체계도 개발되어야 할 것이다.

라. 지역단위 복지전달체계의 구조와 기능 분석 결과 및 제언

본 연구에서는 다섯 개의 주요 복지 영역: ①아동·청소년복지 영역, ②노인복지 영역, ③장애인복지 영역, ④고용–복지 연계 영역, ⑤보건–복지 연계 영역을 대상으로 지역단위 복지전달체계의 구조와 기능을 분석하였다. 영역별 지자체 복지행정부서를 비롯한 공공기관과 민간복지사업기관을 바탕으로 기관별 수행 기능, 기관간의 연계-협력의 상황을 확인하였다. 또한 서비스의 통합적 제공 노력 등을 파악하였다.

1) 아동·청소년복지 전달체계의 구조와 기능

아동·청소년복지 영역은 지역사회 내 취약·위기 아동·청소년의 통합사례관리를 중심으로 전달체계의 구조와 기능을 확인하였다.

사례지역 전달체계 분석 결과 시군구 수준의 아동·청소년 복지전달체계는 사례지역별로 큰 차이를 보이지 않았다. 드림스타트사업을 중심으로 통합사례관리가 실시되고, 청소년상담복지센터에서 학교밖청소년센터의 운영과 함께 위기청소년을 위한 상담 및 사례관리가 이루어지고 있었다. 다만 민간기관의 경우 지역별로 다소 차이를 보였으며, 시도 단위로 설치되거나 거점형태로 운영되는 아동복지기관은 일부지역에만 설치되어 있어 접근성에 영향을 주고 있을 것으로 예상되었다. 한편 지자체 복지정책의 특성은 아동·청소년복지정책의 추진 및 전달체계에도 영향을 미쳤으며 이는 각각의 사례지역별로 서비스의 강점 및 품질의 차이를 만들었음을 유추해볼 수 있었다. 예를 들어 서울 마포구의 '희망나눔벨트 사업'이나 완주군의 '아동친화도시 인증'은 해당 지역 아동대상 서비스의 질을 향상시킬 수 있는 동력으로 볼 수 있을 것이다.

전달체계별 주요 기능에 대해 확인하였는데, 아동복지분야에서는 드림스타트가 주도적인 사례관리 기관으로 자리 잡고 있었다. 드림스타트가 주축이 되어 지역 내 아동복지기관이 정보를 공유하는 '아동복지협의체'가, 청소년복지분야에서는 청소년기 위기문제에 대응하는 CYS-Net이 작동하며 위기청소년을 위한 통합적 사례관리를 강화하고 있었다. 그러나 아동 영역과 청소년 영역의 사례관리의 성격은 상이한 것으로 확인되었다. 청소년 영역은 위기 청소년의 문제에 집중한 상담의 기능이 발전된 사례관리라면, 드림스타트의 경우 아동가족 전체를 사례관리 대상의 범주로 보고 아동과 가족의 복합적 문제를 심층적으로 다룬다. 사례관리 대상과 다루는 내용의 범위가 상이하며 이에 따라 수행하는 사례관리사의 역할도 차이가 있었다.

한편 아동청소년 분야의 타기관과의 협력 혹은 역할분담의 필요성에 대한 인식은 매우 높은 것으로 확인되었다. 위기가구를 중심으로 통합사례관리 체계와 대상자 중심의 사례관리사업과의 협력과 역할분담이 필수적이며, 아동과 같은 특정대상 혹은 특정문제(위기) 등에 특화된 독립적 사례관리 기관은 필요하고 일반 사례관리사업과 긴밀하게 연계되어야 함이 파악되었다.

아동과 청소년 복지사업의 연계는 활발하지 못한 것으로 확인되었다. 드림스타트 사업대상의 연령이 12세까지여서 드림스타트 사업의 연령도달로 서비스 종결된 아동의 청소년기관 연계가 적절하게 이루어지고 있지 못한 것이다. 연계에 대한 규정과 지침이 부재하므로 드림스타트를 대체하는 서비스의 제공, 유사한 기관으로의 연계가 어려운 실정이다.

아동·청소년복지 영역의 통합성 및 효율성·전문성 제고를 위하여 다음의 제언을 하였다. 첫째, 아동·청소년 전달체계의 연계 및 통합을 높이기 위해 중앙정부 단위에서 정책조정기구의 운영을 강화해야한다. 둘째, 아동과 청소년의 서비스 접근성 제고를 위해 지역 내 아동·청소년 복지기관의 연계가 강화되어야 한다. 셋째, 통합사례관리기관으로서 드림스타트의 역할을 강화하여 위기아동에 대한 대응을 강화해야 한다. 넷째, 분절적으로 운영되는 아동·청소년 통합사례관리 수행의 지속성을 확보하여 12세 이후 청소년에게도 적절한 통합사례관리체계를 구축해야한다. 다섯째, 효율성과 전문성을 제고하기 위하여 사례의 위기도 및 특수문제에 특화된 전문기관과의 연계와 함께 청소년복지 영역에서의 사례관리 기능이 강화되어야 함을 강조하였다.

2) 노인복지 전달체계의 구조와 기능

본 연구에서 설정한 사례연구 대상 지역에 대해 대표적인 노인복지사업 수행기관으로서 장기요양기관, 재가노인 복지센터, 노인복지관, 독거노인 지원센터, 시니어클럽, 노인보호 전문기관 등 6개 유형 기관의 분포를 확인하였다. 지역별로 인프라의 분포는 큰 편차가 확인되었으며, 이들 기관이 모두 소재한 지역은 부재했다. 돌봄 및 여가서비스 제공을 위한 인프라가 대체로 갖춰진 반면 일자리 지원이나 인권 옹호에 관한 시설이 부재한 지역, 일자리지원사업을 수행할 수 있는 시니어클럽이 고루 분포한 지역 등 구성의 형태는 다양하게 나타났다.

사례지역의 주요 노인서비스 기관으로 국민건강보험공단, 노인복지관을 대상으로 관련 서비스 제공 현황을 분석하였다. 지역단위 노인복지 부문의 핵심기관인 노인복지관에서는 이용노인의 여가 욕구 및 지역특성을 반영, 기본사업과 선택사업의 다양한 서비스를 제공하고 있었으나, 기본적으로 노인복지관의 정체성을 어디에 둘 것인가의 쟁점을 안고 있었다. 노인복지법 상 노인여가복지시설로 부여되지만, 지역 내 요보호노인을 위한 지원기능이 강화되어야 한다는 요구가 상충되고 있는 것이다.

노인이 안고 있는 다양한 생활문제에 대응하기 위해 지역단위 노인보건복지사업들이 운영되고 있지만, 서비스 제공과정에서 발생되는 대상자 중복 및 누락, 서비스 제공기관 간 정보공유 부족에 따른 연계 및 협력의 어려움은 여전히 존재하는 것으로 확인되었다. 특히, 노인이 주로 안고 있는 경제적, 정서적 지원을 위해서는 민관 협력체계에 기반한 자원 동원과 읍면동 주민센터와 노인복지관 등 주요 기관 간 대상자 정보 및 서비스 내용 공유가 중요한데, 일부 사례지역을 제외하고는 대다수가 여전히 소극적이었다. 이는 개선해야 할 우선순위 높은 과제로 제시되었다. 현재 읍면동 주민센터와 종합(노인)복지관, 재가노인복지센터가 중심이 되어 노인 관련 복지서비스를 제공하면서 대상자별 사례관리를 실시하고 있지만 여전히 관련 서비스 제공기관 간 연계 협력체계를 구축하는 데는 한계가 있고, 사례관리업무 역시 전담인력이 부족하여 다소 많은 업무 부담을 안고 있는 것으로 나타났다.

이를 개선하기 위해서는 기관 내 전담인력 양성 및 교육 실시 등 자체적인 노력도 필요하지만, 제도적으로 민관협력의 기반을 마련할 수 있는 정보시스템 구축, 관련 담당자 간 정기적인 업무협의를 추진할 수 있는 지원체계가 우선되어야 할 것이다.

3) 장애인복지 전달체계의 구조와 기능

장애인복지 전달체계 구조를 확인하고자 대표적인 장애인복지시설인 장애인복지관, 주간보호시설의 현황을 사례지역 중심으로 살펴보았다. 시설의 분포는 사례지역마다 상이하게 나타났다. 등록장애인 수를 고려하여 확인해보면 장애인 약 8천명당 장애인복지관 1개소가 설치된 지역도 있는 반면 약 2만 8천명당 1개소인 지역도 있어 차이를 보인다. 주간보호시설도 1~10개로 지역 간 차이가 큰 것으로 확인되었다. 직업재활시설 역시 3개의 지자체에서는 미설치된 상황이었으며, 정원대비 이용자 수가 과잉된 시설도 확인되었다.

다음은 장애인복지 전달체계의 기능과 관련하여 각 기관들의 사업 내용은 큰 틀에서 중앙정부의 사업 지침에 따라 이루어지고 있지만 지역적인 욕구에 따라 이전과는 다른 서비스를 새롭게 마련하거나 중점적인 사업에 있어서 변화의 움직임을 꾀하고 있는 것으로 나타났다. 장애인복지관의 경우, 신체장애인 위주에서 발달장애인에 대한 지원으로 확대하고 있으며, 고령 성인 장애인을 대상으로 하는 신규서비스의 확충, 장애인가족의 역량 강화를 도모할 수 있는 프로그램 확대를 강조하기도 하였다. 돌봄 지원을 중점적으로 행하고 있는 주간보호센터의 경우에 있어서도 이용자의 욕구를 충족하기 위해서 중증장애인에 대한 지원 확대를 시도

하고 있었다. 직업재활시설의 경우에는 근로하는 장애인들이 단순히 반복되는 업무를 벗어나 다양한 여가활동을 함께 공유할 수 있는 노력들을 꾀하고 있는 것으로 나타났다.

유관기관과의 연계 및 협력에 대해서는 모든 기관들이 사례관리 과정에서 타 기관과의 협력이 필요하다는 점에 공통된 인식을 가지고 있었으며, 상당수가기관별 전문서비스 이용을 위한 연계를 그 이유로 지적하였다. 하지만 일반 민간기관들로부터 장애인 대상이라는 이유로 의뢰가 이루어지는 반면에 함께 문제를 풀어가는 데 있어 민간기관들 간의 협력체계가 제대로 이루어지지는 않는다는 점을 공통적으로 피력하였다. 반면에, 지역 내 장애인 대상 관련 기관들 간에는 상대적으로 연계·협력체계를 강화하기 위한 다양한 모색들이 행해지는 것으로 나타났다. 또한 공공-민간 기관과의 역할이 제대로 정립되어 있지 못한 실정이며, 공공 사례관리가 위기 발생에 대한 사후적이고, 단기적인 지원에 머무르고 있다는 점에 대해서 비판적인 견해를 보이기도 하였다.

이에 장애인복지 전달체계 개선방향을 다섯 가지로 제안하였다. 첫째, 신규 서비스 제공이나 사례관리는 기존 인력의 업무과중으로 이어지는 문제점이 노출되고 있어 이에 대한 지원방안이 마련될 필요가 있다. 둘째, 지역단위에서 서비스 제공기관의 부족현상은 여전히 지속되고 특히, 최중증 장애인, 중·장년기 발달장애인, 도전적 행동을 보이는 발달장애인에 대한 전문서비스 제공기관은 일부지역을 제외하고는 거의 부재한 상황으로 나타나 이에 대한 집중적인 지원책이 마련되어야 할 것이다. 셋째, 서비스 제공기관의 지역적 편차 문제가 존재하며 이에 따른 이용자의 쏠림 현상이 두드러지고 있어 이에 대한 보완 방안이 마련되어야 할 것이다. 넷째, 타 영역의 민간 기관과의 협력은 잘 이루어지지 않고 있는 것으로 나타나 지역단위에서 서비스의 통합성을 높이기 위해서 보다 체계적인 연계체계가 구축될 필요가 있다. 마지막으로 공공전달체계 개편에 따라 공공-민간간의 역할분담에 대한 고려가 필요하다.

4) 고용-복지 전달체계의 구조와 기능

고용-복지 전달체계를 확인하기 위하여, 고용-복지서비스 연계의 과업이 부여된 핵심적인 기관인 고용복지+센터, 희망복지지원단, 그리고 맞춤형 복지팀을 주요 연구대상으로 삼아 고용-복지서비스 연계관점에서 이들의 운영실태, 그리고 개선방향을 확인해보았다.

고용-복지서비스 연계의 탐색은 고용복지+센터, 희망복지지원단, 맞춤형 복지팀을 대상으로 1) 발굴 과정에서의 연계, 2) 욕구사정 과정에서의 연계, 3) 서비스 제공과정에서의 연계로 구분하여 확인하였다.

첫째, 대상자 발굴에 있어 고려해야 할 핵심논점은 기관에서 제공하지 않는 서비스 대상자를 얼마나 적극적으로 발굴하는지의 여부와 관련된다. 먼저 고용복지+센터의 경우 읍면동 단위에서 발굴한 자원을 연계하는 것 이외에 이종 사회서비스 대상자를 자체적으로 발굴하는 것을 주요 과업으로 설정하고 있지는 않았다. 맞춤형 복지팀이 실질적인 발굴 역할을 담당하고 있었는데, 맞춤형 복지팀의 경우 고용복지+센터와의 관계에 있어, 내방자 가족의 고용서비스 욕구를 발굴해 이들을 고용복지+센터로 연계할 것을 명시하고 있기도 하였다. 하지만 맞춤형 복지팀 팀원들은 사회서비스 욕구의 범위와 관계없이 이용자 발굴 자체를 매우 어려운 과업으로 인식하고 있었으며, 고용서비스의 욕구가 있는 이용자의 발굴은 제한적이라는 한계가 확인되기도 하였다.

둘째, 연계 관점에서 서비스 욕구사정과 관련된 핵심논점은 기관에서 제공하지 않는 서비스 욕구를 얼마나 적극적으로 사정하는지, 그리고 이들 서비스에 대해 얼마나 전문적이고 구체적으로 사정할 수 있는지와 관련된다. 고용복지+센터는 취창업이라는 궁극적 목표달성을 위해 복지서비스 등 다른 서비스를 우선적으로 제공해야할 경우가 빈번하기에, 복지서비스에 대한 욕구를 적극적으로 사정하고 이와 관련한 전문성을 담보할 수 있는 기관체계가 마련되어 있다. 전문성과 관련해서는 기관 내에 복지팀을 포함시켜 복지서비스의 구체적인 욕구사정까지도 기관자체에서 수행할 수 있는 체계를 갖추고 있으며, 사례관리협의체를 운영하여 이용자의 복합적 서비스 욕구를 사정할 수 있는 체계도 구축하였다. 맞춤형복지팀의 경우 적어도 복지서비스 제공과 관련한 폭넓고 전문적인 욕구사정을 수행해야 할 것으로 판단된다. 희망복지지원단도 대상층에 대한 복합적이고 전문적인 욕구사정이 진행 가능한 솔루션회의나 통합사례회의 체계를 보유하고 있다. 한편, 욕구사정 과정에서 세 기관들에서 다면적인 욕구사정이 적극적으로, 그리고 일정부분은 외부 전문가 등의 지원을 통해 일선에서 일부 구현되고 있음을 확인할 수 있었다. 그러나 맞춤형복지팀에서는 고용서비스와 관련된 적극적이고 전문적인 욕구사정이 이루어지지 못하고 있음이 지적되었으며, 고용복지+센터와 희망복지지원단 담당자 간 일정 수준의 정기적 교류가 중요함이 확인되었다.

셋째, 서비스 제공에 있어서의 연계는 욕구사정 과정에서 서비스 이용자가 해당기관에서 제공하지 않는 서비스 욕구를 지니고 있음이 확인될 경우 다른 서비스 제공자 혹은 기관을 연계해 서비스를 제공하는 것을 의미한다. 본 연구의 주요 대상으로 설정한 세 기관의 경우, 서비스 연계에 있어 주도적인 역할을 담당하는 것을 주요 과업중 하나로 부여받고 있으며, 이를 위한 내적 연계 혹은 외부 서비스제공기관 탐색체계 또한 갖추고 있다. 또한 지역 내 다양한 사회서비스 기관과의 협력을 통해 연계서비스를 제공할 수 있다. 하지만 일선의 현실을 확인해 보면 고용복지+센터와 읍면동 복지팀의 담당자 간 공식적인 교류는 정기적이고 빈번하게 이루어지지 못하는 상황이었다. 복지팀의 경우 고용서비스 연계를 제외한 협의의 복지 영역에 집중해 서비스를 제공하는 관행이 존재하고, 고용복지+센터 복지지원팀의 경우, 복지지원팀의 역할·과업이 명확하지 않아 복지팀원의 역량을 충분히 활용하지 못한다는 문제제기가 이루어졌다.

비용효과적 고용-복지서비스 연계를 위한 개선방안은 다음과 같다.

첫째, 맞춤형 복지팀이 잠재적 대상자를 발굴할 때 보다 포괄적인 대상자를 발굴할 수 있도록 노력해야한다. 둘째, 개별 기관 사례관리회의체의 핵심 주체인 맞춤형 복지팀원, 고용복지+센터 복지지원팀원, 그리고 희망복지지원단 팀원들 간 개별 사례회의체에 교차 참석을 의무화하거나 이들의 정기적 교류를 지원하는 방안을 적극적으로 고민해 볼 필요가 있다. 셋째, 복합적 서비스 제공이 필요한 대상자가 확인될 경우 어떤 기관에서 주도적 사례관리 주체가 될지에 대해 확정할 필요가 있다. 넷째, 협업이나 서비스연계와 관련된 규정 개선의 경우, 유관 정부부처 간 공동작업을 시도해 일선 사회서비스 기관들이 일관성 있고 통합적인 과업을 행할 수 있도록 지원할 필요가 있다. 다섯째, 고용복지+센터가 존재하지 않는 일부 지역의 경우 고용복지+센터의 고용-복지서비스 연계 과업을 수행할 또 다른 주체에 대한 고려가 필요하다. 여섯째, 고용-복지서비스 연계 과정이나 실적을 구체적으로 모니터링하거나 평가하는 방식에 대해서도 고려해야 할 필요가 있다.

5) 보건-복지 전달체계의 구조와 기능

보건서비스와 복지영역의 연계 방향을 모색하기 위해 방문건강관리사업을 중심으로 보건서비스 전달체계를 검토하였다. 방문건강관리 서비스는 서비스 제공 형태 측면에서 희망복지지원단의 사례관리서비스와 유사하며, 이러한 이유로 보건소에서 제공하는 서비스 중 복지 분야와의 접점이 가장 많다.

방문보건 사업은 관내 모든 계층을 서비스 대상자로 설정하고 있으나, 대체로 60세 이상 노인들과 저소득 취약계층을 우선으로 사업을 진행하고 있었다. 서비스 대상자들은 대체적으로 다양한 서비스에 대한 욕구를 가지고 있는 것으로 나타났는데, 5개 사례지역에서 모두 보건서비스 대상자 중 복지서비스가 필요한 대상자 비율이 최소 50% 이상인 것으로 확인되었다.

보건과 복지의 연계를 복지 관련 조직에서 방문건강관리팀으로 서비스 연계를 의뢰하는 사례와 방문건강관리팀에서 관리하던 환자를 복지 관련 조직으로 연계를 의뢰하는 경우를 구분하여 확인하였다. 사례지역 모두 환자 연계를 의뢰받는 채널이 환자 연계를 의뢰하는 채널보다 더 다양한 것으로 나타났다. 그러나 방문관리팀에서 복지관련 조직으로 의뢰한 대상자에 대한 사후관리 수행은 미흡한 것으로 확인되었다. 복지 관련 조직과의 연계, 협력을 통해 문제를 해결하는 사례로는 대상자의 기초 생계유지 등 경제적 문제가 가장 많은 것으로 나타났다. 다음으로는 학대, 폭력, 응급상황 대응, 주거 등 생활환경인 것으로 나타났다. 복지 관련 조직과의 협력이나 역할 분담의 필요성을 인정하였으나, 한편으로는 서비스 중복에 대한 우려도 있었다.

공식적인 연계 절차는 지역보건의료정보시스템을 활용한 연계서비스 기록지 작성으로 시작되나, 실제 현장에서의 연계 절차와 방법은 대부분 공식적 의뢰보다는 구두의 업무 협조 요청이 이루어지고, 필요시에 공문을 통해 서비스 연계를 요청하고 있었다. 정보시스템을 통한 서비스 연계보다는 읍면동 희망복지팀으로 연락하는 것이 다수를 차지하였고, 읍면동 희망복지팀에서 적절한 서비스 연계를 모색하는 것으로 파악되었다.

주요 개선과제는 다음과 같다. 첫째, 서비스 간 연계모델 설정을 위해서는 표준적인 서비스를 전제로 할 필요가 있기 때문에 기본적인 사업체계 만이라도 표준화할 필요가 있다. 둘째, 연계모델 개발을 위해서는 지역의 인구구성 등 서비스 제공에 영향을 줄 수 있는 서비스 외적인 부분에 대한 고려도 필요하다. 특히 방문건강관리사업의 경우 지역적 특성이 반영되는 것이 상당히 중요하고, 지역여건에 따라 사업의 편차가 크므로 이에 대한 고려가 필요하다. 셋째, 서비스 대상자와 서비스 제공 인력의 지역별 편차는 연계 모델 표준화를 어렵게 하는 요인으로 작용하므로, 방문건강관리사업의 열악한 업무 환경에 대한 고려도 필요하다. 넷째, 방문건강관리사업 제공자들은 서비스 연계(복지 분야는 물론 의료분야에 대한 연계도 포함하여)에 대한 개념이 아직 부족하므로 서비스 연계에 대해 다양한 사례 중심의 교육 및 소통 기회를 마련 할 필요가 있다. 다섯째, 환자보건-의료-복지서비스 연계로 범위를 확장하여 의료기관과의 연계를 바탕으로 통합적 서비스가 제공될 필요가 있다.

제2절 정책 제언

1. 복지 분야 서비스 이용 및 운영의 통합성 제고

"즉각적이고 단편적인 대응 방식, 다수의 소규모 서비스 제공자들의 파편화된 서비스 전달체계 내에서의 공존, 그 비체계성으로 인하여 서비스 이용자는 적절한 서비스를 찾기 위해 더 많은 시간을 허비하거나 접근의 기회마저 갖지 못하는 상황, 이용자의 서비스 욕구가 갖는 다차원성에도 불구하고 서비스 공급체계는 고립적이고 파편적인 대처 수준에 머무르고 있는 현실"(강혜규 외, 2016: 389)은 우리 사회서비스 지형에 대한 인상으로서, 이를 해소할 수 있는 서비스의 통합성 제고가 주요한 과제이다.

이를 위해서는 서비스의 파편화 해소, 서비스 간 간극 최소화, 이용자 만족도 향상을 위한 연속성 확보에 주목한 제도 개선이 필요하다. 또한 효율성 향상, 중복성 감소, 부적절한 서비스 이용 억제 등을 통한 비용효과성의 향상 등의 과제들이 함께 고려된 제도 개선이 요청된다.

특히, 복지욕구 영역별로 서비스 제도간 정합성을 제고하는 제도의 재구조화가 근본적으로 고려되어야 할 것이다. 이용자의 주요 욕구 유형(아동과 성인의 돌봄, 보호, 안전, 건강, 교육, 고용 등)을 중심으로 부처-부서별 제도의 연계성, 통합필요성 점검이 요청된다. 또한 서비스의 연속성(문제가 해결될 때까지의 지속성)을 확보하기 위한 제도간의 점검이 필요하다. 예컨대 분절적으로 운영되는 아동·청소년 통합사례관리 수행의 지속성을 확보하여 드림스타트에서 포괄하지 못하는 12세 이후 청소년에게도 적절한 통합사례관리체계를 구축하는 방안이다. 다양한 영역별로 기관(제도)의 통합 방안과 현 제도에 기반한 명확한 의뢰체계 확립의 대안이 검토될 수 있다.

구체적인 지역단위의 영역별 운영 과정과 관련하여 서비스 이용자의 의뢰체계 확립이 우선되어야 할 것이고, 이와 함께, 유관기관 간 개별 사례회의체에 교차 참석을 의무화, 정기적 교류를 지원하는 방안, 협업이나 서비스연계와 관련된 규정 개선의 경우, 유관 정부부처 간 공동 작업을 통해 지역 현장을 지원할 수 있는 세부적인 방안의 마련이 모색되어야 할 것이다. 또한 지역 단위의 서비스 통합성, 전달체계의 연계 및 통합을 높이기 위해서는 우선 중앙정부 단위에서 정책조정기구의 운영이 강화되어야 할 것이다.

지역 조사 결과에서도 제시되었듯이 현재 모든 개별기관에서 연계·협력의 필요성은 강하게 제기되고 있다. 물론 영역별 전문화와 적절한 역할분담의 전제가 함께 요구되고 있는데, 이와 함께 실질적 협력이 가능한 정책 기제 도입의 검토가 필요하다. 즉, 해외사례에서 파악한 바와 같이, 서비스 제공기관 간의 파트너십, 공동 계획, 공동 투자, 의뢰 등을 가능하게 하는 협력조정 체계, 예산 배분 체계를 고려해볼 수 있을 것이다.

또한 주요 역할의 담당자들에게 적절하고 실질적인 권한이 부여되었는지 검토되어야 할 것이다. 예컨대, 통합사례관리사에게 급여·서비스를 설계, 점검, 조정 등을 할 수 있는 권한이 따로 부여되어있지 않아 이용자에게 맞춤형 서비스를 제공하기 어렵다는 점, 따라서 이용자에게 제공되는 급여·서비스를 융합하고 재설계할 수 있는 권한 부여와 예산 공유, 거버넌스 체계 마련이 필요하다는 앞선 사례연구에서는 제언과 관련된다.

2. 사회적 서비스의 공공성 강화

복지분야 서비스의 속성, 유형(욕구의 위기도, 사업의 수익성 등)에 따라 운영 방식과 품질 준수에 대한 엄격성, 규제를 차별화하는 전략이 검토될 필요가 있다. 그 구체적인 방안을 다음과 같이 제안해 볼 수 있다.

첫째, 위기도가 높고 수요가 크지 않아 수익성이 낮은 서비스, 예컨대 아동보호, 노인보호 등 긴급한 위기 개입(crisis intervention)이 필요한 서비스는 완전 공공영역으로 편입하여 운영할 필요가 있다. 현재 이들 기관은 아동보호기관, 노인보호전문기관 각각 전국 지역 단위에 56개소, 29개소가 설치되어 있어, 지역에 밀착한 위기 개입 서비스 체계로는 매우 불충분하다.

둘째, 저소득취약계층 등 위기도 높은 복합적인 욕구를 지닌 대상의 서비스, 예컨대 사례의 발굴, 욕구의 진단, 전문가에 의한 서비스 계획 및 관리가 필요한 취약 가족, 위기 아동, 장애인, 노인 등에 대한 지역단위 서비스 창구(gateway) 운영에 있어서는 공공성을 강화하는 전략이다. 이를 단일 창구에서만 담당하는 것은 그 범위와 규모, 기관별 서비스 기능을 고려할 때 어려울 수 있다. 따라서 이러한 기능을 담당하는 사회서비스 기관들(종합사회복지관 등)에 공적 위상을 부여하는 일이 검토될 필요가 있다.

셋째, 국가의 적정수준 보장이 필요한 돌봄서비스 영역을 설정하여, 품질 관리를 강화하는 전략이다. 현재는 노인장기요양, 사회서비스바우처 사업의 일부가 돌봄서비스로서 평가 등의 규제가 적용되는데, 범부처 사회서비스 사업 중 인적서비스에 대해서는 공통적 혹은 개별적으로 적용할 품질 기준을 마련하여 공통 운영 방안을 마련하거나, 보다 엄격한 서비스 제공 인력 운용 및 서비스 과정에 대한 규정 준수를 요구할 필요가 있다.

넷째, 민간의 강점을 살릴 다양한 서비스 영역으로서, 대체로 국고보조 사업에서 지방이양이 이루어진(2005년등) 민간 비영리 복지서비스기관의 기능 활성화, 다양한 서비스 프로그램 운영을 촉진할 중앙차원의 지원

방안이 검토되어야 할 것이다. 사회서비스 전자바우처 사업, 지역사회서비스투자사업, 노인 일자리사업 등 지난 10년간 다양한 국가 주도 사업의 기회가 기존 민간 비영리기관에게도 부여되면서, 고유의 기능으로 수행되던 복지사업의 영역을 축소시켰고, '민간'의 강점이 약화된다는 지적이 빈번하다. 주민 욕구에 민감하게 지원이 필요한 대상자를 발굴하고, 재량적인 대응 체계를 마련해가기 위해서는 이러한 강점을 살려내기 위한 정책적 고려하 필요하다.

복지부문의 공공성 강화는 서비스 노동의 공식화, 서비스 표준화(standardization)를 강조하는 방향으로서, 사회서비스 중 돌봄서비스 등은 표준성보다는 유연성(personalisation)이 강조되는 특성을 가지고 있으므로, 이를 균형있게 조화시키는 서비스 운영 모델 개발이 중요하다. 예컨대 돌봄서비스의 경우 다양한 이용자 상황에 대한 탄력적 대처(야간-주말 지원, 응급상황, 특정하기 어려운 다양한 이용자 반영과 욕구 등)가 중요한데, 이러한 재량적 영역을 명확하게 표준화하여 운영하기는 어렵기 때문이다.

3. 복지 분야 서비스의 영역-기능별 총량의 확충 및 대상별-지역별 접근성 편차 축소

그간 공공 복지전달체계 개편의 주요 정책으로 추진된 지역단위(시군구 및 읍면동) 통합사례관리는 복합적 욕구를 지닌 취약가구에 대하여 공적 자원, 제도 이용의 제약을 해소하면서 민간 자원의 발굴-연계를 통해 다양한 서비스를 제공하는 방식으로서, 다양한 서비스 연계 제공의 강점이 있으나, 지역(시군구 단위) 여건에 따라 민간 자원의 편차가 매우 크며 특히 지역 내 사회서비스 기관 존재 여부, 운영 규모에 따른 서비스 이용

격차가 큰 실정이다.

사회복지부문의 시설은 시군구 단위로 1~2개소가 설치된, 다문화가족, 지역자활기관 등을 제외하면, 지역간 편차는 매우 큰 편이다(표 6-2-1 참조). 이는 결국 복지 수요의 규모(인구 규모 포함)가 고려되지 않은, 지역별 형평성의 문제가 큰 실정임을 시사한다.

분야별 시설이 전무한 지자체도 다수 존재한다. 예를 들면, 한부모시설 154개 시군구, 정신보건시설 92개 시군구, 종합사회복지관 67개 시군구, 여성시설 51개 시군구, 다문화시설 18개 시군구, 지역자활센터 12개 시군구 등이다.

〈표 6-2-1〉 사회복지부문 시설의 시군구별 현황

(단위: 개소)

구분	총계	최소	최대	표준편차	시군구 평균					
					전체	서울시 자치구	광역시 자치구	일반 대도시	일반 소도시	군 지역
노인	8,788	4	201	32.25	38.38	47.6	37.3	114.4	44.6	18.3
장애인	3,757	2	87	13.62	16.41	26.9	19.5	43.6	16.8	6.6
아동	5,234	1	133	20.47	22.86	24.0	29.2	69.6	25.0	9.4
여성	633	0	23	3.20	3.56	4.2	3.5	9.4	3.5	1.3
다문화가족	219	0	3	0.21	1.04	1.0	1.1	1.1	1.1	1.0
한부모가족	133	0	5	1.09	1.77	2.1	2.0	1.9	1.4	1.3
종합사회복지관	473	0	10	2.11	2.92	4.1	3.3	5.4	2.2	1.2
정신보건	423	0	15	2.76	3.09	5.2	2.7	5.2	2.4	1.6
지역자활	271	0	6	0.66	1.25	1.3	1.2	2.3	1.2	1.1
노숙인등	156	0	7	1.52	1.97	2.8	1.8	2.3	1.4	1.6
계	20,096	10	356	66.45	87.76	117.2	98.8	253.4	96.1	38.1

주: 1) 시설정보시스템에 등록된 사회복지시설(2017.9월 기준)로서, 보건복지부 및 여성가족부 소관 시설임(노인장기요양기관은 미포함). 세분류로 구분되지 않은 결핵한센인 시설 9개소가 총계에 포함되어 있음.

자료: 사회복지시설정보시스템에 등록된 사회복지시설 현황(2017.9월 기준)을 정리 제시함.

앞서 이용자 사례조사에서도 검토되었듯이, 이용자에게 제공되는 지원 수준 자체가 적절하지 못하고 제도 자체의 한계 때문에 대상자 욕구에 대응하기 어렵다면, 아무리 공공서비스를 통해 이용자에게 통합적이고 맞춤형인 지원을 시도한다고 하더라도 이용자가 경험하는 위기의 근본적인 원인을 해결하기는 역부족이기 때문에, 지역별-서비스유형별 적정 공급의 확보가 필요하다.

따라서 우선적으로 사회서비스의 지역별 접근성을 점검하여, 기초 권역별로 세부 영역 및 서비스 유형별 총량을 확충하는 방안도 우선순위 높은 과제가 될 것이다.

이를 위해서는 적정 목표 수준에 대한 합의 혹은 방향 설정 없이 확충을 도모해왔던 사회서비스 공급기반 마련의 접근을 개선할 필요가 있다. 즉, 공적 책임성에 기반하여 국가가 보장할 사회서비스의 범위를 설정하고, 욕구 유형 및 인구 규모를 고려한 필요 사회서비스 제공기반의 표준적 기준을 제시하여, 이를 이행하는 지자체의 노력을 견인하는 새로운 방식의 사회서비스 총량의 확충 방안이 검토될 필요가 있다.

4. 공공서비스 이용체계의 정비

무엇보다 서비스 및 관련 정보의 접근성을 향상하는 일은 이용자의 서비스 체감도를 높이기 위한 우선순위 높은 과제이다. 이는 편의성을 높인 접근 경로와 함께 서비스의 통합성을 제고하는 방안이 병행되어야 한다.

또한, 지역단위 서비스 이용의 일선창구(gateway)로서 읍면동 기능을 강화하고, 지역 단위 허브 기관으로 역할을 할 수 있도록 하는 정책적 고려가 지속될 필요가 있다.

사회적 약자의 차별 없는 서비스 제공 여건을 위한 사회적 인식 전환, 문화 형성 또한 가능할 때, 공공 서비스 이용 여건 향상을 위한 필요불가결한 요건이다.

5. 자치분권의 가속화와 복지 전달체계 개편의 주체별 역할

지역별로 복지서비스 이용의 적정 여건을 갖춘 전달체계를 마련하기 위해서는 중앙정부, 지방자치단체, 민간부문 모두의 협력이 요청되지만, 무엇보다 기초자치단체가 감당할 역할이 핵심적이다. 공공영역의 복지제도를 집행할 인력의 확충과 조직 설계, 복지 수요 파악과 공급 관리의 기본적인 책임을 부여받고 있기 때문이다.

그러나 공공 복지전달체계 개선 추진의 역사를 회고할 때, 최근까지도 중앙정부의 정책 설계와 독려에 의해 동력이 부여되었다. 지방자치단체가 사회복지, 인적 서비스의 특성을 인지하여, 전문 역량이 발휘될 조직 및 인력 확충을 먼저 시도하지 않았고, 국고보조사업이 90% 이상을 차지한 사회복지사업 구조에서는 그 집행을 담당할 전달체계 개선의 필요성이 중앙정부에서 더 절실했기 때문일 것이다.

그러나 이러한 접근에는 변화가 필요한 상황이다. 지역별 편차는 매우 크지만 민선지방자치제도의 성숙과 함께 지역별 특성의 고려, 수요자 중심의 관점은 지역의 주도성의 가치를 높여 왔으며, 특히 새정부의 국정과제에서는 강력한 분권화의 방향성이 제시되고 있기 때문이다. 최근 발표된 “자치분권 로드맵(행정자치부 보도자료, 2017.10.26.)”에는 복지 전달체계와 관련해서도 주시할 내용이 제시되고 있다(3. 자치단체의 자치역량 제고, 4. 풀뿌리 주민자치 강화와 그 세부과제로서 자율적·탄력적 자치조직권 확대, 지방공무원 역량 강화, 자치단체 투명성·책임성 강화, 혁신 읍면동 추진 등). 또한 복지전달체계 정책의 추진체계가 행정안전부에 마련되었다는 점도 전달체계 개선 접근의 변화 필요성을 역설하는 현실이다.

아래에 제시할 정책 과제들을 상당 부분 여전히 중앙정부의 기획과 지원이 요청되는 내용들이다. 그러나 이 과정에서 지방의 주도성을 존중하는 변화가 필요하다. 중앙정부의 개편이 전국적으로 반영되도록 일관된 방향성을 공유하되, 구체적인 개편안은 지역 여건에 따라 탄력적으로 구현되도록 하는 것이다. 예컨대, 중앙정부에서 획일적인 조직 모형을 강제하기 보다는 지역의 인구특성 등을 감안한 기본 복지담당인력 배치 기준을 제시한다던가 복지전달체계의 필수 강화업무 명확한 부여 및 지역별 목표 설정이 가능하도록 기제를 마련하는 방안이 검토될 필요가 있다고 판단된다.

참고문헌

강혜규, 김보영, 안혜영, 엄태영, 이기연, 김은정 등. (2011). 지역복지 활성화를 위한 공공부문의 역할과 전략 연구, 보건복지부, 한국보건사회연구원.

강혜규, 김보영, 엄태영, 김은지, 정세정. (2010). 사회복지서비스의 이용자중심 제도 운영에 관한 연구. 한국보건사회연구원.

강혜규, 김태완, 정홍원, 최현수, 김동진, 김영옥 등. (2013). 지방자치단체 복지 전달체계 개편방안 연구. 보건복지부·한국보건사회연구원.

강혜규, 박세경, 정해식, 이민경, 이정은, 김보영 등. (2015). 지역사회보장지표 개발 및 지역간 균형발전지원체계 마련 연구. 보건복지부·한국보건사회연구원.

강혜규, 박세경, 함영진, 이정은, 김태은, 최지선 등. (2016). 사회보장부문의 서비스 전달체계 연구: 맞춤형 서비스를 위한 통합성 분석을 중심으로. 한국보건사회연구원.

강혜규. (2008). 사회서비스 확대정책과 지역사회 사회복지서비스 공급체계. 비판사회정책, 25, pp.67-98.

강혜규. (2016). 지방자치단체의 주민복지기능-실태와 과제. 지방행정, 65(753), pp.16-19.

경기도청. (2014). 주민센터 직업상담사 배치 63개→올해 381개로 확대. 보도자료. 경기도청.

경기도청. (2016a). 무한돌봄과 내부자료. 경기도청.

경기도청. (2016b). 2016년 위기가정 무한돌봄사업안내. 경기도청.

고용노동부. (2016a). 2016년도 재정지원 일자리사업 중앙부처: 자치단체 합동지침. 고용노동부.

고용노동부. (2016b). 2016 한권으로 통하는 대한민국 청년지원 프로그램. 고용노동부.

고용노동부. (2016c). 고용복지+센터 표준 운영 매뉴얼. 고용노동부.

고용노동부. (2017a). 2017 한권으로 통하는 고용노동정책. 고용노동부.

고용노동부. (2017b). 일자리, 복지, 서민금융 서비스를 한곳에서 해결! 안산 고용복지+센터 개소: 일자리, 복지 문제 해결을 위한 '17년 첫 번째 고용복지+센터, 안산에 개소. 보도자료. 고용노동부.

고용노동부. (2017c). 2017년도 취업성공패키지 업무매뉴얼. 고용노동부.

고용노동부. (2017d). 2017년도 직접일자리사업 중앙부처: 자치단체 합동지침. 고용노동부.

국민건강보험공단. (2017), 2016년도 노인장기요양보험 통계연보. 국민건강보험공단.

국민경제자문회의지원단. (2013). 고용복지정책의 효율성제고를 위한 융합형 사회서비스 전달체계 구축방안. 제3차 국민경제자문회의 전체회의 발표문. 국민경제자문회의지원단.

권용진. (2016). 301 네트워크사업의 이해. 국립중앙의료원 공공의료복지연계서비스 홈페이지(www.301ness.or.kr). 2017.9.15. 인출.

길현종, 박찬임, 성지미, 김예슬. (2015). 고용복지+센터 발전방안. 고용노동부.

길현종. (2014). 한국 고용·복지서비스 전달체계 현황과 과제: 일선 서비스 공급자 심층면접을 중심으로. 한국노동연구원.

길현종. (2016). 고용복지+센터 목표, 운영원칙, 실태, 발전방향. 사회안전망포럼 발표문.

길현종. (2016). 우리나라 고용서비스 현황 및 과제. 미래지향적 고용서비스 발전방안 대토론회 발표문.

김금환, 김윤재. (2013). DEA모형을 이용한 노인복지관의 지역별 효율성 분석, 노인복지연구, 60 , pp.55-75.

김승택, 강황선, 조문석, 임재진, 금재호, 김주섭 등. (2015). 공공·민간 고용서비스 전달체계 개편방안. 고용노동부.

김용득. (2007). 영국 사회복지서비스의 구조와 서비스 질 관리 체계. 보건복지포럼, 3, pp.76-91.

김윤수, 문상호. (2006), 노인복지정책의 형평성과 효율성에 관한 연구: 노인요양시설 서비스 공급의 DEA분석, 2006년 한국정책학회 하계학술논문집. 한국정책학회. 1-25.

김정득, 김성한, 류선화. (2014). 통합사례관리 시범사업 효과성 검증 연구Ⅱ. 대전복지재단.

김정현. (2016), 노인복지서비스 공급의 지역 간 형평성 추이(2008~2015년): 노인복지관과 주·야간보호시설을 중심으로. 노인복지연구, 71(3), pp.91-108.

김지영, 김성한, 김정득, 조정하. (2017). 희망티움센터 운영성과 보고서. 대전복지재단.

김지영, 류선화, 지희숙. (2015). 복지만두레 효율성 제고를 위한 운영모델 개발 연구. 대전복지재단.

김춘남, 황경란, 백민희, 신은경. (2013), 유사, 중복 노인복지사업 시행의 효율화 방안 연구: 재가노인복지사업을 중심으로, 경기복지재단.

김현정. (2014), 노인복지관 기능성 제고를 위한 이용노인과 사회복지사의 인식 유형화 연구, 노인복지연구, 66, pp.257-286.

김흥주. (2016). 행정에 관한 국민 인식조사. 한국행정연구원.

노성덕. (2013). 청소년 상담복지정책의 성과와 발전방향. 한국청소년상담복지개발원 개원 20주년 기념세미나 자료집. 한국청소년상담복지개발원. pp. 1-56.

대전복지재단. (2016). 희망티움센터 업무 매뉴얼. 대전복지재단.

문종열, 김기현. (2014). 수요자 중심 사회복지 전달체계 모델연구. 예산정책연구, 3(1). pp.163-207.

백종환, 이선미, 곽동선, 강하렴, 윤영덕. (2015). 만성질환관리제를 통한 건강지원서비스의 의료이용 효과분석. 국민건강보험공단 건강보험정책연구원.

보건복지부. (2015). 2015년 지역사회통합건강증진사업안내: 방문건강관리. 보건복지부.

보건복지부. (2016a). 2015 보건복지백서. 보건복지부.

보건복지부. (2016b). 2016 읍면동 맞춤형복지 업무 매뉴얼. 보건복지부.

보건복지부. (2017a). 2017년 노인복지시설 현황. 보건복지부.

보건복지부. (2017b). 2017년 아동분야 사업안내. 보건복지부.

보건복지부. (2017c). 2017년 노인보건복지 사업안내. 보건복지부.

보건복지부. (2017d). 2017 희망복지지원단 업무 안내. 보건복지부.

보건복지부. (2017e). 2017 읍면동 맞춤형복지 업무 매뉴얼. 보건복지부.

보건복지부, 드림스타트. (2015). 내부자료. 보건복지부.

서울특별시. (2016). 2016 찾아가는 동주민센터 성과공유대회: 함께 나누는 찾동, 같이 꿈꾸는 서울 자료집. 서울특별시.

서울특별시. (2017a). 2017 찾아가는 동주민센터 업무매뉴얼. 서울특별시.

서울특별시. (2017b). 2017 찾아가는 동주민센터 총론. 서울특별시.

성은미, 김세원, 민소영, 임선영, 백민희, 김나연. (2016). 무한돌봄사업 및 사례관리사 기능 재정립방안 연구. 경기복지재단.

성은미, 민소영, 박경숙, 안혜영, 백민희, 황상미. (2015). 경기도 읍면동 복지기능강화 중심의 전달체계 개편 모형개발 연구. 경기복지재단.

성지미, 길현종, 안주엽, 김동태. (2016). 고용복지연계정책에 대한 인식조사 연구. 한국기술교육대학교.

엄기욱. (2006). 재가노인복지사업의 지역별·서비스 유형별 형평성에 관한 연구. 한국지역사회복지학, 20, pp.1-19.

여성가족부. (2017). 2017년 청소년 사업 안내. 여성가족부.

유애정, 이정석, 한은정, 나영균. (2016). 장기요양보험 통합재가급여 1차 시범사업 운영 및 평가Ⅰ, 국민건강보험공단 건강보험정책연구원.

윤기연, 정새날, 홍정아. (2016). 2016년 노인 일자리 및 사회활동 지원사업 실태조사. 한국노인인력개발원.

이윤경. (2010). 노인장기요양서비스 공급의 도농간 지역별 형평성 변화분석(2003년-2008년). 사회복지정책, 37(2), pp.201-216.

이은경, 손재환, 송인철. (2016). 2017년 청소년상담복지센터 평가 지표 개발. 여성가족부.

이은주, 김진석, 정은주. (2013). 아동청소년 복지사업 심층분석. 보건복지부·동국대학교 산학협력단.

이태수. (2016). 서울시 '찾아가는 동주민센터'의 추진의 의미와 과제-사회복지인력의 전문성에 미치는 영향이란 측면에서. 한국사회복지행정학회 학술대회 자료집. pp.87-109.

이태수. (2016). 중앙정부의 '행정복지센터'와 서울시의 '찾아가는 동주민센터'

의 비교. 한국사회보장학회 정기학술발표논문집, 2, pp.165-186.

장신철. (2013). 민간 고용서비스의 선진화를 위한 과제. 한국노동연구원.

정경희, 오영희, 강은나, 김재호, 선우덕, 오미애 등. (2014). 2014년 노인실태조사보고서. 보건복지부·한국보건사회연구원.

정홍원, 심창학, 한은희, 황규성, 류진아. (2014). 노인복지정책 추진체계 현황 분석과 향후 발전 방안. 한국보건사회연구원.

조용남. (2015). 드림스타트 정책 추진과정. 아동과 권리, 19(3), pp.389-422.

최영하, 배은석. (2017). 부산시 동 복지기능강화 사업 운영평가 연구. 부산복지개발원.

통계청. (2011). 2011 인구주택총조사. 통계청.

한국청소년상담복지개발원. (2015). CYS-Net 필수연계기관 안내서. 한국청소년상담복지개발원.

한은정 외. (2016). 장기요양 인정자의 급여이용 행태별 부양실태조사. 국민건강보험공단 건강보험정책연구원.

함영진. (2016). 읍면동 복지허브화 추진현황 및 과제. 보건복지 Issue & Focus. 327. pp.1-8.

홍선미, 김도희, 김문근, 염형국, 이용표. (2016). 정신장애인 지역사회 통합을 위한 해외사례 비교연구 실태조사. 국가인권위원회.

Association on Aging in New York (2015). *Area Agencies on Aging: Services for Seniors & Caregivers*, Albany, NY.

Albany County (2016). *Albany County 2017 Budget*, Albany, NY: County Executive's Office.

Albany County Department for Aging. (2017). *2017 Proposed Plan for Aging Services*. Albany, NY.

Allen, M., Clement, S. & Prendergast, Y. (2014). *A 'Can-Do' Approach to Community Action: What Role for Risk, Trust and Confidence?, York: Joseph Rawntree Foundation: JRF.*

Center for Human Services Research. (2010). *Albany County, NY System of Care*. University at Albany, State University of New York. NY.

Center for Human Services Research. (2016). *Albany County Human Service Department Study*. University at Albany, State University of New York. NY.

Challis, D., Darton, R., Johnson, L., Stone, M., Traske, K. (1995). *Care Management and Health Care of Older People: The Darlington Community Care Project*. Hants: Ashgate Publishing Company.

Charlesworth, A. & Thorlby, R. (2012). *Reforming Social Care: Options for funding*. London: Nuffield Trust.

Darlington Borough Council. (2016). *Joint Strategic Needs Assessment. Darlington*: Darlington Borough Council.

Darlington Partnership. (2014). *One Darlington: Perfectly Placed (Darlington's Sustainable Community Strategy 2008-2026)*. Darlington: Darlington Borough Council.

Ferlie, E., Baeza, J. I., Addicott, R. & Mistry, R. (2017). The Governance of Pluralist Health Care System: An Initial review and typology. *Health Services Management Research*, 30(2), pp.61-71.

Foot, C. et al. (2014). *Managing Quality in Community Health Care Services*. London: The King's Fund.

Gunn, M. (2016.3.8.). NY Connects: A Valuable Resource for Discharge Planners. https://www.albany.edu/sph/cphce/ltc_webinar_0382016.shtml Handout 자료.

Hardy, R., (2015). *'What price in human suffering?' How austerity has affected social care*. [Online] Available at : http://www.theguardian.com/social-care-network/2015/apr/28

/austerity-cuts-social-care-suffering-election

Hasenfeld, Y. (1992). *Human Services as Complex Organizations.* Newbury Park, CA : Sage.

Hasenfeld, Y. (1983). *Human Services Organizations.* Englewood Cliffs, NJ : Prentice-Hall.

Healthy Capital District Initiative. (2016). *2016 Community Health Needs Assessment: A compendium of public data for Albany, Rensselaer, Saratoga, Schenectady, Greene and Colombia counties.* Albany, NY.

Hepworth, D. H., R. H. Rooney, G. D. Rooney & K. Strom-Gottfried. (2017). *Direct Social Work Practice: Theory and Skills. 10th ed.* Boston, MA: CENGAGE Learning.

Joyce, R. (2015). *Welfare Budget and Benefit Cuts.* Swindon: Economic & Social Research Council.

Kaplan, R. S. & Porter, M. E. (2011). *The Big Idea: How to Solve the Cost Crisis in Health Care.* s.l.: Harvard Business Review.

Kaye, H. S. (2014). Toward a model long-term services and supports system: State Policy Elements. *The Gerontologist,* 54(5), pp.754-761.

Levison-Johnson, J. (2010). *Systems of care: Promoting the accountable and effective use of resources for children, youth, and families with complex/cross-system needs.* Albany, NY: NYS Conference of Local Mental Hygiene Directors.

Marsh, S., (2017). *UK needs 71,000 more care home places in eight years, study predicts.* [Online] Available at: http://www.theguardian.com/society/2017/aug/15/uk-needs-71000-more-care-home-places-in-eight-years-study-predicts

Mayhew, F. (2012). Human service delivery in a multi-tier system: The subtleties of collaboration among partners. *Journal of Health and Human Services Administration*, 35(1), pp.109-135.

Milward, H. B. & Provan, K.G. (2000). Governing the Hollow State. *Journal of Public Administration Research and Theory: J-PART*, 10(2), pp.359-379.

NAO. (2016). *Local government: Local welfare provision*. London: National Audit Office: NAO Communications.

NAO. (2014a). *Adult Social Care in England:* Overview. s.l.: National Audit Office: NAO Communications.

NAO. (2014b). *Children in Care*. s.l.: National Audit Office: NAO Communications.

NHS. (2016). *NHS Operational Planning and Contracting Guidance*. s.l.: NHS England and NHS Improvement.

NHS. (2014). Children and young people's services. [Online] Available at http://www.nhs.uk/Conditions/social-care-and-support-guide/Pages/services-for-children-and-young-people.aspx

Norris-Tirrell, D. (2014). The changing role of private, nonprofit organizations in the development and delivery of human services in the United States. *Journal* of Health and Human Services Administration, 37(3), pp.304-326.

NuffieldTrust, (2017). *Health & social care finance and reform.* [Online] Available at: http://www.nuffieldtrust.org.uk/our-priorities/health-and-social-care-finance-and-reform

Perlman, R. (1975). *Consumers and Social Services*. New York, NY: John Wiley & Sons, Inc.

Petch, A. (1996). *Developing Skills in Care Management: A Slow Process. In: R. Bland, ed. Developing Services for Older People and Their Families*. London and Bristol, Pennsylvania: Jessica Kingsley Publishers, pp.179-190.

Quirk, B. (2005). Localising Efficiency: More than Just Saving Money. Local Government Studies, 31(5), pp.*615-625.*

Ragan, M. (2003). *Building better human service systems: Integrating services for income support and related programs*. The Nlson A. Rockefeller Institute of Government, Albany, NY.

Royal College of Nursing. (2014). *Integrated Health and Social Care in England: The story so far*. London: Royal College of Nursing.

Ryan, F., (2017). *The social care crisis hits disabled people hard. So why are they forgotten?*. [Online] Available at: http://www.theguardian.com/commentisfree/2017/feb/10/social-care-crisis-disabled-people

Smith, S. (2012). *Social Services in Salaman, L. (Ed) The State of Nonprofit America (Second Edition)*. Washington, DC: Brookings Institution Press.

The National Archives. (2016). *Residential Care in England: Report of Sir Martin Narey's independent review of children's residential care*. London: UK Government.

VCSE, Department of Health, NHS England & Public Health England. (2016). *Joint review of partnerships and investment in voluntary, community and social enterprise organisations in the health and care sector*. GOV.UK.

Voydanoff, P. (1995). A family perspective on services integration. *Family Relations*, 44, pp.63-68.

경기도청 홈페이지. http://www.gg.go.kr

고용노동부 홈페이지. http://www.moel.go.kr

고용복지+센터 홈페이지. http://www.workplus.go.kr
공공데이터포털 홈페이지. http://www.data.go.kr
국회예산정책처 재정통계. http://stat.nabo.go.kr
다문화가족지원포털. http://www.livekorea.kr
마포고용복지지원센터 홈페이지. http://www.mapoworkfare.or.kr
보건복지부 사회복지시설정보시스템. http://www.w4c.go.kr
부산시청 홈페이지. http://www.busan.go.kr , 2017년 9월 24일 추출
애란한가족네트워크 홈페이지: http://www.aeranwon.org
통계청 통계지리정보서비스. http://sgis.kostat.go.kr
한국장애인고용공단 홈페이지. http://www.kead.or.kr
Association Aging in New York. http://www.agingny.org
Darlington Borough Council. http://www.darlington.gov.uk
NY Connects resource Directory, http://www.nyconnects.ny.gov
U.S. Census Bureau, https://www.census.gov/

간행물회원제 안내

▶ 회원에 대한 특전

- 본 연구원이 발행하는 판매용 보고서는 물론 「보건복지포럼」, 「보건사회연구」도 무료로 받아보실 수 있으며 일반 서점에서 구입할 수 없는 비매용 간행물은 실비로 제공합니다.
- 가입기간 중 회비가 인상되는 경우라도 추가 부담이 없습니다.

▶ 회원종류

- 전체간행물회원 : 120,000원
- 보건분야 간행물회원 : 75,000원
- 사회분야 간행물회원 : 75,000원
- 정기간행물회원 : 35,000원

▶ 가입방법

- 홈페이지(www.kihasa.re.kr) - 발간자료 - 간행물구독안내

▶ 문의처

- (30147) 세종특별자치시 시청대로 370 세종국책연구단지 사회정책동 1~5F
  간행물 담당자 (Tel: 044-287-8157)

KIHASA 도서 판매처

- 한국경제서적(총판) 737-7498
- 영풍문고(종로점) 399-5600
- Yes24 http://www.yes24.com
- 교보문고(광화문점) 1544-1900
- 서울문고(종로점) 2198-2307
- 알라딘 http://www.aladdin.co.kr